U0805501

国际经济学

主　编　成新轩

副主编　乔敏健　徐晓雪

本教材依托项目：
教育部首批新文科研究与改革实践项目：经济学类国家级一流本科专业融入理工要素的人才培养模式改革研究（项目编号：2021050022）
河北省研究生教育教学改革研究项目：新文科下经济类研究生课程思政高质量推进的理论研究与实践探索（项目编号：YJG2023144）

科学出版社

北　京

内 容 简 介

随着世界经济发展不确定性因素增加，国际经济学中传统的国际贸易、国际金融等理论和政策难以恰当解释当前经济发展中的新现象、新问题，难以指导当今国际组织和政府对全球经济发展进行有效治理。本书一方面系统分析了传统国际经济学理论和政策，另一方面充实了国际生产理论与政策、国际经济政策协调理论与实践的内容，同时将国际经济学前沿成果融入各个章节，兼顾了基础性、前沿性和应用性。

本书适合普通高等学校经济学类的本科生和研究生使用，也可供其他专业和社会学者阅读参考。

图书在版编目（CIP）数据

国际经济学 / 成新轩主编；乔敏健，徐晓雪副主编. —北京：科学出版社，2024.8

ISBN 978-7-03-076595-6

Ⅰ. ①国… Ⅱ. ①成… ②乔… ③徐… Ⅲ. ①国际经济学 Ⅳ. ①F11-0

中国国家版本馆 CIP 数据核字（2023）第 191456 号

责任编辑：王丹妮 / 责任校对：贾娜娜
责任印制：张 伟 / 封面设计：蓝正设计

科学出版社 出版
北京东黄城根北街 16 号
邮政编码：100717
http://www.sciencep.com
北京富资园科技发展有限公司印刷
科学出版社发行 各地新华书店经销
*
2024 年 8 月第 一 版 开本：787×1092 1/16
2024 年 8 月第一次印刷 印张：21 3/4
字数：518 000

定价：78.00 元

（如有印装质量问题，我社负责调换）

前　言

党的二十大报告指出："我们要坚持教育优先发展、科技自立自强、人才引领驱动，加快建设教育强国、科技强国、人才强国，坚持为党育人、为国育才，全面提高人才自主培养质量，着力造就拔尖创新人才，聚天下英才而用之。"①教材是教学内容的主要载体，是教学的重要依据、培养人才的重要保障。在优秀教材的编写道路上，我们一直在努力。

21 世纪是非常不平凡的一个世纪。从 2008 年的金融危机，再到 2011 年欧洲主权债务危机、2017 年中美贸易摩擦加剧，以及 2022 年俄乌冲突，这一系列事件显示了从世界经济领域危机演变到地缘政治和军事冲突的过程，揭示了经济危机往往是政治军事冲突前奏的内在发展规律。伴随着世界经济领域这些重大事件的发生，原本在 20 世纪末全球化迅猛的发展势头，却在 21 世纪逐渐放缓。贸易保护主义、民粹主义等引致的逆全球化现象日益凸显，拖累了世界经济增长的步伐。2022 年爆发的俄乌冲突，导致了欧洲能源危机，引发了全球性的滞胀；再加之疫情的影响，全球价值链区域化、内化现象的严重，都加大了世界经济发展的不确定性。理论跟着实践走，世界经济领域出现的一系列问题，看似在上一轮全球化中都能找到一些影子，但世界经济呈现的特征以及一些问题产生的根源都发生了很大变化，为国际经济学的理论发展和政策实践提供了可探索的空间，这也是我们团队开始编写此教材的重要原因。

从世界经济发展的近代史看，出现了两轮全球化浪潮。第一轮是从 1800 年至 1911 年，第二轮是第二次世界大战后到 21 世纪初。两轮全球化拥有贸易全球化和投资全球化、资本全球化等共同特征，也存在一个明显的不同，即第二轮全球化出现了国际分工精细化、生产全球化敦促产生的全球价值链。这使世界经济发展既具有了不可分割性，也呈现了脆弱性。当今的地缘政治冲突、贸易保护主义等都导致了全球价值链面临区域化和本土化，甚至可能面临断裂的风险。由此，引致出有关全球价值链和全球经济规则治理等一系列理论和实践的探讨。本教材在梳理传统贸易理论和现代贸易理论基础上，增加了全球价值链和区域价值链以及治理规则方面的理论和实践的内容，使国际经济学更具有了时代性和创新性，这是本教材相对于其他教材的区别之一；无论是经济全球化还是逆全球化，都会导致一个国家经济政策的溢出效应加大，为了保证世界经济运行的稳定和有序，国家之间的政策协调变得非常重要，本教材的最后一章专门针对国际经济政策协调理论进行了探讨，并以欧盟为个案进行了分析，为其他国家之间进行政策协调提供了示范效应，这是本教材

① 《习近平：高举中国特色社会主义伟大旗帜 为全面建设社会主义现代化国家而团结奋斗——在中国共产党第二十次全国代表大会上的报告》，https://www.gov.cn/xinwen/2022-10/25/content_5721685.htm，2022 年 10 月 25 日。

相对于其他教材的区别之二。希望这些内容的充实，能够使国际经济学学科理论更加丰富，实践更有明确的政策指导，为政府和学术界提供更有益的参考。

目前，学术界有很多《国际经济学》教材，我们也是学习这些内容成长起来的教师，现在编写《国际经济学》这本教材，一方面是对国际贸易理论、国际金融理论等传统国际经济学知识的一种梳理和提升；另一方面也希望能够把自己对国际经济学理论的理解和所研究的新观点融入经济学理论中，以期为国际经济学学科的发展做出一点贡献，也为培养高层次人才尽绵薄之力。本教材由成新轩教授设计整体框架、结构，撰写了前言和第九章、第十章，并对整体内容进行了认真梳理和审阅。乔敏健副教授负责了第三章、第四章、第七章及本书内容的梳理和校对；徐晓雪博士负责了第一章及本书内容的校对；硕士生巫雪晴和孔佑铭负责了第二章；博士生宋长钰负责了第五章；硕士生孙家卫、张馨月负责了第六章；博士生薛振翔负责了第八章。硕士生亢尹承、栗传昊、武文卓、马欢、田野、孟宏丽、梁丽硕、郭桐岭在校对过程中做了大量工作，在此表示感谢。

本教材得到了“国际经济与贸易国家一流本科专业”、“教育部首批新文科研究与改革实践项目：经济学类国家级一流本科专业融入理工要素的人才培养模式改革研究（项目编号：2021050022）”和“河北省研究生教育教学改革研究项目：新文科下经济类研究生课程思政高质量推进的理论研究与实践探索（项目编号：YJG2023144）”的资助，在此表示感谢。

由于学术水平和资料搜集的有限性，其中难免有疏漏，敬请学术界同仁批评指正！

目　录

第一篇　国际贸易理论与政策

第二篇　国际金融理论与政策

第三篇 国际生产理论与政策

第四篇 开放条件下的宏观经济理论与政策

第五篇 国际经济政策协调理论与实践

第一篇　国际贸易理论与政策

第一章

国际贸易理论

第一节　古典贸易理论

古典贸易理论就是传统的比较利益理论，它产生于 18 世纪中叶，完成于 20 世纪 30 年代。本质上，它是从技术差异的角度来解释国际贸易的起因，当假设劳动是唯一生产要素时，生产技术差异就表现为劳动生产率差异。

关于国际贸易发生的原因与影响的研究，最早是由英国古典学派经济学家亚当·斯密在劳动价值学说基础上，将对生产过程的研究作为贸易理论的起点，以地域分工为基础提出绝对优势论（Theory of Absolute Advantage）。后来，英国古典经济学家大卫·李嘉图在其 1817 年出版的著作《政治经济学及赋税原理》（*Principles of Political Economy and Taxation*）中提出了比较优势论（Theory of Comparative Advantage）。

一、重商主义与绝对优势理论

（一）重商主义者的贸易观点

经济学作为一门系统化的科学可以说是始于 1776 年出版的亚当·斯密的《国富论》，但关于国际贸易方面的著作则早于这一时间。17～18 世纪，英国、西班牙、法国、葡萄牙及荷兰等国很多学者出版了国际贸易方面的著作，有一批人（包括商人、银行家、政府官员甚至是哲学家）写了许多关于国际贸易方面的文章和小册子，推崇一种被称为重商主义（mercantilism）的经济哲学。

重商主义也称作“工商业本位”。它的主要内容是“重商”“重工”“国家干预”，发展目标是“国家富强”，产生并流行于 15 世纪至 17 世纪中叶的西欧，是封建主义解体之后的16世纪至17世纪西欧资本原始积累时期的一种经济理论或经济体系，反映资本原始积累时期资产阶级利益的经济理论和政策体系。早期重商主义代表有约翰·黑尔斯、威廉·斯塔福德、蒙克莱田；晚期重商主义代表有托马斯·孟、柯尔培尔。重商主义者认为一切经济活动都以追求更多金银货币为中心，一国所拥有的稀有金属数量是衡量国家富裕程度的唯一尺度，“货币是财富的唯一形态”是贯穿重商主义思想的核心观点。重商主义将对外贸易视为一国获得财富（货币）的唯一来源。在对外贸易中，重商主义思想自始至终都将追求外贸顺差作为一国财富增长的唯一源泉。因此，政府应当竭尽全力鼓励出口，不主张甚至限制进口。重商主义者主张政府严格控制经济活动，鼓吹经济民族主义，认为一个国家获得利益是建立在其他国家利益损失的基础上，其财富观和对财富来源的认知，决定了它不会给“贸易平衡”提供存在空间。这一观点反映了资本原始积累时期，商业资本家对货币或贵重金属的认识（李坤望，2017）。

重商主义在历史上曾促进了商品货币关系和资本主义工商业的发展，为资本主义生产方式的成长与确立创造了必要的条件。重商主义的政策、理论在历史上曾促进了资本的原始积累，推动了资本主义生产方式的建立与发展。

（二）亚当·斯密的绝对优势理论

亚当·斯密认为，两国贸易的基础在于绝对优势（absolute advantage）。关于绝对优势理论，亚当·斯密是这样阐述的，“如果一件东西在购买时所花费的代价比在家里生产时所花费的小，就永远不会想在家里生产，这是每一个精明的家长都知道的格言。裁缝不想制作他自己的鞋子，而是向鞋匠购买。鞋匠不想制作他自己的衣服，而雇佣裁缝裁制。他们都感到，为了自身的利益，应当把他们的全部精力集中使用到比邻人处于某种有利地位的方面，而以劳动生产物的一部分或同样的东西，即其一部分的价格，购买他们所需的任何其他物品。在每一个私人家庭的行为中是精明的事情，在一个大国的行为中就很少是荒唐的。如果外国能以比我们自己制造还便宜的商品供应我们，那最好就用对我们有利的自己的产业生产的一部分产品向他们购买”。

具体来讲，对于商品X，如果A国比B国生产效率高，即A国在生产商品X上具有绝对优势，但是A国生产商品Y的效率低于B国，或者说B国在生产商品Y上有绝对优势，那么两国都可以通过专门生产有绝对优势的商品，并通过国际贸易用其中一部分来交换自身具有绝对劣势的商品来获益。这样，资源可以得到充分有效的利用，而且两种商品的产出会增长。这种增长可以用来测度两国专业化生产所产生的收益，并通过国际贸易实现在两国的分配。

例如，与瑞士相比，中国生产成衣效率较高，可以说中国在成衣生产上具有绝对优势；但是在手表生产上，瑞士的生产效率高于中国，可以说瑞士在手表生产上有绝对优势。在这种情况下，中国专门生产成衣（即产量远大于国内需求），用多余的成衣换取瑞士的手表，结果就是成衣和手表的产量都增加了，人们对这两种商品的消费量也增加了，从而两国都获利。也就是说，两国都专门生产自己具有绝对优势的商品，再通过贸易获得其他国占绝对优势的商品，那么两国均获利。

国家就像一个家庭一样，并不需要生产自己所需的所有商品，它仅生产自己最高效率的商品，用这些商品的一部分去和其他国家交换自己所需的其他商品。这样，社会总产出和总福利就能达到最大。

与重商主义者的观点不同，亚当·斯密则认为，所有国家都可以通过自由贸易获得收益，提倡自由放任（laissez-faire），即国家应尽可能减少对经济活动的干预。在自由贸易条件下，全球资源能得到最高效利用，世界福利达到最大化（克鲁格曼等，2021）。当然，这种自由贸易政策不适用于影响国家安全的产业。

（三）绝对优势的理论模型

1. 基本假设

绝对优势理论的基本假设如下。

（1）世界上只有两个国家，它们生产两种产品。

（2）生产两种产品都只有"劳动"一种要素投入。

（3）两国在不同产品上的生产技术不同，劳动生产率存在差异。

（4）规模收益不变。

（5）没有运输成本。

（6）生产要素充分就业，在本国内可以自由流动，在国家之间不能自由流动。

（7）生产要素市场和产品市场是完全竞争市场，国际实行自由贸易。

（8）国际贸易以物物交换的形式进行。

（9）国际经济是静态的，不存在技术进步。

（10）一国公民的相对收入水平不受自由贸易的影响。

2. 绝对优势的衡量

如何确定一国在某种产品上具有绝对优势呢？通常有以下两种方法。

（1）用劳动生产率来衡量，即用投入单位要素的产出来表示。如果一国在某种产品上的劳动生产率高于另一国，则该国在这种产品上有绝对优势。例如，A国每人每年生产 100 匹布，B 国每人每年生产 90 匹布，则 A 国在生产布上具有绝对优势。

（2）用生产成本来衡量，即用生产单位产品的要素投入来表示。如果一国生产一单位某种产品所需的要素投入低于另一国，则该国在这种产品上具有绝对优势。

3. 举例分析

表 1-1 表示按照绝对优势理论英国和美国关于小麦和布的国际分工与国际交换情况。

表 1-1 按照绝对优势理论英国和美国关于小麦和布的国际分工与国际交换情况

国际分工	国家	小麦产量/单位	所需劳动投入/（人/年）	布产量/单位	所需劳动投入/（人/年）
分工前	英国	1	120	1	80
	美国	1	90	1	110
	世界合计	2	210	2	190
分工后	英国	0	0	2.5	200
	美国	2.222	200	0	0
	世界合计	2.222	200	2.5	200
按照 1∶1 比例交换后	英国	1	0	1.5	200
	美国	1.222	200	1	0
	世界合计	2.222	200	2.5	200

分工前：根据两国各自在两种商品生产中的劳动投入可以看出，美国拥有生产小麦的绝对优势，英国拥有生产布的绝对优势。按照亚当·斯密的绝对优势理论，美国应该专门生产小麦，英国应该专门生产布。

分工后：各国生产这两种商品的劳动总投入是一样的，但是小麦和布的世界总产量都比分工前要多，分别增加了 0.222 单位和 0.5 单位。

交换后：假定两国的交换比率是 1∶1，即英国用 1 单位布与美国的 1 单位小麦交换，与分工前相比，贸易利益为英国拥有 1 单位小麦和 1.5 单位布，小麦并没有减少，但是布增加了 0.5 单位；美国拥有 1.222 单位的小麦和 1 单位布，布没有减少，但是小麦的数量增加了 0.222 单位。按照绝对优势理论，通过专业化生产和国际贸易，两国生产要素得到最高效的利用，生产效率得到提升，世界财富总量也随之增加。

但是，绝对优势理论自身具有局限性，它可以解释发达国家与发展中国家之间的一部分贸易，但发达国家之间的贸易无法用绝对优势理论解释。这些无法解释的问题在大卫·李嘉图提出的比较优势理论中或许可以找到答案。可以说，比较优势理论是绝对优势理论的一般情况，绝对优势理论是比较优势理论的特例。

二、比较优势理论

1817 年，大卫·李嘉图在《政治经济学及赋税原理》一书中，提出了比较优势原理（law of comparative advantage）。在这一原理中，两国均生产两种商品，如果一国在两种商品生产上都处于劣势，两国仍有产生互惠贸易的可能。一个国家可以专门生产自己相对劣势较小的商品（即具有比较优势的商品），并出口一部分商品，同时进口自己相对劣势较大的商品（即具有比较劣势的商品）。比较优势理论是对绝对优势理论的继承与修正，具有很强的现实意义，是重要的经济学理论。

（一）比较优势的理论模型

除了强调两国之间生产技术存在相对差异而不是绝对差异之外，比较优势模型的假设与绝对优势模型相同。

1. 如何确定一国在某种产品上具有相对优势呢？通常有以下三种方法

（1）相对劳动生产率的衡量，即不同产品劳动生产率的比率或两种不同产品的人均产量之比。用公式表示为

产品 A 的相对劳动生产率（相对于 B 产品）

$$=\frac{\text{产品A的劳动生产率（人均产量）}}{\text{产品B的劳动生产率（人均产量）}} \tag{1-1}$$

如果一国某种产品的相对劳动生产率高于另一国相同产品的相对劳动生产率，则该国在这种产品上有比较优势。

（2）相对成本的衡量，即一种产品单位产量的要素投入与另一种产品单位产量要素投入的比率。用公式表示为

产品 A 的相对成本（相对于 B 产品）

$$=\frac{\text{单位产品A的要素投入}}{\text{单位产品B的要素投入}} \tag{1-2}$$

如果一国生产某种产品的相对成本低于另一国生产相同产品的相对成本，则该国在这种产品上有比较优势。

（3）机会成本的衡量。机会成本是指为了多生产产品 A 而必须放弃的产品 B 的数量。用公式表示为

产品 A 的机会成本

$$=\frac{\text{减少的产品B产量}}{\text{增加的产品A产量}} \tag{1-3}$$

如果一国生产某种产品的机会成本低，则该种产品就有比较优势。

以上三种方法得出的结论相同。

2. 举例分析

表 1-2 表示按照比较优势理论英国和美国关于小麦和布的国际分工与国际交换情况。

表 1-2 按照比较优势理论英国和美国关于小麦和布的国际分工与国际交换情况

国际分工	国家	小麦产量/单位	所需劳动投入/（人/年）	布产量/单位	所需劳动投入/（人/年）
分工前	英国	1	120	1	100
	美国	1	80	1	90
	世界合计	2	200	2	190
分工后	英国	0	0	2.2	220
	美国	2.125	170	0	0
	世界合计	2.125	170	2.2	220
按照 1∶1 比例交换后	英国	1	0	1.2	220
	美国	1.125	170	1	0
	世界合计	2.125	170	2.2	220

分工前：从英国方面看，英国在小麦和布的生产上均处于绝对劣势，但与美国相比，英国生产小麦和布的相对成本为小麦，120/80 = 1.5；布，100/90 ≈ 1.1，英国生产布更具有比较优势。美国在两种商品的生产上都具有绝对优势，与英国相比，美国在小麦生产上更具有比较优势。

分工后：两国劳动总投入与分工前一样，但小麦和布的世界总产量都比分工前大，分别增加了 0.125 单位和 0.2 单位。

交换后：李嘉图假定两国商品的交换比例为 1∶1，即英国拿 1 单位布与美国的 1 单位小麦交换。与分工前比，英国拥有 1 单位小麦和 1.2 单位布，小麦数量保持不变，布增加了 0.2 单位；美国拥有 1.125 单位小麦和 1 单位布，布数量不变，小麦增加了 0.125 单位。可见两国都从国际贸易中获得了好处。

（二）贸易所得

再举一个简单的例子。

从表 1-3 可以看出，与西班牙相比，意大利在红酒和毛呢的生产上都处于绝对劣势。然而，由于意大利的劳动生产率在红酒上是西班牙的 1/6，在毛呢上是西班牙的 1/2，因此意大利在毛呢的生产上有相对优势，反过来，西班牙在红酒生产上有相对优势。根据比较优势理论，如果意大利专门生产毛呢并出口一部分换取西班牙的红酒，同时西班牙专门生产并出口红酒，则两国都会获利。

表 1-3 比较优势

商品劳动生产率	西班牙	意大利
红酒/(单位/小时)	6	1
毛呢/(单位/小时)	4	2

从表 1-3 可以得知，如果西班牙用 6 单位红酒换取意大利 4 单位毛呢，那么是否进行国际贸易对西班牙来说是无差别的，因为利用国内资源，西班牙可以通过少生产 6 单位红酒而获得 4 单位毛呢。如果用 6 单位红酒获取少于 4 单位毛呢，西班牙将拒绝贸易。同样，如果意大利用 1 单位红酒仅可换取 2 单位毛呢，是否进行贸易对意大利来说也是无差异的，如果 1 单位红酒换取的毛呢少于 2 单位，意大利将拒绝贸易。

由于通过国内生产，西班牙仅可用 6 单位红酒换取 4 单位毛呢，如果通过贸易西班牙可用 6 单位红酒换取意大利 6 单位毛呢，则西班牙可获利 2 单位毛呢或节约 1/2 小时劳动。意大利同样可以从贸易中获利，因为意大利从西班牙获得的 6 单位红酒，在国内生产需要 6 小时，意大利利用 6 小时劳动可以生产 12 单位毛呢，通过贸易意大利用 6 单位毛呢换取了 6 单位红酒，所以意大利获利 6 单位毛呢或节约 3 小时劳动。哪个国家通过贸易获得的利益更大并不重要，重要的是即使一国在两种商品生产上均具有绝对劣势，通过贸易两国也仍然均可获利。

通过 6 单位红酒换取 6 单位毛呢并不是互惠贸易的唯一交换比率。在西班牙国内 6 单位红酒可换取 4 单位毛呢，如果西班牙能用 6 单位红酒从意大利换取多于 4 单位毛呢，西班牙就可获利。对意大利而言，6 单位红酒在国内可换取 12 单位毛呢，如果可以用少于 12 单位毛呢从西班牙换取 6 单位红酒，那么意大利就可获利。总之，如果西班牙可以用 6 单位红酒换取多于 4 单位毛呢就可获利，如果意大利可以用少于 12 单位毛呢换取 6 单位红酒就可以获利。因此，互惠贸易比例范围是 4 单位毛呢＜6 单位红酒换取的毛呢＜12 单位毛呢。

12 单位毛呢与 4 单位毛呢差 8 单位毛呢代表交换 6 单位红酒在两国之间可以分配的总利益。例如，当互惠贸易比例是 6 单位红酒＝8 单位毛呢，西班牙获利 4 单位毛呢，意大利也获利 4 单位毛呢。如果互惠贸易比例越接近 6 单位红酒＝4 单位毛呢（西班牙国内交换比率），那么西班牙在贸易中获利越少，意大利在贸易中获利越多。反之，互惠贸易比例越接近 6 单位红酒＝12 单位毛呢（意大利国内交换比率），西班牙在贸易中获利越多，意大利在贸易中获利越少。在现实世界中，需求与供给决定了商品的交换比率，同时交换比率又决定了贸易所得在两国中如何分配。

（三）比较优势理论的例外

如果与另一国相比，一国在两种商品生产上的绝对优势相同，那么两国之间不会有互惠贸易产生。这是比较优势理论的例外。

如表 1-3 所示，保持其他条件不变，如果意大利每小时生产 3 单位红酒，那么意大利的红酒和毛呢两种商品生产率均为西班牙的 1/2，两国都不具有比较优势，它们之间不会发生互惠贸易。因为西班牙只有在用 6 单位红酒交换多于 4 单位毛呢的情况下才愿意进行贸易，但是意大利不愿意用多于 4 单位的毛呢去交换 6 单位红酒，因为意大利国内交换比率是 6 单位红酒＝4 单位毛呢，此时，两国之间不会发生互惠贸易。

因此需要对比较优势理论稍作完善。应该说，两国均生产两种商品，如果一国在两种商品生产上都处于劣势，两国仍有产生互惠贸易的可能。除非相对于另一国而言，一国在两种商品上的相对劣势相同。

（四）考虑货币的比较优势

当我们把货币因素考虑进去后，再来看一下比较优势下的两国贸易情况。

假设西班牙工资率为每小时6欧元，因为在西班牙1小时可生产6单位红酒（表1-3），所以1单位红酒价格为1欧元。同时1小时劳动可生产4单位毛呢，所以1单位毛呢价格为1.5欧元。在意大利工资率为每小时2欧元，同理，在意大利1小时劳动可生产1单位红酒或2单位毛呢，那么红酒价格为2欧元，毛呢价格为1欧元。表1-4表示红酒和毛呢在西班牙和意大利两国的价格。

表 1-4　以欧元计价的红酒和毛呢在西班牙、意大利两国的价格

商品	西班牙	意大利
1 单位红酒	1 欧元	2 欧元
1 单位毛呢	1.5 欧元	1 欧元

从表1-4可以看出红酒（西班牙有比较优势的商品）价格在西班牙要低于意大利。同时，毛呢（意大利有比较优势的商品）的价格在意大利要低于西班牙。因为西班牙红酒价格较低，商人会出口红酒到意大利，再从意大利进口毛呢卖到国内。尽管在毛呢的生产上，意大利的劳动生产率为西班牙的1/2，但是意大利的工资水平仅为西班牙的1/3，所以意大利毛呢价格要低于西班牙毛呢价格。也就是说，意大利的低工资率补偿了劳动低效率，造成的结果就是毛呢价格在意大利更低一些，所以意大利可以向西班牙出口毛呢。实际上，只要意大利的工资率是西班牙工资率的1/6～1/2（和西班牙、意大利在红酒、毛呢生产上的生产率差异相同），就会有这种结果。

（五）比较优势与机会成本

1936年，经济学家哈伯勒（Haberler）用机会成本理论（Opportunity Cost Theory）解释比较优势理论，有时比较优势理论也被称为比较成本理论。哈伯勒认为产品的价格取决于生产成本，生产成本不仅取决于劳动投入量的多寡，还取决于所有生产要素，因而必须摒弃单一投入要素的劳动价值说。一种产品的生产成本可以用生产一单位该产品所必须减少的其他产品的产量来衡量，被放弃的其他产品的产量即该产品的机会成本。在只生产两种商品的贸易模型中，一国若在一种商品生产上有较低的机会成本，该国在这种商品生产上就具有比较优势，在另一种商品上有比较劣势。

仍然以表1-3为例，西班牙为了多生产1单位红酒，必须放弃生产2/3单位的毛呢，所以说在西班牙1单位红酒的机会成本是2/3单位毛呢。在意大利，为了多生产1单位红酒需要放弃生产2单位毛呢，也就是说在意大利1单位红酒的机会成本是

2 单位毛呢。通过比较可知，在西班牙红酒的机会成本要比在意大利低，因此西班牙在红酒生产上相对意大利有比较优势。在这个两国两种商品的经济模型中，意大利在毛呢生产上有比较优势。根据比较优势理论，西班牙将专门生产红酒并出口一部分红酒换取意大利的毛呢。这是基于机会成本理论对比较优势理论的解释。

（六）固定成本下的生产可能性曲线

生产可能性曲线（production possibility frontier）用来表示一个国家在既定资源和技术条件下所能生产的两种商品最大数量的组合。机会成本可以用生产可能性曲线来说明。

表 1-5 表示西班牙、意大利两国每年生产红酒、毛呢的产量的可能性组合。如表 1-5 所示，西班牙可生产 180 单位红酒和 0 单位毛呢，150 单位红酒和 20 单位毛呢，120 单位红酒和 40 单位毛呢等。表中数据显示，西班牙每减少生产 30 单位红酒，释放的资源和技术可以多生产 20 单位毛呢。这表示西班牙国内 30 单位红酒可以换取 20 单位毛呢。所以，在西班牙 1 单位红酒的机会成本是 2/3 单位毛呢（与表 1-3 一致），而且保持不变。从表 1-5 中西班牙、意大利两国的生产可能性组合可以画出生产可能性曲线，曲线上的点表示该国生产红酒、毛呢的组合。生产可能性曲线上的点代表了该国充分利用其资源和技术下的两种产品的最大产量组合。生产可能性曲线以下的点也是可能的，但不是最有效的，这些点代表的产量组合是在该国存在资源闲置或没有完全利用最佳技术情况下生产出来，而生产可能性曲线以上的点表示在目前既有的资源和技术条件下尚未达到的。

表 1-5 西班牙、意大利两国红酒和毛呢的生产可能性组合

西班牙		意大利	
红酒/(单位/年)	毛呢/(单位/年)	红酒/(单位/年)	毛呢/(单位/年)
180	0	60	0
150	20	50	20
120	40	40	40
90	60	30	60
60	80	20	80
30	100	10	100
0	120	0	120

如图 1-1 所示，西班牙、意大利两国的生产可能性曲线向下倾斜，表示两国若想增加红酒的生产，就必须放弃生产一部分毛呢。两国生产可能性曲线都是直线，表示在两国两种商品的机会成本是固定不变的，在西班牙每多生产 1 单位红酒，必须放弃生产 2/3 单位毛呢，在意大利每多生产 1 单位红酒，必须放弃生产 2 单位毛呢，这一结论适用于生产可能性曲线上的每一点。

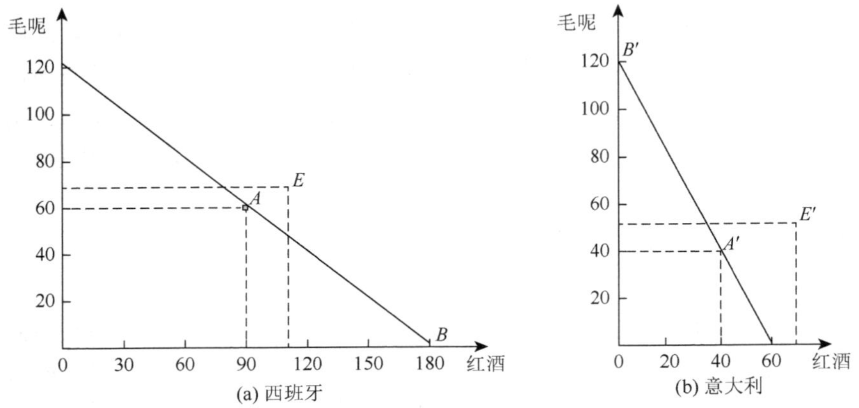

图 1-1　西班牙、意大利两国的生产可能性曲线

在上面的例子中，出现了固定的机会成本（constant opportunity cost）情况，即每生产额外的 1 单位某种商品必须放弃生产的另一种商品的数量是固定不变的。固定机会成本的情况会在生产资源可完全替代或在两种商品中各要素比例固定时出现。

尽管每个国家拥有固定的机会成本，然而由于各国之间的机会成本不同，因此国际贸易成为可能。但是固定机会成本的情况并不现实，在后面的章节中我们将讨论成本递增的情况。

（七）机会成本与相对商品价格

商品的机会成本可以由生产可能性曲线斜率（也叫边际转换率）的绝对值得出。如图 1-1 所示，西班牙红酒的机会成本 = 西班牙生产可能性曲线斜率(绝对值) = 120/180 = 2/3。意大利红酒的机会成本 = 意大利生产可能性曲线斜率(绝对值) = 120/60 = 2，并且以上两个国家红酒机会成本固定不变。由于价格等于成本，并假设两国同时只生产红酒和毛呢两种商品，红酒的机会成本 = 红酒与毛呢的相对价格（P_R / P_W[①]）。

在西班牙 $P_R / P_W = 2/3$，$P_W / P_R = 1.5$；在意大利 $P_R / P_W = 2$，$P_W / P_R = 0.5$，通过比较，可知西班牙生产红酒机会成本小于意大利，西班牙在红酒生产上有比较优势，而意大利生产毛呢的机会成本小于西班牙，所以意大利在毛呢生产上有比较优势。

通过这个例子可以看出，两国相对商品价格不同，反映了各国比较优势，这也正是两国进行互惠贸易的前提和基础。

当没有国际贸易存在时，一个国家只能消费自己生产的商品，因此这个国家的生产可能性曲线和消费可能性曲线是重合的。这时，如图 1-1 所示，西班牙可能选择的生产和消费的商品组合 *A* 是（90R，60W），意大利可能选择的商品组合是 *A′*（40R，40W）。

---

① R 表示红酒（red wine），W 表示毛呢（wool）。

当存在国际贸易时，西班牙会专门生产自己有比较优势的商品——红酒，在生产可能性曲线上的 B 点（180R，0W）生产。同理，意大利在生产可能性曲线 B'点（0R，120W）上专门生产毛呢。如果西班牙用 70 单位红酒和意大利交换 70 单位毛呢，它最终在 E 点消费（110R，70W），意大利最终在 E'点消费（70R，50W）。通过比较两国前后消费点，西班牙通过贸易获利 20 单位红酒和 10 单位毛呢，意大利获利 30 单位红酒和 10 单位毛呢。

接着我们来分析通过贸易和分工，西班牙和意大利可分配的贸易所得。没有贸易时，西班牙生产 90 单位红酒，意大利生产 40 单位红酒，红酒产出总量是 130 单位。当贸易存在时，西班牙可专门生产 180 单位红酒，即红酒总产量是 180 单位。同理，没有贸易时，西班牙生产 60 单位毛呢，意大利生产 40 单位毛呢，毛呢总产出 100 单位。有贸易时，意大利通过专门化可生产 120 单位毛呢。由此可以算出，通过贸易和专门化生产共增加 50 单位红酒和 20 单位毛呢。这是通过专门化生产所带来的两国可以多消费的商品，也是两国可分配的贸易所得。

三、对古典贸易理论的检验

李嘉图的贸易理论从劳动生产率角度解释了国际贸易存在的原因。通过对李嘉图的贸易理论进行经验检验，发现它对国际贸易模式做出了较好的解释。

对李嘉图贸易理论的实证检验，以麦克杜格尔（MacDougall）的实证研究最具代表性。麦克杜格尔以 1937 年英美两国 25 个行业的数据为基础，考察了两国的劳动生产率与出口绩效的关系。他认为，把工资差异考虑进来并加以调整后，与英国相比，美国劳动生产率相对较高的行业，在出口方面也应高于英国相应的行业（李坤望，2017）。

在麦克杜格尔的实证检验中，1937 年美国的工资率是英国的 2 倍，因此，如果美国某些行业的劳动生产率是英国相应行业的 2 倍，意味着美国在这些行业中具有比较优势。麦克杜格尔用英美两国各行业对第三市场（即世界其他地方）的出口之比来衡量两国的比较优势。他考察了两国 25 个行业的劳动生产率之比、出口额之比，表 1-6 列出了其中部分行业的数据（表中仅列出 19 个部门的结果）。

表 1-6　麦克杜格尔对李嘉图贸易理论的检验结果

行业或产品	美国劳动生产率/英国劳动生产率	美国出口额/英国出口额
收音机	大于 2	8
生铁		5
容器		4
罐头		3.5
机械		1.5
纸		1

续表

行业或产品	美国劳动生产率/英国劳动生产率	美国出口额/英国出口额
香烟	1.4～2	0.5
油毡		0.33
针织品		0.33
皮鞋		0.33
焦炭		0.2
化纤		0.2
棉织品		0.11
人造丝		0.09
啤酒		0.06
水泥	小于 1.4	0.09
男式毛制品		0.04
人造奶油		0.03
毛衣		0.004

资料来源：李坤望（2017）

从麦克杜格尔的检验结果可以看出，在 25 个部门中，有 20 个部门服从假设检验，在这 20 个部门中，当美国劳动生产率/英国劳动生产率＞2 时，美国出口额/英国出口额≥1；当美国劳动生产率/英国劳动生产率＜2 时，美国出口额/英国出口额＜1。后来巴拉萨（Balassa）用 1950 年的数据，斯特恩（Stern）用 1950 年、1959 年的数据也证实了劳动生产率和出口额之间的正向关系（李坤望，2017）。

比较优势理论的积极意义在于：它论证了无论国家的生产力水平高还是低，只要按照“两利相权取其重，两弊相权取其轻”的原则进行国际分工和贸易，都可以获得利益。这一理论为各国参加国际分工和国际贸易提供了有力的理论支撑。

同时，也应看到李嘉图的贸易理论存在一些不足。比如，李嘉图虽然从劳动生产率角度解释了国际贸易产生的原因和动力，但是没有阐述劳动生产率存在差异的原因；另外，根据比较优势原则，各国将进行专业化生产，但是现实中恐怕很难找到任何一个国家在国际贸易中进行完全专业化生产，各国一般都会生产一些可替代进口商品的同类商品。

古典贸易理论虽然存在一些不足，但它仍在国际贸易理论中占据着重要地位，是最重要、最无可争议的经济学理论之一，具有很重要的实用价值。

本节小结

古典贸易理论起源于亚当·斯密，后经李嘉图的发展和补充，日趋完善。亚当·斯密从各国生产成本的绝对差异角度解释了国际贸易的基础，李嘉图则更进一步，从更一般的意义上，论证了各国依据劳动成本的相对差异（比较优势）进行国际分工和国际贸易，可以改善各自的福利。从本质上讲，古典贸易是从生产技术差异的角度来解释国际贸易的起因与效果。只不过在古典生产函数中，劳动是唯一的生产要素，因此劳动技术差异以劳动生产率的差异表现出来。在这种情况下，劳动生产率差异是国际贸易的一个重要起因。

思考题

1. 绝对优势理论的主要内容是什么？
2. 李嘉图比较优势理论的核心思想是什么？
3. 如果一国在某一商品上具有绝对优势，那么也必定具有比较优势吗？
4. 如何理解绝对优势理论是比较优势的特例？
5. “因为发达国家工资水平高于发展中国家，所以发达国家与发展中国家进行贸易会无利可图”，这种说法对吗？

第二节　要素禀赋理论

上一节从各国劳动生产率差异的角度介绍了国际贸易产生的原因，但是需要指出的是，技术差异不是国际贸易的唯一决定条件。本节从各国要素禀赋差异的角度解释国际贸易基础理论——要素禀赋理论（Factor Endowment Theory）。要素禀赋理论是由瑞典经济学家俄林（Ohlin）在瑞典经济学家赫克歇尔（Heckscher）的研究基础上形成的，后来经萨缪尔森（1970 年诺贝尔经济学奖获得者）等学者不断加以完善，成为贸易理论中重要的一部分（佟家栋和高乐咏，2011）。因此，无论是在理论上还是在实践中，要素禀赋理论都意义深远。

一、要素禀赋理论的基本模型

要素禀赋理论与古典贸易理论最大的不同在于，前者除了劳动之外，还引入了另外一个生产要素——资本，要素禀赋理论中包含两种生产要素，所以要素禀赋理论模型也叫 2×2×2 模型（即 2 个国家，2 种产品，2 种生产要素）。引入另外一种生产要素后，在两国使用不同比例要素组合进行生产时，生产可能性曲线是一条凸状曲线，表示机会成本递增，另外，要素禀赋差异产生的来源，可以用自然资源、地理位置、历史发展等因素来解释，而在古典贸易理论中，没有阐述劳动生产率存在差异的原因。所以说，要素禀赋理论不仅克服了古典贸易理论的一些不足之处，还推动了贸易理论的发展。

（一）要素禀赋

要素禀赋，指一国所拥有两种生产要素的相对比例，注意这是一个相对比例，与这个国家拥有的生产要素绝对数量无关，如 A 国拥有的资本数量为 K_0，劳动数量为 L_0，那么它的相对要素禀赋是 K_0/L_0。

如果 A 国的要素禀赋 K_0/L_0 大于 B 国，那么相较于 B 国，A 国是资本丰富或劳动稀缺的国家，B 国是劳动丰富或资本稀缺的国家。

表 1-7 展示了 2011 年 12 个国家的要素禀赋情况，从表中可以发现发达国家资本-劳动之比高于发展中国家。因此，与发展中国家相比，发达国家属于资本要素丰裕的国家。注意，一国属于资本丰富国家还是劳动丰富国家，取决于比较对象。

表 1-7 部分国家 2011 年资本与劳动禀赋（资本存量按 2005 年国际价格计算）

国家	资本存量/亿美元	劳动力/万人	资本-劳动之比/(美元/人)
日本	184 180	8 118.9	226 853
法国	87 890	4 062.2	216 359
意大利	84 210	3 905.2	215 636
美国	414 950	20 834.3	199 167
澳大利亚	29 680	1 495.9	198 407
德国	104 040	5 298.6	196 355
韩国	56 380	3 567.4	158 041
英国	64 580	4 147.4	155 711
加拿大	34 880	2 367.5	147 329
墨西哥	38 710	7 609.2	50 872
中国	452 610	99 686.4	45 403

资料来源：李坤望（2017）根据 Feenstra 等（2015）的投资数据估算得出资本存量；劳动力总量来源于国际劳工组织数据库 LABORSTA

注：表中数据与计算结果有所出入是四舍五入修约所致

（二）要素密集度

要素密集度，是一个相对概念，指生产某种商品两种生产要素的比例，与投入的生产要素的绝对数值无关。如果生产 X 产品投入的资本与劳动比例为 $k_X = K_X/L_X$，生产 Y 产品投入的资本与劳动比例为 $k_Y = K_Y/L_Y$，若 $k_X > k_Y$，那么 X 是资本密集型（capital-intensive）产品，Y 是劳动密集型（labor-intensive）产品。

进一步来说，如果 X、Y 的生产部门在生产过程中投入的生产要素比例是固定的，也就是说无论何种情况下，生产 X、Y 投入的资本-劳动比例都不变，这种情形下，只要比较两部门的资本-劳动比例，即可比较两部门的要素密集度，但是在现实经济活动中，固定不变的生产要素比例情况很少存在。对于大多数产品来说，生产过程中投入的要素比例是变化的，也就是说资本和劳动是可以互相替代的。当生产要素市场中一种生产要素价格上升时，厂商倾向于减少使用这种生产要素，而增加使用相对比较廉价的另一种生产要素来代替，这时资本–劳动比例会发生变化。例如，当资本价格上涨时，厂商大都倾向于减少资本的使用量，而用相对廉价的劳动来代替一部分资本，那么生产部门的资本–劳动比例会下降；反过来，当劳动价格上升时，生产部门的资本–劳动比例会上升。因此，在生产要素可以替代的情况下，必须在共同的要素价格前提下，比较两个部门的要素密集度才是有意义的。所以，如果在任何相同的生产要素价格下，生产 X 投入的资本–劳动比例都大于生产 Y 投入的资本–劳动比例，那么 X 是资本密集型产品，Y 是劳动密集型产品。

产品的要素密集度可以用等产量曲线来表示。如图 1-2 所示，Q_X、Q_Y 分别表示产品 X、Y 的等产量曲线，在生产要素价格既定的条件下，两个部门投入的最佳要素组合取决于等产量曲线和等成本曲线的切点。给定一组要素价格（w_1，r_1），斜率为$-w_1/r_1$的等成本曲线与 X、Y 的等产量曲线切点分别是 A、B 两点，此时 X 的资本–劳动比例大于 Y 的资本–劳动比例。如另给出一组要素价格（w_2，r_2），X 的资本–劳动比例仍然大于 Y 的资本–劳动比例。根据上文的定义，X 与 Y 相比较，X 是资本密集型产品，Y 是劳动密集型产品。

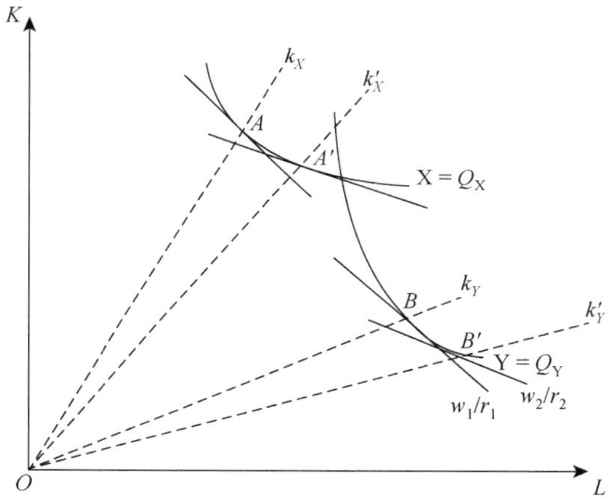

图 1-2　两种产品要素密集度的对比

（三）要素禀赋理论的假设条件

（1）在两国，两种商品的生产是规模报酬不变的。

（2）两国技术水平相同。

（3）各国可利用的生产要素总量不变。

（4）两国消费者偏好相同。

（5）资本和劳动两种生产要素在生产中可完全替代。

（6）在两国，商品 X 都是劳动密集型商品，商品 Y 都是资本密集型商品。

（7）任何一国的产品和要素市场都是完全竞争的。

（8）是静态分析，假定经济总量处于均衡状态。

（9）没有运输成本，没有贸易壁垒。

二、赫克歇尔-俄林理论

（一）要素禀赋差异与相对供给差异

本部分通过考察两国生产可能性曲线来判断两国在供给方面的差异。在两国生产技术相同的条件下，两国要素禀赋的差异，导致两国生产 X、Y 两种产品产量的差异。

如图 1-3 所示，E_A、E_B 代表两国的要素禀赋点。对 A 国来说，当把生产要素全部用于生产 X 时，X 的产量为通过 E_A 点的 X 的等产量线代表的产出水平 X_1。把生产要素全部投入 Y 的生产中时，Y 的产量是通过 E_B 点的 Y 的等产量线代表的产出水平 Y_1。根据图 1-3，在图 1-4 中，找到 A 国生产可能性曲线的两个端点，并用一条外凸的曲线 AA'把它们连接起来，则 AA'表示 A 国生产可能性曲线。用同样的方法可以确定 B 国的生产可能性曲线 BB'。

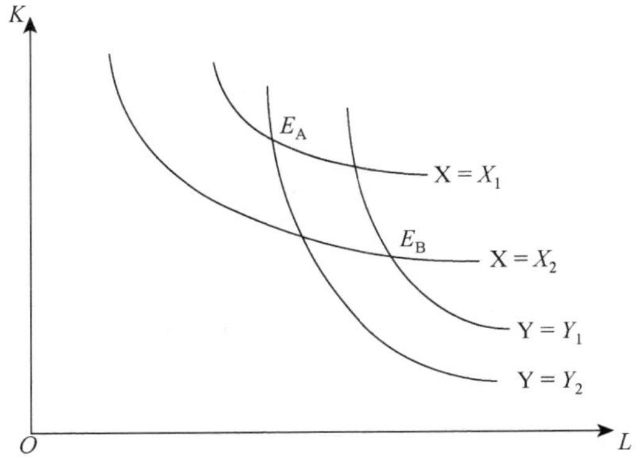

图 1-3　生产可能性曲线端点的决定

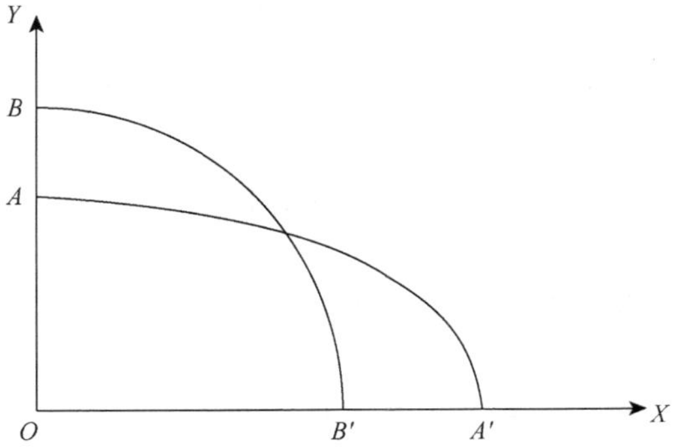

图 1-4　两国的生产可能性边界曲线

在图 1-4 中，不难发现两国生产可能性曲线存在差异，表现在 AA'、BB'与坐标轴交点位置的不同，表示两国生产两种产品的产出差异。这种差异可以用图 1-3 来解释。在图 1-3 中，通过 E_A 点的 X 的等产量线位于通过 E_B 点的 X 的等产量线以上，意味着 $X_1>X_2$；通过 E_A 点的 Y 的等产量线位于通过 E_B 点的 Y 的等产量线以下，代表 $Y_1>Y_2$。这在图 1-4 中得到了体现，即 B 国生产可能性曲线与 *X* 轴的交点 *B′*在 A 国生产可能性曲线与 *X* 轴交点 *A′*左边，B 国生产可能性曲线与 *Y* 轴的交点 B 在 A 国生产可能性曲线与 *Y* 轴交点上面。

从图 1-3、图 1-4 可以看出，在相同的生产技术条件下，A、B 两国要素禀赋差异决定了两国生产可能性曲线的差异。一国生产可能性曲线反映了这个国家的供给能力。与 B 国相比，A 国生产可能性曲线更偏向于 *X* 坐标轴，表示在相对产品价格相同的条件下，A 国在 X 产品上的供给能力高于 B 国，而 B 国在 Y 产品上的供给能力高于 A 国。

下面再进一步说明两国供给能力的差异。如图 1-5 所示，对于任意给定的相对价格数值 *P*，相对价格线与两国生产可能性曲线的切点就是均衡生产点，即在给定的相对价格水平下，A、B 产品的供给量。从图 1-5 可以发现，在相同的价格水平下，A 国均衡生产点的 *X/Y* 数值总是大于 B 国均衡点对应的这一数值，可以得出 A 国在 X 产品上的相对供给（*X/Y*）大于 B 国。由图 1-5 可以得到图 1-6，图 1-6 给出了两国相对供给曲线，在给定两国需求曲线 RD 的条件下，A 国的相对供给曲线 RS_1 总是位于 B 国相对供给曲线 RS_2 右边，这表明 A 国在 X 产品上的相对供给能力高于 B 国。

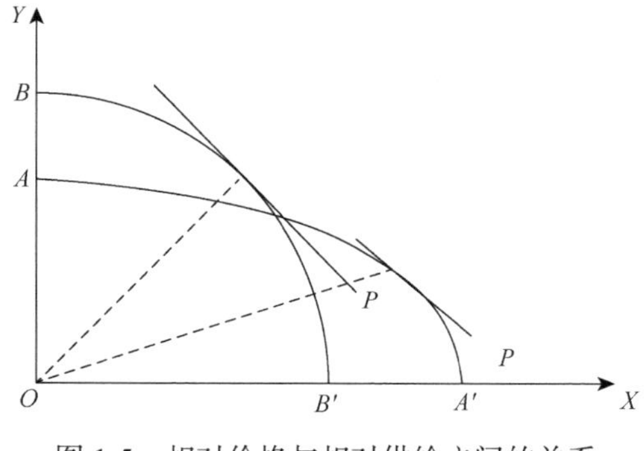

图 1-5　相对价格与相对供给之间的关系

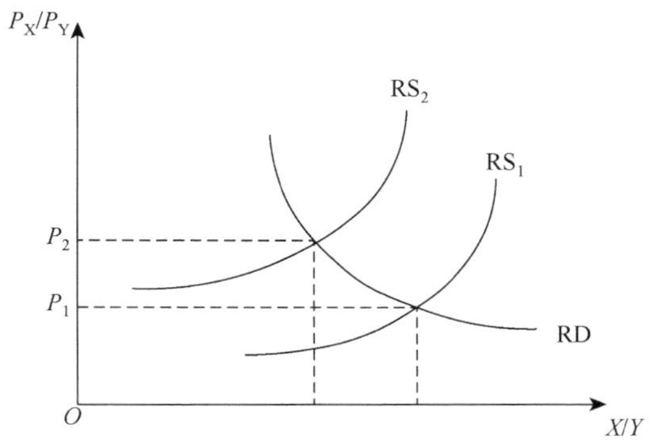

图 1-6　两国相对供给曲线

至此，我们可以得出以下结论：资本资源丰富的国家在资本密集型产品上相对供给能力较强，劳动资源丰富的国家在劳动密集型产品上相对供给能力较强。

（二）封闭条件下的相对价格

由于A、B两国需求情况相同，在不存在贸易的条件下，两国供给能力的差异导致相对价格差异，而要素禀赋差异是产生供给差异的原因，因此可以说要素禀赋差异导致两国相对价格差异。

如图1-6所示，RD表示两国相对需求（X/Y）曲线（因为假设两国消费者偏好相同，所以只有一条相对需求曲线）。相对需求曲线RD与RS_1、RS_2曲线的交点决定了两国在封闭条件下的均衡相对价格水平，在前面分析中，已经知道两国供给能力的差异造成了相对价格水平的差异，A国在产品X上的相对供给能力更高，因此A国相对价格水平低于B国，即$P_1<P_2$。

两国在封闭条件下的相对价格差可以用图1-7来说明。在图1-7中，A、B两国在封闭条件下的相对价格由社会无差异曲线与生产可能性曲线相切决定。在封闭条件下，A国的均衡点为E_1，B国的均衡点为E_2。因为两国的消费者偏好相同，所以图中两国的无差异曲线形状相同。通过E_1点的相对价格线P_1为A国的均衡价格，通过E_2点的相对价格线P_2为B国的均衡价格。很容易发现$P_1<P_2$，这表示A国在商品X上具有比较优势，而B国在商品Y上具有比较优势，也就是说资本丰富国家在资本密集型产品上具有比较优势，而劳动力丰富国家在劳动密集型产品上具有比较优势。

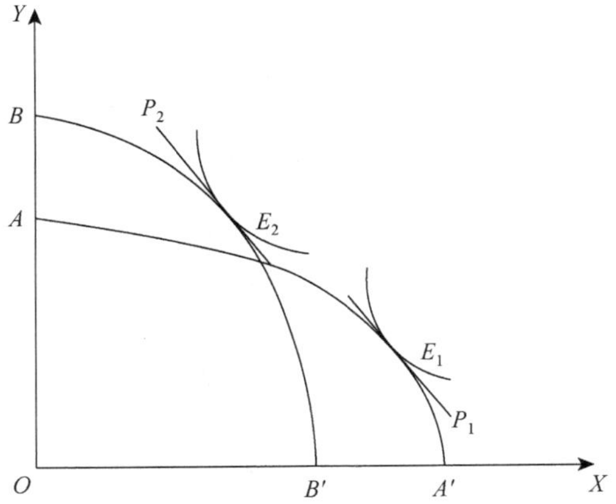

图1-7 两国封闭条件下的均衡

（三）H-O定理

存在贸易时，因为在B国市场商品X的相对价格高于A国市场，所以B国将从

A 国进口商品 X，同理，B 国将向 A 国出口商品 Y，即 A 国将出口商品 X，进口 Y，B 国则相反。这种做法的结果将导致 A 国 X 商品的相对价格上升，B 国 X 商品的相对价格下降，最终两国 X 商品价格趋于一致，达到相同的国际均衡价格。

国际均衡价格由 A、B 两国的相互供求关系决定。如图 1-8 所示，以 A 国向 B 国出口商品 X 为例，A 国的出口供给曲线和 B 国的进口需求曲线的交点决定了国际均衡价格 P_W，国际均衡相对价格 P_W 处于无贸易情况下 X 在 A、B 两国的相对价格 P_1 和 P_2 之间。两国进行贸易时，相对价格发生变动。对 A 国来说，相对价格升高，生产均衡点由点 E_1 转移到点 Q_1，如图 1-8、1-9 所示，点 Q_1 与点 E_1 相比，X 产量增加，Y 产量减少，通过点 Q_1 的国际相对价格线与无差异曲线的切点 C_1 就是变化后的消费均衡点。达到新均衡后，$\triangle Q_1O_1C_1$ 就是 A 国的贸易三角形，线段 O_1Q_1 为 X 的出口量，O_1C_1 为 Y 的进口量。同理，对 B 国来说，两国存在贸易时，X 的相对价格下降，生产均衡点由点 E_2 转移到 Q_2，消费均衡点是切点 C_2，此时$\triangle Q_2O_2C_2$ 是 B 国的贸易三角形，其中线段 O_2C_2 为 Y 的出口量，O_2Q_2 为 X 的进口量。

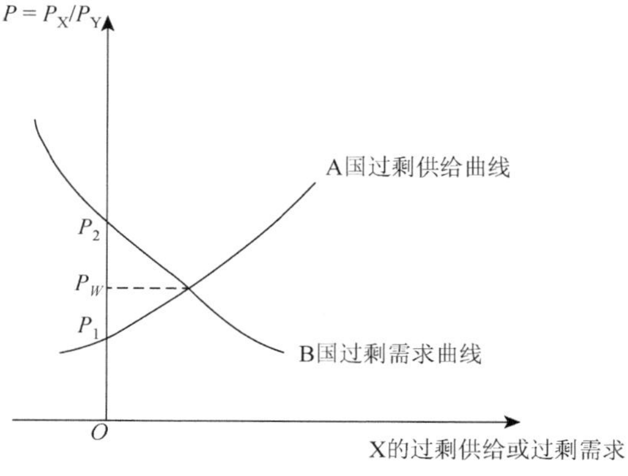

图 1-8　国际均衡价格的决定

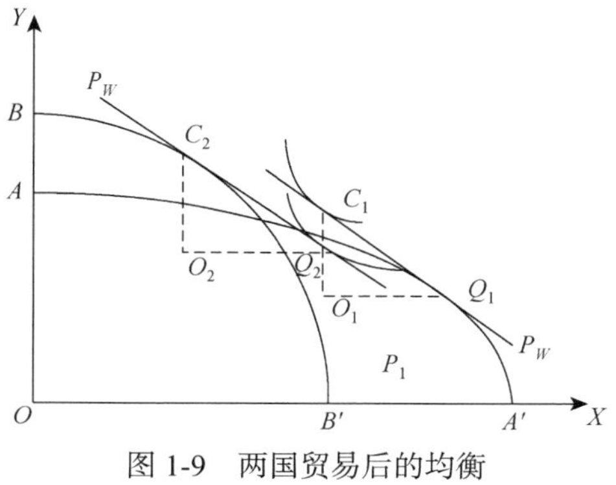

图 1-9　两国贸易后的均衡

根据以上分析，封闭条件下，要素禀赋差异造成 A、B 两国的供给能力不同，进一步引起商品相对价格的差异。这里可以得出 H-O 定理：每个国家都应专业化生产并出口密集使用该国丰富要素的产品，进口密集使用该国稀缺要素的产品。

三、要素价格均等与收入分配

（一）要素价格均等定理

从要素禀赋理论假设条件出发，可以得到要素价格均等（赫克歇尔-俄林—萨缪尔森）定理［The Factor Price Equalization（Heckscher-Ohlin-Samuelson）Theorem］：国际贸易条件下，各国同质生产要素将获得相同的相对与绝对收入。国际贸易可代替要素国际流动，实现世界范围内资源的最佳配置。要素价格均等定理是 H-O 定理的推论，与 H-O 定理具有相同的内涵。保罗·萨缪尔森证明了这一定理。因此，该定理通常被称为赫克歇尔-俄林-萨缪尔森定理，简称赫-俄-萨定理。

根据要素价格均等定理，国际贸易会使各国的同质劳动（经过相同的培训，具有相同技能和生产力的劳动）和同质资本（具有同等风险和生产力的资本）获得相等的收益，即国际贸易会使贸易各国工资相等、利率相等，使相对要素价格和绝对要素价格相等。

在前面章节的例子中，在封闭条件下，A 国的产品 X 的相对价格低于 B 国，这是因为 A 国的劳动价格低于 B 国。在贸易条件下，A 国专业化生产 X（劳动密集型产品）同时减少生产 Y（资本密集型产品），从而对劳动的相对需求上升，工资率会随之提高，同时对资本的相对需求下降，利率随之下降。B 国国内发生的恰恰与 A 国相反。B 国专业化生产 Y 的同时减少生产 X，对资本的需求上升，利率提高了，对劳动的需求下降，从而引起工资下降。综上，国际贸易使原来工资较低的国家工资上升，原来工资较高的国家工资下降，换言之，贸易缩小了两国的工资水平的差距。同理，国际贸易使原来利率较高的国家利率降低了，原来利率较低的国家利率提高了，贸易也缩小了两国利率的差异，即国际贸易缩小了两国生产要素收入的差距。

实际上，在满足要素禀赋理论所有假设条件下，国际贸易不仅会逐步缩小贸易各国同质要素的收入差异，而且最终会使各国相对要素收入相等。因为只要相对要素价格存在差异，相对商品价格就会有差异，从而促进贸易进一步发展，进而缩小各国要素价格差异，直到相对商品价格完全相等，即各国生产要素价格完全相等。

（二）相对要素价格均等

图 1-10 描述了在贸易条件下，两国要素价格相等的过程。横轴表示劳动的相对价格（w/r），纵轴表示 X 产品的相对价格（P_1/P_2）。在要素禀赋理论假设条件都成立的情况下，两国都处于完全竞争的条件下，生产技术条件也相同，对于每一个 w/r，都有唯一的 P_1/P_2 与之对应。

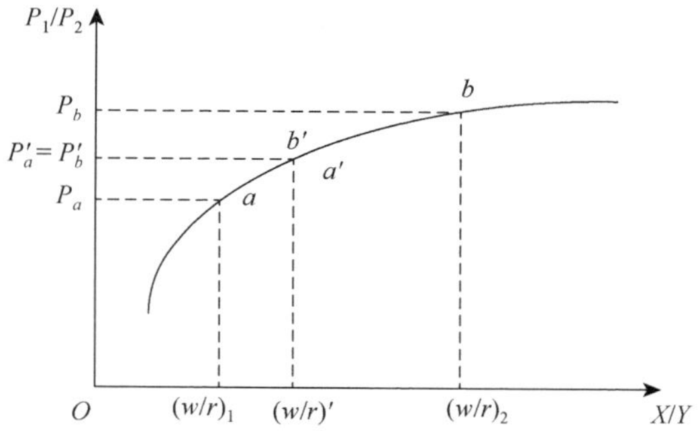

图 1-10　相对要素价格均衡

封闭条件下，A 国处于 a 点，$w/r=(w/r)_1$，$P_1/P_2=P_a$，B 国位于 b 点，$w/r=(w/r)_2$，$P_1/P_2=P_b$。开展贸易前，A 国 w/r 低于 B 国，$P_a<P_b$，所以 A 国在 X 产品上具有比较优势。两国进行贸易时，A 国（劳动要素充裕的国家）专业化生产 X 产品（劳动密集型产品）并减少生产 Y 产品，导致对劳动需求上升，对资本需求下降，使 w/r 上升，进而使得 P_1/P_2 也上升。B 国（资本要素充裕的国家）专业化生产 Y 产品（资本密集型产品）并减少 X 产品的生产，导致对资本需求上升，对劳动需求下降，进而使得 w/r 下降，P_1/P_2 也下降。这个过程将持续到 A 国和 B 国 w/r 相等，P_1/P_2 也相等。

实际上，贸易对生产要素价格的影响替代了生产要素的国际流动。在要素自由流动的条件下，劳动会从低工资的国家流动到高工资的国家，直到两国工资相等，劳动才停止流动。同理，资本也会从利率低的国家向利率高的国家流动。贸易在要素需求方面发挥作用，要素流动在要素供给方面发挥作用。贸易和要素流动两种作用的结果都使同质要素的绝对收入完全相同。

（三）贸易对收入分配的影响

以上是国际贸易对贸易各国要素价格差异影响的分析，那么国际贸易对各国要素收入的影响又如何呢？实际上这两个问题具有密切联系。通过上面分析可以知道：国际贸易倾向于提高各国相对充裕和价格便宜的生产要素价格，降低各国相对稀缺和价格昂贵的生产要素价格。在本节的例子当中，通过贸易，A 国的劳动工资上升而资本利率下降，B 国劳动工资下降而资本利率上升。由于假设各国贸易前后生产要素是充分利用的，劳动收入与资本收入必将与要素价格发生同方向的变化，即国际贸易使 A 国劳动收入上升，资本收入下降，同时国际贸易使 B 国劳动收入下降，资本收入上升。

在生产要素可以在产业之间、国家之间自由流动的条件下，对于发达国家来说，往往资本是相对充裕的生产要素，国际贸易通常会使这些国家的劳动收入降低，资本收入提高。所以发达国家的工会往往会支持贸易保护。在不发达国家，劳动一般是相对充裕的生产要素，国际贸易会提高劳动收入，降低资本收入。

以美国为例，该国属于资本充裕、劳动稀缺型国家，根据赫-俄-萨定理，国际贸易会降低劳动的收入。那么美国政府是否应该采取贸易保护政策呢？答案是否定的，因为贸易引起的资本收入增加大于劳动收入的减少。适当的税收政策可以使收入在劳动者和资本所有者之间进行重新分配，进而使两种要素的所有者收入都增加。

（四）特定要素模型

上面关于国际贸易对收入分配的影响，是在生产要素在各产业间、各国间自由流动的条件下讨论的。但是有一些生产要素流动会受到限制，在这种情况下，需要引入特定要素模型（specific-factor model）来解释国际贸易对收入分配的影响。

假设 A 国是一个劳动充裕的国家，生产 X（劳动密集型产品）和 Y（资本密集型产品）两种产品。生产 X 和 Y 都需要劳动和资本两种要素，劳动可以在两个产业间自由流动，资本只能用于特定的产业，即用于生产 X 的资本不能用于生产 Y，用于生产 Y 的资本也不能用于生产 X。可以假定有三种生产要素：劳动（可以在两个产业间流动）、只用于生产 X 的资本和只用于生产 Y 的资本。

在贸易条件下，A 国将专业化生产并出口 X 产品，进口 Y 产品，进而使 X 产品的相对价格（P_X/P_Y）上升，同时对该国劳动需求上升，名义工资率也随之上升。由于劳动在产业间可以流动，一些劳动将从 Y 的生产中转移到 X 的生产中，P_Y/P_X 减少，产业 Y 将对劳动支付更高的工资。

贸易对 A 国劳动真实工资率的影响具有不确定性。对于 X 产业来说，因为 X 的相对价格（P_X/P_Y）和对劳动需求的增加将超过劳动名义工资率的增加，所以 X 产品的真实工资率是下降的。对于 Y 产业而言，名义工资率上升，Y 产品价格下降，因此 Y 产品的真实工资率上升。所以，贸易对 A 国劳动的真实工资率的影响具有不确定性，X 的真实工资率下降，Y 的真实工资率上升。以消费 X 产品为主的工人的真实工资率和收入下降，以消费 Y 产品为主的工人的真实工资率和收入上升。

贸易对资本的影响是确定的。由于资本在产业间不能流动，只能用于特定的产业，更多的劳动流向 X 产业，并和特定数量的资本相结合，资本的真实收入将上升；在 Y 产业中，越来越少的劳动和资本结合，资本的真实收入将下降。

在上面提到的例子中，贸易对于劳动（流动要素）的影响是不确定的，对资本（非流动要素）的影响是确定的，即增加 X 产业（出口商品）资本收入，减少 Y 产业（进口商品）的资本收入。在特定要素模型中，结合上面的讨论可以得到以下结论：国际贸易对于一国流动要素的影响是不确定的，有利于该国出口商品中的流动要素，不利于该国进口商品中的流动要素。

在现实的经济活动中，不难发现国际贸易并没有使各国同质要素收入相等。比如，美国和英国的律师、医生、工程师的工资收入高于在巴西、越南的同行。出现这种情况的原因可归结为赫-俄-萨定理的很多假设条件在现实世界中是不成立的。比如，各国消费者偏好未必相同，各国运输成本、贸易壁垒没有消除，很多产业处于非完全竞争市场等。所以，国际贸易并没有使各国同质要素收入均等化。

这种情况下，与其说国际贸易消除了各国同质要素收益的差异，不如说其减小了同质要素收益的国际差异。

要素价格均等定理只是预测了国际贸易是否会缩小或消除贸易各国同质要素收入的差异，并没有说明国际贸易是否会缩小或消除人均收入的差异。即使各国劳动的真实工资率是相等的，人均收入仍可能有差异。这是因为人均收入与许多其他要素相关，如熟练工人和非熟练工人的比率、劳动力参与程度、一国的独立性等。

四、要素禀赋理论的验证与补充

（一）要素禀赋理论的意义与局限性

赫克歇尔、俄林、萨缪尔森的要素禀赋论和要素价格均等化学说是在比较优势理论的基础上取得的一大进步，有其合理的成分和可借鉴的意义。要素禀赋理论是西方国际贸易理论发展的重要阶段，也是现代国际贸易的开端。要素禀赋理论从两国生产要素供给差异的角度解释国际分工和贸易格局，认为各国生产要素的丰裕程度是各国比较优势的基础和决定因素。这个理论可以解释第二次世界大战前的国际贸易格局。

要素禀赋理论分析了国际贸易对一国经济结构以及劳动者收入的影响。国际贸易可以增加本国相对丰裕要素的需求，提高其价格，同时也可以减少对本国相对稀缺要素的需求，降低其价格。国际贸易可以使本国资源获得充分有效的利用。这一理论对于一国充分利用本国资源优势参与国际分工获取贸易利益具有积极意义。

但是要素禀赋理论同时也存在缺陷，主要表现如下。

（1）同比较优势理论一样，要素禀赋理论是建立在一系列假设条件之上的，如两国技术水平相同、两国消费者偏好相同、完全竞争等，这些假设与现实国际贸易情况有较大差距，削弱了该理论对现实国际贸易的解释力。

（2）要素禀赋理论忽略了国际生产关系、国际政治因素以及政府对国际分工的影响。在国际贸易格局中，发达国家往往凭借其政治经济影响力来影响本国参与国际分工的范围与程度，使国际贸易活动朝着对发展中国家不利的方向发展。例如，发达国家对本国高新技术产品设置种种出口限制措施，以保护本国的“技术机密”。在实际的国际分工中，一国参与国际分工的形式、参加国际贸易的商品种类并非完全取决于生产要素的丰裕程度。

（二）里昂惕夫之谜及其解释

1. 里昂惕夫之谜的含义

自 20 世纪 50 年代初起，经济学家们对要素禀赋理论作了一系列的实证检验工作，这一理论的一些局限性和不足开始显现出来。

瓦西里·里昂惕夫利用美国 1947 年数据，在 1951 年对 H-O 定理进行了第一次检验。由于美国是世界上资本最充裕的国家，测算之前，里昂惕夫预测根据 H-O 定理，美国应出口资本密集型产品，进口劳动密集型产品。

表 1-8 表示美国 1947 年国内生产 100 万美元出口商品与进口商品所需的资本与劳动。由表 1-8 可知，美国出口商品的资本-劳动比例是 13 991 美元/人，进口商品的资本-劳动比例是 18 184 美元/人，进口商品的资本密集度大概是出口商品的 1.3 倍，表示美国出口劳动密集型产品，进口资本密集型产品。这一结论与 H-O 定理正好相反，所以称为里昂惕夫之谜（the Leontief paradox）。

表 1-8 美国国内生产 100 万美元出口商品与进口商品所需的资本与劳动（1947 年）

生产 100 万美元出口商品与进口商品所需资本与劳动	出口商品	进口商品
资本（价格/美元）	2 550 780	3 091 339
劳动（年劳动人数）	182	170
资本-劳动比例（美元/人）	13 991	18 184

资料来源：Leontief（1956）

注：表中数据与计算结果有出入是四舍五入修约所致

2. 里昂惕夫之谜的解释

（1）人力资本。对于里昂惕夫之谜的出现，里昂惕夫本人也曾反思自己没有认真评估美国要素禀赋，想当然地把美国归到资本充裕类型的国家。他从有效劳动（effective labor）角度做出解释：由于各国劳动者素质不同，配合同样的资本，美国劳动生产率约为其他国的三倍，或者说美国有效劳动数量是现存劳动量的三倍。从有效劳动角度来说，美国成了（有效）劳动相对丰富的国家，资本则成了相对稀缺的要素。受里昂惕夫有效劳动解释的影响，后来一些经济学家在要素禀赋理论框架下引入人力资本因素。劳动按质量可以划分为非熟练劳动和熟练劳动。熟练劳动不是与生俱来的，而是通过后天的教育、培训积累起来的技能，这种后天的努力从某种意义上说也是一种投资，所以称它为人力资本。这样，资本不仅包括有形的物质资本，也包括无形的人力资本。引入人力资本这一因素后，就可以解释里昂惕夫之谜了。

（2）知识资本。这一因素与人力资本紧密相关。研究与开发（research and development，R&D）带来的知识资本能够提高从等量资本获得的产出水平，美国大部分出口产品都是知识和技能密集型的，知识资本在美国贸易中发挥了重要作用，里昂惕夫在研究中没有考虑到这些。

（3）自然资源。里昂惕夫在研究中使用了两要素模型，只考虑了资本和劳动两种要素，忽略了自然资源，如能源、气候等其他资源的影响。美国的许多进口商品可能是资源密集型的，在两要素模型中仅将其划分为资本或劳动密集型，显然是不合适的。当把自然资源这一因素考虑进来以后，里昂惕夫之谜可以得到较好的解释，仅从资本和劳动角度，解释不通为什么美国进口的是资本密集型商品，但是从自然资源的角度来看，美国进口的不是资本，而是本国稀缺的自然资源。

（4）生产要素的划分。一些学者在以上解释的基础上进一步追溯到 H-O 定理本身的限制条件上。他们认为两种生产要素的划分远远不够。现实中，生产要素可以划分为很多种，如劳动力可以细分为熟练劳动力、非熟练劳动力、技术人员、管理人员等；土地可以细分为用于种植的土地、建工厂的土地等。美国经济学家爱德华•利马（Edward Lima）将生产要素进一步细分成 12 种类型。这种对生产要素的进一步划分是对 H-O 定理的补充和完善，符合实际情况，部分情况如表 1-9 所示。

表 1-9　各国生产要素相对丰裕度表

国家	物质资本	高技术熟练度劳动力	中技术熟练度劳动力	非熟练劳动力	可耕种土地	林地
美国	33.4%	22.8%	15.6%	0.4%	19.4%	13.1%
加拿大	3.3%	2.6%	1.5%	0.3%	3.5%	16.1%
日本	17.6%	7.1%	8.5%	0.2%	0.2%	1.2%
法国	5.1%	4.7%	3.4%	0.1%	1.4%	0.7%
英国	3.9%	5.7%	3.6%	0.1%	0.8%	0.1%
其他发达国家	15.4%	14.4%	10.0%	1.3%	26.4%	10.9%
发展中国家	14.7%	37.1%	53.3%	97.5%	47.8%	57.5%

资料来源：普格尔和林德特（2001）

从表 1-9 中可以看出，各国的要素丰裕度基本反映了各国的特征。在各国现实中的出口结构中也可以找到其要素禀赋论的影子。

（5）关税政策。关税政策减少了进口，刺激国内进口替代品的生产。

（6）要素密集度颠倒（factor-intensity reversal）。要素密集度颠倒是指生产的某种商品在劳动力相对丰富的国家中属于劳动密集型产品，但在资本相对丰富的国家中则属于资本密集型产品。例如，如果某商品在 A 国（低工资国家）是劳动密集型产品，在 B 国（高工资国家）则是资本密集型产品，那么就发生了要素密集度颠倒。

要素密集度颠倒往往和另一概念生产要素替代弹性（elasticity of substitution）密切相关。生产要素替代弹性指的是当一种要素价格下降时，这种要素可以用来替代另一种要素的程度。例如，在生产 X 产品时劳动对资本的替代弹性大于生产 Y 产品时劳动对资本的替代弹性，则表示生产 X 产品时用劳动替代资本比生产 Y 产品时用劳动替代资本更容易。

如果两种产品在生产时劳动对资本的替代弹性差异越大，要素密集度颠倒的情况就越容易发生。例如，在生产产品 X 时劳动对资本的替代弹性很大，A 国（低工资国家）会用劳动密集型技术生产 X，因为 A 国劳动工资低。B 国（高工资国家）会用资本密集型技术生产 X，因为 B 国工资水平高。同时期内生产产品 Y 的劳动对资本的替代弹性小，不管两国的相对要素价格差异有多大，两国被迫使用同样的技术生产 Y。结果产品 X 在 A 国是劳动密集型产品，在 B 国是资本密集型产品，发生了要素密集度颠倒的情况。

在要素密集度颠倒的情况发生时，H-O 定理和要素价格均等理论都不能成立。

H-O 理论失效的原因在于根据该理论，A 国（劳动力充裕的国家）将出口 X 产品（A 国的劳动密集型产品），B 国（资本充裕的国家）将出口 X 产品（B 国的资本密集型产品），由于两个国家不可能相互出口相同的产品，这时 H-O 理论失效，不能预测贸易模式。要素价格均等理论也不成立，因为 A 国专业化生产 X 产品，对劳动的需求增加，A 国相对工资和绝对工资将上升。B 国不能向 A 国出口 X 产品，它被迫专业化生产和出口 Y 产品，Y 在 B 国是相对劳动密集型产品，所以 B 国对劳动需求上升，劳动工资也随之上升。两国相对工资和绝对工资之间的差异变化是不确定的，取决于两国工资上涨幅度的差异。在国际贸易下，两国相对工资和绝对工资差异可能会缩小，也可能会扩大或不变，这时要素价格均等理论也不再成立。

要素密集度颠倒的情况在现实世界是存在的。如果要素密集度颠倒的情况很普遍，那么 H-O 定理是站不住脚的。如果要素密集度颠倒的情况只是偶尔发生，则可以认为 H-O 定理一般是成立的，要素密集度颠倒仅是一个特例。因此，要素密集度颠倒是否普遍是关键问题。

里昂惕夫和鲍尔在各自的研究中证实了要素密集度颠倒在现实世界中很少发生的结论。因此，H-O 定理还是成立的。

里昂惕夫之谜是西方国际贸易理论发展史上的一个重要转折，它推动了第二次世界大战后国际贸易理论的迅速发展。对于里昂惕夫之谜的解释，实际上是从不同角度对要素禀赋理论假定前提的修正，同时也推动了后来一系列国际贸易新理论的产生。

本节小结

要素禀赋理论最初由赫克歇尔和俄林提出，后经萨缪尔森等的不断完善，在一个相当长的时期内在国际贸易理论中占有一席之地，至今仍占据着十分重要的地位。这一理论由 H-O 定理、斯托珀-萨缪尔森定理、要素价格均等理论和罗伯津斯基定理四个主要部分构成。本节重点介绍了 H-O 定理和要素价格均等理论。H-O 定理从要素禀赋相对差异出发，解释国际贸易的起因与贸易形态的决定，认为根据比较优势，一国应出口密集使用其相对丰富要素的产品，进口密集使用其相对稀缺要素的产品。要素价格均等理论指出，国际贸易通过商品价格的均等化，会导致要素价格均等化，从而在世界范围实现资源的最佳配置，同时由于要素价格的变动，国际贸易会影响一国收入分配格局，即相对丰富要素的所有者会从国际贸易中获利，而相对稀缺要素的所有者会因贸易而受损。

思考题

1. 要素禀赋理论怎样解释产生国际贸易的原因？
2. 封闭条件下的均衡价格与开放条件下的均衡价格有何不同？
3. 什么是里昂惕夫之谜？西方学者对此作了哪些解释？

第三节　重叠需求理论

古典贸易理论和要素禀赋理论是从供给方面讨论国际贸易的原因和动力，重叠需求理论（the overlapping demand theory）是从需求方面解释国际贸易的起因。重叠需求理论是 1961 年由瑞典经济学家林德（Linder）提出来的。该理论的核心内容是：若两国之间的需求结构和收入水平越接近，则两国之间进行贸易的基础就越雄厚。

一、收入水平与需求水平

根据经济学的基本原理，一国的人均收入水平决定了该国的需求水平，一般一国人均收入水平与对产品和服务的需求水平是正相关的。以对家庭汽车的需求为例，平均收入水平越高的国家，对家庭汽车的需求量越大，同时档次也越高。因为任何一个国家居民收入水平都存在差异，不可能绝对平均，那么居民对产品的需求必然是有档次区分的，收入水平越高，对家庭汽车需求的档次也越高，收入水平越低，对家庭汽车需求的档次也越低，其中反映一般收入水平的需求水平叫作“代表性需求”。一国居民收入水平的差异反映在需求水平上，体现为该国对同一类产品的需求呈现多样性。

二、代表性需求与规模经济

由于代表性需求代表了一国对同一类产品不同档次中需求量最大的部分，厂商为获得生产的规模经济效应，必然总是瞄准本国代表性需求的产品档次，增加产品产量，以实现企业的规模经济。因此，即便一国居民对同一类产品的需求再具有多样性，该国厂商也总是追随代表性需求而发展。

三、重叠需求与国际贸易

鉴于厂商总是追求代表性需求，一国产业结构总是围绕代表性需求而调整，那么如何满足该国居民的多样化需求呢？国内厂商可能为了满足消费者的非代表性需求而进行生产，但是消费者要支付较高的价格。大多数情况下，需要借助国际贸易来满足这些特殊消费者的需求。而且，通过国际贸易，本国用以满足代表性需求的生产规模同时也扩大，有利于厂商获得规模经济效益。需要指出的是，因为只有收入水平接近的国家才有相近或重叠性的需求，所以这种国际贸易只存在于收入水平接近的国家之间。重叠需求指在收入水平接近的国家之间，消费者需求产品档次相同的那部分需求。

例如，美国、法国、中国和越南都生产家庭用汽车，并且假定家庭汽车可划分为五个档次，从低到高依次为 1、2、3、4、5 档，如表 1-10 所示。其中，美国的收入水平较高，对汽车档次的需求也较广泛，需要 3、4、5 档次的汽车，其代表性需求的档次是第 5 档次，国内专业生产第 5 档次的汽车；法国的收入水平也较高，其需求档次是 2、3、4、5 档次的汽车，法国的代表性需求是第 4 档次，国内专业生产第 4 档次的汽车；中国收入水平较低，其需求档次是 1、2、3、4、5 档次的汽车，代表性需求是第 3 档次的汽车，国内专业生产第 3 档次的汽车；越南是这几个国家中收入最低的国家，需要 1、2、3、4 档次的汽车，其代表性需求是第 2 档次的汽车，国内专业生产第 2 和第 1 档次的汽车。这些国家的非代表性需求可以通过国际贸易来满足。在国际贸易的条件下，美国可以从法国进口第 4 档次的汽车，从中国进口第 3 档次的汽车，同时向法国、中国出口第 5 档次的汽车。法国可以从美国进口第 5 档次的汽车，从中国进口第 3 档次的汽车，从越南进口第 2 档次的汽车，同时向美国、中国、越南出口第 4 档次的汽车。中国分别从美国、法国和越南进口第 5、第 4 和第 2 档次的汽车，同时向美国、法国和越南出口第 3 档次的汽车。越南则从法国和中国分别进口第 4、第 3 档次的汽车，同时向法国出口第 2 档次的汽车，向中国出口第 1、2 档次的汽车，越南第 1 档次的汽车只能向中国出口，因为只有中国的一部分消费者对此类汽车有需求。

表 1-10　四国进出口汽车和重叠需求表

重叠需求	美国（进口）	法国（进口）	中国（进口）	越南（进口）
美国（出口）		5	5	
法国（出口）	4		4	4
中国（出口）	3	3		3
越南（出口）		2	2, 1	

由表 1-10 可以看出，收入水平相近的国家之间存在相互贸易，收入水平相差较远的国家之间没有重叠需求，进而也不存在相互贸易，而且国际贸易使各国专业生产的产品市场需求增大，规模经济效益增强。

重叠需求理论表明，由于厂商追求规模经济效益，在收入水平或需求水平接近的国家之间才存在相互贸易。由于存在较少的相互需求，收入水平差异较大的国家之间产业内或行业内贸易较少。

林德指出，重叠需求理论适用于工业产品或制成品，他认为初级产品的贸易是由国家之间自然资源禀赋的差异引起，所以初级产品的需求与收入水平无关，即初级产品的贸易可以在收入水平差异较大的国家之间进行，要素禀赋理论适用于初级产品贸易。工业产品的消费需求与一国收入水平紧密相关，因此重叠需求理论适用于解释工业品贸易。

本节小结

重叠需求理论是从消费者行为，即需求方面解释国际贸易起因。当假设消费行为更多地取决于收入水平时，需求结构的相似性——重叠需求便成为国际贸易的一个重要决定因素。两个国家的人均收入水平越接近，则这两个国家的需求结构重叠部分就越大，因而两国的贸易关系就越密切。

思考题

1. 试比较重叠需求理论与要素禀赋理论的异同。
2. 你认为重叠需求理论适合解释发展中国家之间的贸易吗？为什么？

第四节 产品生命周期理论

古典贸易理论中，技术差异是国际贸易出现的原因和动力，随着社会的发展，有些经济学家更加强调技术变化，即把技术差异动态化。伴随着经济的发展，技术变化日新月异，拥有技术优势的国家往往在国际市场上占据领先地位，但是在当今社会，知识和技术的扩散和传播越来越便利，因此技术领先国与其他国家的差距一直处于动态变化中，并非一成不变，这种技术差异的变化推动了国际贸易的进行。

美国经济学家弗农（Vernon）于1966年提出了产品生命周期理论，该理论侧重从技术创新、技术进步和技术传播的角度来分析国际贸易产生的基础，将国际贸易中的比较利益动态化，研究产品出口优势在不同国家间的传导。

产品生命周期（product life cycle，PLC），是产品的市场寿命，即一种新产品从开始进入市场到被市场淘汰的整个过程。弗农认为：产品生命是指市场上的营销生命，产品和人的生命一样，要经历形成、成长、成熟、衰退这样的周期。就产品而言，也就是要经历一个开发、引进、成长、成熟、衰退的阶段，而这个周期在不同的技术水平的国家里，发生的时间和过程不一样，其间存在较大的差距和时差，正是这一时差，表现为不同国家在技术上的差距，它反映了同一产品在不同国家市场上竞争地位的差异，从而决定了国际贸易的变化。

根据产品生命周期理论，一种产品从厂商到消费者手里需要不同种类的成本投入，如研发费用、资本和劳动投入、原材料投入、市场营销费用投入等。在产品生命周期的不同阶段，不同种类的成本投入在生产成本中的重要性也处于变化之中，因为各国在各种成本投入中的比较优势有差异，因此在产品生命周期的不同阶段，不同的国家可能占有比较优势。例如，在某一阶段劳动在生产成本构成中占重要地位，而劳动恰好是某国的相对充裕要素，那么这个国家在这一阶段就具有比较优势。

根据产品生命周期理论，产品完成一次循环，一般经历以下四个阶段。

一、引入期

产品的引入期（introduction period）指产品的研发阶段。在这个阶段，产品技术还没有定型，研发费用在生产成本中居于支配地位。少数先进国家拥有较高的科技水平和较多的研发人员，并且资本也比较充裕，所以有实力集中大批高素质的科技人员从事研发活动，同时也能够在研发方面投入大量资本，而且也有较强的抗风险能力。因此，少数先进国家在这个阶段具有比较优势，成为新产品的出口国。

在引入期，新产品的品质一般要高于市场上现有产品，价格也比较高，所以在这一阶段，贸易主要发生在发达国家之间，因为根据重叠需求理论，这些国家的市场需求和收入水平比较接近。

二、成长期

产品进入成长期（growth period）以后，生产技术已经定型并被普遍使用，因此其他发达国家进入市场后开始大规模生产。这个阶段厂商之间的竞争比较激烈，纷纷扩大生产和销售。在这一阶段，资本投入，包括物质资本和人力资本在成本构成中所占的比重最大，产品由技术与研发密集型转变为资本密集型产品。

在成长期阶段，根据要素禀赋理论，发达国家在这个阶段拥有比较优势，产品主要由发达国家向发展中国家出口。

三、成熟期

进入成熟期（maturity period）阶段以后，产品技术实现了标准化，产品也在广大市场中普及起来。厂商的生产规模基本达到了最佳，在这个阶段原材料和劳动成为最重要的成本。劳动尤其是低工资的劳动成为这一阶段成本构成中比重最大的部分，因此发展中国家，尤其是在工业化方面取得一定成效的发展中国家具有比较优势。这一阶段，产品主要由发展中国家向发达国家出口。

四、衰退期

衰退期（recession period）指产品进入了淘汰阶段。随着科技的发展以及消费习惯的改变，产品的销售量和利润持续下降，产品在市场上已经老化，不能适应市场需求，市场上已经有其他性能更好、价格更低的新产品，足以满足消费者的需求。此时成本较高的企业就会由于无利可图而陆续停止生产，该类产品的生命周期也就陆续结束，以致最后完全撤出市场。

图 1-11 描述了产品生命周期的整个阶段。如图 1-11 所示，横坐标表示时间 t，纵坐标表示净出口。在初始时刻 t_0，少数先进国家即创新国刚刚研发出新产品，此时生产技术还不成熟，生产规模比较小，市场需求仅限于国内。到 t_1 时刻，有了来自国外的市场需求，产品开始出口。由于产品品质和价格都相对较高，出口国主要是与创新国收入水平比较接近的其他发达国家。随着时间的推移，其他发达国家开始掌握生产技术，开始在本国生产并满足一部分国内需求，进口量开始减少。到了某一时刻以后，创新国开始少量出口一部分到发展中国家以满足这些国家的市场需求。到 t_2 时刻，生产技术已经成型，产品由技术密集型转变为资本密集型，其他发达国家（第二代生产者）开始大量生产和出口。在 t_3 时刻，创新国成为净进口国。在 t_4 时刻，技术和产品达到标准化，产品由资本密集型产品转变为劳动密集型产品，发展中国家成为净出口国。到 t_5 时刻以后，产品进入了淘汰阶段，市场上已经有其他性能更好、价格更低的新产品来满足消费者的需求，厂商纷纷撤出市场。

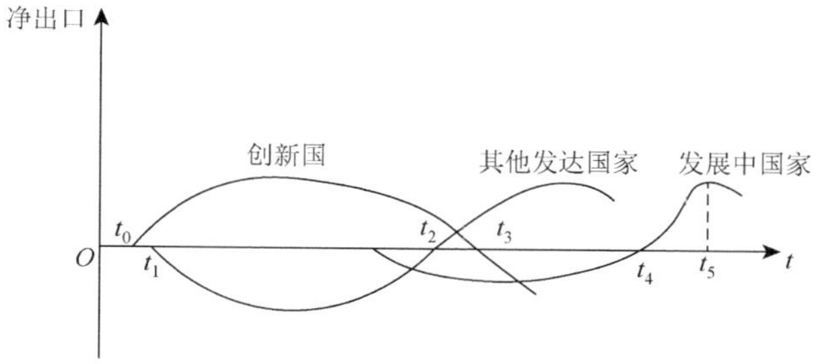

图 1-11　产品生命周期

本节小结

产品生命周期理论从技术变化的角度，探讨了比较优势的动态演变。该理论按技术变化的特点，将产品的发展过程划分为四个阶段：引入期、成长期、成熟期和衰退期。在引入期，决定比较优势的因素主要是研究与开发；在成长期，决定比较优势的最重要因素是资本；而在成熟期，非熟练或半熟练劳动力则成为决定比较优势的最主要力量。

思考题

1. 试举例说明产品生命周期理论。

2. 试比较产品生命周期理论与要素禀赋理论的异同。

3. 结合重叠需求理论和产品生命周期理论，试解释为什么美国始终是世界汽车生产和出口大国。

第五节　产业内贸易理论

传统的国际贸易理论，主要针对国与国、劳动生产率差别较大和不同产业之间的贸易，但自 20 世纪 60 年代以来，随着科学技术的不断发展，国际贸易实践中又出现了一种和传统的国际贸易理论结论相悖的新现象，即国际贸易大多发生在发达国家之间，而不是发达国家与发展中国家之间；而发达国家间的贸易，又出现了既进口又出口同类产品的现象。为了解释这种现象，国际经济学界产生了一种新的理论——产业内贸易理论。

一、产业内贸易的内涵

从产品内容上看，可以把国际贸易分成两种基本类型：一种是国家进口和出口的产品属于不同的产业部门，如出口初级产品，进口制成品，这种国际贸易称为产业间贸易（inter-industry trade）；另外一种被称为产业内贸易（intra-industry trade），也就是一国同时出口和进口同类型的制成品，因此这种贸易通常也被称为双向贸易（two way trade）或重叠贸易（over-lap trade）

1975 年，加拿大学者格鲁贝尔（Grubel）和澳大利亚学者劳埃德（Loyd）系统地提出了产业内贸易理论，后来学者们对该理论作了进一步的丰富和发展（董瑾，

2014）。产业内贸易指一个国家或地区在一段时间内，同一产业部门内的产品既进口又出口。例如，美国向加拿大出口食品，同时又从加拿大进口食品。

二、产业内贸易的类型

根据产品差异性标准，产业内贸易可以划分为水平型产业内贸易和垂直型产业内贸易。

水平型产业内贸易，即指规格、属性等细节不尽一致而产品特性、品质等关键本质相类似的同一类商品的进出口往来活动。随着国际经济发展水平普遍提高，当代消费者的消费理念及消费需求也在不断改变，消费水平不断提高以及需求结构持续优化，各国厂商对同一类型商品在规格型号、外观包装、款式设计等方面均做出了差异性生产，但一国的厂商难以做到覆盖全部消费者的所有需求。因此，各国国内消费者多种多样的购买需求促进了不同国家间相同产业进出口活动的开展。

这种水平型产业内贸易通常发生在收入水平或消费需求结构相似度较高、科技水平或产业结构差异程度较小的国家之间，一般情况下发达国家之间多以这种贸易形式为主。

垂直型产业内贸易，即指那些商品特性、价格不同的类似产品的进出口往来活动。由于一国之内居民收入层次不同，因此在任何一个国家都存在着差异较大的消费品购买层次。因此，一国需要生产高品质产品来满足国内高收入人群的需求，同时还要为中低收入水平消费者提供他们所需的消费品。在这种情况下，一个国家可能同时进出口质量不同、价格不同的类似产品，由此也促进了与他国产业内贸易的发生。

这种垂直型产业内贸易产生的原因主要在于各国资源条件不同、生产成本存在差异、科技水平不同，不同国家生产不同档次的产品。在当前国际分工形势下，一般工业发达、技术水平先进的国家与工业水平较为落后的发展中国家之间的贸易多以垂直型产业内贸易为主。

为了便于各国贸易的统计和管理，国际上对进出口商品颁布了标准分类，称为“国际贸易标准分类”。从大类上来说，国际贸易商品分为10类（从第0类到第9类），其基本的排列顺序是从原材料到制成品。现实中的商品多种多样，国际贸易标准分类又进一步将商品细化分类，这种划分可详细到多位数字。产业内贸易产品，指的是至少前三个层次分类编码相同的产品。

产业内贸易的发展程度可以用产业内贸易指数 T 衡量：

$$T = 1 - \frac{|X - M|}{X + M} \tag{1-4}$$

式中，X 和 M 分别表示某一产业或某类商品的出口额和进口额；T 的取值范围是 0 到 1。当一个国家只有进口或只有出口时，$T = 0$，不存在产业内贸易；当对某一商品的进口等于出口时，$T = 1$，产业内贸易达到最大。

三、产业内贸易的实证

随着科学技术的进步，发达国家之间的技术水平已经非常接近，建立在技术差异基础上的比较优势也十分接近，这些国家之间贸易的基础转向规模经济。激烈的国际市场竞争促使各国企业扩大规模经济优势。各发达国家之间收入水平的日益接近使产业内贸易甚至是同类产品内的贸易明显增加。

根据美国经济学家克鲁格曼对美国贸易结构的考察，美国许多产业部门从事的是产业内贸易，而非产业间贸易。

从表 1-11 可以看出，不同行业产业内贸易占对外贸易总量比重不同。产品越多样化、技术水平要求越高的产业，其产业内贸易的比重越大。在表 1-11 中，产业内贸易水平最高的是无机化学业，其次是动力机械，产业内贸易比重较低的是靴鞋业。各国产业内贸易指数可能不同，但在任何国家，高技术、规模经济和竞争程度都是产业内贸易发展的重要基础。

表 1-11　美国各行业产业内贸易指数

行业	产业内贸易指数
无机化学业	0.99
动力机械	0.97
电力机械	0.96
无机化学	0.91
医药业	0.86
办公机械	0.81
通信设备	0.69
公路运输机动车	0.65
钢铁生产业	0.43
布和服装	0.27
靴鞋业	0.20

资料来源：克鲁格曼和奥伯斯法尔德（2002）

四、产业内贸易的理论解释

对产业内贸易的理论解释主要有以下几种观点。

（一）偏好相似理论

瑞典经济学家林德对发达国家之间的贸易和产业内贸易作了理论解释，他尝试从需求的角度解释国际贸易的原因。

林德认为，一种工业品要成为潜在的出口产品，首先必须是一种在本国消费或投资生产的产品。出口意味着消费需求从国内扩大到国外。一种新产品的问世，首先是为满足本国的需求，只有在生产不断扩大的情况下，才会向国外出口，从国外获取利润。

根据林德的理论，两个国家需求结构越相似，它们之间进行工业品贸易的可能性越大。居民收入水平是影响需求结构的重要因素。因此，国家需求结构是否相似可以用收入水平是否相近来反映，居民收入水平高低与消费品的需求类型密不可分。一般来说，收入水平高的国家对高品质、技术含量高的商品需求较大，收入水平低的国家更多需要的是中低档次的商品，所以收入水平接近的发达国家之间，相似的高档商品或高技术资本货物的贸易量较大，高收入与低收入国家之间的工业制成品贸易取决于它们的重叠需求。因为高收入国家中有低收入消费者，低收入国家中也有高收入消费者，两国存在共同需求。

（二）产品异质性

产品异质性是指同类产品在实物形态上存在差异，如质量、性能、规格、商标、牌号、设计、款式等不同。产品异质性是产业内贸易的重要基础。产品异质性可以使不同厂商生产的产品满足不同层次的消费者需求，从而使厂商形成不同的优势地位，进而形成产业内贸易。

（三）规模经济

规模经济指生产经营规模扩大导致单位成本下降所带来的利益。随着生产规模的扩大，单位产品平均成本递减，规模收益递增。追求规模经济是产业内贸易发展的重要原因。规模经济导致了各国产业内专业化生产，从而使得以产业内专业化为基础的产业内贸易得以发展。

本节小结

产业内贸易理论是关于产业内同类产品贸易增长特点和原因的理论。该理论从不完全竞争、产品差异化和规模经济入手，为同质产品和异质产品的产业内贸易提供了理论基础。产业内贸易理论揭示了产业内贸易迅速发展的原因，使国际贸易理论发展到一个新阶段。

思考题

1. 什么是产业内贸易？
2. 产业内贸易产生的原因是什么？
3. 产业内贸易的类型有哪些？

第六节　地理贸易理论

几个世纪以来，国际贸易和经济区位选择一直是经济学研究的前沿问题。传统贸易理论和经济地理在经济学的不同领域中发展，近期呈现出融合于一个统一新框架的趋势，既强调规模经济、差异产品和运输成本等基本因素，同时也强调国家之间的专业化分工和各国要素的长期区位选择。美国经济学家克鲁格曼在借鉴经典区位理论的基础上，引入了世界贸易、新经济增长理论的研究成果，改造并创新了传统区位理论，在此基础上构造出一套新的空间区位理论——新经济地理学（段学军等，2010）。

一、新经济地理学产生的背景

经济地理学与经济学的关系一直非常密切。经济学家很久以前就发现位置和场所对经济活动产生影响（许德友和梁琦，2011），但经济学与地理学一直分处于不同的研究系统。经济学对地理学长期以来采取漠视的态度，除了不属于主流经济学范畴的城市经济学和区域经济学之外，经济学通常试图在地理空间之外寻找模型来解决经济问题。但从 20 世纪 90 年代初开始，经济全球化引发的投资、贸易、要素流动和区域政策问题似乎使克鲁格曼等一些经济学家突然发现经济地理学的价值，如在研究经济集聚现象时，需要涉及规模报酬递增、市场效应、要素流动、运输成本及其相互之间的作用，与传统经济地理学的研究范围有许多重合之处。在面对实践和理论挑战的情况下，主流经济学家不得不将研究进一步扩展到经济地理学领域，以期从这一新视角获得新的发展。然而传统的经济地理学理论无法很好地解释不同层次的经济活动在空间上高度集聚的现象，在这种情况下，以克鲁格曼为代表的将经济问题与空间结合研究的经济学家们试图提供一种研究经济地理现象中传统问题的新方法，即“新经济地理学”。

二、新经济地理学的内涵和理论框架

作为新经济地理学的主要代表，克鲁格曼定义的新经济地理，是指“生产的空间区位”，其目标是设计出一种理论框架，以便清楚地理解经济活动的地理结构和空间分布的形成规律。克鲁格曼整合了此前经济学界在国际贸易和地理经济学方面的研究，在自由贸易、全球化以及推动世界范围内城市化进程的动因方面形成了一整套理论。克鲁格曼认为传统的经济地理学理论只是基于理想的完全竞争市场结构，而没有明确地说明市场结构的现实性。因此，他把新贸易理论和新增长理论关于不完全竞争和规模报酬递增研究的最新成果，引入空间区位理论，并建立分析模型，考察产业集聚、城市体系以及国际贸易的形成机理。克鲁格曼虽然提出了“新经济地理学”一词，但从内涵来讲，“新经济地理学”并不是一门独立于经济地理学之外的学科。克鲁格曼提出的新经济地理学理论研究框架可概括为：一条主线、四个命题、四种工具、三个模型（图 1-12）。

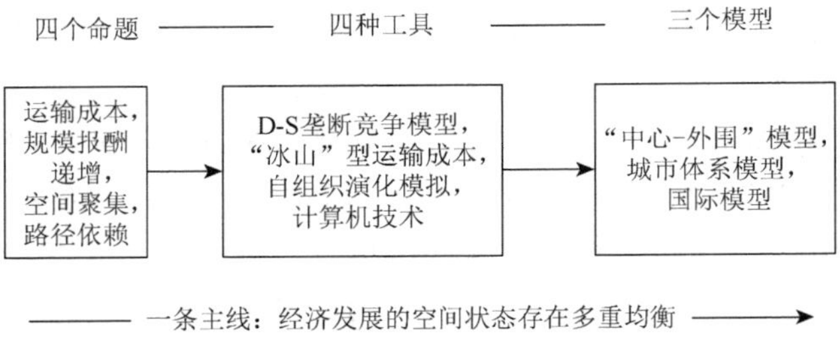

图 1-12　克鲁格曼新经济地理学理论研究框架

资料来源：段学军等（2010）

克鲁格曼新经济地理学贯穿一条主线，即经济发展的空间状态存在多重均衡。在传统经济学中，经济发展状态存在唯一确定的均衡解，这在规模报酬不变和规模报酬递减条件下被证明是有效的，但无法解释规模报酬递增时可出现多种均衡状态的事实。克鲁格曼在经济区位研究中引入多重均衡思想，认为在规模报酬递增的前提下，即使要素禀赋以及技术、偏好等因素相同，现实经济的空间分布状态也会体现出不可预测性、多态均衡性。为了更清楚地分析经济发展的空间区位问题，克鲁格曼提出了四个命题，即：①运输成本，认为运输成本在塑造国际贸易和区际贸易方面发挥关键作用；②规模报酬递增，由于经济上互相联系的产业和经济活动在空间位置上的相互接近，因此可以节约产业成本；③空间聚集，产业或经济活动由于聚集所带来的成本节约能使产业或经济活动趋于集中；④路径依赖，先发优势能够形成某种经济活动的长期聚集过程。进而引入四种分析工具，即 D-S 垄断竞争模型［由迪克西特（Dixit）和斯蒂格利茨（Stiglitz）建立，是将张伯伦（Chamberlin）关于产品差异化引起的垄断竞争理论在一般均衡理论中转变为简单的模型。依托 D-S 垄断竞争模型，克鲁格曼把市场结构分析方法引入新经济地理学］、“冰山”型运输成本（采用“冰山”形式估算产品在区域间运输的成本，即认为产品从产地运到消费地，其中有一部分在运输途中“融化”掉了，这部分作为运输费用。这样处理运输费用，既避免了产品运输过程中引入复杂因素，同时也避免了运输垄断企业对运输费用定价的不确定问题）、自组织演化模拟（由于在经济的地理结构中有多种形式的可能性，且有自组织演化特征，因此必须通过自组织演化模拟来研究经济体如何在多种可能的地理结构中选择其一）以及计算机技术（用于模拟并显示复杂的经济空间结构演化过程）。在此基础上，克鲁格曼建立了三个空间区位模型，即“中心-外围”模型、城市体系模型和国际模型，分别模拟产业集聚、城市体系形成以及经济全球化与区域化等过程（克鲁格曼，2017）。

三、新经济地理学的运用

新经济地理学理论解释了多种空间尺度的经济现象，如经济全球化与区域化、世界制造业基地的成长、跨国公司的区位选择以及城市化发展等。克鲁格曼认为，在经济全球化的背景下，发达国家之间制造品的贸易相当自由，每个国家都会发展自己地方性的行业，出口这些行业的产品，进口本国缺少的行业生产的产品。因此，劳动甚至资本在国家之间即使不能流动也仍然可以通过产品贸易“重塑全球一体化的经济”。在规模报酬递增的条件下，经济全球化的初期表现为产业向发达国家和地区逐步集聚，但是随着这些国家和地区产业规模的扩大，其生产要素和商品的成本、价格上升，转而从其他区域进口生产要素和商品的倾向增加。如果某些对生产特别重要的要素（如劳动力）不能流动，或者某些对于消费特别重要的商品（如住房）不可贸易，则进一步地一体化，发达国家和地区将降低市场外部性的重要程度，不流动商品和要素的价格差异将驱使企业转移投资及驱使劳动者转向别的国家和地区就业，从而驱动产业从核心发达国家和地区向周边不发达国家和地区扩散，促进全球性的工业化进程。克鲁格曼把产业集聚与国际贸易因素紧密联系起来，他指出：产品的贸易活动实际上间接地起到了生产要素贸易的作用，无论生产要素最初的分配状态如何，贸易活动总会使某些产品的生产集中于某些工业区，从而证明了制造业（工业）活动倾向于空间集聚的一般性趋势。但是，如果存在贸易壁垒，一国某一产品的国内需求规模不断增大时，这个国家不是进口该产品，而是在国内组织生产，并且随着生产规模的增加，规模经济效益也将会不断发挥作用，促使这个国家生产该产品的竞争力相应地提高，从而减少进口。在极端情况下，可能出现该产品在世界市场上的垄断化生产，该国可能成为该类产品的主要生产地和出口国。克鲁格曼对城市的研究是把城市视为经济体，他将城市定义为被农业腹地包围的制造业集聚地，然后逐渐增加经济体的人口数量，当达到一定程度时，一些制造业就会向城市外迁移，从而形成一个新的城市，人口数量的进一步增长又会生成更多的城市。一旦城市的数量足够多，城市的规模和城市间的距离在离心力和向心力的相对作用强度下，能达到相对稳定的状态，形成稳定的城市层级。

四、新经济地理学的发展

克鲁格曼在一些特定假设的基础上运用非常简洁的模型得出了备受关注的结论。随后许多学者在简化这些假设的前提下探讨了可能的结论。克鲁格曼提出的“中心-外围”初始模型激发了学者对空间问题进行经济分析的热情，并将经济地理学融入了主流经济学。

新经济地理学正以一种规范严谨的经济学研究方法取代部分贸易理论和传统经济地理学的研究内容，从而将贸易理论和经济地理融入一个研究框架中。基于此，目前主流的、影响较大的关于对外贸易和产业地理方面的研究多是来自新经济地理学领域的学者，并且随着更多实证方法的出现，该领域的研究将更具解释力和可检验性。

本节小结

新经济地理学是克鲁格曼在借鉴经典区位理论的基础上，引入世界贸易、新经济增长理论的研究成果，改造并创新传统区位理论，在此基础上构造出的一套新的空间区位理论。克鲁格曼提出的新经济地理学理论，概括起来为：一条主线、四个命题、四种工具、三个模型。新经济地理学理论解释了多种空间尺度的经济现象，如经济全球化与区域化、世界制造业基地的成长、跨国公司的区位选择以及城市化发展等。

思考题

1. 简要描述新经济地理学的理论框架。
2. 谈谈新经济地理学研究的现实意义。

第二章

国际贸易政策

对外贸易政策是指一国政府根据本国的政治经济利益和发展目标制定的在一定时期内的进出口贸易活动准则。它集中体现为一国在一定时期内对进出口贸易所实行的法律、规章、条例以及措施等，它既是一国总经济政策的重要组成部分，也是一国对外政策的重要组成部分。

第一节　贸易政策与多边贸易体制

在现实中，不同国家政府在不同时期对国际贸易的态度和做法往往不同，甚至截然相反；即使是在同一时期，不同国家政府所采取的贸易政策也存在很大差别。一般来说，贸易政策的运用会受经济发展水平和国际经济环境这两大因素影响。本节对不同时期发达国家的贸易政策、发展中国家的贸易政策以及多边贸易体制的发展进行详细阐述。

一、发达国家的贸易政策

（一）发达国家的自由贸易政策

在 15 世纪到 18 世纪中叶，各国为获取金银等贵金属、增加本国财富，纷纷采取了高度的贸易保护政策。重商主义成为最原始的贸易保护主义。这些国家通过关税、配额、禁运、国家垄断以及其他一些政策措施对对外贸易进行管理和控制。英国政府接受了重商主义的观点并积极参与世界贸易竞争，为工商业者争取贸易利益，并颁布了《航海法》《谷物法》等法令，完成了资本主义改造。

随着资本主义自由竞争的不断发展，重商主义的贸易保护政策成为英国发展的阻碍。在比较优势理论的影响下，发达国家自 19 世纪中叶开始转向实行自由贸易政策。英国是发达国家自由贸易政策的领导者，从 19 世纪 20 年代起英国工业资产阶级开展了大规模的自由贸易运动。以1846年《谷物法》的废除为标志，英国进入了实行自由贸易政策的时期。在英国政府看来，自由贸易政策更有利于本国出口自己的工业品、比较廉价地进口当时纺织工业所需要的棉花及可以降低工资水平的谷物，因此有利于发挥本国生产工业制成品的比较优势，而放弃本国处于比较劣势的农产品和工业原材料的生产。到1850年，英国几乎取消了所有的关税和其他限制进口的措施。同时，英国还利用自己的经济实力和外交手段，通过签订不平等条约的方式迫使许多殖民地和附属国不断削减关税和实施其他贸易限制措施。在英国的带领下，丹麦、荷兰和其他许多欧洲国家也采取了自由贸易政策，大幅度降低了关税水平。

自由贸易政策的潮流在1870年达到了顶峰，之后开始逆转。面对来自英国发达工业和美国谷物出口的竞争，德国、法国、意大利和其他欧洲国家为保护本国的新兴工业和农产品，纷纷采取了提高关税等贸易保护政策。发达国家的关税水平在19世纪末期不断攀升。在主要发达国家中，只有英国和荷兰还倾向于采取自由贸易政策。

美国在19世纪还没有参与贸易自由化。从1789年到1934年，美国关税税率一直由国会法案确定，始终维持在很高的水平，如1930年通过的《斯穆特-霍利关税法案》（The Smoot-Hawley Tariff Act）中实行的平均关税税率超过了50%。经过两次世界大战后，美国在世界经济中的地位不断攀升，并在第二次世界大战之后居于绝对优势地位。各国为了营造一个有利于本国经济恢复和发展的良好环境，在美国的带动下，发达国家相继实行了贸易自由化的政策。贸易自由化就是逐步削减各国的贸易壁垒措施，实现贸易政策的中性化。各发达国家通过签订双边贸易协定和参与GATT①/WTO 主持的多边谈判，相互削减对进口商品的关税和非关税壁垒，为相互贸易提供方便。经过各发达国家的努力，各国的平均进口关税水平从1947年的40%左右，降到1993年的3%左右，而且这种趋势还会继续下去。

发达国家的自由贸易政策不仅为各自之间的贸易提供便利，而且也为发展中国家提供某种程度的贸易便利，如发达国家对发展中国家提供普惠制（generalized system of preferences，GSP）待遇，这种待遇意味着发达国家对来自发展中国家的产品提供普遍的、非对等的优惠待遇，使得发展中国家在将产品出口到发达国家时可以享受比发达国家相互给予的优惠关税还要低的进口关税，因而可以起到鼓励发展中国家产品出口的作用。欧盟给予非洲、加勒比和太平洋地区各联系国的贸易优惠待遇（《欧洲经济共同体-非洲、加勒比和太平洋（国家）洛美协定》）是发达国家给予发展中国家贸易优惠待遇的另一个典型事例。然而，应该看到，正是因为发展中国家在主要工业品的生产上难以与发达国家竞争，发达国家才会比较慷慨地对发展中国家采取更自由的贸易政策。

（二）发达国家的贸易保护主义

发达国家的贸易保护政策最早应追溯到重商主义时代。根据重商主义的观点，

① GATT 英文全称为 General Agreement on Tariffs and Trade，指《关税与贸易总协定》。

一国拥有金银货币的数量是衡量其财富多寡的唯一标准，一国为增加其财富数量，应当通过对外贸易多出口、少进口来实现，因此在15世纪到18世纪中叶重商主义占统治地位时期，各国为获取金银等贵金属、增加本国财富，纷纷采取了关税、配额、禁运和国家垄断等高度的贸易保护政策。后来在古典比较利益贸易理论的指引下，以英国为首的发达国家在19世纪中叶开始转向实行自由贸易政策。

随着幼稚产业保护论的提出，美国和德国等发达国家在经济发展的初期普遍采取了贸易保护政策。美国的第一任财政部部长亚历山大·汉密尔顿就坚决主张实行贸易保护政策，他于1791年12月向国会提交了《关于制造业的报告》，提出了对美国制造业实行关税保护的政策。当时因为古典自由贸易理论在美国占主流地位，所以汉密尔顿的主张遭到了很多人的反对。之后，随着英法等国产业革命的不断进展，美国工业面临越来越大的竞争压力，汉密尔顿的主张逐步在美国贸易政策上得到了反映。1816年，美国提高了制造业产品的进口关税；1828年，美国再次加强关税保护，工业制成品的平均关税水平提高到49%，美国制造业的关税保护政策开创了后起国家保护新兴幼稚产业的先河。在欧洲，面对英国廉价产品的竞争，法国、德国等国家也相继采取了贸易保护政策。德国经济学家弗里德里希·李斯特在1841年出版的《政治经济学的国民体系》一书中系统提出了幼稚产业保护理论。这个理论对德国贸易保护政策的制定产生了很大影响。1879年，德国提高钢铁、纺织品、化学品的进口关税，并与法国、奥地利和俄国等展开关税竞争。1898年，德国又通过关税修正法，对贸易进行高度保护。德国通过关税保护政策促进了本国工业的发展，对经济实现起飞和快速发展起到了重要的推动作用。

发达国家传统的贸易保护一般都是一种临时性的政策措施。当西方世界发生经济衰退或经济危机时，各国为了保证本国市场不受外部冲击，会纷纷采取贸易保护政策，将大部分进口产品拒之门外。各国都采取这种“以邻为壑”的政策，导致了贸易战的爆发。这一点在1929～1933年的经济大危机中表现得尤为突出。1930年，美国通过《斯穆特-霍利关税法案》，将平均关税税率提高到50%以上。这一贸易保护政策引发了关税和贸易战，先后有45个国家提高了关税，许多国家还实施进口配额、进口许可证和外汇管制等措施限制进口。

第二次世界大战以后，在国际贸易逐步走向自由化的形势下，尽管总的趋势是走向自由贸易，但是各发达国家从自身的经济利益出发，采取了新的贸易保护主义做法。根据凯恩斯主义，从需求角度看，一国国民收入水平的稳定和提高，有赖于出口需求的增加和进口需求的减少，因此奖励出口、限制进口就成为凯恩斯主义有效需求理论的重要内容之一。因此，在各国原有的保护本国工业的传统贸易政策之下，又出现了以保证国民收入的稳定增长、实现充分就业为目标的新贸易保护主义，这种政策又被称为“新重商主义”或者“管理贸易政策”（managed trade policy）。在现实中，多数发达国家接受了这一贸易保护政策，但是在多边贸易自由化的背景下，各国改变了传统的限制进口、奖励出口的政策措施或干预形式，转而由以关税为主要干预手段逐步向以非关税措施为主要干预手段过渡，因而非关税壁垒几乎成为各国干预外贸、限制商品进口的主要政策措施。

现实中，发达国家的企业面临着不完全竞争的市场结构，在很多学者看来，当其他国家普遍采取贸易保护主义时，单个国家采取自由贸易政策将不利于本国的经济利益。因此，他们鼓励本国政府采取一系列贸易政策，改变企业的战略行为，使本国企业在国际竞争中占据优势地位，由此战略性贸易政策随之产生。目前，发达国家的战略性贸易政策主要表现为战略出口政策、战略进口政策和保护母国进口以促进出口的政策。实行战略性贸易政策的典型国家是日本以及 20 世纪 90 年代后的美国。自 20 世纪 70 年代起，日本通过战略性贸易政策（主要是进口保护以促进出口）鼓励其汽车工业、半导体工业及通信电气业的发展，结果其相应工业迅速发展起来，不但减少了进口，还占领了美国等一些传统出口国的市场，经济学家克鲁格曼曾经以此提醒美国采取战略性贸易政策。1994 年美国专门提出了“国家贸易战略”，该方案提出在未来的一段时间内，需要对美国的传统市场和新兴市场分别采取不同的出口战略。同时为保护本国市场，美国也不断引用其国际贸易修正案中的“301 条款”和“超级 301 条款”，以公平贸易的名义迫使别国开放市场，并以反补贴、反倾销为理由，限制他国商品进入本国市场。这种带有战略性贸易政策色彩的措施实施后收到了良好的效果，使美国的出口有明显的增加。但是，这些贸易保护政策也受到一些发达国家和一些发展中国家的指责，它们试图在多边框架下抑制美国以“公平贸易”为借口所采取的贸易保护政策。

不可否认，自由贸易促进了经济全球化的发展，全球价值链的产生以经济全球化为背景，但发达国家的贸易保护政策确实阻碍了经济全球化的进程。自 2008 年金融危机以来，以价值链为主导的全球化并没有消除国家间的发展失衡，部分发达国家将全球化的负面影响归罪于过度的全球化，逆全球化思潮不断涌现，使发达国家开始收缩全球范围内的经济布局，而制造业回归政策是最集中的体现。除此之外，第 45 任美国总统特朗普所主张并签发的多项保护主义政策与退出《北美自由贸易协定》和《美韩自由贸易协定》，以及英国“脱欧”等行为，被视为逆全球化力量的集中展示。以美国为例，21 世纪初，美国本土制造业进一步向新兴工业化国家外流，“产业空心化”态势逐渐严重。在 2008 年金融危机爆发前夕，美国已经形成了过度依赖金融业、服务业和房地产业等虚拟经济的增长模式。在此背景下，美国政府提出“重塑实体经济，制造业回归”政策，受该政策的刺激，美国制造业增加值占 GDP 的比重在金融危机后快速反弹，在 2011 年达到反弹高点，随后继续维持缓慢下降趋势，没有恢复到金融危机之前的水平。2009 年至今，美国依然在实施“制造业回归”政策，其回流指数自 2011 年以来基本处于下行趋势。虽然其回流指数于 2019 年才回正，但这是受中美贸易摩擦影响，美国大幅度减少从中国进口商品。然而，由于疫情的影响，2020 年美国回流指数再次反转下行。

2022 年 8 月 9 日，第 46 任美国总统拜登签署《2022 芯片与科学法案》（The ChIPS and Science Act of 2022），完成了正式立法。该法案将采取给美国本土芯片行业提供巨额补贴，给半导体和设备制造行业提供投资税收抵免等一系列措施，以鼓励企业在美国建厂。拜登政府希望通过该法案振兴美国国内芯片行业和发展科技研发创新能力。该法案的实施可以增强美国在芯片领域的优势，与其“关注的任何国家”在该领域展开不公平竞争，将加剧半导体产业的全球地缘政治竞争，阻碍全球经济复苏和创新增长。为大幅降低赤字、有效应对通胀，并提振美国制造业，2022 年 8 月 16 日，美国总统拜登在白宫签署《通胀削减法案》（Inflation Reduction Act）。在美国通胀屡创新高的背景下，各界对这份通胀削减法案褒贬不一，质疑声颇多。从短期来看，法案对通胀的抑制作用并不明显，并不能很好地达到预期效果；从长期来看，法案通过保护主义大力扶持美国新能源产业，将会加剧全球新能源领域的竞争。

日本政府近些年不断修改法案，致力于保障本国经济安全。2022 年 5 月，日本首相岸田文雄力推的《经济安全保障推进法案》获日本国会批准正式成为法律。该法案旨在提升日本供应链韧性、维护和保障经济安全，其目的就在于保障半导体和医药品等“特定重要物资”的供应链稳定，降低战略物资采购依赖国外的风险。

二、发展中国家的贸易政策

20 世纪五六十年代，许多从欧美殖民地独立出来的发展中国家，为了获取经济上的独立，实现工业化，从根本上摆脱对西方发达国家的依赖，一直在寻求适合本国国情的对外贸易政策。但是，对于具体通过何种方式实现工业化的问题，不同的发展中国家做出了不同的选择，出现了两种差异巨大的对外贸易战略。

（一）发展中国家实现工业化的必要性

大部分发展中国家由农业社会起步，要想实现经济的快速、长远发展，就必须走工业化生产的道路。首先，对于发展中国家来说，简单依靠农业难以持续提高劳动生产率。农业部门的发展在很大程度上受到自然条件，尤其是土地报酬递减规律的制约。从生产要素存量看，土地作为农业中的专门生产要素，其存量难以持续增加，所以其他生产要素在农业上的持续投入会造成土地报酬递减，因此会阻碍农业的技术进步和生产手段的更新。相反，工业部门使用的各种生产要素如劳动、资本等能够持续增长或积累，所以大多数工业部门能够通过各种手段提高劳动生产率，使得劳动生产率持续增加。其次，社会对农产品和工业品的需求变动程度不同，一般而言，与工业品相比，农产品的需求弹性比较低，这导致了其存在着生产发展的市场潜力问题，农产品消费量有限，而人们对工业品的需求弹性比较大，这造成农产品生产增加的潜力远远小于工业品。最后，由于农业部门难以像工业部门那样形成垄断或者不完全竞争，而不完全竞争的市场结构能够为生产者带来“垄断利润”或额外利润，这种利润有利于企业扩大生产规模，获取最大限度的利润，因此在农业部门，受农业经营的特点和自然条件的限制，很难形成卖方不完全竞争或垄断的市场结构，也就难以实现“垄断利润”。

上述三点理由表明，发展中国家要想发展经济、提高收入水平，就必然要实现工业化。实现工业化可以通过不同的途径来进行，发展中国家根据各国实际情况，制定了不同的经济发展战略，主要有两种：进口替代战略（又称为内向型经济）和出口导向战略（又称为外向型经济）。

（二）进口替代战略

进口替代（import substitution）战略又称进口替代工业化战略，是内向型经济发展战略的产物，是指一国采取各种措施限制某些外国工业品进口，促进国内有关工业品的生产，逐渐以本国产品替代进口产品满足国内需求，以期节约外汇，积累经济发展所需资金，为本国工业发展创造有利条件，实现工业化的经济发展战略。

进口替代战略的实施大体可以分为两个阶段：第一个阶段是用国内生产的非耐用消费品代替进口的同类产品，第二个阶段是用国内生产的耐用消费品、重工业产品和化工产品代替进口品。其中，第一个阶段的非耐用消费品所属工业主要包括纺织品原料、服装、鞋类等劳动密集型产业。由于非耐用消费品不像重化工业那样要求雄厚的资金，技术含量比较低，可以进行小规模的生产，而且劳动力素质要求不高，因此对大多数发展中国家来说，进入第一个阶段相对容易，而且发展中国家往往工资水平低，可以低成本地生产这类产品，在这一阶段获得成功的把握也比较大。第二个阶段则要求发展中国家具备一定的工业基础，有比较雄厚的资金和一定的技术条件，所以进入第二个阶段的难度比较大。

1. 进口替代战略的政策工具

要保证进口替代战略的成功，发展中国家需要采取一系列的对外贸易政策措施，包括对进口商品设置关税壁垒、非关税障碍，进行外汇管制以及高估本国货币的对外价值等。实施这些政策的目的在于增加国外产品的进入成本，从而阻止其进入本国市场，使国内的进口竞争工业在竞争强度很小的条件下发育成长。

（1）进口限制和贸易保护。进口替代战略的核心工具是贸易保护，实施国一般要限制甚至禁止奢侈品的进口，对最终消费品的进口征收高关税，并采用进口许可证、进口数量限制等非关税措施；对原材料和机器设备等投入品实行较低的关税，甚至进口补贴，以降低国内生产的投入成本。例如，实行进口替代战略的智利在20世纪70年代初平均关税率高达94%，最高关税率达到500%。

（2）外汇管制和汇率高估。进口替代战略一般对外汇的供给实行较为严格的管制，以控制进口的总量和进口的商品结构、地理方向，以及保证重点项目的外汇需要，同时对汇率进行高估，以降低进口投入的生产成本。

（3）实施优惠投资政策。政府采取优惠投资政策，通过减免税收、提供优惠贷款、允许加速折旧等方式扶持本土幼稚产业的生产，加速进口替代产业部门的资本积累，推进进口替代工业化。例如，在实行进口替代战略期间，新加坡颁布了《新兴工业法案》和《工业扩展法案》，制定优惠政策，鼓励发展民族工业。

2. 进口替代战略的实践与成效

适合实行进口替代战略的国家一般国内市场比较大，可以为其工业的发展提供市场保障，拥有一定的自然资源和丰富的劳动力，并且存在二元经济。20 世纪 50 年代初到 60 年代中期，许多发展中经济体相继采用了进口替代型贸易发展战略，其中拉丁美洲的一些国家如阿根廷、巴西、墨西哥等国广泛地运用这一战略，亚洲的韩国、新加坡、印度以及中国台湾等国家和地区也曾经一度采用过类似的发展战略。该战略的实施在以上国家和地区取得了一定的积极成效，但也带来了一定的负面影响。

从其产生的积极成效看，进口替代战略极大地加快了发展中国家工业化的进程，并且奠定了发展中国家走向工业化的基础。实施进口替代战略在一定程度上刺激了民族工业中消费品工业的发展，加强了发展中国家独立发展经济的能力，降低了其经济的对外依赖程度。一些采取进口替代战略的国家逐步发展起了本国的轻纺工业、钢铁工业和化学工业，如巴西通过实施进口替代战略，在 20 世纪 70 年代末就已经建立起较为完整的工业体系，制造业占工业总产值的 3/4，拥有冶金、机械、纺织、食品、化工、电子、航空、军工、原子能等门类齐全的基础工业部门，一些工业产品如钢铁、汽车、水泥、烧碱等产量跃居世界前十位。实施进口替代战略还使发展中国家培养出了一些专门的技术人才和熟练劳动力，同时，政府部门从中也获得了管理经济的经验和知识。但进口替代战略的实施也给发展中国家带来了一系列的问题和进一步发展的困难。有学者认为，进口替代战略违背了比较利益原则，通过人为的干预，将资源或生产要素转向自己具有比较劣势的部门或产业，因此经济发展的速度非但不会加快，反而会减缓。从实践效果看，单纯且长期地实行进口替代战略并没有创造出具有竞争力的国内工业，一贯的保护政策反而造成实施国的工业技术落后、机器设备陈旧、产品质量差、生产成本高，难以参与国际市场竞争，而且实施进口替代战略的产业由于受国内市场制约，往往难以充分享受规模经济效果。同时，由于进口替代的产业往往属于资本密集型产业，因此无助于增加国内就业。此外，由于实现进口替代所需的机器设备大都要从国外进口，因此所花费的外汇不仅没有减少，反而增多了。在实施这一战略的过程中，发展中国家大量向外举债，结果造成了 20 世纪 80 年代初的债务危机。在实施进口替代战略时，各国普遍高估本国货币的汇率，这就使得产业部门积极扩大进口，而不太愿意出口，并且使初级产品部门与工业制成品的贸易条件进一步恶化，从而阻碍了初级产品行业的良性发展，进而带来了出口潜力的低下，导致实施进口替代的发展中国家普遍存在着国际收入不断恶化、外汇收入不足的现象。总体上看，进口替代战略并没有使发展中国家实现经济腾飞。

（三）出口导向战略

出口导向（export orientation）战略又称出口导向工业化战略，是外向型经济发展战略的产物，是指一国采取各种措施发展出口工业，以大量的商品出口为导向，把经济活动的重心从国内市场转向国际市场，通过扩大出口来积累资金，以实现工业化，带动经济发展的战略。如果说进口替代战略以保护为中心，那么出口导向战略则以贸易为中心。

出口导向战略一般经历两个阶段：第一个阶段是以轻工业产品出口替代初级产品出口，以生产和出口一般消费品为主；第二个阶段是以重化工业产品出口替代轻工业产品的出口，致力于发展资本密集型和技术密集型工业。其中，第一阶段的一般消费品主要包括食品、服装、纺织品、一般家电制造业等，这类产品生产技术要求不高，国际市场需求量大，起步容易，多数发展中国家已进入这一阶段。第二阶段因为要求一国生产和出口石化、电子仪器、机械设备等资本或技术密集型产品，所以对资本存量和技术水平要求比较高，部分发展中国家已进入这一阶段。只有极少数发展中国家能够进入知识和信息密集型的高科技产业，在高科技产品的世界出口贸易中占有一席之地。

1. 出口导向战略的政策工具

实施出口导向战略的国家在对外贸易方面往往大进大出，外部市场至关重要，所以需要相对稳定和便利的市场环境，这就要求实施国制定适合的对外经济政策。一般来说，与出口导向战略配套的经济政策要求降低关税水平，实行均衡汇率或者低估汇率，同时还需要政府补贴来促进出口产业的发展。

（1）放宽进口限制，降低贸易壁垒。出口导向战略客观上要求实行自由的贸易体制，要求政府放松管制，取消贸易壁垒，特别是非关税壁垒。在关税水平上，出口导向战略要求较低的平均关税水平，以便降低进口投入品的成本。对于出口行业从外国进口的必需的原料、半成品、资本品、技术专利等，实行减、免税，或者放宽进口配额。例如，中国台湾由进口替代战略转向出口导向战略后，平均关税率由 1955 年的 47%下降到 1965 年的 35.4%，到 1969 年全部工业品的加权平均实际保护率只有 4%～5%，到 1976 年时，进口管制基本上全部取消（马颖和李建波，2007）。

（2）采用适宜或低估的汇率政策。出口导向战略实行比较适当的均衡汇率，通常实行低估汇率，以促进和鼓励出口。例如，为了扩大出口，韩国在 1961 年将货币由 1 美元兑换 65 韩元贬值到 1 美元兑换 127.5 韩元，后来又多次进行货币贬值。又如，20 世纪 60 年代，新加坡为了便利出口产业的成长而将差别汇率改革为统一汇率，并将原先高估的币值降低，有力地支持了出口的增长。

（3）鼓励出口产业发展。实施出口导向战略的政府往往对出口企业提供补贴，补贴的形式主要有出口退税、出口信贷、出口信贷担保等，目的在于提高出口企业在国际市场上的竞争力，增强企业的出口能力。此外，为了保持产品的出口竞争力，政府通常还会在价格、关税、利润、留汇等方面实行优惠政策。例如，韩国在实行出口导向战略期间几次提高出口信贷占银行信贷总量的比例，新加坡政府则通过财政和中央公积金等措施，对缺乏资金和技术的企业予以支持。

除鼓励本国出口企业发展外，还可以采用外商独资、合资办厂，补偿贸易、来料来样加工、建立出口加工特区、在境外办厂、劳务出口等多种涉外经济形式来促进本国出口产业的发展。例如，新加坡政府就向欧美国家强力招商引资，其面向出口的制造业主要依靠外资建立起来。

2. 出口导向战略的实践与成效

适合实行出口导向战略的国家一般国内市场比较小，需要依靠国外市场，同时国内资源比较稀缺，但工资水平相对较低，具有劳动力比较优势。第二次世界大战以后，东亚地区发展中国家的经济具有较为明显的二元经济特点，普遍实施出口导向战略。日本也在这一时期采取了“贸易立国”的战略，扩大产品出口。日本和东亚地区的发展中国家形成了“雁阵模式”，形成了东亚地区的生产网络，推动了东亚地区几十年的经济高速增长，创造了“东亚奇迹”。中国台湾、韩国和新加坡在20世纪60年代都先后由进口替代转向出口导向的经济发展战略。20世纪七八十年代后，部分拉丁美洲和非洲国家也从进口替代战略转向了出口导向战略，但在运用出口导向战略方面最有成效的还是亚洲新兴工业化国家和地区，主要是“亚洲四小龙”。“亚洲四小龙”较早地由进口替代战略转向出口导向战略，通过出口具有潜在比较利益的劳动密集制成品带动了经济起飞，其出口导向战略体现了两方面的特点：一方面，这些国家和地区在利用市场价格机制有效配置资源、提供未经扭曲的市场变化信息方面遵循了正统的西方经济学观点；另一方面，所实施的战略又体现了政府干预经济发展的积极作用，如政府在为企业寻找市场、提供资金来源、干预企业经营方向等方面起到的积极作用。出口导向战略使“亚洲四小龙”充分发挥自身比较优势，通过扩大出口促进了经济的工业化，借助全球性的产业结构调整促进了产业结构的优化升级，还获取了因分工而产生的规模经济效益。出口产业的发展带动了“亚洲四小龙”其他相关产业和部门的发展，扩大了就业量，缓解了外汇压力并积累了发展所需的外汇资金，促使这些国家和地区实现了经济腾飞。

20世纪80年代以来，东亚国家进口的关税水平都有了大幅度下降。1994～2008年，东亚地区的关税平均降低了50%以上，同时，一些东亚的发展中国家实行了以鼓励出口加工为目标的经济政策，其采取的激励政策鼓励了本国参与国际生产网络的制度创新；此外，东亚国家还实行了多种不同的投资便利化措施来吸引外国企业投资，对外商直接投资实行便利化服务减少行政程序，从而有效地形成了产业集聚，促进了当时东亚生产网络的发展。

出口导向战略也存在一定的缺陷。首先，出口导向战略在原料进口和产品出口方面都严重依赖国外市场，尤其是发达国家市场，因此极易受到国外市场状况的影响。如果发达国家由于经济不景气而对进口产品的需求发生波动，或者发达国家实行保护贸易政策，都会对实行出口导向战略的发展中国家产品出口造成大的冲击。其次，一些发展中国家对出口产业过度保护和扶持，可能造成这些部门产生过度的依赖性，缺乏进取精神，进步缓慢，出口竞争力下降，而政府对出口产业的政策倾斜还可能对其他产业形成排挤，造成部门或地区经济发展的不平衡，加剧二元经济结构的状况，总体来看，出口导向战略的实施效果优于进口替代战略。以韩国为例，韩国在 20 世纪 50 年代到 60 年代初一度实行进口替代战略，之后转向出口导向战略。美国经济学家巴拉萨通过计算韩国的有关数据发现，无论是对总产出还是对制造业的贡献，在绝大部分时期韩国的出口导向战略所起的作用都大于进口替代战略。

需要说明的是，进口替代战略与出口导向战略不是对立的，而是相辅相成的。如果一个发展中国家没有先通过进口替代战略建立起一定的工业基础，就不可能在后来通过出口导向战略大量出口商品带动经济发展，但长期囿于进口替代战略并不可取，在适当的时候实行出口导向战略可以为经济发展提供所需的外汇、资金和技术，为更好地实现工业化创造条件，使进口替代战略能够有一个更高的起点。两种战略在不同时期交叉使用，或在一定时期混合使用、取长补短，应该是比较合理的战略安排。

（四）发展中国家的贸易自由化

第二次世界大战后，发达国家普遍推行贸易自由化，而同期的发展中国家则由于经济落后大多采取贸易保护政策。20 世纪 50 年代后，发展中国家又纷纷通过进口替代或出口导向战略来推动工业化和经济发展。20 世纪 80 年代初，由于实行出口导向战略的“亚洲四小龙”成功经验的示范作用，以及世界银行等国际经济组织的大力推荐，大多数发展中国家放弃了进口替代战略，转而实行更加开放的贸易政策，从而拉开了发展中国家贸易自由化的序幕。发展中国家进行贸易自由化的根本目的是提高资源配置效率，促进本国经济的发展。

由于非关税贸易壁垒对一国来说最容易产生贸易扭曲现象，因此国际组织支持的贸易自由化通常是以消除非关税贸易壁垒为先，然后再采取关税结构合理化的措施。在实践中，贸易自由化的一般表现是各国对实行的非关税贸易壁垒予以关税化，而关税水平不断降低。根据世界银行的观点，发展中国家要从贸易保护走向贸易自由化，需要进行以下几方面的工作。

（1）取消商品进口数量限制，以关税作为贸易保护的唯一手段。在贸易保护的手段当中，数量限制是一种比较严厉的贸易保护措施。如果进口国实行进口配额等数量限制，那么进口的数量就是一定的，这种硬性的贸易量规定会造成价格扭曲，而无论出口商如何降低成本和价格也难以进入该进口国的市场。与数量限制相比，关税则是用价格来调节供求，在贸易保护措施中的价格扭曲效应相对较小，是相对温和透明的保护贸易手段，所以用关税代替数量限制是发展中国家实行贸易自由化的首要步骤。

（2）改革关税制度。关税制度改革包括两个方面的内容：一是降低进口关税的总水平，二是缩小不同商品间关税率的差异幅度。从各国的关税削减经验看，降低关税水平的操作方法主要有四种：一是等比例地削减所有商品的关税水平，即将每种商品的关税都降低同样的比例；二是等比例地削减某个指标之上的高关税；三是较大幅度地削减较高水平商品的关税；四是上述几种方法相结合。世界银行推荐的方法是“蛇腹式”削减关税的方法，即先将某个上限的关税降到这个上限以下，然后重新设定一个较低的上限，再将在这个新上限以上的关税降到这个上限以下，以此不断进行下去。许多专家认为，这种方法带来的调整成本最低，同时还能够保持原有的贸易保护结构。

（3）扩大出口。贸易自由化意味着发展中国家要逐步开放市场，这样必然会有大量的外国商品流入国内市场。如果在进口不断增加的同时，没有出口的增加，进口国为支付进口所需要的资金差额就会不断增加，而如果国际收支严重恶化，该国政府可能不得不限制进口，从而断送贸易自由化的连续性。另外，商品的大量进口可能会对国内竞争力比较弱的企业或产业造成冲击，使得失业人数增加，当这些失业人口不能被出口行业的扩展所吸收时，该国就会有施加贸易保护的社会压力。为使贸易自由化成为持久的政策选择，发展中国家政府应该在实施贸易自由化的过程中尽可能减缓自由化带来的冲击，因此在实行贸易自由化的过程中，要配合一些其他的鼓励出口、限制进口的政策措施，其中最简便的是本国货币对外贬值。

中国作为发展中的大国，顺应历史发展潮流，积极推动本国贸易自由化发展，从而使我国更好地融入全球化进程中。在乌拉圭回合谈判中，我国参加了整个过程，而且参与制定了《服务贸易总协定》(General Agreement on Trade in Services，GATS)。1990年，服务贸易谈判进入了市场准入初步承诺谈判阶段。1991年7月，我国首次向GATS秘书处提交初步承诺开价单，对银行、旅游、近海石油勘探、专业服务和广告等6个行业的市场开放做出承诺。1992年10月，我国组织15个部门参与市场准入谈判。1993年9月，我国再次修改初步承诺开价单，进一步加大服务业对外开放程度，并于同年11月，提交了服务贸易减让表草案。

经过了漫长的艰苦历程，在2001年7月16日至20日，中国最终完成了加入WTO的法律文件的起草工作。2001年9月17日，WTO中国工作组第18次正式会议在日内瓦通过了中国“入世”议定书及附件和中国工作组报告书，标志着中国工作组正式完成了历史使命，中国加入WTO的谈判至此全部结束。2001年11月10日，WTO第四届部长级会议审议通过中国加入WTO的《中国加入世界贸易组织议定书》，标志着中国将成为WTO的一员。2001年12月11日，中国正式成为WTO第143个成员方。2001～2021年，中国的经济总量增长了近10倍，在世界经济中所占的比重从4%增长为17%，成为全球第二大经济体，中国的货物贸易总额增长了约8倍，已成为全球第一大出口国和第二大进口国。外商对华直接投资的规模年均增长6.1%，连续29年居发展中国家的首位（陈斌杰和陈俊侠，2021）。

随着时代的发展，区域经济一体化已成为全球经济发展的一种趋势，中国正积极参与区域经济一体化建设。中国从1991年加入APEC开始，参与国际经济一体化进程，为其在后来参与机制化的区域经济组织奠定了基础。2001年5月23日，中国正式成为《亚洲及太平洋经济和社会委员会发展中成员国关于贸易谈判的第一协定》成员，标志着中国推动区域贸易协定（Regional Trade Agreements，RTA）进程的开始。截至2023年10月9日，中国已签署自贸协定21份，涉及28个国家和地区①。

三、多边贸易体制的发展

国际贸易体系是调整各国之间经济贸易关系的组织和制度。第二次世界大战以后，各国因为重建国际贸易秩序，希望建立一个调整各国贸易关系的组织，以便各国能够在比较宽松的环境下开展国际贸易。经过循序渐进的方式，在签订多边贸易协定的基础上，经过多年的不懈努力，建立了世界贸易组织，形成了比较完整的国际贸易体系。

（一）GATT

GATT，简称关贸总协定。它是一个关于关税与贸易政策的多边贸易条约，同时也是缔约方之间进行多边贸易谈判和解决贸易争端的场所。GATT是美国在第二次世界大战后从其自身利益出发，联合世界上22个国家于1947年10月30日在日内瓦签订的一个临时性的国际多边贸易协定。

1. GATT的产生

第二次世界大战后，欧洲作为主战场，经济遭受严重创伤。作为战败国的德国、意大利和日本，不仅在战时耗尽了财力，而且在战后国内的机器被战胜国搬走，经济面临崩溃，即便作为战胜国的英国、法国等国，为应付战争也几乎竭尽了人力和物力，以致战后资金短缺，生产萎缩。各国为了重建，纷纷实行贸易保护主义，以保护本国生产和就业，而同为战胜国的美国，却截然不同。由于战争远离本土，加之受到战时军需品的刺激，美国经济因急剧膨胀而成为战后最强大的国家。第二次世界大战后，美国拥有西方世界1/2以上的生产能力、1/3的出口贸易和3/4的黄金储备。凭借其雄厚的经济实力，美国积极倡导自由贸易，以便为自己谋取更多的利益。

美国凭借其在政治、经济、军事上的优势，企图从金融、投资和贸易三个方面重建世界经济秩序。1944年7月，美国召集盟国的代表在布雷顿森林城举行了“布雷顿森林会议”，并形成了《布雷顿森林协定》。协定决定建立旨在鼓励自由贸易和经济发展的三个国际性机构，即处理长期国际投资问题的“国际复兴开发银行”（International Bank for Reconstruction and Development，IBRD），即世界银行；重建国际货币制度并维持各国之间汇率的稳定和国际收支平衡的“国际货币基金组织”；扭

①数据来源：中国自由贸易区服务网。

转贸易保护主义和歧视性贸易政策、促进国际贸易自由化的“国际贸易组织”（International Trade Organization，ITO）。

在美国的提议下，联合国经济及社会理事会于1946年2月召开了第一次会议，通过了由美国提出的召开“国际贸易与就业会议”的决议草案，并成立了由19个国家组成的筹委会，着手筹建国际贸易组织。由于当时关税壁垒盛行，建立正式的国际贸易组织又需要一段时日，为了尽快解决各国在贸易中的摩擦，包括美国、英国、法国、中国、印度等在内的23个国家便主张将在联合国经济及社会理事会第二次筹委会通过由美国起草的《国际贸易组织宪章》草案中的贸易政策部分和它们各自在双边谈判基础上达成的关税减让协议加以合并，形成了GATT，作为国际贸易组织成立之前各国相互处理贸易纠纷的临时性根据，一旦国际贸易组织生效，再用《国际贸易组织宪章》来取代。GATT于1947年10月30日在日内瓦由23个缔约国签署。但鉴于《国际贸易组织宪章》的规定，GATT生效尚待时日，1947年11月15日，美国、英国、法国、比利时、荷兰、卢森堡、澳大利亚、加拿大8个国家签署了GATT《临时适用议定书》，使GATT于1948年1月1日提前在上述8国实施，另外15个国家可于1948年6月30日前签署。

后来，由于在1947年11月哈瓦那国际贸易与就业会议上通过的《国际贸易组织宪章》对美国原先的草案做了大量修改，与美国的利益相去甚远，美国国会没有通过，美国政府也放弃了成立国际贸易组织的努力。其他国家受美国影响也持观望态度，致使建立国际贸易组织的努力付之东流。这样，GATT便成为一个临时性的应急协定而一直沿用至1994年底。

2. GATT的宗旨和主要内容

1）GATT的宗旨

在GATT正式文本的序言中，明确提出了GATT的宗旨是：缔约各国政府认为，在处理它们的贸易和经济事务的关系方面，应以提高生活水平、保证充分就业、保证实际收入和有效需求持续增长、扩大世界资源的充分利用以及发展商品生产与交换为目的，希望达成互惠互利的协议，旨在大幅度地削减关税和其他贸易障碍，取消国际贸易中的歧视待遇。

可以看出，GATT希望通过降低关税和取消非关税壁垒实现贸易自由化，建立一个完整的、公正的、开放的、有活力的和持久的多边贸易体系，进而促进世界经济的繁荣。但实际上，世界各国经济发展不平衡，决定了各国在世界贸易中的不同地位，GATT在很大程度上被美国控制，成为经济大国争夺世界市场和霸权的场所。只要世界还存在不公平贸易秩序，GATT的宗旨就不可能得到全面实现。

2）GATT的主要内容

GATT文本已经经过几次重大修改，除序言外共包含4部分，共38条。

第一部分包括第一条和第二条，是总协定的核心条款，主要规定缔约方在关税和贸易方面相互提供无条件最惠国待遇以及关税减让事项。

第二部分包括第三条到第二十三条，主要是调整和规范缔约方的贸易和措施的规定，包括过境自由、反补贴税和反倾销税、海关估价、取消出口补贴、一般例外与安全例外等规定。

第三部分包括第二十四条到第三十五条，主要规定了 GATT 的适用范围、活动方式、参加及退出的程序等问题。

第四部分包括第三十六条到第三十八条。这部分是 1965 年增加的，主要规定发展中国家在贸易与发展方面的特殊要求及有关问题。

另外，GATT 的若干附件对其文本的条款作了注释、说明和补充。《临时适用议定书》规定，所有缔约方必须适用 GATT 的第一部分、第三部分，对于第二部分，要求缔约方在“与其现行国内立法不相抵触的范围内最大限度地予以适用”。

3. 乌拉圭回合多边贸易谈判

1）乌拉圭回合发起的背景

GATT 第七轮东京回合谈判之后，美国、欧洲共同体和日本三个主要工业经济体之间的经济贸易摩擦日益加剧。1982 年 11 月的 GATT 部长级会议主要是为了解决东京回合遗留问题，但谈判失败了，还导致了保护主义的抬头。美国于是发动新一轮多边贸易谈判，GATT 于 1985 年 9 月召开缔约方大会，与会代表认为，新一轮谈判的宗旨应该是遏制和消除贸易保护主义，维护和加强国际多边贸易体制，改善国际贸易环境，促进贸易自由化的发展。会议的中心议题集中在是否应将服务贸易纳入国际多边贸易体制以及服务贸易与传统贸易的关系上。经过各方反复协商达成了协议，宣告新一轮谈判筹备工作开始。

1985 年 11 月底，GATT 召开第 41 届缔约国大会，正式成立新一轮谈判筹备委员会。筹备委员会用 4 个月的时间完成了对新一轮谈判可能涉及的 30 多个议题的审议工作，草拟了乌拉圭回合部长会议宣言。

1986 年 9 月 15 日，在乌拉圭的埃斯特角举行缔约国部长级会议，会议决定发动第八轮多边贸易谈判，即乌拉圭回合多边贸易谈判，简称“乌拉圭回合”。

2）乌拉圭回合谈判的特点

乌拉圭回合谈判历时近 8 年，于 1994 年 4 月正式结束，中间几经周折，最后达成了包含近 40 个协议和决定的文件。乌拉圭回合谈判的主要特点如下。

（1）谈判的范围广。1994 年结束时共有 128 个国家和地区参加了此次谈判，其议题也多达 15 个，这都是空前的。谈判内容大致可分为三大类：第一类是有关进一步促进货物贸易的自由化议题；第二类为与强化 GATT 多边贸易制度功能及作用有关的议题；第三类为新增的与贸易有关的知识产权问题、投资措施、服务贸易三个议题。它们几乎涵盖了各方所关心的议题。

（2）谈判的难度大。本次谈判历时 8 年，主要是由于该轮谈判涉及了大量的国际贸易中的新旧议题，其中有的议题非常棘手，而且参加各方又都有着不同的利益，致使谈判纷繁复杂，难以协调和妥协。特别是在农产品贸易自由化问题上，发达国家尤其是美国和欧洲共同体之间矛盾重重，各方利益尖锐对立，使谈判几度陷入僵局，致使这一问题的谈判成败成为决定乌拉圭回合成败的关键。

（3）谈判成果的显著性。乌拉圭回合谈判的最后文件包括 28 个协议，涉及 21 个领域，远远超过以前历届谈判的成果，并且谈判的最终结果采取的是“一揽子协议”，各缔约方所产生的一系列多边协议，要么全部同意全部签署，要么全部不同意全部不签署，而不是像过去那样可以部分同意、承担部分责任和义务，这样就增强了 GATT 权利和义务的整体协调性。

4. 乌拉圭回合谈判的主要成果

1994 年 4 月 15 日，随着欧美在农产品补贴问题上达成谅解，乌拉圭回合多边贸易谈判终于在最后期限前于摩洛哥的马拉喀什结束，并产生了几经修改的《乌拉圭回合多边贸易谈判结果最后文件》，不仅涉及 GATT 原则和规则下的关税、非关税等原有问题及其延伸，而且增加了农产品、纺织品和服装、服务贸易及知识产权等新内容。

在削减关税方面，各缔约方平均减税幅度约 40%，涉及的贸易额高达 1.2 万亿美元，其中有 20 个产品部类实行零总关税，有些产品关税下降 50%。就工业产品而言，发达国家受到协议约束的税目比例，从乌拉圭回合前的 78%扩大到了 97%，加权平均税率水平由 6.4%降到了 4%；同时，发展中国家受到约束的比例由 21%剧增到 65%。除此之外，乌拉圭回合还在以往没有解决的纺织品和服装以及农产品的贸易方面达成了协议，在服务贸易方面也做出了承诺。就农产品而言，所有参加方必须将一切非关税措施转换成关税，实行关税化。对每项关税细目至少降低 15%，发展中国家可只削减 10%。就纺织品和服装而言，协议要求在 10 年内分三阶段取消进口数量限制和进口年增长率，发展中国家向发达国家出口纺织品和服装不再受配额限制，实现纺织品和服装的自由贸易①。

在非关税措施方面，通过了《原产地规则协定》《装船前检验协议》《技术标准协议》等一系列文件，对原产地规则、装船前检验、海关估价、反倾销、技术壁垒、进口许可证等非关税壁垒进行了进一步规范。

此外，对具体的贸易活动及其相关问题，还达成了《农产品协议》《纺织品和服装协议》《服务贸易总协定》《与贸易有关的投资措施协议》《与贸易有关的知识产权协定》《保障措施协议》《总协定体制的作用》以及《关于争端解决规则与程序的谅解》等一系列协议，它们构成了 WTO 的重要内容。

（二）WTO

第二次世界大战结束后，WTO 由于美国国会没有批准而没能建立起来，但是几十年来，一些有代表性的国家或个人都曾提出建立一个国际性贸易组织的建议。在乌拉圭回合谈判中，又提出了不少关于建立国际性贸易组织的建议，包括加拿大的多边贸易组织的建议。经过 7 年多的谈判，117 个参加方终于在 1993 年 11 月

①资料来源：《乌拉圭回合多边贸易谈判结果最后文件》。

达成了《马拉喀什建立世界贸易组织协定》。WTO 于 1995 年 1 月 1 日正式成立，并与 GATT 有半年的过渡期，1995 年 7 月 1 日，WTO 正式取代 GATT 而运作。

1. WTO 的主要内容

1）WTO 的内容

《马拉喀什建立世界贸易组织协定》简称《建立世界贸易组织协定》，包括序言、条款和附件三个部分。

序言部分概括了协定的宗旨和目标。它规定：WTO 全体成员在处理贸易和经济事业的关系方面，以提高生活水平、保证充分就业、保障实际收入和有效需求的巨大持续增长，扩大世界资源的充分利用以及发展商品生产与交换为目的，努力达成互惠互利协议，大幅度削减关税及其他贸易障碍和政治国际贸易中的歧视待遇。维护 GATT 的基本原则和进一步完成 GATT 的目标，发展一个综合性的、更加有活力的、持久的多边贸易体系，包括经过修改过的 GATT 和它主持下达成的所有守则和协议，以及乌拉圭回合多边贸易谈判的全部成果。

条款主要如下。

（1）规定 WTO 提供的共同机构框架是为了处理 WTO 成员之间的贸易关系。

（2）规定世界贸易组织的职能：促进世贸组织协定及各项多边贸易协定的执行、管理运作及目标的实现，同时对各多边贸易协定的附件协定的执行、管理和运作提供组织机制；为其各成员方提供谈判场所；负责管理实施《关于争端解决规则与程序的谅解》，世贸组织将按该谅解的规则与程序支持并处理各成员方之间的各项纠纷；负责管理实施贸易政策审议机制协议；负责与国际货币基金组织、世界银行及其附属机构的合作，以便进一步促进对全球统一的经济政策的制定。

（3）规定设立向所有成员代表开放的部长级大会和总理事会。

（4）规定由总理事会任命一名总干事任 WTO 秘书处的首长，由总干事根据总理事会批准的规则任命秘书处和工作人员。

（5）规定接受世界贸易组织协议和多边贸易协议的 GATT 缔约方和欧洲共同体，包括按 GATT 议定条件接受者，为 WTO 的创始成员。

（6）规定 WTO 在履行职能和任务时，应尊重 GATT 的规则、决定和习惯做法，在对国内法作修改时，所有成员都应努力采取一切必要步骤，使其国内法能推动实施附件中协议的规定，以保证它们的法律与这些协议相互一致。

GATT 共有四个附件。附件 1 包括三部分：《多边货物贸易协定》《服务贸易总协定》《与贸易有关的知识产权协定》（Agreement on Trade-Related Aspects of Intellectual Property Rights，TRIPS）；附件 2《关于争端解决规则与程序的谅解》；附件 3 是贸易政策审议机制；附件 4 包括四个诸边贸易协议。

2）WTO 的组织机构

WTO 不同于 GATT，它是一个具有法人地位的国际组织，有一整套的组织机构。

（1）部长级会议。WTO 的最高决策权力机构，由所有成员中（WTO 有创始成员和新成员之分，创始成员必须是 GATT 的缔约方，新成员必须由部长会议以 2/3

以上的票数通过，方可加入）主管外经贸的部长、副部长级官员或其全权代表组成，至少每两年召开一次会议，它可就任何多边贸易协议的任何问题做出决议，并拥有立法权、准司法权；可以豁免某个成员在特定情况下的义务；可以批准非 WTO 成员方所提出的取得 WTO 观察员资格申请的请示。下设总理事会和秘书处，负责 WTO 的日常会议和工作。

（2）总理事会。在部长会议休会期间，由全体成员代表组成的总理事会代行部长会议职能。总理事会自行拟定议事规则以及议程，可视情况需要随时召开会议以履行其解决贸易争端和审议各成员贸易政策的职责。总理事会设有货物贸易、非货物贸易（服务贸易）、知识产权三个理事会。总理事会还下设贸易政策核查机构，它监督各个委员会并负责起草国家政策评估报告。

（3）秘书处与总干事。由部长级会议任命的总干事领导的 WTO 秘书处。秘书处设在瑞士日内瓦，大约有 624 名工作人员。WTO 的总干事应由部长会议任命，秘书处的所有职员则由总干事任命，并由总干事依照部长会议通过的规章确定职员的职责和任职条件。总干事和秘书处职员的职责应具有排他的国际性质。总干事和秘书处职员在行使职责的过程中，不得寻求或接受来自 WTO 以外的任何政府或任何其他权威机构的指示。总干事和秘书处职员不得做出可能消极影响其国际官员地位的任何行动。WTO 各成员方应尊重总干事和秘书处职员之职责的国际性质，并不得在其履行职责的过程中施加影响。为此，WTO 章程为它们规定了特权与豁免。WTO 的总干事是 WTO 的行政首长，其权力、职责、任职条件和期限均由部长会议通过的规章来确定，主要有以下职责：可以最大限度地向成员施加影响，要求其遵守 WTO 规则；考虑和预见 WTO 的最佳发展方针；帮助成员解决争议；负责秘书处工作，管理预算和行政事务；主持协商和非正式谈判，解决贸易纠纷。

（4）世界贸易组织的专门委员会和谈判委员会。世界贸易组织在部长会议下设立专门委员会，以处理特定的贸易事项及其他有关事宜，如贸易与发展委员会，国际收支委员会（负责审议以国际收支困难为理由而采取的贸易限制措施），预算、财务与行政委员会，贸易与环境委员会，区域集团委员会等。谈判委员会则是在总理事会或分理事会下设的负责各具体谈判议题的委员会（有的也称谈判组，如基础电信判断组、自然人移动谈判组、海运谈判组等），如民用航空器委员会、政府采购委员会、市场准入委员会、卫生与植物检疫措施委员会、与贸易有关的投资措施委员会、原产地规则委员会、补贴与反补贴委员会、海关估价委员会、金融服务贸易委员会、专业服务委员会等。

（5）WTO 的工作组和专家小组。工作组是沿袭 GATT 的做法，为处理一些重要问题而成立的一种临时性机构，如中国加入 WTO 工作组。一般由总理事会组建，其职权范围也由理事会决定，工作组将其工作报告及其审议结论提交理事会批准。专家小组是为了处理成员方之间的争议而成立的临时性专家工作机构。专家小组与委员会或工作组的区别是专家小组都是以独立的专家身份进行工作，并不代表某国政府，并且在工作中应当独立于所在国政府，所在国政府也不应对其施加影响，而委员会和工作组的成员一般为各国的政府官员。

（6）政策贸易审议、解决争端和上诉机构。这些都是常设机构，分别负责审查成员的贸易政策、解决成员之间的贸易争端、审理上诉反对专家小组报告中有关内容的异议等工作。

3）WTO 的决策机制

WTO 的决策机制是指该组织对有关事项做出决定时应予以遵循的程序规则。这些事项主要指对条文的解释、修改，豁免义务以及接收新成员等。

（1）协商一致原则。《马拉喀什建立世界贸易组织协定》第九条规定，“WTO 应继续实行 GATT1947 所遵循的经协商一致做出决定的做法”。这是 GATT 和 WTO 及其法律制度运作的一项基本准则，即只要出席会议的成员方对拟通过的决议不正式提出反对就视为同意，包括保持沉默、弃权或进行一般的评论等均不能构成反对意见。下列事项的决策一般应实行协商一致规则通过才有法律效力，除非有特殊规定。①对《马拉喀什建立世界贸易组织协定》和多边贸易协定的修改，有特殊规定的除外。②下列豁免成员方的义务：豁免决定所涉及的是某一成员方在有关期限内履行过渡期或分阶段实施期的任何义务；某项有关 WTO 章程的豁免请示且在提交部长会议 90 天内。③对 WTO 协定附件四诸边贸易协议的增加。④争端解决机构按照《关于争端解决规则与程序的谅解》做出决定时，需经争端解决机构（Dispute Settlement Body，DSB）批准。

（2）简单多数规则。协商一致虽然是对 GATT 过去实践的一个肯定，但过于理想化。为防止因意见不一无法达成意思一致而导致 WTO 无法做出决定的情况，协定第九条还规定，“若某一次无法通过协商一致做出决定时，则由投票决定，在部长会议和总理事会上，WTO 的每一成员方有一票投票权……决定应以多数表决通过”。对这一规定有一项重要的例外，即“除（本协定）另有规定外”。所谓“另有规定”是指《马拉喀什建立世界贸易组织协定》本身对某些事项另行规定了特殊的投票通过的制度，此时应以特殊规定为准。由于在一些重大事项的决策上 GATT 都做了特殊规定，因此，WTO 以简单多数通过即可做出决定的规定不过是纸上谈兵。

（3）2/3 多数通过规则。这一规则是简单多数规则的第一项例外。当 WTO 的决定不能以协商一致通过时，必须采用 2/3 多数通过规则，而不能采取简单多数通过的办法。根据《马拉喀什建立世界贸易组织协定》，下列事项采用 2/3 多数通过规则：对《马拉喀什建立世界贸易组织协定》附件 1 中的《多边货物贸易协定》和《与贸易有关的知识产权协定》的修改建议；对《服务贸易总协定》第一部分至第三部分以及附件的修改建议；对《马拉喀什建立世界贸易组织协定》和《多边货物贸易协定》的某些条款修改意见提交成员方接受的决议；新成员方加入 WTO；财务和年度预算决议。

（4）3/4 多数通过规则。这是 WTO 对某些涉及成员方权利或义务或重大事项做出决策的规则。以 3/4 压倒多数通过的事项包括条文解释、协定修改、豁免义务。

（5）所有成员方接受规则。《马拉喀什建立世界贸易组织协定》第九条规定了相当极端的通过修改《马拉喀什建立世界贸易组织协定》及其附件协定有关内容的规则，即要求 WTO 所有成员方接受后才可做出修改的决定。也就是说，如存在任何一个成员方的反对，该修改决定就不得做出。这一规定意味着在做出这类修改时，所有成员方都应明确表示同意。下列决策采用所有成员方接受规则：对 WTO 决策制度（投票程序）的修改；对 1994 年 GATT 第一条（最惠国待遇）和第二条（关税减让）的修改；对《服务贸易总协定》第二条（最惠国待遇）的修改；对《与贸易有关的知识产权协定》第四条（最惠国待遇）的修改。

（6）反向一致规则。只要不是有权投票者全体一致对有关事项提出反对，则视为全体一致同意。该项规则避免了 GATT“一致同意”规则的弊端，是一个重大的创新。该规则主要体现在《关于争端解决规则与程序的谅解》第十六条等条款之中。第十六条第四款规定：在 DSB 讨论和通过专家小组的报告时，如果纠纷当事方不提出上诉，或 DSB 未以一致决议不通过此报告，则报告应在 DSB 会议上通过。同样，该协议第二十二条规定，如果在纠纷解决中的败诉方不履行专家小组或 DSB 的建议或裁决，同时又未与对方达成满意的赔偿协议，则胜诉方可向 DSB 申请授权，要求与败诉方“中止适用关税减让或其他义务”。

2. WTO 的基本原则

为了有效地践行其宗旨，WTO 的全部内容中贯穿了一系列基本原则，它们体现在《马拉喀什建立世界贸易组织协定》之中，并为后来在多边贸易谈判中所达成的协议做补充。这些原则及其例外构成了 WTO 法律框架的基础，制约着 WTO 成员方的贸易活动。

1）非歧视原则

非歧视原则是 WTO 最基本的原则，本着这一原则，各成员方可以平等地分享降低贸易壁垒所带来的利益。这个原则主要体现在两个重要条款上。

（1）最惠国待遇原则。最惠国待遇原则是缔约国一方现在和将来所给予任何第三国的优惠和豁免，必须同样给予对方。按有无条件，最惠国待遇原则分为无条件和有条件两种：无条件最惠国待遇原则，即缔约国一方现在和将来所给予任何第三国的优惠和豁免，立即无条件、无补偿地自动适用于对方；有条件的最惠国待遇原则，即如果缔约国一方给予第三国的优惠和豁免是有条件的，那么另一方必须提供同样的条件，才能享受这些优惠和豁免。WTO 中的最惠国待遇原则是多边的、无条件的。这一原则对货物、服务、知识产权都适用。因此，如果给某一贸易伙伴某项产品最好的待遇是 5%的关税税率，那么这个关税税率必须立即无条件地适用于所有 WTO 成员的同类产品。规定这一条款的目的是消除缔约方之间贸易、关税、航运、公民法律地位等方面的歧视，使它们具有同等的贸易机会，平等地进行贸易竞争，推动自由贸易和缔约方经济的发展。当然，在具体使用最惠国待遇时会有一些例外规定，如过境贸易关税同盟和自由贸易区、普遍优惠制的例外等。

（2）国民待遇原则。国民待遇原则就货物贸易而言，是指在贸易方面成员之间相互保证对方的公民、企业、船舶在本国境内享有与本国公民、企业、船舶同样的待遇。GATT 第三条规定，“以缔约方领土的产品输入另一缔约方领土时，不应对它直接或间接征收高于对相同的本国产品所直接或间接征收的国内税或其他国内费用。在关于产品的销售、推销、购买、运输、分配或使用的全部法令、条例和规定方面，所享受的待遇应不低于相同的本国产品所享受的待遇”。需要强调的是国民待遇不像最惠国待遇都是无条件的，对货物贸易，GATT 第三条规定：国民待遇对货物贸易是无条件的；对服务贸易，《服务贸易总协定》第十七条规定，对服务产品国民待遇仅适用于一个国家做出具体承诺的部门。一旦一个国家允许外国企业在其境内提供服务，则在对待外国企业和本国企业时，不应存在歧视。对知识产权，《与贸易有关的知识产权协定》第三条规定，在知识产权方面，每个成员给予其他成员的国民待遇不应低于它给予本国公民的待遇，除非其他有关国际知识产权公约另有规定。

为了加深对最惠国待遇原则和国民待遇原则的理解，我们举一个美国对来自外国的炼油商实行歧视，违背非歧视原则的案例。1991 年，美国环保局对于国内和国外炼油商提出了不同的标准，他们认为国外炼油商缺乏于 1990 年检测的、足以证明汽油质量的真实数据，只能通过一个“法令的底线”显示他们汽油的质量，而国内炼油商可以通过三种可行方法制定“独立的底线”。这一标准对外国炼油商采取了歧视政策，造成市场竞争的不均衡，从而引起一场贸易纷争。委内瑞拉在给 WTO 的诉状中强调，美国石油标准违背了 GATT 中的最惠国待遇，因为它对从某一第三国（加拿大）进口的石油采用了“独立的底线”方案。同时，美国也违背了国民待遇，因为对美国国内石油公司采取了更优惠的待遇。最终美国败诉。

2）互惠原则

互惠原则也是 WTO 的基本原则之一。互惠性并没有一个正式的定义，但它是 WTO 得以发挥作用的主要机制。GATT 在第二十八条第二款中规定，“有关缔约方应力求维持互惠互利减让的一般水平”。互惠性要求一个国家在得到另一个国家的减让优惠时也要提供“相等”的减让优惠作为回报。只有通过各成员方之间的互惠互利、相互关税减让，它们各自的进出口才能维持基本平衡，WTO 促进各国贸易发展、推动贸易自由化的目标才能得以实现。

这一原则的例外体现在普惠制待遇上，普惠制要求发达国家给予发展中国家的优惠不能要求发展中国家给予对等的回报，否则，两者之间经济水平的不平等永远得不到改善。

3）透明度原则

透明度原则是指缔约方正式实施的有关进出口贸易的政策、法律、法规、法令、条例及签订的有关贸易方面的条约等，都必须予以正式公布；否则，不得实施。其目的是防止缔约方之间进行不公开的贸易，从而造成歧视性的存在。这是 WTO 其他原则得以有效贯彻的基础。

但是，透明度原则也并非成员方必须什么都要对外公布，GATT 和《服务贸易总协定》也规定了透明度原则的例外。GATT 第十条规定，“不要求公开那些会妨碍法令的贯彻执行，会违反公共利益，或会损害某一公司企业的合法商业利益的机密资料”。《服务贸易总协定》第三条规定，“本协定的任何规定都不得要求任何成员提供那些一旦公开会阻碍法律的实施或违背公众利益，或损害特定公营或私营企业合法商业利益的机密资料”。

4）公平贸易原则

公平贸易原则是指缔约方之间在进行国际贸易交往中，不得采取不正当的贸易手段进行国际贸易竞争或扭曲国际贸易竞争。该原则要求各缔约方为了创立和维持公平竞争的国际贸易环境，不得实施出口补贴、产品倾销等不正当的竞争方式，来损害其他缔约方的合法利益。

补贴和倾销是两种不公平的国际贸易行为，违反了 WTO 的公平贸易原则，在 GATT 第六条、第十六条、第二十三条都体现了这一原则。但是需要注意的是由于倾销属于企业行为，反倾销、补贴和反补贴属于政府行为，因此，WTO 只能规范成员方的反倾销、补贴与反补贴行为，而不能禁止企业的倾销行为，而且 WTO 允许征收反倾销税、反补贴税，并规定取消其他非关税限制措施，这对保证贸易的公平竞争有重要意义，但是其中有些规定如“重大损害”等没有统一的标准，在实施过程中难免会出现纠纷。

5）公平解决争端原则

公平解决争端原则是指成员方之间一旦出现国际贸易争端，应通过公正、客观、平等和友好的方式使有关贸易争端能得到妥善解决。乌拉圭回合通过了一个重要的协议《关于争端解决规则与程序的谅解》，使随后建立的 WTO 从本质上超越了 GATT。该协议的主要特点如下。

（1）适用范围广泛。除贸易政策审议机制外，所有因《马拉喀什建立世界贸易组织协定》及其附属协定的争端都受到《关于争端解决规则与程序的谅解》的管辖。

（2）程序规则明确。

（3）WTO 构成了一个统一的、透明度较高的争端解决制度，而此前 GATT 的争端规定比较分散，缺乏一致性。

（4）WTO 的多边争端解决机制取代了过去通过的双边解决争端的做法。

（5）新的谅解规则，由于机制健全、程序规则清晰等特点，更趋于司法化。

6）对发展中国家特别优惠的原则

这一原则是基于发达国家和发展中国家间经济实力的巨大差距，对发展中国家追求公平发展，改变旧的国际经济秩序做出的反应。

WTO 的前身 GATT 的大多数条款都迎合了发达国家的利益。1965 年，在 1964 年联合国贸易和发展会议第一届大会的影响下，GATT 才增加了第四部分，即“贸易和发展”，承认了发达国家与发展中国家之间的非互惠原则，规定了对缔约方中发展中国家在贸易和发展方面的特殊要求和有关问题。GATT 给予发展中国家的优惠主要有以下几个方面。

（1）非互惠原则。GATT 第三十六条规定“发达的缔约方对它们在贸易谈判中对发展中缔约各方的贸易所承诺的减少或撤除关税和其他壁垒的义务，不能希望得到互惠”。

（2）发达国家应尽可能地多承担义务，“优先降低和撤除与发展中的缔约方目前或潜在的出口利益特别有关的产品的壁垒”，“不建立新的”或“加强已有的”关税或非关税壁垒，并“积极考虑采取其他措施，为扩大从发展中的缔约方进口提供更大的范围”。

（3）缔约方全体“在适当的情况下，采取措施，包括通过国际安排”，“同联合国及它的附属机构……谋求适当合作”，并“建立某些必要的机构”，以促进发展中国家的贸易和发展。

7）取消数量限制原则

数量限制是一种非关税措施，通过限制外国产品的进口数量来保护本国市场，而 WTO 规定各成员方只能通过关税来保护其工业，因此数量限制违背了 WTO 的这一规定。

GATT 第十一条规定，任何缔约方除征收税捐或其他费用以外，不得设立或维持配额、进出口许可证或其他措施以限制或禁止其他缔约方的产品的输入，或向其他缔约方输出或销售出口产品。

乌拉圭回合谈判要求将既有配额转化为等效关税，然后再逐步降低关税。也就是说同意各缔约方可以把关税作为唯一的保护手段，因为关税可以使各方的保护程度一目了然，也便于对各方的保护水平进行比较和监督。当然通过关税保护的税率只能降低不能提高，最终要实现自由贸易。

3. WTO 的现代化改革

现今，处于历史高位的贸易限制措施、贸易保护主义、贸易单边主义甚嚣尘上。随着全球贸易紧张局势的日益政治化，WTO 上诉机制于 2019 年 12 月 11 日首次停摆；同时，新冠疫情的暴发给全球经济带来巨大挑战。这些都在倒逼 WTO 进行现代化改革。

当前 WTO 的状态让国际贸易发展面临着严峻的问题：新的仲裁人员不能获得任命，国际贸易争端解决机制迟迟未定，贸易仲裁案件“堆积如山”，如乌拉圭回合谈判持续八年，而多哈回合谈判无任何结果。“一揽子协议”谈判机制欠缺灵活性。各成员需在跨产业、跨协定谈判中达成一致，谈判进程冗长低效，这导致近年来各国签署双边和区域贸易协议倾向明显，不断给 WTO 在经贸规则制定中的核心地位带来冲击。除此之外，电子商务和服务贸易成为各国新的贸易和经济增长点，但是 WTO 在消除数字贸易壁垒方面一直裹足不前，也未将数字贸易等形态纳入监管框架。WTO 作为全球贸易体系的基石，正面临着来自外部和内部的严峻挑战。多边贸易谈判、争端解决和贸易政策监督是 WTO 的重要职能，也被称作 WTO 的三大支柱。WTO 应通过积极改革，强化和改进三大职能，让自身重新焕发活力、回归根本。

1）推动数字化转型新要求

1995～2020 年，全球贸易格局发生重大变化，但 WTO 的规则制定并未跟上时代发展的步伐。推动 WTO 更加现代化，亟须制定一套处理数字贸易和电子商务的新规则。在新冠疫情的影响下，各国为国内经济复苏出台了多项政策，这也在一定程度上促进了 WTO 的发展。当前，在数据流动的作用下，全球贸易格局已逐渐改变。要认识到在数字经济时代，数据是关键的生产要素，现代经济的创新和增长离不开数据，WTO 应积极应对数据驱动下的经济转型。研究显示，与传统商品贸易相比，跨境数据流动产生的经济效益相对较高。要认识到对于发展中国家来说，数据流动更具包容性，更有利于中小微企业参与其中（王俊美，2020）。

当前，在数字化转型的推动下，商业模式和经济结构正在发生深刻变化。数字化转型不仅创造了新的财富来源，还影响了现有的财富来源。数字化还重塑了商业环境，如人们的社交互动、国家的内政和外交战略等。此外，数字化对国际贸易产生影响也是十分深刻，如经济体之间的竞争、国际贸易利益分配等。在此情况下，由 WTO 制定的贸易协议和其他国际条约中的规则遭到质疑。这些规则是否适用于当下不断发展的数字化环境、是否需要从根本上进行修订、是否需要 WTO 成员的重新谈判，都是需要考虑的问题。

2）贸易规则与时俱进

受新冠疫情的影响，全球生产能力和消费能力均有所下降，全球贸易量大大减少，这促使人们对全球贸易规则进行重新思考。WTO 对此做出积极回应，强调了保持开放贸易的重要性，同时致力于不断提高信息透明度。为防止国内商品短缺，许多欧美国家对部分医疗产品和食品实施了临时出口限制，引发其他成员方对此类做法是否符合 WTO 规定的质疑。一般而言，在满足一定前提条件的基础上，WTO 的规则较为灵活，允许成员方在特殊情况下实施必要的贸易措施。但其中的关键问题是，这种临时性的贸易限制措施究竟可以持续多长时间。尽管贸易限制措施引起了特别关注，但实际上，世界各国采取的大多数措施都是为了促进贸易。例如，许多国家已经降低或取消了疫情相关商品的进口关税，或者加快对重要货物的海关检查速度。

3）WTO 改革循序渐进

新冠疫情在给世界经济带来挑战的同时，也为 WTO 的现代化改革提供了更为广阔的空间。在一定程度上，新冠疫情成为各成员方的改革动力，促使 WTO 加速现代化改革议程。此外，原定于 2020 年 6 月在哈萨克斯坦举行的两年一次的 WTO 部长级会议受新冠疫情影响而延期，后于 2022 年 6 月 12 日在瑞士日内瓦举行。尽管会议的推迟会在短时间内减缓渔业补贴等问题的解决进程，但也带来了更多的时间巩固现有成果。

近年来，多哈回合谈判停滞不前，争端解决机制中的上诉机构停摆。在美国的阻挠下，上诉机构停摆使争端解决机制面临很大的不确定性，这在一定程度上也反映了 WTO 长期存在的系统性问题。争端解决机制面临的危机与多边谈判功能的崩溃密切相关。目前，美国成为 WTO 争端解决机制的批评家。但是，美国应该意识到，放弃这种单边主义和贸易保护主义的做法才是正确的。WTO 成员方应逐步采取措施，满足 WTO 相关规定和对于透明度的要求。WTO 的现代化改革涉及不同的议题、流程和参与者，需要循序渐进不断推进。

本节小结

对外贸易政策是指一国政府根据本国的政治经济利益和发展目标而制定的在一定时期内的进出口贸易活动准则，它集中体现为一国在一定时期内对进口贸易所实行的法律、规章、条例以及措施等。它既是一国总经济政策的重要组成部分，也是一国对外政策的重要组成部分。自由贸易政策潮流的开始以 1846 年《谷物法》的废除为标志，在 1870 年达到了顶峰，之后开始逆转。发达国家的自由贸易政策不仅限于各自之间相互提供贸易便利，而且对发展中国家也实行某种程度的贸易便利，如发达国家对发展中国家提供普惠制待遇。但是，第二次世界大战以后，在国际贸易逐步走向自由化的形势下，尽管总的趋势是走向自由贸易，但是各发达国家从自身的经济利益出发，采取了贸易保护主义做法，而发展中国家根据各国实际情况，制定了不同的经济发展战略，主要有两种：进口替代战略（又称为内向型经济）和出口导向战略（又称为外向型经济）。第二次世界大战以后，各国因为重建国际贸易秩序，建立了 WTO，形成了比较完整的国际贸易体系。然而，随着全球贸易紧张局势的日益政治化，以及新冠疫情给世界经济带来的挑战，WTO 面临内部和外部的挑战，亟须进行现代化改革焕发活力。

思考题

1. 简述发达国家自由贸易政策的发展过程。
2. 发达国家在什么情况下会采用贸易保护政策？
3. 为什么发展中国家要实现工业化？
4. 出口导向战略的实施效果要优于进口替代战略。请举例说明。
5. 发展中国家要从贸易保护走向贸易自由化，需要进行哪些努力？
6. WTO 的基本原则有哪些？
7. 中国加入 WTO 后，对外贸易发生了何种变化？

第二节　关税与非关税壁垒

贸易政策是各国政府基于本国某种利益的考虑，对对外贸易活动所采取的政策干预措施。当一国采取干预对外贸易的政策时，其贸易政策措施主要分为两大类，即关税（tariff）和非关税壁垒（non-tariff barrier）。这些措施会对政策实施国以及世界其他国家的经济产生影响。

一、关税

关税是一国政府从自身的经济利益出发，依据本国的海关法和海关税则，对通过其关境的进出口商品所征收的税。

（一）关税的种类

依据关税的课征种类划分，关税主要有进口税、进口附加税、出口税和过境税等。

进口税是一国进口商品时，由海关对本国进口商所进口的商品征收的税。进口税中，又分为以获得财政收入为目的的关税和以保护本国相关产业为目的的关税两种。在现实中，如果对国内并不生产的进口商品征税，这一般是为了获得财政收入，但对国内可生产的进口商品征税，在大多数情况下是为了保护国内相关产业，因此关税往往成为一国贸易保护的重要工具。

进口税还可以分成对被课征对象（国）税率无差别的无差别关税和针对不同国家执行不同税率的差别关税。在差别关税中，又分为特惠关税、普通关税和普遍优惠关税等类型。一般情况下，我们提到关税时往往是指进口税。

进口附加税是指一国海关对本国进口商进口商品时除征收一般关税外，根据某种目的所加征的一种关税。

过境税是一国对外国货物通过其关境和领土时所征收的关税。因为过境货物对被通过国家的市场和生产不产生影响，所以绝大多数国家已不再征收过境税，只收少量的行政管理费和提供有关服务的费用。

出口税是一国海关在本国商品出口时，为保证本国市场供应或其他特殊目的而征收的一种税。一般而言，国家为鼓励本国商品的出口很少征收出口税，但有时出于干预市场的目的，会选择一些关系到国计民生的敏感商品征收出口税。

依据关税的征收方法划分，关税又被分成从量税、从价税、选择税和复合税。从量税是指根据贸易商品的物理量征收的关税，如根据重量、体积、容积等物理单位征收关税。从价税是指根据贸易商品的价格或单价征收的关税。选择税是根据商品的特征分别确定征收关税的从价标准和从量标准，然后选择其中一种方法课征。复合税则是对某些贸易商品既征收一定比例的从价税，也征收一定比例的从量税。

针对进口税而言，从经济角度看征收关税会影响资源配置，即引起资源的重新配置，从而引起各种经济活动和一国福利水平的变化。为了对关税的经济效应有更深刻的认识，我们首先仅限于单个商品来分析其效应，然后再在一般均衡基础上对关税的一般效应加以考察。

（二）关税的效应：局部均衡分析

征收关税将产生一系列的经济效应。总的来看，征收关税的经济效应与自由贸易的作用正好相反，它将导致资源配置效率降低，增加政府的财政收入，在各国间和各国内的不同成员之间进行收入的再分配。

1. 关税的价格效应

对进口产品征收关税首先会使进口产品的价格上升。假设国内进口替代部门的产品与进口产品是完全同质的，则征收关税后，整个国内市场该种产品的价格都会上涨。不过，国内市场价格上涨的幅度如何，则要视关税征收国对世界市场价格的影响力而定。

如果关税征收国是一个小国，即其对世界市场价格没有任何影响力，那么征收关税后，虽然该国会因进口产品价格上涨而减少对进口商品的购买，但这一变动不会对世界市场价格产生任何影响。因此征收关税之后，国内市场价格的上涨部分就等于所征收的关税，即关税全部由国内消费者来承担。此时国内市场价格等于征收关税前的世界市场价格（自由贸易条件下的价格）加上关税。

如果关税征收国是一个大国，即其国内供求的变化足以影响世界市场价格，那么征收关税后，由于价格的上涨，该国对进口产品的需求量要下降，从而引起世界市场价格的下降。在这种情况下，关税负担实际上由国内消费者和国外出口商共同承担。征收关税后的国内市场价格等于征收关税后的世界市场价格加上关税。

关税通过价格的变动来影响各种经济活动，以下利用图示方法说明关税的其他经济效应。

2. 关税的生产效应

征收关税后，进口产品的国内市场价格上升，国内进口替代部门的生产厂商面对较高的价格，从而能够补偿因产出增加而提高的边际成本，于是国内生产增加，征收关税所带来的生产效应如图 2-1 所示。

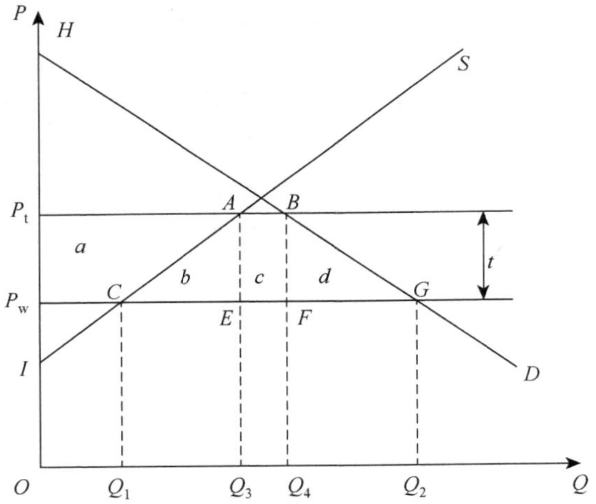

图 2-1　关税的影响：小国情形

这里以小国为例来说明关税的生产效应。在图 2-1 中，曲线 S、D 分别表示国内供给曲线和需求曲线；P_w 表示征收关税前的世界市场价格，即自由贸易条件下的价格；P_t 表示征收关税后的国内价格。假设关税为从量税，t 表示对单位进口商品所征收的关税，则征收关税后国内价格可表示为 $P_t = P_w + t$。

在自由贸易下，对应于世界市场价格 P_w，国内生产为 Q_1；征收关税之后，国内价格由原来的 P_w 上升至 P_t，此时，国内生产提高到 Q_3。也就是说，征收关税后，国内生产增加了 Q_1Q_3，所以关税保护了国内生产者。国内生产者因关税而获得的利益可用生产者剩余（producer's surplus）的变动来衡量。图 2-1 中，征收关税前，生产者剩余为$\triangle ICP_w$的面积，征收关税后，生产者剩余为$\triangle IAP_t$的面积，征收关税前后，生产者剩余增加了梯形 CAP_tP_w 的面积（a），此即征收关税后生产者的福利所得。

3. 关税的消费效应

征收关税使国内市场价格提高，只要国内的需求弹性大于零，国内价格提高必然导致消费量的减少，此即关税的消费效应。图 2-1 中，征收关税后，国内消费量为 Q_4，与征收关税前的消费量 Q_2 相比，消费量减少了 Q_4Q_2。

消费量的下降对消费者的福利产生不利影响。图 2-1 中，征收关税前后，消费者剩余（consumer surplus）分别为$\triangle HGP_w$和$\triangle HBP_t$的面积，所以消费者福利的损失为梯形 GBP_tP_w 的面积（$a+b+c+d$）。

综合生产效应和消费效应，便可得到关税的贸易效应，即生产效应＋消费效应＝贸易效应。在图 2-1 中，征收关税后进口量的减少 $=Q_1Q_2-Q_3Q_4=Q_1Q_3+Q_4Q_2$，即关税的贸易效应。

4. 关税的税收效应

所谓税收效应是指政府由于征收关税而获得的财政收入。征收关税所获得的收入＝进口量×关税税率。在图 2-1 中，关税收入为 $Q_3Q_4\times t$，即等于矩形 AEFB 的面积（c）。至于对福利的影响，则要视政府如何使用这部分税收而定。如果政府将关税收入全部用于补贴消费者，则可以弥补消费者的部分损失。

5. 关税的贸易条件效应

如果征税国是一个大国的话，那么除了上述各种影响外，关税还会产生贸易条件效应。因为在大国情形下，征收关税会降低世界市场价格，即本国进口商在世界市场上购买进口商品的价格要降低。如果出口价格保持不变，则进口价格的下跌意味着本国贸易条件的改善。也就是说，征收关税后，在国际市场上，征税国用一个单位的本国商品现在可以换取更多的外国商品。贸易条件的变化对征税国有利。

图 2-2 对应于大国情形。征收关税后，国内价格由原来的 P_w 升至 P_t，与此同时，世界价格也由 P_w 降至 P_w'，征税后的国内外价格之间的关系为 $P_t=P_w'+t$。与图 2-1 相比，可以发现，对应于相同税率的关税，征税后国内价格在大国情形下的上涨幅度要小于小国情形下的上涨幅度。世界市场价格的下降部分地抵消了关税的影响，减弱了关税对国内生产和消费的影响效应。

如图 2-2 所示，征收关税后，世界市场价格的下降幅度等于 EH 或 FI；征税后的进口量为 Q_3Q_4。现在以新的价格 P_w' 进口 Q_3Q_4 的代价为矩形 HQ_3Q_4I 的面积，而征税前进口同样多的商品的代价为矩形 EQ_3Q_4F 的面积，因此征税后在同等情况

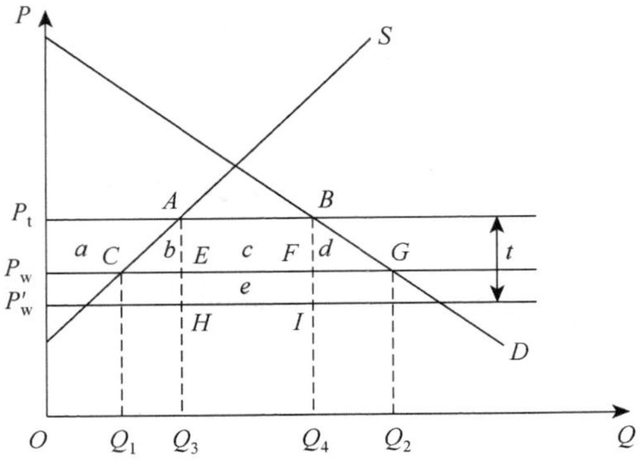

图 2-2　关税的影响：大国情形

下进口费用要节约 $EH \times Q_3Q_4$，图中 $EHIF$ 的面积（e）表示征税国因贸易条件改善而获得的利益。

大国条件下的生产效应和消费效应与小国条件下相同，对应于图 2-2，生产效应为 a，消费效应为 $-(a+b+c+d)$。大国条件下关税的税收效应为（$c+e$）。

6. 关税的净福利效应

综上所述，关税的影响是多方面的，而且各种影响对征税国的福利会产生不同的效应。要判断关税影响的好坏，必须综合考虑关税各种影响的福利效应。以下分两种情况分析关税的净福利效应。

1）小国情形

由图 2-1 可知，关税的净福利效应 = 生产者福利增加–消费者福利损失 + 政府财政收入 $= a-(a+b+c+d)+c=-(b+d)<0$。所以，对于小国而言，关税会降低社会福利水平，社会福利的净损失为 $b+d$。其中，b 称为生产扭曲（production distortion），它表示征税后国内成本高的生产替代原来来自国外成本低的生产，而导致资源配置效率下降所造成的损失；d 称为消费扭曲（consumption distortion），它表示征税后因消费量下降所导致的消费者满意程度的降低，在扣除消费支出的下降部分之后的净损失。

2）大国情形

由图 2-2 可知，关税的净福利效应 = 生产者福利增加–消费者福利损失 + 政府财政收入 $= a-(a+b+c+d)+(c+e)=e-(b+d)$。当 $e>b+d$ 时，本国福利增加；当 $e<b+d$ 时，本国福利则减少。所以，在大国情形下，关税的净福利效应不确定，取决于贸易条件效应与生产扭曲和消费扭曲两种效应之和的对比。

（三）关税的效应：一般均衡分析

以上讨论的是关税对单个商品的影响，现在我们在一般均衡的框架下，进一步探讨关税的影响效应。为方便起见，我们将所有产品划分到两个部门：出口部门 X

和进口替代部门 Y，这样我们便可以用两部门模型来分析针对整个进口替代部门的关税效应。以下分析均以小国情形为例。

如图 2-3 所示，TT' 是生产可能性边界线，在自由贸易条件下，面对国际相对价格 P_w，生产均衡点在 Q 点，消费均衡点在 C 点。征收关税之后，Y 部门的产品在国内市场的价格上升，故国内生产者现在面对一个新的相对价格 P_t。新相对价格线 P_t 比原来的相对价格线 P_w 更平坦，于是生产均衡点由 Q 点上移至 Q_t 点。与征税前相比，进口替代部门的生产增加，但出口部门的生产减少了。由此可见，任何的进口壁垒都不利于出口部门的生产，具有反出口倾向。

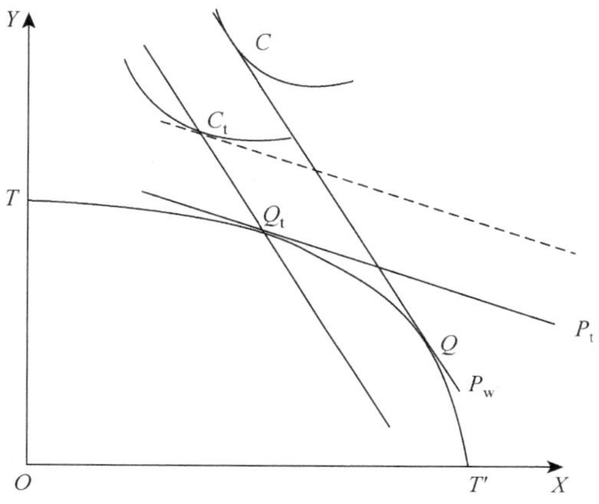

图 2-3　关税影响的一般均衡分析

因为征税国是一个小国，所以征收关税后，其贸易条件并未改变，贸易仍按原来的价格进行，新的消费均衡点应在通过 Q_t 点与相对价格线 P_w 平行的线上。另外，国内消费者面对的相对价格为 P_t，根据效用最大化条件，通过新的消费均衡点的社会无差异曲线在该点的切线斜率的绝对值应等于 P_t。如图 2-3 所示，通过新的消费均衡点 C_t 的社会无差异曲线的切线与相对价格线 P_t 是平行的。也就是说，在 C_t 点同时满足两个条件：国际贸易仍按原来的价格进行，而国内消费者则按征税后的国内价格来决定其最佳选择。

征收关税后，消费水平由原来的 C 点降至 C_t 点，通过 C_t 点的社会无差异曲线位于通过 C 点的社会无差异曲线之下，这表明征税国的社会福利水平下降了。

（四）有效保护率与关税结构

上面的分析要么是针对单个商品，要么是针对整个进口替代部门，如果对多种商品征收进口关税，那么某一特定行业所受到的保护程度不仅与其本行业的关税有关，而且还与其他行业的关税有关。为说明它们之间的关系，我们首先引入有效保护率（effective rate of protection，ERP）这一概念。

有效保护是指某一行业生产或加工中增加的那部分价值（即附加值）受保护的情况，所以保护的程度须以国内生产的附加值的提高来衡量。据此有效保护率可定义为关税或其他贸易政策措施所引起的国内生产附加值的变动率。有效保护率的计算公式如下：

$$\mathrm{ERP}_j = \frac{V_j' - V_j}{V_j} \times 100\% \tag{2-1}$$

式中，ERP_j 表示 j 行业（或商品）的有效保护率；V_j、V_j' 分别表示征收关税前后 j 行业（或商品）的国内生产附加值。

有效保护率这一概念的提出基于如下事实：根据生产过程中的加工深度，可将产品分为制成品（最终产品）、中间产品（如零部件）和原材料等。如果对中间产品或原材料征收关税，将提高这些产品的价格，从而增加国内使用者的负担，导致生产成本上涨，使得那些使用中间产品或原材料制成的最终产品的关税所产生的保护效应降低。从中间产品或原材料的使用者的角度来看，对中间产品或原材料征收关税，就相当于对生产征税，降低了国内生产的附加值。

为了说明关税结构对有效保护率的影响，举一个具体的例子。假设某一制成品在国际市场上的价格为 1000 元，该产品在国内生产时每单位产出需要使用价值 500 元的中间投入品，因此在自由贸易下，该产品国内生产的单位产出附加值 = 1000–500 = 500 元。先假定对该产品征收 30%的从价关税，并假设关税不影响世界市场价格，于是征税后，该产品的国内价格上涨为 1000×（1 + 30%）= 1300 元。另外假设对其使用的中间产品不征进口关税，那么征税后，国内生产的单位产出附加值 = 1300–500 = 800 元。根据式（2-1），该制成品的有效保护率 =(800–500)÷500×100% = 60%，即对该制成品征收 30%的关税可使其国内生产附加值提高 60%。

如果对中间产品也征收 30%的关税，制成品关税仍为 30%，那么征税后该制成品的单位产出附加值 = 1300–500×(1 + 30%) = 1300–650 = 650 元，其有效保护率 = (650–500)÷500×100% = 30%。此种情况下，有效保护率与名义关税率相同。

现在，如果将中间产品的关税率由 30%改为 40%，那么在这种情况下，制成品的国内生产单位产出附加值 = 1300–500×(1 + 40%) = 600 元，其有效保护率 = (600–500)÷500×100% = 20%，即国内生产附加值只增加了 20%，低于其名义关税率。如果中间产品的关税更高，则制成品的国内生产附加值将更低，甚至会变成负值。可见，在制成品关税不变的前提下，随着中间产品关税的上升，制成品的有效保护率将不断下降，甚至会出现负保护的情况。

由以上例子可知，关税的有效保护率与其名义税率并不一致。这一结果意味着要保护某一特定行业，不一定要依靠提高该行业的名义关税率来实现，降低其使用的中间产品或原材料的进口关税，也同样可使其获得更高的保护。根据这一点，如果一国的政策目标是保护最终产品部门，则在关税结构安排上，应当对中间产品和原材料少征或免征进口关税。

二、配额

关税并非唯一的贸易保护手段。除关税外，还有很多非关税的限制贸易措施，其中进口配额（import quota）就是一种重要的非关税壁垒，该政策措施同样会起到限制进口、鼓励（保护）国内生产的作用，有时还可用于改善国际收支或提高国内就业率。

（一）配额及其实施原因

配额是指一国政府为保护本国产业，规定在一定时期内对某种商品的进口数量或进口金额加以限制。进口配额的分配方法主要有两种：一是全球配额。它规定进口国对某种商品在一定时间内的进口数量或金额，适用于来自任何一国的商品进口，主管机关按本国进口商的申请次序批给一定的允许进口的数量或金额，直到发放完规定的全部限额为止。二是国别配额。它是进口国对来自不同国家的进口商品规定不同的进口配额。

与征收关税相比，进口配额更有助于限制一国进口商品的数量。主要原因是，关税是通过价格变动影响国内对进口品的需求，而配额则是限制商品的进口量或进口金额，因此配额对进口的限制更直接、更易于控制。另外，配额比关税更严厉。在征收关税的情况下，如果一国出口商试图进入课征关税的市场，那么只要在产品价格或质量上有竞争力，就有可能渗入该国的市场；但是在该国采取进口配额措施的情况下，无论出口国生产的产品在价格上或在质量上有多强的竞争力，都难以打入进口国的市场，因为进口的数量或金额是确定的。因此人们一致认为，进口配额是比进口关税更加严厉的保护措施，对国内进口替代品的生产者来说，配额要比关税更受欢迎。

（二）配额的效应

配额所规定的进口量通常要小于自由贸易下的进口量，所以配额实施后进口量会减少，进口商品在国内市场的价格要上涨。如果实施配额的国家是一个小国，那么配额只影响国内市场价格，对世界市场价格没有影响；如果实施配额的国家是一个大国，那么配额不仅导致国内市场价格上涨，而且还会导致世界市场价格下跌。这一点与关税的价格效应一样。同样，配额对国内生产、消费等方面的影响与关税大致相同。以下我们集中分析一下配额的福利效应。

假设我们讨论的对象是一个小国，因而配额不会影响世界价格。如图 2-4 所示，在自由贸易条件下，国内外价格相同，为 P_w，国内生产和消费分别为 Q_1、Q_2，进口为 Q_1Q_2。现对进口设置一限额，假定限额为 Q_3Q_4，而且 $Q_3Q_4 < Q_1Q_2$，于是国内价格由原来的 P_w 上涨为 P_t，国内生产增加至 Q_3，国内消费减少至 Q_4。

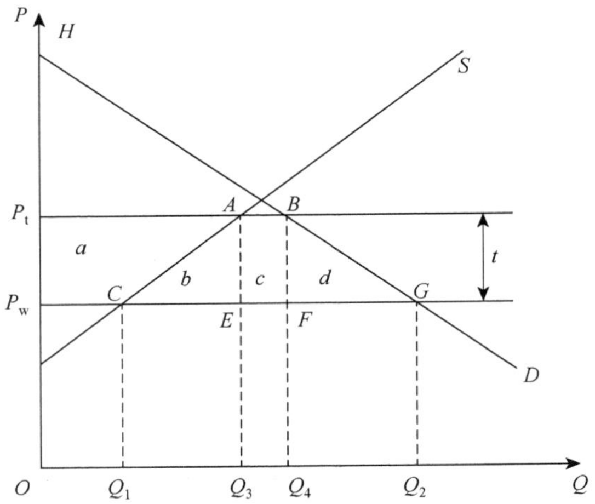

图 2-4 配额的影响

此时，生产者剩余增加了a，而消费者剩余减少了，损失为$a+b+c+d$。与关税不同的是，实施配额不会给政府带来任何财政收入。综合起来，配额的净福利效应＝生产者剩余增加−消费者剩余损失$=a-(a+b+c+d)=-(b+c+d)$，其中b、d分别为生产扭曲和消费扭曲，$b+d$为配额的净损失。至于c，在关税情形下我们知道它表示政府的关税收入，因此可被抵消，现在则称为配额收益（quota revenue）或配额租金（quota rent），它实际上是一种垄断利润，它的去向视政府分配配额的方式而定。

现实中，分配进口配额常常要与进口许可证相结合。进口许可证是由一国签发的允许一定数量的某种商品进入关境的证明。分配进口许可证的方法主要有三种：一是竞争性拍卖；二是固定的受惠；三是资源使用申请程序。

第一种方法，政府可通过拍卖的方法分配进口许可证。这使进口权本身具有价格，并将进口一定数量商品的权利分配给出价最高的需要者。一般情况下，进口商购买进口许可证的成本要加到商品的销售价格上。因此，建立在拍卖许可证基础上的进口数量限制所起的作用与关税有许多类似之处。

第二种方法是固定的受惠。它是政府将固定的份额分配给某些企业的方法。通常的方式是，根据现有进口某种产品的企业在上一年度进口该商品总额中的比重来确定。这种方法比较简便。其问题首先是政府不再有关税收入或拍卖许可证的收入；其次这种方式带有某种垄断性，它意味着新增的企业难以获得进口此种商品的特权。因此这种分配方式不利于打破垄断，实现资源的有效配置。

第三种方法是资源使用申请程序。它是指在一定的时期内，政府根据进口商递交进口配额管制商品申请书的先后顺序分配进口商品配额的方法。这种方法形成了申请人获得所需进口品的自然顺序，即按照先来后到获得所需商品配额。其缺点是可能给管理部门留有利用职权获取贿赂的机会，相应地可能导致企业的“寻租”（rent seeking）活动，以期借助管理部门的不公正行为获取某种额外利润。

由此可见，公开拍卖可能是分配进口配额的最好方法。一方面进口配额与关税对一国福利水平的影响是相同的，且政府获得了有关的收入，有利于收入的再分配；另一方面，从本质上看，进口配额比关税更加严厉，它根除了外国出口商渗入进口国市场的可能性。因此，从管理有效的角度衡量，配额比征收进口关税好；从贸易自由化的角度看，关税更有利于外国竞争者的渗透，所以关税比进口配额好。

三、出口补贴

非关税壁垒中另一类重要政策措施是针对出口。与配额等限制进口的做法不同，这类贸易政策措施的目的往往是鼓励或支持出口，其中出口补贴（export subsidy）就是最常用的手段之一。

（一）出口补贴的含义

出口补贴是指一国政府为鼓励某种商品的出口，对该商品的出口所给予的直接补助或间接补助。直接补助是政府直接向出口商提供现金补助或津贴。间接补助是政府对选定商品的出口给予财政税收上的优惠，如对出口的商品采取减免国内税收（如减少公司所得税等）、向出口商提供低息贷款等。各国采取出口补贴的主要目的是使本国企业在国际市场上能以低于实际生产成本的价格出售其产品，提高其在国际市场上的竞争能力，扩大商品的出口。

（二）出口补贴的效应

与其他贸易政策措施一样，出口补贴对国内生产与消费，乃至对社会福利水平都会产生实质性影响。对于接受补贴的出口部门的生产商来说，出口补贴等同于负的税赋，因而生产者出售商品实际得到的价格等于购买者所付的价格加上单位补贴金额。出口补贴对国内经济至少有两种直接影响效应：一是贸易条件效应，即出口补贴可使出口产品在国际市场上的销售价格降低，因此不利于本国贸易条件的改善；二是出口扩大效应，即出口产品价格下跌可刺激出口增加。

在图 2-5 中，在自由贸易条件下，世界价格为 P_w，国内消费和生产分别为 Q_1 和 Q_2，此时出口量为 Q_1Q_2。如果政府给予本国出口品生产者每单位产品金额为 s 的出口补贴，则本国出口品生产者将可以以高于市场价格的成本进行生产。如图 2-5 所示，出口品生产者的生产由原来的 Q_2 扩大到 Q_4。出口品生产者的产品一部分在国内销售，一部分在国外销售，但在国内销售的部分不享受政府补贴，于是在国内销售的价格必须能够弥补这部分产品的生产成本。图 2-5 中，国内价格为 P_t，高于补贴前的价格 P_w，由于价格上升，国内消费减少至 Q_3。这样一来，需在国外销售的产品数量就会增加。为了能在国外销售更多的产品，出口商不得不降低其在国外的销售价格。图 2-5 中，补贴后国外价格由原来的 P_w 降至 P_w'，生产成本（或国内价格）与国外价格之间的差等于补贴金额s。由于本国产品出口价格的下降，国外消费者购买本国产品的代价就会降低，因此，出口补贴不仅有利于本国出口品生产者，而且有利于国外的消费者。但与此同时，国内消费者发现他们要支付比国外消费者更高的价格，并且国内消费者作为纳税人，还要承担一部分政府给予国内生产者的补贴，因此出口补贴损害了国内消费者的利益。

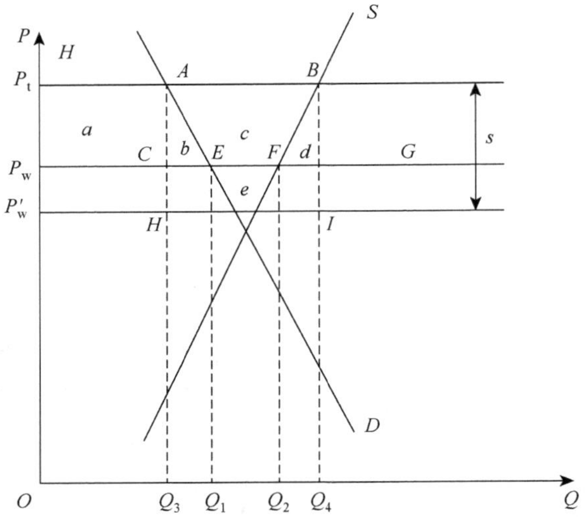

图 2-5 出口补贴的影响

出口补贴对本国福利的影响效果，同样可通过考察消费者剩余与生产者剩余的变动来确定。如图 2-5 所示，补贴后，消费者剩余减少了，减少的部分由梯形P_tAEP_w的面积表示，即$a+b$；生产者剩余增加了，增加的部分由梯形P_tBFP_w的面积表示，即等于$a+b+c$。另外，政府补贴支出为$Q_3Q_4 \times s$，即等于矩形$AHIB$的面积$b+c+d+e$。综合起来，出口补贴的福利净效果 = 生产者剩余增加–消费者剩余损失–政府补贴$=(a+b+c)-(a+b)-(b+c+d+e)=-(b+d+e)<0$，其中$b$、$d$分别为生产扭曲和消费扭曲，$e$为贸易条件恶化所导致的利益转移。这一结果意味着出口补贴会导致本国社会福利水平的下降。

既然出口补贴对一国的经济福利是负效应，为什么各国还要采取这种政策呢？实际上，在出口国政府看来，如果短暂的出口补贴损失或消费者福利损失能够促成该国生产规模的扩大，进而获得规模经济效应，或者能够促进本国经济的成长，那么这种损失也许是值得的。

从进口国的角度看，出口补贴是一种威胁。因为接受补贴的产品都将以低于成本的价格销售到进口国市场，从而会挤垮进口国的同类企业。对此各国都采取一些措施，以反对因出口补贴带来的“不公平竞争”。但是因为出口补贴具有隐蔽性，所以只要这种补贴未被认定，并由进口国采取反补贴措施，这种补贴对出口的鼓励作用就是有效的。

四、倾销与反倾销

倾销（dumping）是在不同国家市场间进行的一种价格歧视行为。它是指出口商以低于本国国内价格或成本的价格向国外销售商品的行为。确定出口商是否倾销产品的标准是，该产品是否以低于本国国内市场价格或成本的价格在国外市场上销售。通常判断是否构成倾销的主要依据有：进口国生产同类产品的企业是否受到低价进口品的冲击，以致其市场份额明显减少；进口国生产同类产品的企业的利润水平是否明显降低；在低价进口品的冲击下，进口国的同类产业是否难以建立起来。

但现实中，常常产生一种矛盾，即进口国总是要夸大外国产品冲击本国市场的程度，而出口商从自己的目的出发，总是尽量掩盖倾销行为。

（一）倾销的类型

倾销就其性质来说，可分为两种类型：一种是持续性倾销（persistent dumping），另一种是掠夺性倾销（predatory dumping）。

1. 持续性倾销

持续性倾销是指这种倾销的存在是无限期的，厂商采取这种行为的目的在于追求利润的最大化。形成持续性倾销的条件有三个。

（1）市场是不完全竞争的。在完全竞争条件下，每个厂商都是价格的接受者，因此它所面临的需求曲线是一条水平线，即任何一家企业销售量的变化都不会影响市场价格，且产品能够在不降价的条件下出清。但是作为采取倾销行为的企业，其必要的前提条件就是该企业在市场上具有一定的垄断力量，不再是价格的接受者，从而面临一条向右下方倾斜的需求曲线。

（2）企业在国内外市场所面临需求弹性不同，其国外市场的需求弹性比国内市场的需求弹性要大。

（3）国内和国外的两个市场是完全隔离的，因此不存在销售到国外市场的产品有流回本国的可能性。

根据上述三个条件，可以通过图 2-6 来说明倾销是如何发生的。图中右半部分表示企业在国内市场所面临的需求曲线（D_H）和相应的边际收益曲线（MR_H）；左半部分表示该企业在国外市场所面临的需求曲线（D_F）和相应的边际收益曲线（MR_F）。为了便于分析，假定企业的边际成本为常数。

企业的产量分为两部分，分别在国内外市场上销售，它会根据国内外市场的特点采用不同的价格以增加利润。企业决定其销售分配的条件是如果对应于某一分配方案，其他任何分配方案都不能增加企业的总利润，那么这个方案就是最佳的。假设从本国市场拿出一个单位的产品到国外销售，如果企业在国外市场获得的边际收益大于在本国市场减少一单位销售所损失的收入，那么新方案将使企业的总利润

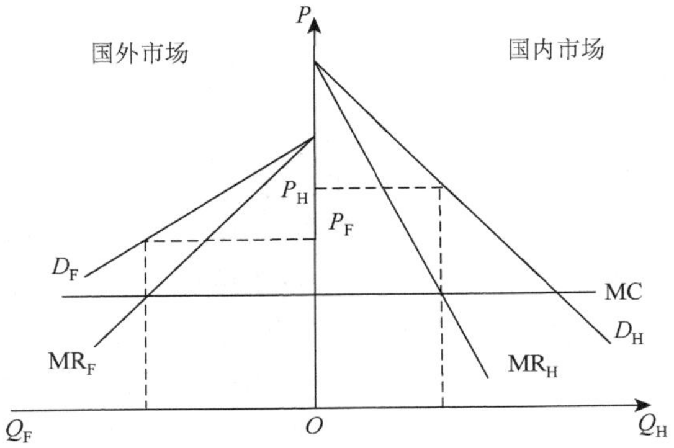

图 2-6 倾销

增加，原来的分配方案就不是最佳的，企业将增加在国外市场的销售量，直到国内外市场的边际收益相等，此时企业的总利润不再继续增加，即企业利润达到最大，因此最佳分配方案的条件可表示为 $MR_H = MR_F$。

另外，企业决定其总产量的条件是边际收益等于边际成本，即 $MR_H = MR_F = MC$。根据这一条件，我们便可确定企业在国内外市场上的销售量和价格。在图 2-6 中，边际成本曲线与企业国内外市场的边际收益曲线的交点分别决定了其在国内外市场的销售量，再由国内外市场的需求曲线，可确定对应销售量的市场价格。企业在国内外的销售价格分别为 P_H、P_F，由于国外市场的需求曲线更为平坦（需求弹性相对较大），故其对应的国外价格低于国内价格。由于此种倾销行为是为了谋求最大利润，是一种合理的企业行为，因而只要不受约束，它就可持续下去。

2. 掠夺性倾销

掠夺性倾销是指为了挤垮国外市场上的竞争对手，出口商暂时以较低的价格向国外市场销售商品，一旦达到目的，获取垄断地位后，企业又会重新提高价格，以获取垄断性的超额利润。掠夺性倾销的有害性主要表现在企业降低价格的临时性，即进口国消费者只获得了暂时性的利益，一旦重新提高价格，消费者的实际收入水平不但不会上升，反而还会下降。因此掠夺性倾销通常被认为是一种追求垄断地位的行为，被视为一种“不公平贸易”行为。

一般来说，不管是哪一种类型的倾销，都不利于进口国同类产品的生产者，会给它们带来压力，因此倾销会招致进口国生产者的反对。

（二）反倾销与反倾销税

虽然倾销对进口国消费者可能有利，但倾销使进口国同类企业或产业的发展面临着严重的压力，甚至酿成进口国同类产业难以生存的恶果，因而进口国生产者会要求政府采取反倾销（anti-dumping）政策措施，以抵消倾销对进口国市场的强烈冲击，从而保护其国内同类企业，反倾销的一般做法是征收反倾销税。反倾销税是指进口国海关对国外的倾销货物，在征收关税的同时附加征收的一种特别关税。其目的在于抵制倾销，保护国内产业。

反倾销税的征收可能产生两个方面的影响。一方面，它可以减少国内对低价进口品的需求。反倾销税的作用就是抵消倾销价格低于正常商品价格所带来的竞争优势。从理论上说，其征税额应为两种价格之间的差额，才能达到抵制不正当竞争或不公平竞争的目的。另一方面，反倾销税可使进口品价格提高到进口国国内市场价格的水平，从而保护其国内同类商品的生产者。

五、其他非关税壁垒

非关税贸易壁垒种类繁多，据估计截至 2023 年世界上有 1000 种以上的非关税贸易壁垒措施。除上面讨论的几种经常使用的非关税措施外，还有一些很重要的非关税措施，如自愿出口限制（voluntary export restraint，VER）、歧视性公共采购、对外贸易的国家垄断、技术标准和卫生检疫标准等。这些措施都是自由贸易的障碍，因而对资源配置效率有不利的影响。

（一）自愿出口限制

自愿出口限制是指商品出口国在进口国的要求或压力之下，自愿地限制某些商品在一定时期内的出口数量或出口金额。

事实上，自愿出口限制并非出自“自愿”，它是在进口国的压力下实施的限量出口措施，因而它与配额有相似之处。一般情况下自愿出口限制的数量是经过进口国和出口国之间的谈判而确定的。

表面上看，自愿出口限制是一种比较温和的非关税壁垒，实际上它与配额一样严厉，同样使出口商难以凭借产品的价格优势渗入进口国的市场。

自愿出口限制是进口国比较隐蔽易行的保护措施。一般情况下，一国要调整其进口关税水平，必须征得相关部门的同意，有时可能因为无休止的辩论而延误了时间，因而难以保证保护政策的迅速贯彻和执行，可能因此错过采取保护措施的最佳时机。自愿出口限制则不然，政府可以要求出口国对其出口量加以限制，从而不需要相关部门的认可，就可达到保护本国有关工业的目的。

（二）歧视性公共采购

歧视性公共采购是一国政府根据国家有关法律制度，给予国内供应商优先获得政府采购订单的一种非关税壁垒措施。

在各国经济运行中，政府已经成为多种公共物品的购买者，同时政府也已经成为干预经济、保持经济平稳运行的重要角色。为维持本国经济的增长，保证这种购买形成对本国产品的需求，一些国家规定，政府采购要优先购买本国商品，从而形成对外国销售商的歧视。为此国际社会提出一些约束措施，但在具体执行时，尚有许多困难。

（三）对外贸易的国家垄断

对外贸易的国家垄断，也称国营贸易，是指国有企业或公营企业获得特权直接经营对外贸易，因而形成对外贸易的国家垄断。

国有企业或公营企业直接经营一国对外贸易的理由有很多。一些国家为了控制某些商品的进出口量采取国家专卖制度，这类商品主要有烟、酒及某些关键产品（一些国家将农产品纳入此类）。实行中央计划经济的国家垄断外贸经营是很自然的，因为计划经济本身就包含着对对外贸易的控制。

在国有企业或公营企业垄断外贸的情况下，关税及其他保护贸易政策措施的作用十分有限。在此情况下，政府有关部门根据国家计划安排商品的进出口，并通过国有或公营外贸公司具体贯彻执行。在此情况下，即使各种商品的进口关税很低，进口商品量也难以增加。

国营外贸的根本弊病是人为地扭曲了资源的配置，并因垄断而致过度保护和低效率等后果。从国营外贸向自由贸易转变的关键是外贸经营权制度的改变，即从审批制变成注册登记制，这是贸易自由化的重要步骤。

（四）技术标准和卫生检疫标准

技术标准是进口国为保证各种商品的进口质量符合一般的技术要求而做出的有关规定。然而，一些国家为限制某些商品的进口，常常规定一些外国难以掌握的技术标准或技术要求，以便寻找阻止外国商品进入本国市场的理由。技术标准是一项比较严厉的非关税壁垒措施。这些标准意味着运到进口国口岸的商品可能因为技术标准不符而被拒之门外。卫生检疫标准是一国对进口的动植物及其制品、食品、化妆品等实施的必要的卫生检疫，以免传染疾病或病虫害，但它已成为非关税壁垒的一项重要措施。进口国为限制外国商品的进口，常常以不合卫生标准为由将外国产品拒之于国门外。

本节小结

当一国采取干预对外贸易的政策时，其贸易政策措施主要分为两大类，即关税和非关税壁垒。依据关税的课征种类划分，主要的关税有进口税、进口附加税、出口税和过境税等。总的来看，征收关税的经济效应与自由贸易的作用正好相反，它将导致资源配置效率的降低，增加政府的财政收入，在各国间和各国内的不同成员之间进行收入的再分配。非关税壁垒包括配额、出口补贴、倾销与反倾销、其他非关税壁垒。进口配额更有助于限制一国进口商品的数量。主要原因是关税通过价格变动影响国内对进口品的需求，而配额则是限制商品的进口量或进口金额。现实中，分配进口配额常常要与进口许可证相结合。出口补贴是指一国政府为鼓励某种商品的出口，对该商品的出口所给予的直接补助或间接补助，主要目的是使本国企业在国际市场上能以低于实际生产成本的价格出售其产品，提高其在国际市场上的竞争能力，扩大商品的出口。倾销是出口商以低于本国国内价格或成本的价格向国外销售商品的行为。倾销使进口国同类企业或产业的发展面临着巨大的压力，甚至造成进口国同类产业难以生存的恶果，因而进口国生产者会要求政府采取反倾销政策措施。为抵消倾销对进口国市场的强烈冲击，从而保护其国内同类，反倾销的一般做法是征收反倾销税。除了几种经常使用的非关税措施外，还有一些很重要的非关税措施，如自愿出口限制、歧视性公共采购、对外贸易的国家垄断、技术标准和卫生检疫标准等。

思考题

1. 关税的定义是什么？有哪些种类？
2. 简述关税的经济效应。
3. 进口配额和关税的异同有哪些？
4. 简述出口补贴的作用及影响。
5. 什么是倾销？简要说明其类型。
6. 什么是自愿出口限制？它是如何发挥作用的？

第三节　贸易保护政策

上文阐述了贸易干预一般会导致社会福利的损失，实际上，从另外一个方面印证了一个结论：自由贸易是好的。既然自由贸易对各国来说都是一件好事，为什么实践中还要限制贸易呢？历史上为贸易保护所做的辩护从未停止过，不过绝大多数的辩护经不起严格的推敲，并不能为贸易保护提供充足的理由，但也有少数关于贸易保护的论据产生了很大影响，特别是得到了一些经济学家的认同。这些主要的贸易保护观点大致可划分为两类：一类认为自由贸易是最佳选择。这样的观点仅限于理论上，它的成立是以完全竞争市场、不存在外部经济性等一些苛刻的假设为前提，即需要满足最优市场条件（optimal market condition）。但现实中，这些条件往往难以满足，诸如外部经济、垄断等所谓的国内扭曲（domestic distortion）的存在会改变人们对自由贸易的看法。通常这类贸易保护主义观点以国内扭曲为由，如幼稚产业论。另一类则从收入再分配的角度出发，把贸易政策的制定视为不同利益集团院外活动的结果。通常这类观点统称为贸易政策或贸易保护的政治经济学。

一、贸易条件改善论

第二节已明确提出，在大国情形下，关税可改善本国的贸易条件，这意味着关税有可能改善本国的福利水平，即实施贸易保护可获得超过自由贸易的利益。这一点正是最佳关税（optimum tariff）论的核心思想。

（一）供求弹性与关税承担

在大国情形下，关税负担由国内消费者和国外出口商共同承担，双方承担的程度取决于出口商提供产品的供给弹性和进口国对该产品的需求弹性。

需求弹性是指当产品的市场价格变化时，需求量变化的程度（百分率）超过该产品价格本身的变化程度。同样，供给弹性是指当商品价格变化后，供给量变化的程度超过其价格变化的程度。从国际贸易的角度看，某种产品的出口供给弹性取决于该产品对征税国市场的依赖程度。当出口国厂商对进口国市场的依赖程度较大时，该厂商对进口国的产品供给弹性就较小，反之厂商对该产品的供给弹性则较大。某种产品在进口国的需求弹性取决于三个因素，即消费者对该产品本身的需求弹性、对来自国外出口商产品的依赖程度以及外国出口商产品所面临的替代品的多寡。

当一国政府对某种产品征收进口关税时，国外生产者和国内消费者承担关税与否以及承担关税的程度，取决于被征税厂商产品的供给弹性与需求弹性。一般而言，如果征税产品的供给弹性很小，就意味着外国出口商要承担更多的关税，因为出口商对进口国市场依赖程度较大，如果出口商将税赋额全部加到价格上去，由进口国国内消费者承担关税，那么出口商在进口国的市场份额就会面临较大的损失。另外，对出口商而言，该进口国市场可能非常重要，以致没有其他市场可以替代，于是出口商就不得不承担较多的关税。相反如果进口国市场对出口国厂商无足轻重，那么出口商就不愿意承担任何关税。在此情况下，出口商的出口面临两种可能：一是进口国消费者对该厂商产品的需求有弹性，结果其出口规模下降；二是进口国消费者对该厂商产品的需求弹性较小，甚至无弹性，结果进口国的消费者可能承担绝大部分进口关税。最佳关税就是在充分考虑出口供给弹性和进口需求弹性的基础上，确定适当的关税水平。

（二）最佳关税

最佳关税也称最优关税，是指使本国福利达到最高的关税水平。确定最佳关税的条件是进口国由征收关税所引起的额外损失（边际损失）与额外收益（边际收益）相等。

最佳关税不是禁止性关税。因为在禁止性关税下，进口国不能进口该产品，因而也就无从中获利可言。因此，进口关税高并不意味着收益高。最佳关税也不会是零关税。零关税也不能使进口国获得任何经济利益。因此，最佳关税应该在禁止性关税和零关税之间。在这个幅度内的进口关税水平可使外国出口商承担一部分关税。在进口需求弹性一定的情况下，最佳关税水平取决于外国出口商产品的供给弹性。外国出口商产品的供给弹性越大，最佳关税水平就越低；外国出口商产品的供给弹性越小，最佳关税水平就越高。进口国政府确定的最佳关税水平与出口国厂商向进口国提供产品的供给弹性成反比。

由上述分析可知，在进口国的需求弹性较大和出口国的供给弹性较低的情况下，征收关税可明显改善本国的贸易条件，从而可能使本国福利增加。最佳关税就是指在零关税与禁止性关税之间，存在某一最佳点。在这一点，因贸易条件改善而额外获得的收益（边际收益）恰好抵消了因征收关税而产生的生产扭曲和消费扭曲所带来的额外损失（边际损失）。

最佳关税的确定可由图 2-7 说明。图 2-7 中横坐标表示关税税率，纵坐标表示征收国的福利水平，曲线 *AB* 表示关税水平对本国福利的影响。*A* 点对应的关税税率为零，即 *A* 代表自由贸易状态下的社会福利水平。t_H 表示禁止性关税，对应于该关税水平，国内经济又回到了封闭状态下，所以当关税水平大于或等于 t_H 时，社会福利水平要低于自由贸易下的福利水平。如图 2-7 所示，曲线 *AB* 在 *C* 点的切线斜率为零，在这一点，进口国的福利水平达到最高，对应于这一点的关税税率为 t^*，该税率即为最佳关税。

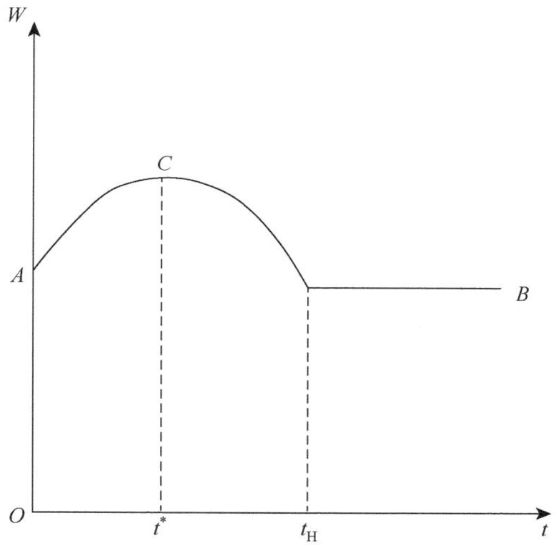

图 2-7　最佳关税水平的决定

（三）最佳关税与抽取垄断租金

上面关于最佳关税的讨论是基于供求弹性而言的。此外，还有一种情况，也可说明最佳关税的来源。如果出口商在进口国市场上具有垄断力量，那么进口国对进口商品征收关税可迫使垄断厂商放弃一部分垄断利润，这部分放弃的利益实际上转移到了进口国。因此，在这种情况下，征收关税意味着从出口商（垄断厂商）那里抽取一部分垄断租金（monopoly rent），即关税带来的利益来源于垄断厂商的一部分垄断利润。

以图 2-8 为例来说明垄断租金的抽取。假定在进口国市场上没有其他生产者生产同类产品，因而出口商是进口国市场某种产品的唯一供应者（或垄断者）。图 2-8 中进口国国内需求曲线为 *D*（这也是出口商在进口国所面对的需求曲线），边际收益曲线为 MR，为了方便起见，假设出口商的平均成本与边际成本相同，且为常数，故平均成本曲线与边际成本曲线是同一条直线。

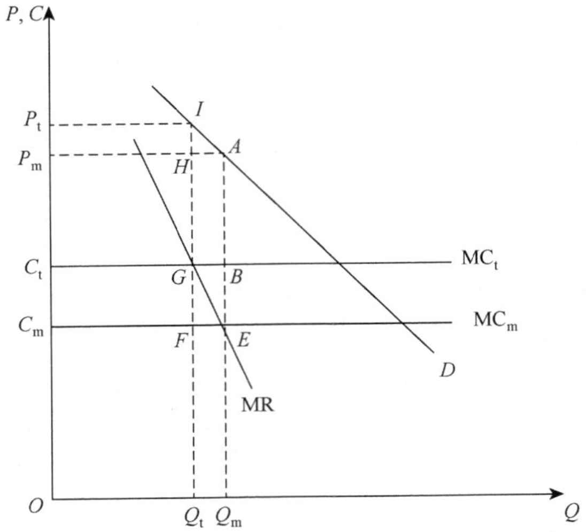

图 2-8　关税对垄断租金的影响

在进口国征收关税前，出口商根据利润最大化条件 MR = MC 决定其在进口国国内市场的销售量和价格，图 2-8 中边际收益曲线 MR 与边际成本曲线 MC_m 的交点决定了销售量和价格，分别为 Q_m、P_m。此时，出口商获得的垄断利润为 P_mAEC_m。

征收关税后，出口商的出口成本由 C_m 升至 C_t，现在出口商出于利润最大化的考虑，会重新确定其销售量与价格。由图 2-8 可知，它将以更高的价格 P_t 出售低于原先销售量（Q_t）的产品。因为边际收益曲线比需求曲线更陡，所以征收关税后，进口商品价格的上涨幅度要低于出口商成本的上涨幅度（$P_tP_m < C_tC_m$）。

因为征税后，进口国国内市场的进口商品价格上升，且消费减少，所以消费者福利遭受损失。如图 2-8 所示，消费者剩余的减少部分为 P_tIAP_m，但政府财政收入增加了 C_tGFC_m。此时，关税的净福利效应取决于 P_tIAP_m 与 C_tGFC_m 的比较。因为价格上涨的幅度小于关税，即 $P_tP_m < C_tC_m$，所以 $P_tIHP_m < C_tGFC_m$。如果进口需求弹性比较高（即需求曲线比较平坦），那么$\triangle IAH$ 的面积就会很小，此时关税就有可能改善进口国的福利。在这种情况下，可确定一最佳关税率，使得进口国的福利达到最大。

另外，征税后，出口商的利润要减少，如图 2-8 所示，出口商的利润减少部分 $=(C_tGFC_m + HAEF) - P_tIHP_m$，即关税“抽取”了部分垄断利润。

（四）关税战

最佳关税论虽然指出贸易保护可能使一国获得比自由贸易更多的利益，但这种利益的获得以他国利益的牺牲为代价，因为征收关税在改善进口国贸易条件的同时，使其贸易伙伴国的贸易条件恶化，所以贸易伙伴国的利益会遭受损失。这种“以邻为壑”的做法自然容易遭到利益受损方的报复。如果贸易伙伴国进行报复，反过来对来自原征税国的进口产品也征收最佳关税，那么就会使得最初征收关税国家的目的落空，甚至可能爆发关税战。

历史上，最为著名的一次关税战发生在20世纪30年代。当时，面对1929年出现的世界性的经济危机，美国国会在1930年6月17日正式通过《斯穆特-霍利关税法案》。根据该税则，美国的关税率在1929～1933年提高到50%以上，并开始征收报复性关税。西班牙于同年7月通过了维斯税则，针对葡萄、柑橘、软木和葱头的关税采取报复性行动。瑞士为反击美国对手表、刺绣品和鞋类征收关税，抵制美国的出口商品。意大利为反击对帽类和橄榄油征收关税，于1930年6月对美国和法国的汽车征收了高额进口关税。加拿大于1932年8月将对许多食品、原木和木料征收的关税提高了30%。此外，澳大利亚、古巴、法国、墨西哥和新西兰也加入了这场关税战。这场关税战对20世纪30年代的大危机产生了极大的消极影响，至少对危机之后的经济恢复起到了阻碍作用。

二、幼稚产业论

最佳关税论强调的是目前的利益所得，有时关税或其他的贸易壁垒虽然会在短期内造成本国福利损失，但在未来可实现一些潜在利益，只要未来获得的利益足以弥补现在的损失，那么保护仍然有利可图。即保护着眼于将来的利益，这便是幼稚产业论的基本观点。

由上文可知，幼稚产业论的观点最早是由美国政治家汉密尔顿于1791年提出的。但真正引起人们注意的是德国经济学家李斯特的论述，他在1841年出版的《政治经济学的国民体系》一书中详细阐述了幼稚工业保护的理论。在李斯特看来，一国实行贸易政策的原则是其贸易政策必须同本国工业发展的进程相适应。李斯特认为，各国经济发展的历史都要经历五个阶段，即原始未开化时期、畜牧时期、农业时期、农工业时期、农工商业时期。不同时期应该采取不同的贸易政策。在农业时期，一国可以实行自由贸易政策，自由输出农产品，自由输入工业品，一方面可以促进农业的发展，另一方面可以培育工业基础。在农工业时期要实行贸易保护政策，对本国有发展潜力的工业，采取贸易保护措施，防止外国工业品的竞争，实现本民族工业的建立与发展。在农工商业时期，当本国的工业已经有了相当的基础以后可以采取自由贸易政策，并用先进的工业品打入别国市场，以获取最大的贸易利益机会。关于保护工业的选择，李斯特所主张的贸易保护并非对所有工业的保护，而是对有前途的工业采取贸易保护。另外，李斯特主张的贸易保护也并不是持续性的，而是暂时性的。当被保护的工业发展起来以后，应该取消保护。关于保护手段的选择，李斯特认为，贸易保护的主要手段应该是关税。一国制定的关税水平要适当，既不能过高，也不能过低。同时李斯特也认识到，征收关税会使国内该商品的价格上升，使消费者的福利受到损失。但是，随着本国工业的发展，该商品的国内价格将会下降，消费者将能够享受本国经济发展的长远利益。如果这种长远利益大于短期利益，该国就应该实行贸易保护政策。在李斯特看来，这一选择对经济处在发展阶段的国家而言尤其重要。

（一）幼稚产业的含义

幼稚产业（infant industry），是指处于成长阶段尚未成熟但具有潜在优势的产业。为了实现潜在的优势而对该产业实行暂时性的保护是完全正当的，因为如果不提供保护，那么在国外已成熟行业的竞争下，该产业的发展便难以继续，潜在优势也就无法实现。不过当该产业成长起来，在国际市场上具备竞争力以后，保护就显得不必要了，此时正确的选择是撤除保护，实行自由贸易。如果一种产业缺乏发展潜力，要靠永久保护才能生存下去的话，那么这种产业便不能称作幼稚产业。

图 2-9 给出了幼稚产业保护前后的变化与福利效应。以 Y 代表幼稚产业的产品，在图 2-9（a）中，其在发展初期所对应的生产可能性曲线 AA' 并不能反映其将来潜在的可能性曲线。如果选择自由贸易，那么对应于世界相对价格 P^*，本国出口 X，进口 Y，生产均衡点为 Q，消费均衡点为 C_0，社会福利水平为 U_0。短期内假设本国对 Y 产品进口征收禁止性关税，则征税后的国内价格 P_t 回到了封闭条件下的价格水平，生产均衡点和消费均衡点重合于 C_1，对应的社会福利水平为 U_1，低于自由贸易条件下的福利水平。但是，在保护期间，Y 产品的生产部门得到了更大的发展，产出扩大过程中生产效率有了很大改善，或产生明显的外部规模经济。从长期看，本国的生产可能性边界向外移动到一个更高的水平 BA'，此时，撤除保护性关税，假设本国在世界市场上是小国，本国的发展不影响世界价格，那么有两种可能结果：第一种结果如图 2-9（a）所示，对应于 P^*，本国仍然出口 X 产品，进口 Y 产品，生产均衡点为 Q^*，消费均衡点为 C_2。但与保护前相比，社会福利得到了改善，由 U_1 对应的福利水平上升到 U_2 对应的福利水平。第二种结果如图 2-9（b）所示，由于 Y 产品生产部门的发展十分显著，对应于 P^*，本国反倒由 Y 产品的进口国变为 Y 产品的出口国，生产均衡点为 Q^*，消费均衡点为 C_2，社会福利水平由 U_1 提升至 U_2，高于自由贸易条件下的福利水平 U_0。

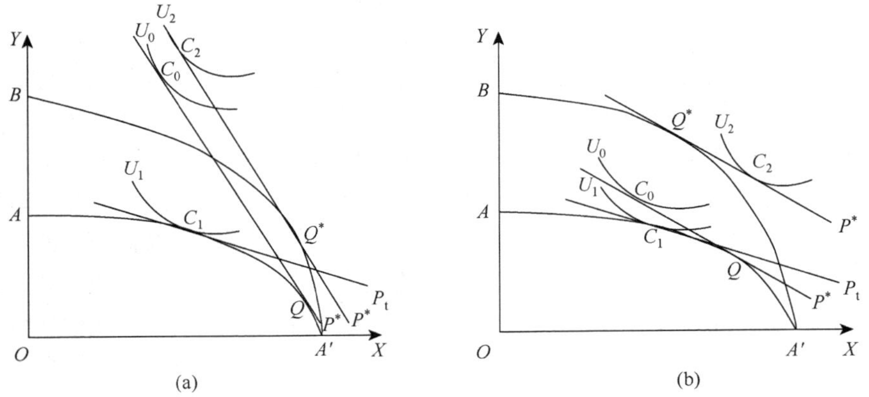

图 2-9　幼稚产业的保护效果

虽然上述理论分析为幼稚产业论提供了支持，但具体运用过程中，幼稚产业论还面临两个问题：一是幼稚产业的遴选问题；二是保护方式问题。

（二）幼稚产业的判定标准

幼稚产业保护的论点通常是以尚未实现的内部规模经济或外部规模经济的存在为前提，因此判定幼稚产业必须比较其现在与未来的发展。关于幼稚产业的判定，历史上很多学者提出了各种各样的标准，归纳起来，主要的判定标准有以下三种。

1. 穆勒标准

根据穆勒标准（Mill's test），当某一产业规模较小、其生产成本高于国际市场价格的时候，如果任其自由竞争，该产业必然会亏损。如果政府给予一段时间的保护，使该产业能够发展壮大，以充分实现规模经济，降低成本，最后在经历保护期之后，该产业完全能够面对自由竞争，并且获得利润，那么该产业就可以作为幼稚产业来加以扶植。

穆勒标准的实质就是，假设与其他国家的同类产业相比，本国产业面对一条更为陡峭的向下倾斜的平均成本曲线。这样，虽然在发展的初期本国的生产成本居高不下，但是随着产业规模的不断扩大，本国产业的生产成本会以更快的速度下降，从而从将来某个时间起，本国产业的生产成本反而低于其竞争对手，那么即使将来不再受政府保护，本国产业在国际竞争中也会处于有利地位。因此，穆勒标准强调的是将来成本上的优势地位。

2. 巴斯塔布尔标准

对于穆勒标准，后来的一位经济学家巴斯塔布尔（Bastable）认为，判断一种产业是否属于幼稚产业，不光要看它将来能否具有成本优势，还要在将保护成本与该产业未来所能获得的预期利润的贴现值加以比较之后才能确定。如果未来预期利润的贴现值小于目前的保护成本，那么对该产业进行保护得不偿失，因此该产业就不能作为幼稚产业加以保护；如果未来预期利润的贴现值大于保护成本，那么对该产业加以保护才是值得的。上述条件就是巴斯塔布尔标准（Bastable's test）。巴斯塔布尔标准比穆勒标准要求更高，即它要求被保护的幼稚产业在经过一段时期的保护之后，不仅能够自立，而且还必须能够补偿保护期间的损失。

3. 坎普标准

坎普标准（Kemp's test）是经济学家坎普在综合上述两个标准的基础上提出的标准。与强调内部规模经济的前两个标准不同，坎普标准更加强调外部规模经济与幼稚产业保护之间的关系。

坎普认为，在存在内部规模经济的情形下，即使某一产业符合穆勒和巴斯塔布尔的标准，政府的保护也不见得是必要的。因为对于厂商或投资者来说，其决定是否生产或投资的标准不是光看眼前的利益，而是考虑未来各期的预期收益。如果未来的预期收益的贴现值能够抵消现在的损失，那么在没有保护的情况下，即使暂时遭受亏损，它也会继续生产或投资，此时政府的保护并不是该产业发展的必要条件。也就是说，就算政府不保护，该产业也会自动地发展下去。

但是存在外部规模经济时，情况就不同了。私人边际收益与社会边际收益之间的偏离，可能会导致私人投资动力的缺乏，产业继续发展也就谈不上了。如果某一产业能够产生外部经济效应，那么该产业的发展就会给其他某些产业或社会带来额外的好处。在此情形下，即使该产业不符合巴斯塔布尔标准，即保护成本大于该产业预期利润的贴现值，但只要其在保护之后，能够产生显著的外部经济效应，则仍有保护的必要。坎普标准将外部经济性与幼稚产业保护联系在一起，即如果某一产业将来在经过保护之后能带来外部经济效应，则暂时性的保护是可以考虑的。

（三）保护方式：关税与生产补贴的比较

一般来说，针对国内扭曲的政府干预最佳选择应是直接针对扭曲，任何间接干预只是次佳（second-best）选择。幼稚产业论的目的是保护国内生产，促使生产效率提高，既然是针对国内生产，显然直接的保护方式应是引入生产补贴，采用关税等贸易壁垒的方式并不是最佳选择。

图 2-10 对关税与生产补贴的效果进行了比较。在图 2-10（a）中，假设本国是一个小国，征收禁止性关税 t，征税后 Y 的价格由 P_w 升至 P_w+t，价格的上升刺激国内厂商增加生产，国内产出由原来的 Y_0 提高到 Y_1，但价格上升同时也抑制了国内的消费，消费由原来的 Y_2 下降到 Y_1。如果改用补贴的方式保护国内生产，那么结果会怎么样呢？在图 2-10（b）中，本国采取直接给予国内厂商补贴的办法，假设每单位产品补贴 s，补贴后厂商原来的生产成本中的一部分由政府承担，在同样的价格下现在厂商愿意提供的商品比原来增加了，如图 2-10（b）所示，厂商供给曲线向右下方移动。选择恰当的补贴水平，使得移动后的供给曲线与世界价格（P_w）线的交点对应的产出水平为 Y_1，这意味着采用补贴的方法，同样可达到关税的生产保护效果。但与关税不同的是，生产补贴不影响消费者所面对的价格，所以不影响消费。图 2-10（b）中，生产补贴情形下的市场价格还是 P_w，消费为 Y_2。与图 2-10（a）对比，国内生产的数量是相同的，都是 Y_1，但关税情形下的市场价格是 P_w+t，高于补贴下的价格。

两种政策措施虽然对国内生产的保护效果相同，但对消费者的影响不同，所以福利效果自然也不尽相同。如图 2-10 所示，关税对应的社会福利净损失为 $e+f$，而生产补贴对应的社会福利净损失为 g。换句话说，关税的保护代价高于生产补贴。

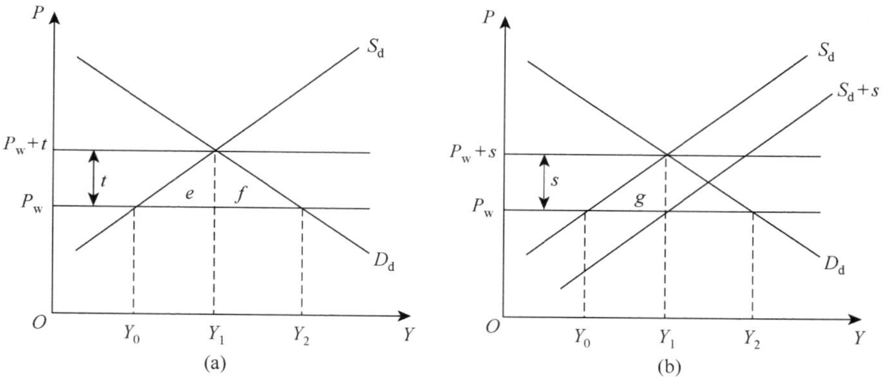

图 2-10　关税与生产补贴的效果的比较

综上所述，幼稚产业论的内涵无论如何演变，但实际上，这种论据并不能为贸易保护提供充足的理由。因为即使某一产业需要政府的扶持，但不一定非要采取贸易保护的手段，如关税或配额等工具。事实上，对幼稚产业直接采取生产补贴的办法要比关税等手段更为可取，因为生产补贴只会造成生产扭曲，但可避免消费扭曲，所以补贴与进口壁垒相比，保护成本更低。从这个意义上讲，幼稚产业论并不是贸易保护的一个十分合理的依据，这一点需要特别说明。

三、战略性贸易政策

20 世纪 80 年代中期，出现了一种新的贸易政策理论。这一贸易政策理论与不完全竞争贸易理论有内在的联系，具体地说，该贸易政策理论是建立在不完全竞争理论基础上的一种政策分析。其中，比较重要的一种贸易保护论被称为“战略性贸易政策”（strategic trade policy），这种政策观点之所以冠以“战略性”，是因为该政策是针对一种特殊的不完全竞争市场结构——寡头垄断市场结构而提出的。在寡头垄断市场结构下，政府对贸易活动进行干预的目的是改变市场结构或环境，以提高本国企业的国际竞争力，使本国企业获得更多的垄断利润或租金。战略性贸易政策最为强调的政策主张主要有两种：一是出口补贴；二是进口保护以促进出口。

（一）战略性出口政策：出口补贴

战略性出口政策最早是由布兰德（Brander）和斯潘塞（Spencer）两位经济学家提出的。两位经济学家证明：在不完全竞争条件下，出口补贴的效应不同于在完全竞争条件下所考察的出口补贴效果，如果市场结构是寡头垄断的，那么出口补贴可提高本国企业在国际市场上的市场占有率，从而获得更多的超额利润。若新增的利润能够抵消出口补贴的成本，那么实行出口补贴就可提高本国福利。以下我们以双寡头市场结构为例，来说明出口补贴的效果。

我们不妨把考察对象分别称作 H 国和 F 国，假设世界市场（不包括 H 和 F 两国国内市场）上只有分别来自 H 国和 F 国的两个厂商，即世界市场是双寡头结构。另外假设两个厂商的决策变量为产量或销售量，这样我们的问题就变成了古诺模型所讨论的问题。

在寡头市场条件下，每个厂商的决策都取决于其对竞争对手情况的判断，对应于竞争对手的不同情况，每个厂商的最佳应对策略也不同。这里我们采用厂商反应曲线来说明寡头市场均衡的决定。

在图 2-11 中，横坐标表示 H 国厂商在世界市场的销售量，纵坐标表示 F 国厂商在世界市场的销售量；曲线 *HH'*与 *FF'*分别表示 H 国和 F 国厂商的反应曲线。*HH'*与 *FF'*两条曲线的交点 *E* 是古诺均衡点，对应于 *E* 点，H 国和 F 国厂商的均衡销售量分别为 q_H^O、q_F^O，也就是说，在这一点，每个厂商都不愿再改变其选择。均衡时，每个厂商都获得一部分超额利润，至于所得利润的多寡则取决于每个厂商的市场份额，销售量越大或市场份额越高，则厂商获得的利润就越多。

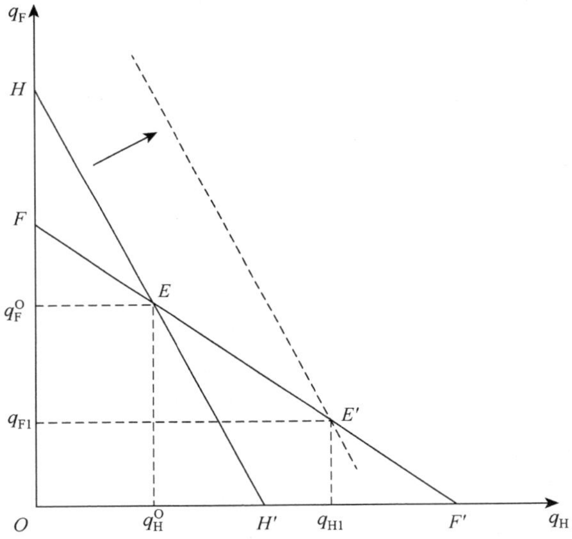

图 2-11 补贴对古诺均衡的影响

现在假设 H 国的厂商希望提高其利润，那么它能否通过扩大销售量来达到目的呢？答案是否定的。因为如果它自行扩大产出与销售量，市场价格马上就会下降，从而增加销售量所得的收益会被价格下降所带来的损失抵消。因此对 H 国的厂商来说，它只能接受对应于 *E* 点的产出水平与利润，无法依靠自身的努力提高其利润所得。

但是，如果 H 国的厂商转而求助于本国政府，并能说服政府对其进行资助的话，那么结果又会有所不同。假设 H 国政府对本国出口商提供出口补贴，则本国厂商的出口实际边际成本将低于其生产中的边际成本，两者之间的差额等于单位产品补贴金额。此时，H 国厂商再增加产出与销售量，虽然价格下降导致其边际收益降低，但由于边际成本也下降了，因此增加出口可使 H 国厂商获得更多的利润。与此同时，F 国厂商的利润也将受到影响。为了抵消因价格下降而导致的利润下降，F 国厂商不得不减少产出与销售量，以促使价格回升，减少其利润损失。

在图 2-11 中，政府提供出口补贴后，相当于降低了厂商的边际成本，H 国厂商的反应曲线向右移动，新的反应曲线（如图 2-11 中虚线所示）与 F 国厂商的反应曲线相交于 E'点。对应于新的均衡点，H 国厂商的产出与销售量扩大到 q_{H1}，而 F 国厂商的产出与销售量则减至 q_{F1}。补贴后，H 国厂商的利润比之前增加了，但 F 国厂商的利润则下降了。因此，在这种情况下，H 国厂商利润的增加是以 F 国厂商利润的损失为代价的，所以这也属于一种“利润转移”或“抽取租金”的行为。

出口补贴对 H 国的福利影响有两方面：一是增加本国厂商的利润；二是增加政府支出。因为不考虑国内市场，所以出口补贴对国内消费者福利没有直接的影响，如果本国厂商利润的增加超出政府补贴支出，那么本国福利将会改善。也就是说，在这种情况下，本国实行贸易保护要优于自由贸易。

（二）进口保护以促进出口

进口保护以促进出口（import protection as export promotion），是指通过保护厂商所在的国内市场，来提高其在国外市场的竞争力，达到增加出口的目的。这一观点是由克鲁格曼提出的。以下还是以双寡头市场结构为例来说明这种观点。

假设 H 国厂商的边际成本是递减的，H 国厂商不仅在国外市场（第三国市场）上面对 F 国厂商的竞争，而且在其国内市场也要面对 F 国厂商的竞争，即国内外市场都是双寡头市场结构。在自由贸易下，两个厂商在 H 国国内市场、第三国市场上的销售，分别由这两个厂商在两个市场上的反应曲线的交点决定。

现在假设 H 国政府对来自 F 国厂商的进口商品征收关税，以限制 F 国厂商的产品在 H 国市场的销售，于是 H 国厂商的生产增加。因为边际成本递减，所以 H 国厂商的边际成本因生产规模扩大而下降。边际成本下降之后，H 国厂商在第三国市场的反应曲线跟图 2-11 所示的情况一样，向右移动，结果自然也与出口补贴的情形一样，即 H 国厂商对第三国的出口增加，所获得的利润也增加，而 F 国厂商则出口下降，利润减少。如果关税导致的本国厂商利润增加部分与关税收入之和，能完全抵消关税保护的成本，那么保护国的福利会有所改善。

（三）战略性贸易政策的有效性

战略性贸易政策理论虽然给出了贸易保护的一个理由，但自提出伊始就受到来自多方面的质疑与批评。

首先，战略性贸易政策的成功必须以利润转移部分超过补贴额或关税保护成本为先决条件。如果超额利润不大就会得不偿失，所以只有在市场超额利润足够大的情况下，战略性贸易政策才会有效。

其次，战略性贸易政策行为视厂商的竞争行为类型而定。比如，在战略性出口贸易政策中，给予本国企业以补贴的政策选择是基于古诺模型（以产量作为厂商的决策变量）提出的，而若换为伯特兰德模型[①]（以价格作为厂商的决策变量），则会得出最优战略性贸易政策是出口税而不是出口补贴的结果。再如，若寡头厂商致力于不变的猜测，而且当每一个厂商的猜测与竞争对手的实际反应完全一致时，实现利润转移是一件不可能的事，从而自由贸易政策成为最优选择。这些都表明战略性贸易政策的理论基础还十分脆弱。

再次，也是最为重要的一点，战略性贸易政策的成功运用是以对手不采取行动为前提的。但在寡头市场结构下，利润转移效果很容易就会被竞争对手觉察出来，这样一来，竞争对手也会要求其政府采取同样的政策来对付对方，从而爆发补贴战或关税战。因此，在现实中战略性贸易政策容易招致出口国的报复，与实行自由贸易相比，会导致两国更大的损失，造成两败俱伤。也就是说，该政策也许能维持一段时间，但从长期角度来考虑，并不是最佳选择。特别是在“以牙还牙”的威慑力足够大的情况下，战略性贸易政策可能根本就不会单方面实施。

最后，战略性贸易政策在现实运用中还会受到多边规则的约束。随着在 WTO 多边框架下进行的多边贸易自由化的深化，制定最优关税率的可能性受到限制，出口直接补贴则也被视为一些间接补贴列入“可申诉”之类，采取价格歧视式的国内外差别定价被视为明令禁止的“倾销”行为。这些都使实施战略性贸易政策受到了“游戏”规则的束缚，事实上，战略性贸易政策理论倒是从另外一个角度说明了多边贸易自由化的合理性。

虽然自由贸易对所有国家都有好处，但在市场不完全竞争的情况下，单方面的贸易自由化只会损害本国的利益（因为存在利益转移），所以谁都不愿意单方面进行贸易自由化。但如果形成一种约束机制，使得大家采取统一行动，共同进行贸易自由化，那么各国福利都会改善。

四、贸易政策的政治经济学

前面所讨论的贸易保护论都有一个共同点，那就是假设政府在制定政策过程中，都是以本国整体福利的最大化为目标。也就是说，政府在决定是否采取保护或其他政策措施时，考虑的是这种政策能否使本国福利得以改善。但是，根据这种规范分析方法得出的结果往往不能很好地说明现实中的贸易保护主义。比如，幼稚产业论主张只保护有潜力的新兴产业，但在发达国家，受保护的往往是一些目前相对落后的成熟产业，甚至是夕阳产业。再比如，在某些情况下，如果要保护的话，最佳的选择应是针对国内生产直接进行补贴，而不是关税，更不应该是配额等保护成本更

① 伯特兰德模型（Bertland modle，也译为伯川德模型）。

高的非关税壁垒，但在现实中，政府在选择保护措施时，通常更偏向于配额等非关税壁垒。这些现象说明，已有的贸易保护理论或观点已不能很好地解释实际现象，需要一种新的理论解释。

自 20 世纪 80 年代以来，越来越多的经济学家转而以实证分析方法研究贸易政策问题。这种分析吸收了公共选择理论的一些思想，能比较好地解释现实中的贸易保护主义现象，这就是贸易政策或贸易保护的政治经济学（political economy of trade policy or protection）。

贸易政策的政治经济学是基于这样一种思想：任何一项经济政策都可能会影响到一国的收入分配格局，因而不同社会群体对此会有不同的反应，受益的一方自然支持这项政策，而受损的一方则会反对这项政策，各种力量交织在一起最终决定政策的制定或选择。

根据特定要素模型，我们知道自由贸易有利于出口部门的特定要素（资本），而不利于进口替代部门的特定要素（资本），劳动者所受的影响则不确定。反之，若对进口商品征收关税或设置其他贸易壁垒，则会提高进口替代部门特定要素的实际收入，降低出口部门特定要素的实际收入，对劳动者实际收入的影响不确定。那么究竟是实行自由贸易政策还是实行贸易保护政策，要看不同利益集团院外活动的结果。

为了简化起见，我们把利益集团分成三种：进口替代部门、出口部门和消费者群体。为了使政策制定有利于自己一方，假设各个利益集团通过院外活动方式来游说政府部门政策制定者。院外活动需要一定的成本，但是并不是每个人都愿意负担这样的成本。一般来说，由于外国商品的进口对进口替代部门的冲击比较明显，再加上很多行业的生产者常集聚在一地，因此进口替代部门的院外活动比较容易进行；对出口部门来说，对进口替代部门的保护虽然不利于本部门，但影响效果是间接的，不容易判断清楚，所以出口部门对进口保护的反对可能并不十分强烈；在三个利益集团中，消费者群体对贸易政策的态度可能最为暧昧，虽然限制进口会导致消费者利益受损，但进口商品只是消费者众多消费品中的一种，所以每个消费者利益受损的程度可能并不显著，再者消费者数量众多，也难以达成共识，采取统一行动。

由以上的讨论可知，进口替代部门对限制进口政策的需求最为强烈，而其他利益集团的反对活动可能并不明显。只要院外活动成功后的利益所得能抵消院外活动成本，进口替代部门就会积极行动，从而可能会使政策制定有利于进口替代部门一方，即在自由贸易保护政策和贸易保护政策两者之间，政府最终将选择贸易保护政策。用同样的方法也可解释出口鼓励政策的制定过程。

在这种情况下，政策的制定可能会偏离国家整体福利最大化这一目标，因为政策制定只是有利于某些利益集团，而可能不利于国家整体福利。同样，在贸易政策措施的具体选择上，其原则也是有利于某些利益集团，而不一定有利于国家整体福利。比如，在选择进口关税还是进口配额上，从进口替代部门的角度来看，进口替代部门的生产者更愿意政府选择配额而不是关税。

此外，Grossman 和 Helpman（1994）在特定要素模型的基础上，将政治献金作为利益集团直接影响贸易政策的手段，建立了一个名为“保护待售”的贸易政治经济学模型。在模型中，政府的目标函数被描述为社会福利和政治献金加权函数。利益集团的成员则被假设为每个生产部门中要素拥有者，他们的利益则是所在部门获得的收益减去利益集团进行政治活动的花费。显然，政府需要最大化其目标函数，同时利益集团也要最大化其净收益。利益集团和政府之间存在一个两阶段非合作博弈，利益集团在给定保护政策下确定它们的政治献金，政府又根据利益集团所提供的献金确定最终贸易保护政策。结果表明，某行业中如果利益集团组织性越强，进口渗透率越低，进口需求弹性越小，贸易保护水平就越高。另外，如果政府越关注社会福利，参加利益集团的人数越多，贸易就会越趋于自由化。“保护待售”模型逐渐成为当前研究贸易政治经济学问题的标准模型，并且被推广到区域贸易协定和贸易战的研究领域之中。

然而，该模型对于利益集团期望利用政治捐献影响所有商品关税的假设，与现实情况并不一致。在现实中，利益集团更希望将有限的政治捐献投入直接相关的贸易政策游说中。利益集团很可能只要求政府提高自身产品的保护程度，对于其他产品则并不关心，因为对其他产品关税进行游说，将是一件边际收益远低于边际成本的行为。因此，Dixit 等（1997）进一步进行假设，利益集团只对自身产品关税进行游说。得到的结论表明：未组织利益集团的产业将实行自由贸易，而并非征收出口关税；提供捐献的产业将一定受到关税保护，即使出现所有选民均属于利益集团的极端现象，全面的零关税也无法实现，除非只存在一个产业、一个利益集团；组织利益集团的产业，其关税具有独立性，只与该产业专用要素的所有权集中度有关，集中度越大，保护率越高，而与其他利益集团实力无关。

从实际情况看，贸易政策的政治经济学确实能解释许多原来所不能解释的现象。例如，发达国家的劳动密集型行业的贸易保护程度相对较高。依据要素禀赋理论，发达国家在劳动密集型行业上处于比较劣势，这些行业面对发展中国家廉价劳动密集型产品的竞争，生存较为艰难。但由于历史上的一些原因，这些行业对政府的政策制定者有较强的影响力，再加上这些行业的劳工组织比较完善，所以这些行业往往能成功地促使政府采取程度较高的保护措施。

还有一种情形可以合理地解释贸易保护主义的存在。任何国家的任何政党都不能不顾及民族主义情感。当今世界，尽管各国之间的相互依赖程度在逐步加强，但是各国也还是要力争体现本民族的特点，并以本国生产的产品来展示自己的经济实力。当一国在世界面前没有这种有代表性的产品，或者这种代表性产品只是代表了本民族经济发展落后的一面时，一种民族自强意识会被唤起；当本国市场上充斥着大量的外国产品时，特别是代表先进技术的产品大都是外国产品时，民族的自强自立之心会突出化。例如，当日本的产品大量涌入美国市场时，美国的舆论惊呼，如果美国不设法保护本国市场，总有一天制造星条旗的布也要从日本进口。显然，当经济利益的取得（廉价进口品）以民族自豪感的丧失为代价时，各国的民族主义会强化起来。政府或政党常常会夸大或利用这种民族情绪，大力宣传贸易保护主义对本民族利益的重要性，从而给本国消费者造成错觉，使贸易保护政策较之自由贸易政策更容易被国民接受。

本节小结

世界上主要的贸易保护观点大致可划分为两类：一类认为自由贸易是最佳选择；另一类则从收入再分配的角度出发，把贸易政策的制定视为不同利益集团院外活动的结果，通常这类观点统称为贸易政策或贸易保护的政治经济学。最佳关税论强调的是目前的利益所得；保护着眼于将来的利益，这便是幼稚产业论的基本观点。当幼稚产业成长起来，在国际市场上具备竞争力以后，就要撤除保护，实行自由贸易。关于幼稚产业的判定标准有以下三种：穆勒标准、巴斯塔布尔标准和坎普标准。后来，出现了新的贸易保护政策，即战略性贸易政策。战略性贸易政策最为强调的政策主张主要有两种：一是出口补贴；二是进口保护以促进出口。战略性贸易政策行为视厂商的竞争行为类型而定，其成功必须以利润转移部分超过补贴额或关税保护成本为先决条件。战略性贸易政策成功运用的前提是对手不采取行动。此外，战略性贸易政策在现实运用中会受到多边规则的约束。

为了很好地说明现实中的贸易保护主义，贸易政策的政治经济学发展起来。它是基于这样一种思想：任何一项经济政策都可能会影响到一国的收入分配格局，因而不同社会阶层或利益集团对此会有不同的反应，受益的一方自然支持这项政策，而受损的一方则会反对这项政策，各种力量交织在一起最终决定政策的制定或选择。

思考题

1. 什么是最佳关税论？确定最佳关税的条件是什么？
2. 最佳关税对垄断租金有哪些影响？请结合图表进行说明。
3. 什么是幼稚产业论？简述其保护效果。
4. 采用厂商反应曲线，简要说明寡头市场均衡的决定。
5. 战略性贸易政策的理论意义是什么？
6. 如何理解贸易政策的政治经济学？其基本思想是什么？

第四节　经济一体化

通过第三节的学习，我们可以看出，贸易保护对世界福利是一种损害，将希望寄托在世界各国自觉地采取单边贸易自由化是行不通的，必须让各国达成共识，共同采取行动，最终才能实现自由贸易。第二次世界大战之后，世界经济出现了两大发展趋势，一是经济全球化，二是区域经济一体化。两者相比，区域经济一体化往往可以更快地实现局部自由贸易，但是这种做法与多边贸易自由化的不同在于具有歧视性和排他性。本节主要讲述经济一体化的形式与相关理论。

一、经济一体化的形式

经济一体化（economic integration）是指两个或两个以上的国家或地区通过达成某种协议所建立起来的经济合作组织。国际经济一体化组织有六种形式，即优惠贸易安排、自由贸易区、关税同盟、共同市场、经济联盟和完全的经济一体化。

（一）经济一体化组织建立的条件

经济一体化组织建立需要多方面的条件，这些条件的满足有助于经济一体化组织的稳定与发展。

（1）成员在地理位置上相互邻近。各个成员之间建立某种经济一体化组织协议的目的是促进相互之间经济和贸易的发展。经济一体化组织要形成统一的内部大市场，这就需要成员之间在地理位置上相互邻近。地理位置上相距较远的成员之间很难建立统一的内部市场。所以，当人们提到经济一体化组织时，习惯上称之为“区域经济一体化组织”。

（2）成员之间经济互补。经济一体化组织的建立和稳定还在于成员之间的产业优势互补或贸易优势互补。这种优势互补包括产业间贸易优势互补和产业内贸易优势互补。一般而言，成员之间经济互补性越强，经济一体化组织越容易建立和稳定，否则会面临崩溃的危险。

（3）经济一体化组织的建立和稳定要照顾到每个成员的经济利益。各个成员总是希望通过参加某种形式的经济一体化组织获得一些经济利益，尽管它们需要让渡一部分权利，但是这种权力让渡所带来的利益大于付出的代价，因此成员依然希望参加。相反，如果一个经济一体化组织仅考虑到少数成员的经济利益，那么其他成员就有可能退出。

（4）成员之间的政治制度比较接近。一般来说，经济一体化组织的建立需要各成员让渡一部分权力。如果成员的政治制度比较接近，这种权力让渡不会导致一方政治制度的根本变化。相反，如果各成员政治制度的差异较大，那么某种主权的让渡就是非常敏感的。

（二）经济一体化的主要形式

1. 优惠贸易安排

优惠贸易安排（preferential trade arrangement）是指两个或两个以上的国家或行政上独立的经济体之间通过签署协定或其他形式，对全部商品或部分商品互相提供特别的关税优惠，对非成员之间的贸易则设置较高的贸易壁垒。这是经济一体化最低级、最松散的形式，商品的流动仍然存在一定的障碍。

优惠贸易安排的典型案例，一是 1932 年英国与加拿大、澳大利亚等国家建立的英联邦特惠制；二是 1977 年起印度尼西亚、马来西亚、菲律宾、新加坡和泰国等东南亚国家联盟（Association of Southeast Asian Nations，ASEAN）成员在成员之间实施的特惠贸易安排协议。

2. 自由贸易区

自由贸易区（free trade area）是指两个或两个以上的国家或行政上独立的经济体

之间通过达成协议，相互取消进口关税和与关税具有同等效力的其他措施而形成的区域经济一体化组织。

自由贸易区的一个重要特征是，在该一体化组织参加者之间相互取消了商品贸易的障碍，成员经济体内的厂商可以将商品自由地输出和输入，真正实现了商品的自由贸易，但是它严格地将这种贸易待遇限定在参加国或成员国之间。

自由贸易区的另一个重要特点是，成员经济体之间没有共同的对外关税。各成员经济体之间的自由贸易，并不妨碍各成员经济体针对非自由贸易成员（或第三国）采取其他的贸易政策，因此，自由贸易区成员经济体之间没有共同的对外关税。

随之而来的问题是，在执行自由贸易政策时很难分清某种产品是来自贸易伙伴还是来自非贸易伙伴。所以很可能会出现这样的情况，当来自非成员的产品从关税较低的成员进入自由贸易区市场后，再次进入关税水平较高的成员，会使得关税较高成员的对外贸易政策失效。当贸易偏转产生时，“原产地规则”应运而生。“原产地规则”是指只有产自成员经济体内的商品才能够享受自由贸易或者免征进口关税的待遇。一般而言，理论上的原产地产品是指在自由贸易区内各成员生产的成品价值在 50%以上的产品。有的经济一体化组织对某些敏感产品的原产地规定会更为严格，其要求产品价值的 60%甚至是 75%以上产自成员。

3. 关税同盟

关税同盟（customs union）是指在自由贸易区的基础上，建立在互相减让或取消关税的同时，设立共同的对外关税，并且成员之间不受原产地规则限制的经济一体化组织。

关税同盟规定成员间的共同对外关税，实际上是将关税的制定权让渡给经济一体化组织，而不是像自由贸易区那样只是在成员之间取消关税却不让渡关税制定权。所以，关税同盟对成员经济体的约束力要比自由贸易区大。

从经济一体化的角度看，关税同盟也存在局限性。随着成员之间相互取消关税，各成员的市场将会完全暴露在其他成员厂商的竞争之下。各成员为保护本身的某些产业会采取更加隐蔽的措施，如非关税壁垒。虽然关税同盟在成立之初已经明确规定要一直取消关税，但是对于非关税壁垒始终很难建立一个统一的判断标准。因此，关税同盟包含着鼓励成员增加非关税壁垒的倾向。同时，关税同盟只解决了成员之间边境上的商品流动自由化问题，当某个成员商品进入另一个成员境内后，各种限制措施仍然构成了自由贸易的障碍。因此，有专家提出解决这一问题的最好办法就是迈向“共同市场”。

4. 共同市场

共同市场（common market）是指在关税同盟的基础上，实现了服务、资本和劳动力自由流动的经济一体化组织。

共同市场的特点是成员之间不仅实现了商品的自由流动，还实现了服务和生产要素的自由流动。服务贸易的自由化意味着成员之间实现了相互提供通信、咨询、运输、信息、金融和其他服务的自由；资本的自由流动意味着成员之间的资本可以在共同体内部实现自由的流入和流出；劳动力的自由流动意味着成员国间的公民可以在共同体内部的任何国家或地区自由寻找工作。这些自由流动的实现依赖于共同体内部的各成员之间要实施统一的标准，实行统一的间接税制度，协调统一各成员之间相同产品的课税率，协调金融市场管理的法规，和成员学历的相互认可等。

共同市场的建立需要各成员之间相互让渡多方面的权利，主要包括进口关税的制定权、非关税壁垒尤其是技术标准的制定权、间接税率的调整权、干预资本流动权等。一旦让渡这些权利，就意味着成员干预经济的能力在减弱，而经济一体化组织干预经济的能力在增强。因此，面对各成员经济状况的差别，统一的干预政策往往难以奏效。因此，超国家的一体化组织的干预能力也是有差别的。

5. 经济联盟

经济联盟（economic union）是指在共同市场的基础上，通过进一步协调，各成员采取统一的经济政策的经济一体化组织。

经济联盟的特点是，成员在建立共同市场的基础上，进一步协调它们之间的财政政策、货币政策和汇率政策。当汇率政策的协调达到一定程度，可以建立成员共同使用的货币或统一货币时，这种经济联盟又称为货币经济联盟。

经济联盟意味着成员不仅让渡了建立共同市场所需让渡的权利，更重要的是让渡了使用宏观经济政策干预自身经济运行的权利；不仅让渡了干预内部经济的财政和货币政策以保持内部平衡的稳定，还让渡了指定干预外部经济的汇率政策以保持外币平衡的权利。这些政策制定权的让渡对共同体内部形成自由的市场经济，发挥“看不见的手”的作用是非常有意义的。

6. 完全的经济一体化

完全的经济一体化（perfectly economic integration）是指在经济联盟的基础上，进一步实现经济制度、政治制度和法律制度等方面的协调，甚至形成统一的经济一体化形式。从理论上来说，完全的经济一体化是经济一体化的最高形式。

完全的经济一体化的特点是，从过程上看，它是逐步实现经济及其他方面制度的一体化；从结果上看，它是类似于一个国家的经济一体化组织。从完全经济一体化的形式看，主要有两种：一是邦联制，其特点是各成员的权利大于超国家的经济一体化组织的权利；二是联邦制，其特点是超国家的经济一体化组织的权利大于各成员的权利。联邦制的区域经济一体化组织类似于一个联邦制的国家。

自由贸易区、关税同盟、共同市场、经济联盟和完全的经济一体化是处在不同层次上的区域经济一体化组织，根据它们让渡国家主权的程度不同，一体化组织也从低级向高级排列，但是，这里不存在低一级的区域经济一体化组织向高一级的区域经济一体化组织升级的必然规律。它们都是在经过一段时期的发展之后，根据各成员的具体情况决定是停留在原有的形式上，还是向高一级区域经济一体化组织过渡，其中的关键在于各成员需要权衡自己的利弊得失。

以上经济一体化的形式是根据各成员之间贸易壁垒取消的程度（或成员之间合作的深度）进行划分的。除此之外，经济一体化形式可以根据各成员经济发展水平和经济一体化范围进行划分。

根据各成员经济发展水平的不同，经济一体化可以分为水平一体化和垂直一体化。水平一体化（horizontal integration），又称横向一体化，是指由经济发展水平相同或相近的国家或地区所组成的经济一体化，如欧盟等。垂直一体化（vertical integration），又称纵向一体化，是指由经济发展水平不同的国家或地区组成的经济一体化，如北美自由贸易区等。

根据经济一体化范围的不同，经济一体化可以分为部门经济一体化和全盘经济一体化。部门经济一体化（sectoral economic integration）是指各成员就一种或几种产业或商品达成合作协定实行一体化，如欧洲煤钢共同体等。全盘经济一体化（overall economic integration）是指各个成员在所有经济部门实行一体化，如欧洲经济共同体等。

二、经济一体化相关理论

随着经济一体化的不断发展，各种经济一体化理论也随之发展，许多经济学家从不同的角度对经济一体化理论进行深入分析，形成了关税同盟理论、自由贸易区理论、大市场理论、协议性国际分工理论和综合发展战略等理论。

（一）关税同盟理论

关税同盟是经济一体化组织的重要形式，其重要特点是“对内自由、对外保护”。关税同盟理论主要是由美国经济学家瓦依纳（Viner）提出的，他认为关税同盟的经济效应在于贸易转移（trade diversion）和贸易创造（trade creation）。

1. 关税同盟的静态效应

关税同盟的静态效应可以进一步分为贸易创造效应（trade creation effect）和贸易转移效应（trade diversion effect）。

1）贸易创造效应

贸易创造效应是指建立关税同盟后，各成员之间相互取消关税和非关税壁垒所带来的贸易规模的扩大和福利水平的提高。建立关税同盟后，生产从高成本的地方转向低成本的地方，资源的使用效率得到提高；取消贸易障碍带来了相互出口产品价格的下降，进口方可以用较低的价格购买到原来的商品，有利于出口方扩大出口，增加了成员之间相互贸易的利益。关税同盟的福利效应如图 2-12 所示。

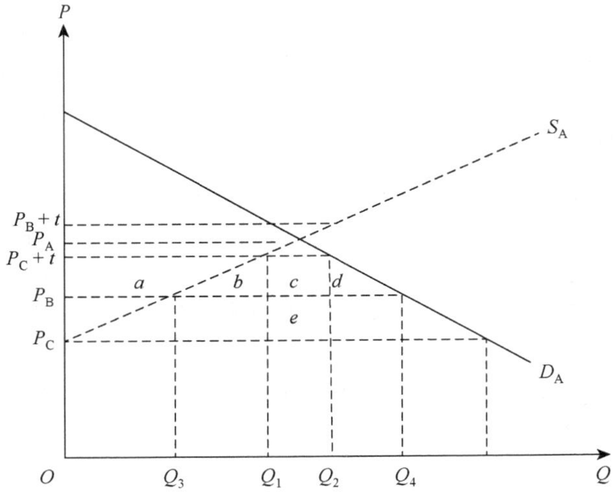

图 2-12　关税同盟的福利效应

在图 2-12 中，横轴表示参加关税同盟的成员市场上某一商品的供求数量，纵轴表示商品的价格，S_A 表示 A 国的供给曲线，D_A 表示 A 国的需求曲线，P_B、P_C 分别表示 B、C 两国该商品的生产成本。假设，有 A、B、C 三个国家生产某种产品，但成本各不相同，且 B、C 两国该商品的生产成本是固定的，A 国与 B 国组成了关税同盟。

在组成关税同盟之前，A 国对来自 B 国和 C 国的商品征收相同的关税 t，B 国和 C 国的商品在 A 国销售的价格分别为 P_B+t 和 P_C+t。由于 $P_B+t>P_A>P_C+t$，A 国只会从 C 国进口，进口量为 Q_1Q_2。

由于 A 国与 B 国组成了关税同盟，A 国对 B 国的商品不再征收关税，但对来自 C 国的商品继续征收关税。此时，B 国商品在 A 国的销售价格变为 P_B。可以看出，$P_A>P_C+t>P_B$，所以 B 国取代 C 国，变为 A 国的进口国。由于产品价格下降，A 国国内生产量下降至 Q_3，A 国国内消费量上升至 Q_4。Q_1Q_3 是 A 国生产被 B 国替代的部分，称为生产效应；Q_2Q_4 为 A 国消费增加引起的需求增量，为消费效应。生产效应和消费效应组成了贸易创造效应，因此，关税同盟引起的贸易创造效应为 $Q_1Q_3+Q_2Q_4$。

2）贸易转移效应

贸易转移效应是指成员之间相互取消关税同时建立对外关税所带来的互相贸易替代了成员与非成员之间的贸易。结成关税同盟后，对内减免贸易壁垒，取消关税，对外实行保护贸易，导致该成员从世界成本最低的国家进口转向同盟内成本最低的国家或地区进口，从而造成整个社会财富的浪费和经济福利水平的下降。

如图 2-12 所示，组成关税同盟后，原本从非成员 C 进口的 Q_1Q_2 商品量转为从成员 B 进口，贸易方向发生了转移，因此，贸易转移效应为 Q_1Q_2，也就是说，除去贸易创造效应的部分，剩下的就是贸易转移效应的部分。

3）福利效应

组成关税同盟后，由于商品价格下降，A 国消费者剩余增加了 $a+b+c+d$，生产者剩余减少了 a。此外，组成关税同盟前从 C 国进口的关税 $c+e$ 丧失。因此，关税同盟对 A 国的净福利效应为 $(a+b+c+d)-a-(c+e)=(b+d)-e$。其中，$b+d$ 代表了贸易创造的福利效应；e 代表了贸易转移的福利效应；b 表示由于同盟内低生产成本代替了高生产成本从而导致资源配置效率的提高；d 表示建立关税同盟后由商品价格下降、国内消费扩大而导致的消费者净福利的增加；e 表示由关税同盟导致的资源配置的扭曲，会导致贸易福利的减少。

关税同盟对 A 国的净福利可表示为贸易创造的福利效应减去贸易转移的福利效应。因此，加入关税同盟对 A 国是否有利取决于贸易创造的积极效应能否抵消贸易转移的消极效应，关税同盟并不一定能够增加 A 国的福利效应。

综上所述，关税同盟静态效应的大小取决于以下几个因素。

（1）一国的供需弹性越大，贸易创造效应就越大。

（2）组成关税同盟前，一国的关税水平越高，组成关税同盟后贸易创造效应越大，贸易转移效应越小。

（3）成员与非成员的生产成本越接近，贸易转移的福利损失越小。

2. 关税同盟的动态效应

关税同盟不仅会对成员产生静态效应，还会对成员产生动态效应。甚至有时候，关税同盟的动态效应比静态效应更为重要。

第一，关税同盟会产生扩大出口效应。关税同盟建立后，各种市场规模都会比结盟之前要大很多。参加关税同盟不仅能够带来商品进口量的增加，还会带来出口量的增加。由于贸易壁垒的取消可能会在一定程度上提升该国出口商品的贸易竞争力，总体上看，关税同盟将给各成员带来更大的出口机会，从而带来更多的福利，形成一种扩大出口效应。对于国内市场规模较小的国家来说，扩大出口效应具有重要的现实意义，可通过加入关税同盟，利用区域内扩大的市场扩大出口，带动国内经济的发展。

第二，关税同盟会产生大市场效应（或经济规模效应）。关税同盟建立以后，在排斥非成员进口的同时，也为成员之间产品的相互出口创造了良好的条件，所有成员的市场组成了一个统一的区域性市场。这种市场范围的扩大促进了企业生产的发展，使生产者可以不断扩大生产规模，实现规模经济，降低成本，使生产者可以进一步增强同盟内的企业对外，特别是对非成员同类企业的竞争能力，关税同盟市场规模的扩大促使企业规模经济的实现。

第三，关税同盟会促进成员之间企业的竞争。一般认为贸易限制会助长垄断，从而降低效率。对于组成关税同盟的国家而言，市场规模扩大的同时，由于贸易壁垒的取消，所有的成员之间将开展自由贸易，原来的企业必须参与竞争，否则会面临破产。各企业为了在竞争中取得有利地位，必然会改善生产经营，提高生产效率，促进技术进步。

第四，关税同盟有助于吸引外部投资，刺激投资效应。在关税同盟的区域内，随着市场规模的不断扩大，风险和不确定性逐渐下降，这会吸引成员厂商增加新的投资。除此之外，关税同盟还存在促进国外投资的可能。关税同盟建立后会排斥非成员的产品，非成员为了抵消这种不利影响，可能会将生产点转移至关税同盟内的一些国家或地区，在当地直接生产并销售，从而绕过统一的关税和非关税壁垒，由此在客观上就形成了一种伴随生产转移而生的资本流入，吸引大量的外国直接投资。

（二）自由贸易区理论

关税同盟理论采用一般均衡分析方法来分析带来的经济效应，该理论是以关税同盟作为研究对象，但该分析方法对自由贸易区而言同样适用。

在图 2-13 中，假设某商品的世界价格为 P_W，A 国和 B 国分别对该商品征收 P_WP_0 和 P_WT_A 的关税，在自由贸易区成立之前，A 国对该商品的消费量为 OM，A 国需要从世界其他国家进口的该商品消费量为 LM。当 A 国与 B 国成立自由贸易区后，我们假设 B 国生产的该商品能够满足 A 国对该商品的需求，且全部出口到 A 国，区内的价格为 P_0，那么，A 国的需求增加到 OM_1，则此时区内的总需求量为 $OM_1 + ON$，那么 B 国向 A 国出口 L_2N，即 L_1M_1，而 B 国有 L_2N 的消费量以世界价格从域外进口。此时，A 国加入自由贸易区成员所产生的贸易创造效应为三角形 e（贸易创造效应）和三角形 g（消费者剩余），所产生的贸易转移效应为 f，而 B 国对该商品的生产量和消费量均未发生变化，反而得到了 h 部分的关税收入，获得了净福利。

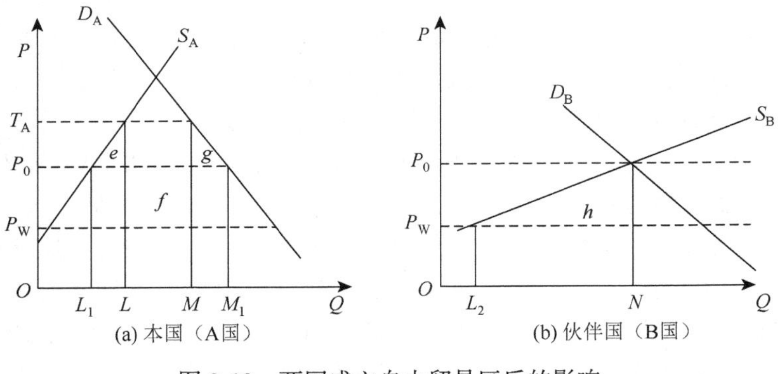

图 2-13　两国成立自由贸易区后的影响

（三）大市场理论

大市场理论（theory of big market）的代表人物是西托夫斯基（Scitovsky）和德尼奥（Deniau）。大市场理论是针对共同市场提出来的，其在一体化程度上比关税同盟又近了一步。该理论认为，以前各国之间推行狭隘的、只顾及本国利益的贸易保护政策，市场被分割得狭小而又缺乏适度的弹性，只能为本国生产厂商提供狭窄的市场，无法实现规模经济和大批量生产的利益。大市场理论将这些狭小的市场统一起来，结成大市场，扩大市场范围获取规模经济利益从而实现技术利益；此外，市场扩大带来激烈的竞争环境，促使企业达到实现规模经济和技术利益的目的。企业规模的扩大和激烈的市场竞争必然会降低商品生产的成本和销售价格，而价格的下降会导致市场购买力的增加和居民生活水平的提高。市场购买力的扩大和居民生活水平的提高会反过来进一步促进投资的增加和规模的扩大，最终会使经济开始滚雪球式的扩张。因此，大市场的形成会促进和刺激经济的良性循环，带动经济蓬勃发展。

由此可以看出，大市场理论的技术优势在于具有专业化的生产规模，经济优势则主要表现在规模经济。一般来说，能够有效形成大市场的国家应具备的条件有：成员在地理位置上比较接近，并且在经济发展水平、经济结构、经济支出、收入水平和文化背景等方面具有相当程度的一致性，而经济一体化组织建立的条件刚好与之吻合。

但是，大市场理论也存在一定的缺陷。到目前为止，该理论无法解释国内市场存量相当大的国家也在同样推行经济一体化这个现象。根据大市场理论，建立共同市场可以加强竞争，但是良好的国内经济政策同样可以克服行业垄断，并且可以提升市场竞争力。

（四）协议性国际分工理论

协议性国际分工理论是由日本学者小岛清提出的。他绕过比较优势原理和成本递增原理，重点分析了成本递减状况下的协议性国际分工。他认为，经济一体化组织内部如果仅依靠比较优势原理进行分工，不可能完全获得规模经济的好处，反而可能会导致各国企业的集中和垄断，影响经济一体化组织内部分工的发展和贸易的稳定。因此，必须通过协议性分工，尽可能地减少竞争性贸易的不稳定性，从而提升贸易的稳定性。

协议性国际分工是指一国放弃某种商品的生产把国内市场提供给另一国，而另一国放弃另外一种商品的生产并把国内市场提供给对方，即两国达成相互提供市场的协议，实行协议性国际分工。协议性国际分工有一定的约束条件：参加协议的国家生产要素禀赋差异不大，且工业化水平和经济发展水平相近；经过分工的商品对象能够获得规模经济；每个国家自己实行专业化生产的产业和让给对方的产业之间没有太多的优劣之分。

以上说明，建立经济一体化组织可以使协议分工的商品范围更广、利益更大。在生活水平和文化等方面，类似或邻近的国家或地区更容易达成协议，且更容易保证相互需求的均衡增长。这一理论在一定程度上可以解释发达国家之间的分工。

（五）综合发展战略

综合发展战略是由鲍里斯·塞泽尔基在《南南合作的挑战》一书中提出的，

他主要对发展中国家经济一体化的现象进行了论述。他将一体化看作集体自力更生的手段和按照新秩序逐渐变革世界经济的要素。在发展中国家的一体化进程中，为了避免出现两极分化，保证一体化的正常运作和各国经济的均衡发展，必须建立强有力的共同机构制定相应的政策，由各成员国政府来共同实施。该理论又可进一步分为结构主义的中心-外围理论和激进主义的国际依附理论。

中心-外围理论的代表人物是贡纳尔·缪尔达尔（Gunnar Myrdal）、劳尔·普雷维什（Raúl Prebisch）。普雷维什认为世界“经济星座”由“中心”即富裕的资本主义国家和“外围”即生产和出口初级产品的发展中国家组成，中心国家和外围国家组成的现行国际经济体系是不合理的，它只有利于发达国家而损害发展中国家经济的发展。缪尔达尔则运用“扩散效应”和“回波效应”理论来分析现代国际经济体系对发展中国家的利益和损害，认为“回波效应”的力量超过了“扩散效应”的力量，经济发展的结果往往不是带来共同富裕，而是加剧贫富悬殊，因而发展中国家必须实行进口替代的工业化战略，打破旧的国际经济体系，以发展中国家合作的集体力量来与中心国家抗衡。

比中心-外围理论还要激进的是激进主义的国际依附理论，其主要代表人物有巴兰（Baran）、阿明（Amin）、弗兰克（Frank）、卡多佐（Cardoso）、森克尔（Sunkel）、桑托斯（Santos）和埃马纽埃尔（Emmanuel）等。这些学者认为发达国家和发展中国家的关系是富国支配穷国、穷国依附于富国并受之剥削的“支配-依附”关系，因此他们建议发展中国家要想实现真正的经济发展，必须内部进行彻底的制度和结构变革，彻底摆脱对发达国家的依附。

三、经济一体化组织的实践

当前，经济一体化蓬勃发展，各个国家几乎都纳入一体化的进程中，一体化组织的形式也多种多样。根据经济一体化组织成员国经济发展水平，可以将经济一体化组织分为三种主要类型：北北合作、南南合作和南北合作。

（一）北北合作

北北合作，即发达国家之间的经济一体化组织。第二次世界大战以后，第一次北北合作是荷比卢经济联盟，是西欧的三个小国——比利时、卢森堡和荷兰——通过达成协议建立起来的经济联盟。三国商定，建立共同对外关税、协调经济政策，比卢两国还将它们的货币确定为等值，可以在对方国家流通。

北北合作的典型代表是 1958 年 1 月 1 日正式成立的欧洲经济共同体。20 世纪 50 年代初，欧洲各国为防止第三次世界大战的爆发以及欧洲再次成为战争的策源地，由法国倡导，联邦德国、意大利、比利时、卢森堡和荷兰一起响应，决定建立欧洲煤钢共同体，以便将各国战略物资的生产紧密地结合在一起，由一个共同的、超国家的经济一体化组织来管理。由于欧洲煤钢共同体在恢复各国经济、发展生产方面成效显著，各成员国提出要扩大经济一体化的领域。在此推动下，1957 年 3 月 25 日六个成员国签订了《建立欧洲经济共同体条约》和《建立欧洲原子能共同体条约》，于 1958 年 1 月 1 日起正式生效。因为这两个条约在意大利首都罗马签订，也称这两个条约为《罗马条约》。1967 年 7 月 1 日，欧洲煤钢共同体、欧洲原子能共同体和欧洲经济共同体的主要机构合并，统称为欧洲共同体（European Communities，EC）。

欧洲共同体成立后，在内涵和外延两个方面都有明显的发展。在外延方面，欧洲共同体的成员国不断增加。1973 年，英国、爱尔兰和丹麦加入欧洲共同体。1981 年，希腊成为欧洲共同体的第十个成员国。1986 年，西班牙和葡萄牙加入欧洲共同体。1995 年，瑞典、奥地利和芬兰加入欧洲联盟（欧洲共同体在 1993 年 11 月改名为欧洲联盟，简称欧盟）。2004 年 5 月 1 日，中东欧十国（波兰、匈牙利、捷克、斯洛伐克、斯洛文尼亚、爱沙尼亚、拉脱维亚、立陶宛、塞浦路斯、马耳他）加入欧盟。2007 年 1 月，罗马尼亚和保加利亚加入欧盟。2013 年 7 月，克罗地亚加入欧盟。截至 2023 年欧盟成为拥有 27 个成员国和近 5 亿人口的经济一体化组织。2016 年 6 月 23 日，英国举行全民公投，决定退出欧盟，欧盟的发展面临考验。

在内涵方面，成员国不断增加的同时，欧洲共同体也不断提高经济一体化的层次，从一个关税同盟逐步过渡到了目前的经济和货币联盟。1968 年，欧洲共同体实现了对内取消关税、设置共同对外关税的目标，建立了关税同盟。同时在经济政策协调方面，建立了共同农业政策，以支持农产品价格，调整农业生产结构，实现绝大多数农产品的自给有余，从而使欧洲共同体一开始就具有经济联盟的性质。1979 年，欧洲共同体经过多年酝酿，建立了欧洲货币体系，实现成员国间保持可调整的钉住汇率制度，建立共同干预基金和储备基金，对外则采取联合浮动汇率制度，从而使其经济一体化的程度向前迈进了一步。1985 年，欧洲共同体又提出新的动议，决定于 1992 年底以前，将欧洲共同体建成共同市场，实现商品、服务、资本和劳动力的自由流动。经过 7 年的过渡，这一目标也顺利实现了。1991 年，各个成员国首脑在荷兰的马斯特里赫特召开会议，决定修改原来的《罗马条约》，在修改后的条约中，明确提出，将欧洲共同体向前推进，经过一段时间的过渡，建立欧洲经济和政治联盟。1992 年 2 月 7 日，成员国正式签署了一系列条约，称为《马斯特里赫特条约》（简称《马约》）。该条约由两部分组成：一是《经济和货币联盟条约》，另一个是《政治联盟条约》。《经济和货币联盟条约》的基本目标是，经过三个阶段的过渡，经济上各成员国要实行统一的财政和货币政策，建立统一的欧洲货币"欧元"，建立联盟的中央银行。《政治联盟条约》的基本目标是建立共同外交、防务和社会政策等方面"更为紧密的国家联盟"。1993 年 11 月 1 日，《马约》经各成员国批准后正式生效，欧洲共同体正式改名为欧洲联盟。1999 年 1 月 1 日，欧洲统一货币开始启动；2002 年 1 月 1 日，欧盟发行"欧元"开始在市场上正式流通，代替加入欧元区的成员国的货币；2002 年 7 月 1 日之前，加入欧元区的各成员国货币正式退出流通。欧盟要求各成员国必须具备一系列的条件，才能成为欧元区的成员。截至 2023 年，该组织已经拥有 27 个成员国，还有一些国家成为入盟候选国。

（二）南南合作

南南合作，即发展中国家的经济一体化组织。早在 20 世纪 60 年代，南南合作就已经产生了。1960 年，中美洲的萨尔瓦多、危地马拉、洪都拉斯和尼加拉瓜四国签署了《中美洲经济一体化总条约》；1962 年，哥斯达黎加加入，五国共同签署了《中美洲共同市场条约》，并正式成立了中美洲共同市场。根据该条约，对内各成员国实行完全的自由贸易，90%的对外贸易产品实行共同关税，其基本目标是通过经济一体化平衡本地区经济发展，实现工业化。由于其内部市场规模有限，合作领域较少，进展一直比较缓慢。1990 年 6 月，五国总统举行会晤并达成协议，决定设立一种地区支付手段，确定统一的对外贸易关税率，简化本地区海关和移民手续，加强地区的经济合作，并为促进这种合作提供便利。1990 年 8 月 5 日，五国又决定逐步取消关税壁垒，经过两年的过渡，相继建立中美洲自由贸易区、关税同盟。

拉丁美洲自由贸易协会成立于 1960 年，1980 年改名为拉丁美洲一体化协会。它的成员国有阿根廷、巴西、智利、墨西哥、巴拉圭、秘鲁、乌拉圭、哥伦比亚、厄瓜多尔、委内瑞拉、玻利维亚、古巴和巴拿马。由于该一体化组织成员国比较多，经济发展水平差异也较大，因而在贸易自由化方面难以取得一致步调。

安第斯集团是 1969 年 5 月成立的，当时其创始国有玻利维亚、哥伦比亚、智利、厄瓜多尔和秘鲁。1973 年委内瑞拉加入，1976 年智利退出。该组织的基本宗旨是充分利用本地区资源，取消成员国之间的关税壁垒，构建共同市场，促进成员国平衡协调发展，加速地区经济一体化进程。在其成立以后的二十多年里，由于各国采取比较封闭的经济发展战略，一体化进展又比较缓慢，经济一体化的成效并不明显。1989 年以来，成员国加强合作的意识明显加强。1989 年成员国举行首脑会议，决定建立安第斯自由贸易区，提出自 1990 年起，经过五年的过渡，成员国分阶段削减关税。此后，在 1990 年 11 月的政府首脑会议上，又将建成自由贸易区的时间提前到 1991 年底。1993 年起安第斯集团开始实行共同的对外关税（秘鲁除外），成为世界上第一个由发展中国家组成的自由贸易区。1994 年秘鲁部分恢复其成员国地位。1996 年 3 月，第 8 届首脑会议决定成立安第斯共同体，1999 年 5 月，第 11 届首脑会议确定了最迟在 2005 年建立共同市场的目标。2002 年 1 月，五个成员国就 2003 年 12 月 31 日前开始实行统一对外关税、实行共同农业政策、进一步协调对外政策等达成协议。2007 年 6 月，安第斯共同体宣布接收智利为联系国。2010 年 2 月，玻利维亚、哥伦比亚、厄瓜多尔和秘鲁等四个安第斯共同体成员国的外交部部长和外贸部部长举行会议，通过了安第斯地区一体化进程指导方针及加强地区合作的战略议程。

南方共同市场是 20 世纪 90 年代酝酿建立的经济一体化组织。1991 年 3 月 26 日，当时的阿根廷总统梅内姆、巴西总统科洛尔、乌拉圭总统拉卡列和巴拉圭总统罗德里克签订了《亚松森条约》，决定 1994 年底建立南方共同市场。它规定，在 1994 年 12 月 31 日以前的过渡期内，各成员国将相互取消关税和非关税壁垒，实现商品和服务的自由流动，确立共同对外关税，制定共同的贸易政策，并且还协调各国的宏观经济政策以及工农业、税收、货币、汇率等方面的政策及有关的立法。目前该一体化组织发展势头良好。

在亚洲，东南亚国家联盟（简称东盟）的发展特别突出。1967 年 8 月，印度尼西亚、泰国、菲律宾、新加坡四国外长和马来西亚副总理在曼谷发表建立东盟的宣言，正式宣告东盟的成立。东盟建立的宗旨是在经济、社会、文化、技术、科学和行政管理等领域内促进共同有利的事业的积极合作和互助，然而在东盟最初成立的九年里，经济合作并未见诸行动。20 世纪 70 年代中期以后，东盟各国加强了相互间的经济合作，成立了一系列的促进经济合作的组织机构。20 世纪 80 年代中期以后，随着地区贸易保护主义的抬头，东盟各国认为，有必要加强内部的经济合作，提高合作的层次和水平，扩大合作的领域。1992 年 1 月的东盟首脑会议发表了《新加坡宣言》《加强东盟经济合作框架协议》和《有效普惠关税协定》，决定从 1993 年 1 月 1 日起，将成员国制成品、农业加工品和生产设备三大类 15 种商品的关税逐步降低，在 15 年内建立自由贸易区。此后这个过渡期几次提前，1994 年又提出在五年内建立自由贸易区的目标，称为“亚洲自由贸易区”。不仅如此，由于近年来东盟各国经济发展较快，对外贸易迅速发展，因而其内部合作的扩大对周围国家构成较强的吸引力。文莱、越南、老挝、缅甸和柬埔寨等相继加入，使东盟成为有十个成员国的经济一体化组织。2008 年 12 月 15 日，《东盟宪章》正式生效，标志着东盟各国向着建立东盟经济共同体的战略目标迈出了坚实的一步。

2001 年 11 月，在文莱召开的第五次中国和东盟（“10＋1”）领导人会议上，中国与东盟一致同意在十年内建成中国—东盟自由贸易区。2002 年 11 月，中国和东盟领导人签署了《中国—东盟全面经济合作框架协议》，正式启动了建立中国—东盟自由贸易区的进程，计划于 2010 年建成中国—东盟自由贸易区。2004 年 1 月 1 日，中国与东盟“早期收获计划”正式实施，双方开始下调农产品关税，计划于 2006 年农产品实现零关税；2004 年 6 月，中泰两国水果蔬菜零关税协议扩展到中国、泰国和新加坡三国，中国与东盟贸易自由化进程逐步加快。中国与东盟分别于 2004 年 11 月、2007 年 1 月和 2009 年 8 月签署了自由贸易区《货物贸易协议》《服务贸易协议》和《投资协议》。2010 年 1 月 1 日起，中国—东盟自由贸易区正式建立，中国与印度尼西亚、马来西亚、泰国、菲律宾、新加坡、文莱等东盟六个老成员国之间，有超过九成的产品实行零关税，中国对东盟的平均关税降至 0.1%；中国与东盟的四个新成员（缅甸、柬埔寨、老挝、越南）也在 2015 年实现 90%的产品零关税。

受欧洲共同体的影响，许多非洲国家愿意加入某种形式的经济一体化组织之中。截至 2024 年 4 月，非洲的经济一体化组织主要如下。

西非国家经济共同体，成立于 1975 年，成员国有贝宁、布基纳法索、佛得角、科特迪瓦、冈比亚、加纳、几内亚、几内亚比绍、利比里亚、马里、尼日尔、尼日利亚、塞内加尔、塞拉利昂和多哥。

中部非洲经济与货币共同体，成立于 1999 年，其前身是成立于 1966 年的中部非洲关税和经济联盟，成员国有喀麦隆、中非、乍得、刚果（布）、赤道几内亚和加蓬。

东非共同体，成立于 1999 年，其前身是成立于 1967 年的东非共同体，成员国有肯尼亚、坦桑尼亚、乌干达、布隆迪、卢旺达、南苏丹、索马里和刚果（金）。

阿拉伯马格里布联盟，成立于 1989 年，成员国有阿尔及利亚、利比亚、毛里塔尼亚、摩洛哥和突尼斯。

西非经济货币联盟，成立于 1994 年，其前身是成立于 1962 年的西非货币联盟，成员国有贝宁、布基纳法索、科特迪瓦、马里、尼日尔、多哥、几内亚比绍和塞内加尔。

南部非洲关税同盟，成立于 1969 年。它的前身是 1910 年南非联邦与南部非洲英属殖民地的关税同盟协定，是非洲大陆最早的区域性经济合作组织之一。成员国包括南非、博茨瓦纳、莱索托、斯威士兰和纳米比亚。

东部和南部非洲共同市场，成立于 1994 年，是非洲地区最大的地区经济合作组织之一。其前身为 1981 年成立的东部和南部非洲优惠贸易区。现有成员国 21 个，即索马里、突尼斯、布隆迪、科摩罗、刚果（金）、吉布提、埃及、厄立特里亚、埃塞俄比亚、肯尼亚、马达加斯加、马拉维、毛里求斯、卢旺达、塞舌尔、苏丹、斯威士兰、乌干达、赞比亚、津巴布韦和利比亚。

南部非洲发展共同体，成立于 1992 年，是非洲大陆较成功的一个区域性经济发展实体。其前身是 1980 年成立的南部非洲发展协调会议。现有 16 个成员国，即安哥拉、博茨瓦纳、刚果（金）、莱索托、马拉维、莫桑比克、纳米比亚、斯威士兰、坦桑尼亚、赞比亚、南非、塞舌尔、毛里求斯、马达加斯加、津巴布韦和科摩罗。

在阿拉伯国家之间，也有一些经济一体化组织。阿拉伯共同市场成立于 1965 年，其成员国有埃及、伊拉克、约旦、叙利亚、利比亚、苏丹、毛里塔尼亚等。该组织原计划经过十年的过渡，完全取消内部贸易的障碍，对外共同关税也要在 20 世纪 80 年代建立，但是出于多方面的原因，该目标未能实现。

海湾阿拉伯国家合作委员会成立于 1981 年 5 月，成员国有阿拉伯联合酋长国、阿曼、巴林、卡塔尔、科威特和沙特。自成立以来，各成员国积极促进彼此间的经贸合作，于 2003 年 1 月和 2008 年 1 月先后启动关税同盟和海湾共同市场，并计划在 2010 年 1 月启动海湾货币联盟，发行统一货币，进一步推动经济一体化进程，但由于全球金融危机和其他原因，货币联盟计划被推迟。

（三）南北合作

20 世纪 80 年代以来，南北合作（即发展中国家与发达国家之间的经济一体化）相继萌芽，且发展很快。最典型的经济一体化组织是北美自由贸易区（North American Free Trade Area，NAFTA）。

北美自由贸易区发端于 1988 年美国与加拿大签订的《美加自由贸易协定》，并自 1989 年 1 月 1 日起生效。该协定的主要内容是经过 10 年的过渡，逐步取消相互关税，同时在投资方面实现自由化，对此墨西哥的反应是加快了与美国实现自由贸易的谈判。

在此背景下，三国领导人于1991年在多伦多举行第一次会议，决定建立美墨加自由贸易区。经过一系列谈判，1992年8月12日，正式签订了建立北美自由贸易区的协定，1993年7月又签订了建立北美自由贸易区的补充协定，决定建立北美自由贸易区。协定明确规定，从1994年1月1日起，经过15年的过渡，三国相互取消关税，实现商品和服务的自由流动。2019年12月11日，美墨加三国在墨西哥城签署了新北美贸易协定修订版文件，这项新北美自由贸易协定的名称为United States-Mexico-Canada Agreement（USMCA）。加拿大、美国和墨西哥已就更新的北美自由贸易协定达成协议，并为新北美自由贸易协定最终获准铺平了道路。北美自由贸易区的建立开创了南北合作的先例。

（四）经济一体化的经验

伴随着世界经济的发展，各种类型的经济一体化组织不断涌现。从各类经济一体化组织的发展来看，发展较快的是北北合作，南北合作仍在发展之中。

北北合作发展较快的原因主要有三点。

第一，各成员国经济发展水平的差异较小。各成员国经济发展水平的接近不会导致某个成员国成为其他成员国的负担。不仅如此，成员国经济发展水平较高且相互接近，有助于成员国开展产业内贸易，因而较少存在域内国家竞争优势的相互冲突，有利于实现各成员国企业的规模经济。

第二，各成员国对内部市场的依赖性加强，有助于增加经济一体化组织的凝聚力。因为经济一体化组织中各成员国对区内市场的依赖性越强，各国越珍惜一体化组织的稳定与发展，因而合作的愿望以及加强合作的愿望越强烈。成员国间经济上相互依赖的加强，特别是对内部市场依赖的加强，是一体化组织升级的重要动力。

第三，北北合作总是从市场一体化入手，这与它们的经济制度密切相关。因为在市场经济条件下，政府只能通过间接手段干预经济，所以发达国家之间的经济一体化以区际贸易的一体化为出发点，从而推动经济一体化发展。

南南合作发展缓慢的原因主要也有三点。

第一，成员国经济发展水平较低，因而缺乏进行贸易合作的物质基础。一方面，各国的经济发展水平都比较低，这决定了它们经济结构相类似，因而难以形成产业间贸易；另一方面，各国经济发展水平不高还决定了它们没有进行产业内贸易的基础，因为产业内贸易以需求的多层次和差异化为前提，发展中国家收入水平普遍偏低，那么各国就不存在相互贸易的需求结构。

第二，一些国家参加某种经济一体化组织的目的是在封闭市场内寻求经济的发展，然而当各成员国市场都比较狭小时，经济一体化不会给各国带来足够的市场规模。因此一些成员国就需要在共同体以外寻找出路，从而造成一体化组织内部凝聚力减弱。

第三，对于那些实行开放经济的国家，它们在参加经济一体化组织的同时，也倾向于与发达国家开展贸易，以促进经济发展。在此情况下，如果发达国家市场的吸引力超过经济一体化组织内部市场，那么该国的离心倾向是不可避免的。因此，尽管一些发展中国家的经济一体化组织在名义上的一体化程度较高，但多数名不副实。

因此，我们得出的结论是，南南合作的存在与发展需要具备以下条件。

（1）各成员国经济需要有一定程度的发展，以便为经济一体化提供必要的条件。

（2）南南合作的前途有赖于内部市场的扩大和经济互补性的增强。

（3）南南合作的建立不能脱离发展中国家的特点，一切组织模式的选择都要有助于各国经济的工业化。因此，南南合作发展的模式似乎应当是区域市场一体化与产业部门一体化的结合，既要求市场的统一，又要求产业发展上成员国之间的协议分工，以加强内部的相互依赖性。当然，具体模式的选择应以各成员国经济的发展和工业化为前提。

从目前看，南北合作还是一种新现象。参加一体化组织的两类国家都可以从中得到相应的利益。从发达国家的角度看，通过南北合作可以充分利用发展中国家的市场，在一体化市场内部有优于其他国家的竞争力，在一体化市场外部也可因为使用伙伴国低廉的劳动力而降低某些产品的成本。同时，发达国家还可以利用经济一体化的便利重新配置资源，将资本投向能够最有效使用的地区。从发展中国家的角度看，可以获得较有保证的劳动密集型产品的市场，同时在引进外资的竞争中，取得一定的优势地位，也可创造一系列产业部门的就业机会，还可以获得比较先进的生产技术，从而有利于自己的工业化。

（五）经济一体化的新模式——开放的地区主义

开放的经济一体化是一种新型的经济合作形式，开放是指成员间的所有优惠性措施或安排都适用于非成员经济体，这一点与传统的经济一体化组织的排他性有本质上的差异。

这种经济一体化的典型形式是 APEC。APEC 成立于 1989 年 11 月，最初成员有 12 个，即美国、加拿大、澳大利亚、新西兰、日本、韩国、新加坡、马来西亚、泰国、菲律宾、印度尼西亚和文莱。1991 年中国以主权国家身份、中国台北和香港（1997 年 7 月 1 日起改为“中国香港”）以地区经济体名义正式加入；1993 年墨西哥和巴布亚新几内亚加入；1994 年智利加入；1998 年秘鲁、俄罗斯和越南加入。从成员间的差距来看，该组织是差异最大的一体化组织。

APEC 作为区域性的经济合作组织，与传统的实行“对内自由、对外保护”经济政策的排他性区域经济集团有着本质的区别。它充分考虑到各成员之间在政治、经济、文化等方面的巨大差异，采取了独特的运行方式，即承认多样化，强调灵活性、渐进性、开放性，遵循协商一致、自主自愿、单边行动与集体行动相结合的原则，形成了别具一格的“APEC 方式”。根据这一方式，APEC 成员就贸易投资自由化、便利化及经济技术合作问题进行协商一致的结果是非约束性和非强制性的，不具有法律效力，是在单边自愿基础上的承诺。APEC 奉行“开放的地区主义”，即 APEC 成员内部贸易投资自由化的成果，可以适用于 APEC 以外的任何国家和地区，也就是说，非 APEC 成员可以分享 APEC 内部成员之间的任何关税减让以及非关税壁垒减少和消除所带来的利益和好处。

开放的地区主义与 GATT/WTO 的基本原则——非歧视原则是一致的，它标志着经济一体化实践上的一次创新，同时也是对传统的经济一体化理论的一次挑战。开放的地区主义实际上反映了经济全球化对经济一体化的一种积极影响。它之所以出现在亚太地区，与东亚国家或地区（包括东南亚）的经济全球化倾向的迅速发展有很大关系。

APEC 成立之初，关于其性质和模式曾有很大争论，即 APEC 是否应成为制度性和排他性（或封闭性）的组织。除日本外的发达成员希望 APEC 成为类似于欧盟的排他性、制度性的集团，如美国曾提出将 APEC 建设成亚太地区共同体（The Asia-Pacific Community）。美国之所以提出这样的主张，是因为它想将 APEC 作为与欧盟相抗衡的“堡垒”，所以它希望 APEC 也成为一个排他性的区域组织。另外美国希望将 APEC 制度化，以便更好地打开亚太其他国家，尤其是东亚国家或地区的市场，以及在区域框架下，解决它与东亚国家或地区之间的贸易摩擦。但日本和东盟反对 APEC 成为制度性、排他性的区域组织。这些国家一方面担心制度化后受美国等发达国家的制约，另一方面也是更重要的，是这些国家长期以来走的是外向型经济道路，出口增长曾经是或现在仍是这些国家的经济增长发动机，所以这些国家不希望 APEC 成为排他性的贸易集团，担心这样做的结果会损害其对外贸易的发展和在全球市场上的竞争力，特别是如果形成两大区域集团对垒的局面，有可能会引发全球贸易战，从而使自己的经济发展受到严重影响。最终 APEC 当时的 12 个成员达成共识，自此，开放的地区主义就成为 APEC 的一面旗帜。

贸易和投资自由化和便利化与经济技术合作通常被称为 APEC 运行的两个“车轮”。其中，贸易和投资自由化与便利化是 APEC 的长远目标，但由于 APEC 成员经济发展水平存在巨大差异，在实现自由化目标的具体步骤上，APEC 采取了区别对待的方式。1994 年在印度尼西亚茂物举行的 APEC 领导人非正式会议通过的《茂物宣言》制定了两个时间表，即 APEC 发达成员不迟于 2010 年实现贸易和投资自由化，发展中成员不迟于 2020 年实现贸易和投资自由化。1995 年在日本大阪举行的 APEC 领导人非正式会议上，将经济技术合作与贸易和投资自由化与便利化并列为 APEC 的两个“车轮”，确立了 APEC 经济技术合作的三个基本要素，即政策共识、共同活动和政策对话，同时制定了 APEC 经济技术合作的行动议程，确定了合作的目的、原则、合作方式及 13 个合作领域。1996 年在菲律宾苏比克举行的 APEC 领导人非正式会议上，通过了第一个专门为经济技术合作制定的文件——《APEC 加强经济合作与发展框架宣言》，即《马尼拉框架》。该文件为 APEC 经济技术合作规定了目标和原则，并确定了人力资源开发、基础设施、资本市场、科学技术、环保和中小企业等 6 个优先合作领域。《马尼拉框架》的制定，标志着 APEC 经济技术合作进入了新的发展阶段。

在 2005 年 11 月举行的 APEC 韩国釜山会议上，审议并通过了关于茂物目标进展的中期报告和旨在实现茂物目标的釜山路线图。建立亚太自由贸易区（Free Trade Area of the Asia-Pacific，FTAAP）成为 APEC 讨论的焦点议题之一。

2006 年在越南河内召开的 APEC 第 14 次领导人非正式会议，将亚太自由贸易区列为长期目标。2014 年，在北京召开的 APEC 领导人非正式会议就《亚太经合组织推动实现亚太自贸区北京路线图》达成了共识，同意启动并全面系统推进亚太自由贸易区进程。

本节小结

经济一体化是指两个或两个以上的国家或地区通过达成某种协议所建立起来的经济合作组织。国际经济一体化组织有六种形式，即优惠贸易安排、自由贸易区、关税同盟、共同市场、经济联盟和完全的经济一体化。随着经济一体化的不断发展，形成了关税同盟理论、自由贸易区理论、大市场理论、协议性国际分工理论和综合发展战略等经济一体化相关理论。关税同盟的经济效应在于贸易转移和贸易创造，因此，加入关税同盟对一国是否有利取决于贸易创造的积极效应能否抵消贸易转移的消极效应，关税同盟并不一定能够增加一国的福利效应。有时候，关税同盟的动态效应比静态效应更为重要。第一，关税同盟会产生扩大出口效应；第二，关税同盟会产生大市场效应（或经济规模效应）；第三，关税同盟会促进成员之间企业的竞争；第四，关税同盟有助于吸引外部投资，刺激投资效应。根据经济一体化组织成员经济发展水平，可以将经济一体化组织分为三种主要类型：北北合作、南南合作和南北合作。新的经济一体化组织也有所发展，形成了开放性的经济一体化，这种经济一体化的典型形式是 APEC。

思考题

1. 什么是经济一体化？
2. 经济一体化建立的条件有哪些？
3. 经济一体化的形式有哪些？
4. 关税同盟理论中，什么是贸易创造和贸易转移？
5. 为什么北北合作的发展最为成功？
6. 在开放性的地区主义中，最具代表性的经济一体化组织是哪个？对此你有什么看法？

第二篇　国际金融理论与政策

第三章

国际金融理论

第一节 国际收支理论

一、价格-现金流动机制

价格-现金流动机制理论被看作最早的国际收支调节理论。这一理论是英国古典政治经济学家大卫·休谟在 1752 年提出的。该理论认为在金本位制下，国际收支具有自我调节的机制。

（一）价格-现金流动机制的基本观点

价格-现金流动机制被视为第一个系统分析国际收支运动规律的理论学说。更重要的是，它在一百年多年后的国际金本位制度（1880～1914 年）下受到广泛推崇和运用，达到鼎盛时期。

国际金本位时期实行严格的固定汇率制度，两种货币的兑换比率以铸币平价（金平价）为基础，受外汇市场供求影响在黄金输送点之间微幅波动。各国货币都有含金量规定，要根据持有的黄金准备发行货币，以保证货币的可兑换性。同时，允许黄金自由输出和输入，对黄金或外汇的买卖不加限制。黄金作为最终清偿手段，执行货币职能。

正是上述这些条件确立了国际收支自动调节机制。休谟认为，进出口数量主要取决于国内外商品的相对价格。于是，就实现了由以下四个环节相互衔接而成的价格-现金流动机制：①物价水平与进出口数量；②国际收支与黄金数量；③黄金准备与货币供给量；④货币供给量与物价水平。该机制的作用过程可以简要概括为以下两类。

（1）国际收支逆差→黄金输出→货币供给量减少→物价水平下降→出口增加，进口减少→国际收支改善→黄金输出放缓，直至国际收支平衡。

（2）国际收支顺差→黄金输入→货币供给量增加→物价水平上升→出口减少，进口增加→国际收支改善→黄金输出放缓，直至国际收支平衡。

价格-现金流动机制把物价变动理解为调节国际收支的直接手段，并应用货币数量论的分析，将国际收支、货币供给、物价水平等紧密联系在一起，其理论意义与政策意义同样重大。一是强调进出口、货币数量、物价等构成自行调节的封闭系统，可以做到内在均衡，无须贸易政策或货币政策干预；二是有效地消除了人们对国际收支逆差条件下黄金和外汇流失以至于枯竭的恐惧心理，从而彻底击碎了贸易收支顺差论的最后幻想。

（二）对价格-现金流动机制的评价

价格-现金流动机制的重要贡献在于：该理论从货币数量的角度出发，揭示了国际收支与货币数量及物价变动三者之间存在的一种自动循环、互相制约的内在联系，系统阐明了市场机制对国际收支的自动调节机制。这一理论不仅对当时西方各国国际收支调节的实践具有重要指导意义，而且对当前国际收支市场调节机制作用的认识和运用，仍具有重要的理论和现实意义。

价格-现金流动机制理论的局限性在于：该理论只考虑货币数量，而未考虑其他因素对国际收支的影响，是一种局部静态分析，而且是一种适用于金本位制的国际收支调节理论。只有在没有货币流动、实行自由放任和公平贸易、进出口商品价格弹性足够大，以及各国严格执行金本位制等条件下，才能较为充分地体现该理论所阐释的基本原理。

二、国际收支弹性论

英国经济学家马歇尔（Marshall）最早将弹性分析引入国际贸易领域，1937 年英国经济学家罗宾逊（Robinson）正式提出国际收支的“弹性理论”。罗宾逊以马歇尔的局部均衡分析为基础，在研究外汇市场供求时不仅考虑进出口需求弹性，还加入了进出口供给弹性。20 世纪 40 年代初，美国经济学家勒纳（Lerner）特别探讨了既定进出口供求弹性下货币贬值政策的国际收支效应问题，提出著名的马歇尔-勒纳（Marshall-Lerner，ML）条件。另一位美国经济学家梅茨勒（Metzler），集前人思想之大成，为马歇尔-勒纳条件补充了进出口有限供给弹性的假设，从而形成被称为国际收支弹性分析理论核心的马歇尔-勒纳-罗宾逊（Marshall-Lerner-Robinson，MLR）条件。

（一）一般的弹性分析

国际收支的一般弹性分析是在其他条件不变的前提下，考察汇率政策在不同弹性值下对国际收支（针对的是贸易收支）的影响。汇率对国际收支的影响受到多种弹性值的制约，如外汇供给或需求弹性，出口和进口供给或需求弹性。这里的一般指在弹性分析中，未对各种弹性值做出特别规定的情况。

1. 本币贬值对本国出口的作用

在图 3-1 的简单两国模型中，图 3-1（a）表示贬值对本国出口品供求的影响。期初，该经济均衡点处于 E 点，出口需求曲线 D_0 与出口供给曲线的交点决定了出口量 X_0 和出口价格 P_{X_0}，本币对外贬值使出口曲线由 D_0 右移至 D_1 的位置，该经济的均衡点由 E 点移到 F 点。从图 3-1（a）中可以得到的结论是：①本币贬值使出口量增加；②本币贬值使出口品的本币价格上升；③本币贬值使出口额增加，表现为由 $P_{X_0}EX_0O$ 增加至 $P_{X_1}FX_1O$。

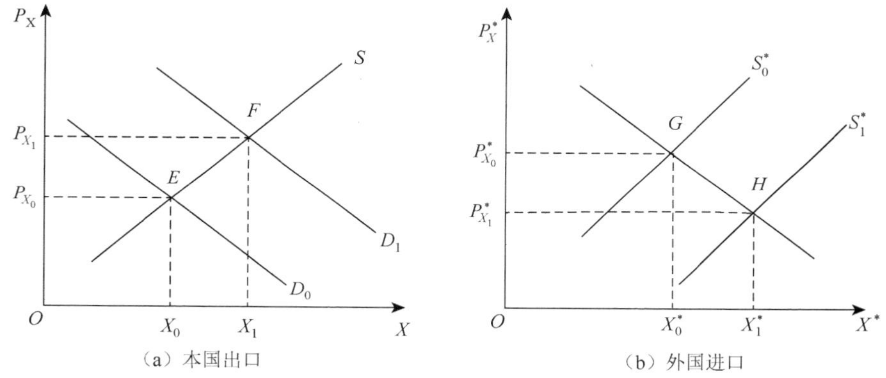

图 3-1　本币贬值对本国出口和外国进口的作用

图 3-1（b）表示本币贬值对外国进口品供求的影响。期初，该国经济均衡点处于 G 点，其进口品外币价格为 $P_{X_0}^*$，进口量为 OX_0^*，反映本国出口量即外国进口量。本币贬值使外国的进口供给曲线由 S_0^* 右移至 S_1^* 的位置。该线右移反映在每一既定的外币价格水平上，本国出口商愿意向外国提供更多的进口供给量，因为贬值可使本国出口商用同样外汇收入换回更多本币。该外国经济均衡点将由 G 点移到 H 点。从中可得到的结论：①本币贬值使外国进口增加（由 $X_0^*X_1^*$ 表示其增量）；②本币贬值对外国进口额的影响主要取决于弹性，外国进口额的变动是不确定的。在图形上，外币进口额由 $P_{X_0}^*GX_0^*O$ 变为 $P_{X_1}^*HX_1^*O$，二者的大小从直观上无法确定。

为进一步讨论此问题，引入出口需求弹性，其定义方程为

$$E_{Xd}=(\mathrm{d}X/X)/(\mathrm{d}P_X^*/P_X^*) \tag{3-1}$$

式中，出口需求弹性 E_{Xd} 表示出口量变动率除以出口品外币价格变动率。说明这里定义的是出口需求弹性的绝对值。在一般情况下，出口量和出口品外币价格变动方向是相反的。

如果出口需求弹性大于 1，那么货币贬值引起的出口品外币价格下降幅度将会小

于出口量增加幅度，从而贬值会使该国出口的外汇收入增加；反之，若出口需求弹性小于 1，则贬值会使外币表示的出口额减少。

2. 本币贬值对本国进口的作用

在图 3-2（a）中，期初本国处于 M 点，进口供给曲线 S_0 与进口需求曲线 D 的交点决定了该国进口量为 V_0，进口本币价为 P_{V_0}，本币对外贬值使进口供给曲线由 S_0 向左上方移动到 S_1 的位置。由于外币汇率上升，进口供给者将要求更高的本币价，以保证外币价能维持下去。这使本国经济均衡点由 M 点移到 N 点。由此得到的结论是：①本币贬值使进口本币价上升；②本币贬值使进口量减少；③本币贬值对进口的本币支出的影响不确定，不能直观地看出 $P_{V_0}MV_0O$ 和 $P_{V1}NV_1O$ 大小。

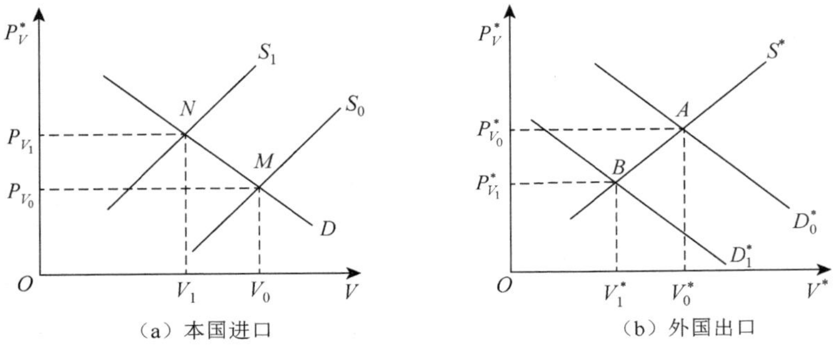

图 3-2　本币贬值对本国进口和外国出口的作用

在图 3-2（b）中，期初该国处于 A 点，其出口量 V_0^* 相当于本国进口量 V_0。当本币对外贬值后，外国出口需求曲线 D_0^* 会向左移动到 D_1^* 的位置，因为购买同样的外汇要付出更多本币，从而在任何外币价格下对外国产品的出口需求都会减少。外国出口供给曲线位置未变，外国经济均衡点由 A 点移动到 B 点。由此可以得到的结论是，本币对外贬值会导致：①外国的出口量减少；②外币出口价由 $P_{V_0}^*$ 下降到 $P_{V_1}^*$；③外币表示的外国出口额，即本国进口额，由 $P_{V_0}^*AV_0^*O$ 下降到 $P_{V_1}^*BV_1^*O$。

上述讨论表明，本币贬值肯定会使外币表示的进口支出减少，但是，用本币表示的进口支出的变动则要取决于进口需求弹性。其定义方程式可以表示为

$$E_{Vd} = -(\mathrm{d}V / V) / (\mathrm{d}P_V / P_V) \tag{3-2}$$

进口需求弹性表示进口品本币价格变动率所导致的进口量变动率。式中的 E_{Vd} 表现为绝对值。

如果进口需求弹性大于 1，那么货币贬值引起的进口品本币价格上升幅度就会小于进口量的下降幅度，二者乘积将会变小，即本币贬值会使进口所用的本币支出减少；反之，若进口需求弹性小于 1，则本币贬值会使本币进口额（本币价值）增加。

（二）马歇尔-勒纳条件

简单地讲，马歇尔-勒纳条件就是指以贬值手段改善贸易收支逆差的充分条件，即进出口商品的需求弹性之和大于 1。为此需要满足以下几个假设前提：①其他条件不变，只考虑汇率变动对进出口的影响；②国内外商品都具有无限供给弹性；③以国际收支均衡为初始状态。

以 B 表示初始状态的国际收支差额，X 表示初始状态的出口量，M 表示初始状态的进口量，e 表示汇率，P_x 为国内价格水平，P_m 为国外价格水平，则：

$$B = P_x X - eP_m M \tag{3-3}$$

以 d_m 表示进口需求的价格弹性，ΔM 表示进口需求增量，如果进口价格下降 1%，则有

$$d_m = \frac{\frac{\Delta M}{M}}{1\%} \tag{3-4}$$

由式（3-4），进一步得

$$\Delta M = \frac{d_m}{100} M \tag{3-5}$$

类似地，以 d_x 表示出口需求的价格弹性，ΔX 表示出口需求增量，如果出口价格下降 1%，则有

$$d_x = \frac{\frac{\Delta X}{X}}{1\%} \tag{3-6}$$

由式（3-6）可得

$$\Delta X = \frac{d_x X}{100} \tag{3-7}$$

本币贬值后的出口收入增加额为

$$P_x \Delta X = \frac{d_x P_x X}{100} \tag{3-8}$$

本币贬值会使进口需求减少，以本币表示的进口支出相应减少

$$\frac{d_m e P_m M}{100} \tag{3-9}$$

同时，本币贬值后，进口品的本币价格也会上升 1%，因此进口品的本币支出相应地增加

$$\frac{eP_m M}{100} \tag{3-10}$$

将式（3-9）和式（3-10）两项相减，便可得出本币贬值对进口支出的净减少额

$$\frac{d_m e P_m M}{100} - \frac{eP_m M}{100} = \frac{(d_m - 1)eP_m M}{100} \tag{3-11}$$

从总体上看，本币贬值后国际收支差额变动为

$$\Delta B = \frac{d_x P_x X}{100} + \frac{(d_m - 1)eP_m M}{100} \tag{3-12}$$

显然，只要 $d_x P_x X + (d_m - 1)eP_m M > 0$，则本币贬值就能改善一国的国际收支。

上文已假设初始状态国际收支是均衡的，则有

$$P_x X = eP_m M \tag{3-13}$$

因此，只要 $|d_x + d_m| > 1$，则本币贬值就能改善一国的国际收支。

通过上述推导不难看出，进出口商品无限供给弹性的假设大大简化了分析。然而从实际情况来看，由于各国都以充分就业作为重要的政策目标，谋求最大限度地利用国内资源，因此当本币贬值时，其实很难保证经济体系能够迅速地向出口贸易部门转移足够的资源。也就是说，进出口供给弹性只能是有限弹性，而不是无限弹性。在引入有限供给弹性假设后，本币贬值改善国际收支的充分条件就由马歇尔-勒纳条件发展为马歇尔-勒纳-罗宾逊条件。另外，由于绝大多数情况下国际收支都处于失衡状态，即初始状态并非国际收支均衡，则本币贬值能否改善国际收支，不仅取决于初始国际收支失衡的方向，也取决于失衡的程度。于是，马歇尔-勒纳-罗宾逊条件的一般表达式可以写为

$$\frac{d_x d_m(\lambda_x + \lambda_m + 1) + \lambda_x \lambda_m (d_x + d_m - 1)}{(\lambda_x + d_x)(\lambda_m + d_m)} > 0 \tag{3-14}$$

式中，λ_x 表示出口商品的供给弹性；λ_m 表示进口商品的供给弹性。

（三）货币贬值的时滞及“J 曲线”效应

货币贬值的时滞效应是指当一国的货币当局采取使用本币贬值的调整政策以后，相关实际部门贸易量的调整不会同步进行，而是需要一个过程，从而在本国汇率变动到实际部门进出口数量调整与国际收支均衡恢复间产生一个时间上的延滞。贬值后贸易量调整存在的这种时滞效应可用著名的“J 曲线”来描述。即一国的货币贬值后，最初只会使国际收支状况进一步恶化，只有经过一段时间以后，才会使贸易收入增加，并改善国际收支状况。如果用横轴表示时间，用纵轴表示贸易收支的变动，那么贸易收支对货币贬值的反应轨迹如图 3-3 所示。

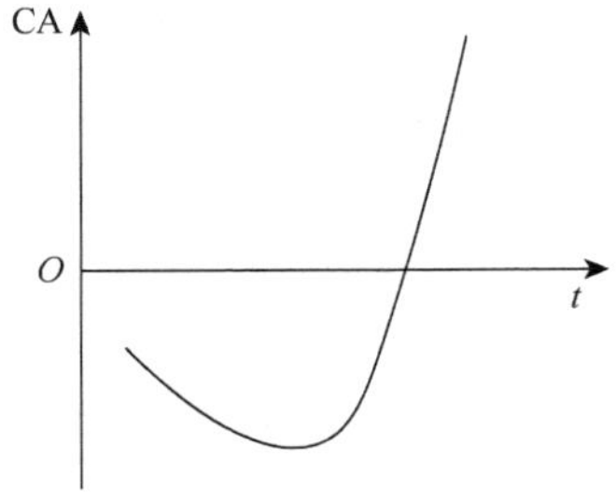

图 3-3 “J 曲线”

因为该曲线形状类似英文大写字母 J，故名“J 曲线”，呈现先降后升的趋势。

“J 曲线”形状的形成原因可以这样解释：由于货币贬值，汇率上升可以相应降低本国商品在外国市场上的价格，因而在国际贸易中，本币对外贬值经常被用作增强本国出口商品的竞争优势、扩大出口、改善国际收支状况的手段。然而，在通常情况下，一国的货币贬值并不会立即引起贸易收入增加，这是因为，从货币贬值到贸易收支状况改善之间，存在着以下五种时滞。

（1）货币贬值后，本国出口商品的新价格的信息还不能立即为需求方所了解，即存在认识时滞。

（2）供求双方都需要一定时间判断价格变化的重要性，即存在决策时滞。

（3）供给方国内对商品和劳务的供应不能立即增加，即存在生产时滞。

（4）供给方和需求方都需要一定时间处理以前的存货，即存在取代时滞。

（5）把商品、劳务运往国际市场需要一段时间，即存在着交货时滞。

因此，在货币贬值初期，由于出口价格降低但出口数量却没能同步增加，同时进口价格提高但进口数量却没能同步减少，因而国际收支状况会进一步恶化。只有经过一段时间后，货币贬值引起的出口价格降低使得出口数量更大幅度地上升，同时进口价格提高使得进口数量明显减少，国际收支状况才会逐步改善，货币贬值的效果才能充分发挥出来。

三、国际收支吸收分析理论

吸收分析理论，也称为支出分析理论，由美国经济学家亚历山大（Alexander）在凯恩斯理论的国民收入方程式的基础上提出。因为他把总支出称为总吸收，所以该理论被称作吸收分析理论。他以凯恩斯宏观分析理论为基础，把国际收支作为国民经济的一个有机组成部分，建立国民收入四部门模型，用定量分析的方法考察国际收支与国民收入总量及各变量之间的关系。

（一）吸收分析理论的基本公式

凯恩斯封闭型国民收入均衡公式为

$$Y = C + I + G \tag{3-15}$$

式中，Y 表示总收入；C 表示消费支出；I 表示投资支出；G 表示政府支出。国民经济只有消费、投资和政府三部门，没有对外经济部门。$C+I+G$ 为国内总支出，即总吸收，用 A 表示。$Y=A$，即总收入 = 总吸收。

在开放经济条件下，国民经济应包括对外经济部门。以（$X–M$）即进出口差额表示对外经济部门，即国际收支，则开放型国民收入均衡公式为

$$Y = C + I + G + (X - M) \tag{3-16}$$

式（3-16）移项后，得到

$$(X - M) = Y - (C + I + G) \tag{3-17}$$

式（3-17）中（X–M）是进出口差额，用NX表示。因此，公式可以写成

$$\mathrm{NX} = Y - A \tag{3-18}$$

即国际收支差额 = 总收入–总吸收。

公式表明，国际收支差额 NX 的形成与国民收入及国内支出总量密切相关。国际收支平衡意味着总收入等于总支出；国际收支顺差意味着总收入大于总支出；国际收支逆差则是总支出大于总收入。所以，国际收支逆差可以通过减少总支出或增加总收入两种办法改善。

（二）吸收分析理论调节国际收支的政策

吸收分析理论是根据一国经济生产是否达到充分就业的具体情况分别采取以下两种不同的政策来调节国际收支。

1. 国内未充分就业时，采取支出转换政策

未充分就业意味着有闲置资源，因此可以用增加总收入的方法来调节国际收支。政府有关部门可以通过采取支出转换政策，刺激本国出口扩大，改善国际收支。

由于国内总支出会随着国民收入增长而增长，国内必须在本币对外贬值的同时，实行紧缩性财政政策和货币政策，以抑制进口需求，使国内总支出的增加 ΔA 小于总收入的增加 ΔY，即边际吸收倾向小于 1，$(\Delta A/\Delta Y)<1$，从而使出口增长快于进口增长，保证国际收支逆差得以改善。

2. 国内充分就业，采取支出调整政策

充分就业意味着没有闲置资源，增加总收入只会导致通货膨胀。因此，只能用减少国内总支出的办法来调节国际收支，而对国际收支的调节同样可以从国内经济和对外经济两个渠道进行。

一方面，对内通过采取紧缩性的财政政策和货币政策，压缩国内吸收，使进口需求下降，减少进口，把压缩下来的资源转移到出口部门；同时，使出口商品的国内需求下降，相对增加出口数量。

另一方面，对外进行本币贬值，相对降低本国出口商品的价格，来刺激国外对其出口商品的需求，同时抑制其进口需求。

（三）吸收分析理论的归纳与评价

第一，吸收分析理论是从总收入与总吸收（总支出或总需求）的相对关系中考察国际收支失衡的原因并提出国际收支的调节政策，而不是从相对价格关系出发，这是它与弹性论的重大差别。就基础理论和分析方法而言，吸收分析理论是建立在

凯恩斯的宏观经济学基础之上的，采用的是一般均衡分析方法，而弹性论则是建立在马歇尔等建立的微观经济学基础之上，采用的是局部均衡分析法。

第二，就货币贬值的效应来讲，吸收分析理论从贬值对国民收入和国内吸收的相对影响中来考察贬值对国际收支的影响，而弹性论则从价格和需求的相对关系中来考察贬值对国际收支的影响。

第三，吸收分析理论含有强烈的政策搭配倾向。当国际收支逆差时，应采用紧缩型财政货币政策来减少吸收（需求），同时又采用货币贬值来增加出口和收入，从而使内部经济和外部经济同时达到平衡。

第四，吸收分析理论的主要缺点是假定贬值是出口增加的唯一原因，并以贸易收支代替国际收支。因此，从宏观角度看，它具有不够全面和自相矛盾的地方。不过，吸收论在国际收支调节理论的发展过程中，具有一种承前启后的作用。一方面，它指出了弹性论的缺点，又吸纳了弹性论的某些合理内容，是在弹性论基础上的一大进步；另一方面，它指出了国际收支失衡的宏观原因和注意到国际收支失衡的货币方面。因此，吸收分析理论成为 20 世纪 70 年代出现的国际收支调节的货币分析法的先驱。

四、国际收支货币分析理论

货币分析理论的创始者主要是美国芝加哥大学和英国伦敦经济学院的约翰逊（Johnson）和他的学生弗伦克尔（Frenkel）。货币分析理论的出现同 20 世纪 60 年代在美国兴起的货币主义学说有关，它从货币的角度而不是从商品的角度，考察国际失衡的原因并提出相应的调节主张。

（一）货币分析理论的前提

（1）在充分就业均衡状态下，一国的实际货币需求是收入和利率等变量的稳定函数。

（2）从长期看，货币需求是稳定的，货币供给变动不影响实物产量。

（3）贸易商品的价格由世界市场决定，从长期看，一国的价格水平和利率水平接近世界市场水平。

（二）货币分析理论内容

在上述各项假定下，货币分析理论可以用以下公式表述：

$$M^s = M^d \tag{3-19}$$

式中，M^s 表示名义货币的供应量；M^d 表示名义货币的需求量。从长期看，可以假定名义货币供应量与名义货币需求量相等。

$$M^d = P_d f(y,i) \tag{3-20}$$

式中，P_d 表示本国价格水平；f 表示函数关系；y 表示国民收入；i 表示利率（持有货币的机会成本）；$f(y,i)$ 表示对实际货币存量（余额）的需求；$P_d f(y,i)$ 表示对名义货币存量的需求。其中，$P_d = eP_f$，P_f 表示外国价格水平，即购买力平价成立。

$$M^s = m(D+R) \tag{3-21}$$

式中，D 表示来自国内的基础货币，即中央银行的国内信贷或支持货币供给的国内资产；R 表示来自国外的基础货币，它通过国际收支盈余获得，以国际储备作为代表；m 表示货币乘数，指银行体系通过辗转存贷使基础货币扩大的倍数。为叙述方便，取 $m=1$（实际上，根据研究目的不同，M^s 有不同的定义范围，从而 m 也有不同的对应值），可得

$$M^d = M^s = D+R \tag{3-22}$$

$$\Delta R = \Delta M^d - \Delta D \tag{3-23}$$

式（3-23）是货币分析理论的最基本方程式，ΔR、ΔM^d 和 ΔD 分别表示国际储备的变动（即国际收支）、名义货币需求量的变动和国内名义货币供应量的变动。这个方程式说明了以下几点。①国际收支是一种货币现象，国际收支逆差实际上就是一国国内货币供应量超过了名义货币需求量。由于货币供应不影响实物产量，在价格不变的情况下，多余的货币就要寻找出路。对个人和企业来讲，就会增加货币支出，以重新调整它们的实际货币余额；对整个国家来讲，实际货币余额的调整便表现为货币外流，即国际收支逆差。反之，当一国国内的名义货币供应量小于名义货币需求量时，在价格不变的情况下，货币供应的缺口就要寻找来源。对个人和企业来讲，就要减少货币支出，以使实际货币余额维持在所希望的水平；对整个国家来说，减少支出、维持货币余额的过程，便表现为货币内流，国际收支盈余。②国际收支的调节，实际上反映的是实际货币余额（货币存量）对名义货币供应量的调整过程。当国内名义货币供应量与实际经济变量（国民收入、产量等）所决定的实际货币需要相一致时，国际收支便处于平衡。

（三）货币分析理论的政策主张

第一，所有国际收支不平衡的原因，本质上都在于货币。因此，国际收支的不平衡，都可以由货币政策来解决。

第二，国内货币政策，主要指货币供应政策。因为货币需求是收入、利率的稳定函数，而货币供应则在很大程度上可由政府操纵。因此，膨胀性的货币政策（使 D 增加）可以减少国际收支顺差，而紧缩性的货币政策（使 D 减少）可以减少国际收支逆差。

第三，为平衡国际收支而采取的贬值、进口限额、关税、外汇管制等贸易和金融干预措施，只有当它们的作用是提高货币需求，尤其是提高国内价格水平时，才能改善国际收支，而且这种影响是暂时的。如果在施加干预措施的同时伴有国内信贷膨胀，则国际收支不一定能改善，甚至还可能恶化。

总之，货币分析理论政策主张的核心是在国际收支逆差时，应注重国内信贷的紧缩。

本节小结

价格-现金流动机制从货币数量的角度出发，揭示了国际收支与货币数量及物价变动三者之间存在的一种自动循环、互相制约的内在联系，系统阐明了市场机制对国际收支的自动调节机制。弹性分析理论重点考察了其他条件不变的情况下，汇率政策在不同弹性值下对国际收支（针对的是贸易收支）的影响；吸收分析理论则以凯恩斯宏观分析理论为基础，把国际收支作为国民经济的一个有机组成部分，通过建立国民收入四部门模型，用定量分析的方法考察国际收支与国民收入总量及各变量之间的关系；货币分析理论则是从货币的角度而非商品的角度，考察国际收支失衡的原因并提出相应的调节主张。

思考题

1. 根据弹性分析法，货币贬值在什么情况下能有效改善贸易收支？贸易收支的调整如何进行？
2. 试解释“J 曲线”的成因和政策含义。
3. 试分析货币分析理论与弹性分析理论、吸收分析理论的区别。

第二节 汇率决定理论

一、购买力平价理论

瑞典经济学家古斯塔夫·卡塞尔（Gustav Cassel）详尽阐释了购买力平价（purchasing power parity，PPP）理论，并将其应用于第一次世界大战引起的国际贸易崩溃及商品相对价格剧烈变动之后，各国恢复金本位的均衡汇率的估计。购买力平价理论有两种形式：绝对形式和相对形式。

（一）绝对购买力平价理论

绝对购买力平价理论假定两种货币的均衡汇率等于两国的物价水平之比，即

$$R=\frac{P}{P^*} \tag{3-24}$$

式中，R 表示两国货币的汇率或即期汇率；P 和 P^*分别表示本国和外国的物价水平。例如，假定在美国 1 蒲式耳[①]小麦的价格为 1 美元，在欧盟为 1 欧元，则美元与欧元的汇率 R = 1 美元/1 欧元 = 1。根据一价法则，当两个国家都以同一种货币标价时，任何给定商品的价格都应该相等（所以两国的购买力是平价的）。如果美国 1 蒲式耳

① 1 英蒲式耳≈36.37 升；1 美蒲式耳≈35.24 升。

小麦的价格为 0.5 美元，在欧盟为 1.5 欧元。厂商会在美国购买小麦再卖给欧盟，以赚取利润。这种商品套利将导致欧盟的小麦价格下降，美国的小麦价格上升，直至两地小麦的价格相等。

购买力平价理论的这种形式可能会有很大的误导，其原因如下：首先，它给出的汇率是使商品和服务贸易均衡的汇率，完全没有考虑资本项目，因此资本流出的国家有国际收支逆差，而资本流入的国家有顺差。其次，由于大量非贸易商品和服务的存在，购买力平价理论的绝对形式其实连使商品和服务贸易均衡的汇率也没有给出。

非贸易商品包括像水泥、红砖这样的产品，它们的运费太高，因而难以列入国际贸易范畴，主要在边境地区进行交易。多数服务，包括机械师、美发师、家庭医生等提供的服务也没有进入国际贸易。国际贸易试图使国家间贸易商品和服务的价格相等，而不是非贸易商品和服务的价格相等。因为每个国家的总体物价水平既包括贸易的又包括非贸易的商品，而国际贸易不能影响非贸易品的价格，所以绝对购买力平价理论无法推导出均衡贸易的汇率。而且，绝对购买力平价理论没有考虑运费及其他自由贸易的障碍。因此，不能过于相信绝对购买力平价理论。当使用购买力平价理论时，通常是指相对购买力平价理论。

（二）相对购买力平价理论

相对购买力平价理论假设，一段时期内汇率的变化与同一时期两国物价水平的相对变化成正比，即相对购买力平价理论假定：

$$R_1 = \frac{P_1 / P_0}{P_1^* / P_0^*} R_0 \tag{3-25}$$

式中，R_1 和 R_0 分别表示时期 1 和基期的汇率；P_1 和 P_0 分别表示时期 1 和基期本国的总体物价水平；P_1^* 和 P_0^* 分别表示时期 1 和基期外国的总体物价水平。

例如，如果外国的物价水平从基期到时期 1 不变，而本国的物价水平增长了 50%，相对购买力平价理论认为货币汇率（定义为每单位外币相当于多少本国货币）在时期 1 相对基期增长了 50%（即本国货币贬值 50%）。

注意，如果绝对购买力平价理论有效，则相对购买力平价理论也有效，但是当相对购买力平价理论有效时，绝对购买力平价理论不一定有效。例如，当资本流动、运费、其他对自由国际贸易的阻碍及政府的干涉政策存在时，会导致绝对购买力平价失效，而只有上述因素发生变动时，相对购买力平价才会失效。

相对购买力平价理论还存在一些其他问题。其中一个问题是：发达国家非贸易商品和服务与贸易商品和服务的价格之比普遍高于发展中国家（即巴拉萨-萨缪尔森效应）。该效应产生的原因是，许多非贸易品的商品和服务，其生产技术在发达国家和发展中国家是极其相似的。然而，为使发达国家的劳动力停留在这样的职业上，需要付出高于贸易商品和服务生产的报酬。这样一来，发达国家非贸易商品和服务的价格就普遍高于发展中国家。例如，在美国理一次发可能需要 10 美元，而在巴西却只需要 1 美元。

因为综合物价指数既包括贸易的又包括非贸易的商品和服务，而后者的价格不受国际贸易影响，而且在发达国家相对较高，所以相对购买力平价理论容易高估发达国家的汇率而低估发展中国家的汇率，发展水平差异越大，这一扭曲程度就越大。这一结论被 Rogoff（1996）以及 Choudhri 和 Khan（2004）证实。

一些重大的结构性变化也会使相对购买力平价理论产生一些问题。例如，相对购买力平价理论指出，第一次世界大战刚结束时英镑被低估（即英镑汇率过低），然而事实恰恰相反（英镑汇率应更高一些），原因在于英国在战争时期收回了许多对外投资，而相对购买力平价理论（未考虑从外国投资所得收益的下降）得出的均衡汇率给战后英国的国际收支留下了巨额的逆差。

（三）对购买力平价理论的验证

针对购买力平价的有效性，学者们进行了大量的统计检验。从历史上看，对 20 世纪 20 年代实行浮动汇率制时的许多实证研究结果表明，购买力平价理论运行良好；但对 20 世纪 70 年代以后的浮动汇率制时期的验证却显示出对购买力平价理论不利的结果。在整个 20 世纪 70 年代，外汇市场的变动要比购买力平价理论所预测的更为剧烈，购买力平价理论所依据的相对物价指数的变化无法对短期或中期的汇率变动做出合理的解释，但实际汇率的检验结果通常显示，实际汇率的变动不仅大，且具有持久性特征，而且具有同名义汇率相同的变化趋势，有些学者的验证结果还表明汇率同股票的价格一样同样具有随机游走的特征。

总结学者们对购买力平价理论的各种验证结果，可以得出以下几点结论。

（1）购买力平价理论在短期内是失效的。

（2）从长期来看，购买力平价理论存在合理之处。

（3）在通货膨胀十分严重的时期，特别是在恶性通货膨胀的情况下，汇率和价格的变化较为明显地趋于一致，购买力平价理论的有效性较为显著。

总之，购买力平价理论在汇率决定理论中有着相当重要的地位。但这一理论无论是从其自身的理论争议来说，还是从其与实际的偏差来说，都不是一个完善的汇率理论。

二、汇率与利率：利率平价

利率平价学说最早可追溯至 19 世纪下半叶，并在 1923 年由凯恩斯系统地阐述。利率平价学说的逻辑基础是套利均衡。套利是指利益主体利用两国货币市场短期利率之间的差异，将资金从低利率国家转移到高利率国家以赚取利息差额的行为。套利行为推动货币市场和外汇市场的价格调整，使得抵补套利平价（covered interest arbitrage parity）和非抵补套利平价（uncovered interest arbitrage parity）成立，市场达到均衡。

（一）抵补套利平价

假设不存在交易成本，资本流动没有障碍，套利资本规模是无限的，则市场参与者的理性（风险厌恶假设）行为最终使国内外利率水平与即期汇率、远期汇率之间保持一种均衡关系，即外汇市场的远期升（贴）水幅度基本上等于货币市场上国内外利率的差额。风险厌恶假设是指当期预期收益率相同时，投资人偏好于低风险资产，而对于具有同样风险的资产，则偏好具有高收益率的资产。

假设当前的即期汇率为e_0，期末的远期汇率为e_f，i_h和i_f分别为本国和外国的利率，那么在本国投资 1 单位的本币期末可得到$1+i_h$；将 1 单位本币投资于外国，期末可以得到$(1+i_f)f_1/e_0$，即将 1 单位本币转化为$1/e_0$外币，以i_f利率进行投资，在期末可得到$(1+i_f)/e_0$外币，通过现在出售远期外币，在投资结束时可得$(1+i_f)f_1/e_0$本币。这种套利过程最终停止的条件是

$$1+i_h=\frac{(1+i_f)f_1}{e_0} \tag{3-26}$$

如果等式左边大于右边，则资本由外国流向本国进行套利；反之，本国资金流向外国进行套利。根据前面的讨论，抵补套利活动推动的均衡发展，也即非抵补套利平价。将式（3-26）两边都除以$(1+i_f)$，并在两边减 1，可获得远期升贴水率与国内外利率关系的简化等式如下：

$$\frac{1+i_h}{1+i_f}=\frac{f_1}{e_0} \tag{3-27}$$

$$\rho=\frac{f_1-e_0}{e_0}=\frac{1+i_h}{1+i_f}-1=\frac{i_h-i_f}{1+i_f}\approx i_h-i_f \tag{3-28}$$

从式（3-28）可以看到，两种货币间远期升贴水率约等于两国货币利率之差。同理，非抵补套利活动引起汇率水平的调整，使预期汇率变化率等于两国间利率之差。

举例说明，假设美国货币市场的存款利率为年利率 1.25%，英国伦敦市场的存款利率为年利率 2.35%，则人们会把资金从纽约银行存入伦敦银行，可多获得 1.1%的利息收入（汇率不变的前提下）。设美国某投资者有 100 万美元资本，则他把这笔资金存入纽约银行，1 年后的本息收入为 100 + 100×1.25% = 101.25 万美元。但是，如果纽约外汇市场 1 英镑 = 1.800 美元，则该投资者将 100 万美元兑换成英镑存入英国银行，1 年以后可获得本息共 100/1.8×(1 + 2.35%) ≈ 56.86 万英镑，换成美元为 102.35 万美元，多获利 1.1 万美元，这就是套利。

但如果 1 年后英镑对美元贬值到一定程度，则投资者不仅不会盈利，反而可能亏损。再假设英镑 1 年远期贴水 0.002 美元，则英镑对美元的远期汇率为 1 英镑 = 1.798 美元。为了避免汇率风险，投资者以 1 英镑 = 1.800 美元的即期汇率购进 55.56 万英镑并存进英国银行，同时按照 1 英镑 = 1.798 美元的远期汇率出售 1 年期的远期英镑 56.86 万英镑，换回美元。1 年后套利者的美元盈利为 55.56×(1 + 2.35%)×1.798−100(1 + 1.25%)≈

0.99 万美元。通过远期交易消除汇率风险后，套利者可以净获利 0.99 万美元，较前面所述未抵补套利所得的 1.1 万美元减少了 0.11 万美元，这减少的 0.11 万美元收益即套利者因英镑远期贴水而导致的汇率损失。

（二）非抵补套利平价

同样，假定不存在交易成本，资本流动没有障碍，套利资本规模是无限的，但市场参与者适用风险中性假设。根据现代组合理论，风险中性假设是指投资者不关心风险，当资产的期望损益以无风险利率进行折现时，它们对风险资产和无风险资产有同样的偏好。非抵补套利是指单纯将资金从利率低的货币转向利率高的货币，从而谋取利息差额收入的交易。这种交易不必在外汇市场同时进行反向交易，因此要承受高利率货币可能贬值的风险。交易者之所以进行非抵补套利，可能是因为有些套利者对未来汇率的走势和市场上的远期汇率的认识有所不同，认为不进行抵补对自己更为有利。不规避汇率风险的单纯套利交易，具有投机性质。

根据非抵补套利的投资模式，套利非均衡的条件可以写为

$$1+i_h=\frac{(1+i_f)E(e_f)}{e} \tag{3-29}$$

可将其变换为

$$\frac{1+i_h}{1+i_f}=\frac{E(e_f)}{e} \tag{3-30}$$

式中，$E(e_f)$表示预期的将来即期汇率；e表示即期汇率。

根据式（3-30），国内投资的预期收益为$1+i_h$，应等于对外投资的预期本币收益$\frac{E(e_f)}{e}(1+i_f)$。将等式两边减 1，则有非抵补套利平价的简单表达式，记作

$$\Delta e=\frac{E(e_f)}{e}\approx i_h-i_f \tag{3-31}$$

承上例，假设 1 年后英镑对美元即期汇率变为 1 英镑 = 1.799 美元。如果套利者不对汇率风险进行抵补交易，1 年后套利者的英镑盈利变为 55.56×(1 + 2.35%)×1.799−100×(1 + 1.25%)≈1.05 万美元，较前面所述抵补的套利所得 0.99 万美元增加了 0.06 万美元。当然，如果 1 年后即期汇率英镑对美元有更大程度贬值，套利所得可能完全为套利损失所抵消，甚至产生亏损。

利率平价学说从资金流动的角度指出了汇率与利率之间的密切关系，有助于正确认识现实外汇市场上汇率的形成机制，有特别的实践价值，它主要应用在短期汇率的决定上。利率平价说的缺陷是：①忽略了外汇交易成本；②假设不存在资本流动障碍，但实际上资本的国际流动会受到外汇管制和外汇市场不发达等因素的阻碍；③假设套利资本规模是无限的，这在现实世界中很难成立；④人为地假定了投资者追求在两国的短期投资收益相等，但在现实世界中有大批热钱追求汇率短期波动带来的巨大超额收益。

现实中存在风险追求者，他们通常主动追求风险，喜欢收益的动荡更胜于喜欢收益的稳定。他们选择资产的原则是当预期收益相同时，选择风险大的，因为这会给他们带来更大的效用。

三、汇率决定的资产市场分析法

货币模型是西方汇率决定理论中资产市场分析法的一个重要的分支。资产市场分析法是从20世纪70年代中期开始迅速成长起来的汇率决定理论，与传统理论强调贸易流量对汇率决定的重要性不同，该方法强调金融资产市场在汇率决定中的重要作用，因为金融资产交易变化频繁，所以这一方法能比较好地解释汇率的易变性或波动。它的产生与当时国际经济的两大时代背景密不可分。首先，1973年布雷顿森林体系的彻底崩溃，导致国际货币制度由固定汇率制走向浮动汇率制，汇率的易变性成为显著的特点；其次，从20世纪60年代后期开始，大规模的国际资本流动成为国际经济中较为显著的经济现象，国际资本流动已脱离实物经济和国际贸易而独立运动，并对汇率产生巨大影响，在这种背景之下，汇率决定的资产分析法迅速崛起，逐渐成为占据主导地位的汇率理论。资产市场分析法与传统的汇率决定理论不同，这是因为它扬弃了传统汇率理论的流量分析法，把关注的目光集中到货币和资产的存量均衡上，其分析更加强调资产市场的存量均衡对汇率的决定性作用。

资产市场分析法具有以下五个特征。

（1）理性预期（rational expectation）是决定汇率的一个十分重要的因素。投资者对某一变量未来值的主观预期，等于以当前所有信息为条件的数学期望值。

（2）资产市场的均衡状态为资产供给与需求的存量相等。资产的流动只反映了资产市场供求的暂时不平衡。

（3）汇率作为一个货币现象，也会受到实际（非货币）因素的影响，但这一影响必须通过货币需求的变化才能影响汇率。

（4）汇率被视为资产价格，它的波动具有同股票和债券的价格变化相同的特征。

（5）资本具有充分流动性，不存在资本管制或其他资本跨国流动的限制。

货币分析法（monetary approach）和资产组合平衡法（portfolio balance approach）是资产市场分析法的两个主要的分支，它们的区别在于资本替代性（capital substitutability）这一假定上。货币法假定本国同国外债券有充分可替代性，而资产组合平衡法则假定本国同国外债券不具有充分可替代性，因此资产组合平衡法特别强调了债券市场的作用。

（一）货币分析法

1. 弹性价格货币模型

弹性价格货币模型是现代汇率理论中最早建立、也是最基础的汇率决定模型，其主要代表人物有弗兰克尔、穆萨（Mussa）、科里（Kouri）、比尔森（Bilson）等。

它是在1975年瑞典斯德哥尔摩附近召开的关于“浮动汇率与稳定政策”的国际研讨会上被提出来的。弹性货币法的一个基本思想是，汇率是两国货币的相对价格，而不是两国商品的相对价格，因此汇率水平应主要由货币市场的供求状况决定。它的两个重要假设是：①稳定的货币需求方程，即货币需求同某些经济变量存在着稳定的关系；②购买力平价持续有效。

首先考虑一下一国货币市场的需求函数，它取决于实际收入Y、价格水平P和利息率水平i，即货币需求$L^D=L(i,Y)$，而实际货币供给为M/P。

货币供给等于货币需求：

$$\frac{M}{P}=L(i,Y) \tag{3-32}$$

假设货币需求函数可由卡根（Cagan）的货币需求函数来表示：

$$\frac{M}{P}=Ke^{-\lambda i}Y^{\eta} \tag{3-33}$$

式中，η表示货币需求的收入弹性；λ表示货币需求的利率准弹性；K表示参数，并假定$K=1$。这一方程转换成对数形式，得到：

$$m=p\eta y-\lambda i \tag{3-34}$$

式中，$m=\ln M, p=\ln P, y=\ln Y$。

对于国外则有

$$m^*=p^*+\eta^* y^*-\lambda^* i^* \tag{3-35}$$

假定本国与外国的货币需求方程相同，即$\eta=\eta^*$，$\lambda=\lambda^*$，则有

$$m^*=p^*+\eta y^*-\lambda i^* \tag{3-36}$$

其次，国内货币市场和国外货币市场满足购买力平价，将汇率表示成对数形式：

$$s=\ln S=\ln\frac{P}{P^*}=\rho-\rho^* \tag{3-37}$$

将式（3-35）和式（3-36）代入式（3-37）可得

$$s=(m-m^*)-\eta(y-y^*)+\lambda(i-i^*) \tag{3-38}$$

式（3-38）是弹性价格货币模型的基本形式，它将汇率的决定主要归于三组变量：两国相对货币供给量、相对实际收入和相对利息率。

弹性分析法也可用图3-4来表示。假定国外的货币供给、实际收入和利率水平不变，由式（3-36）可知国外的价格不变。图3-4的第一象限反映的是国内货币市场达到均衡时货币供求与价格之间的关系$P=M/L(Y,i)$。在某一假定的收入和利率水平(Y_0,i_0)下，货币均衡线$P=M/L(Y_0,i_0)$是一条从原点出发的直线。当货币供给从M_0增加到M_1时，价格水平同比例上升，由P_0上升到P_1。图3-4的第二象限反映的是购买力平价线$S=P/P^*$。由于P^*被假定不变，则$S=P/P^*$为一条从原点出发的斜率固定的直线。当国内货币扩张$(M_0\to M_1)$使得价格上升$(P_0\to P_1)$时，汇率就会相应地由S_0提高到S_1，本币贬值。

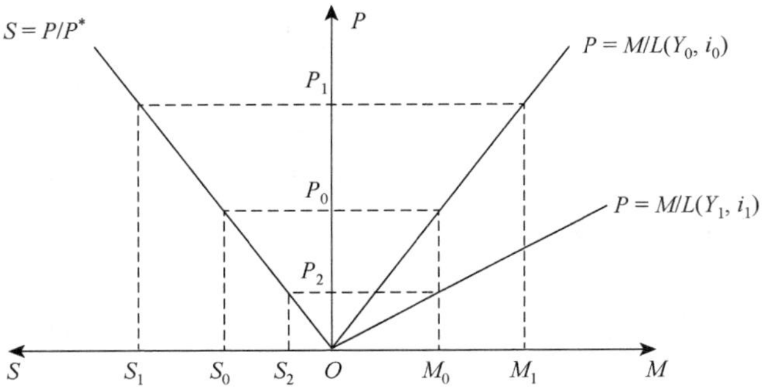

图 3-4 弹性分析法图示

由图 3-4 可以看出，当国内的实际因素发生变化时，即收入由Y_0增加到Y_1，利率由i_0下降到i_1，实际货币需求从$L(Y_0,i_0)$增加到$L(Y_1,i_1)$。超额的货币需求使价格从P_0下降到P_2。在第二象限的购买力平价关系上则表现为货币的升值，汇率由S_0下降到S_2。

2. 黏性价格与汇率超调

尽管弹性价格货币模型开创了汇率决定理论的货币分析法的先河，但该模型的基本假设决定了它无法解释汇率的易变性，特别是短期易变性这一现象。为此，1976 年多恩布什（Dornbusch）在《预期与汇率动态》一文中首先提出汇率超调这一思想，其后又由弗兰克尔、比特（Buiter）和米勒（Miller）等做了进一步发展。

黏性价格货币模型以弹性价格货币模型为基础，继承了其长期的特征，即假定购买力平价长期有效，但在分析汇率的短期波动上，黏性价格货币模型则放弃了前一模型中有关价格灵活变动的假设，而是采用了凯恩斯主义黏性价格的假定。他们认为，短期内由于不同市场存在不同的调整速度，商品市场和资产市场并不是同时达到均衡的，资产市场调整快于商品市场调整使汇率出现超调，这便是短期内汇率容易波动的原因，从而弥补了弹性价格货币模型缺乏短期分析的不足。

图 3-5 对汇率超调的全过程给出了一个简要描述。假设长期均衡汇率由购买力平价决定，初始时刻国内经济处于充分就业的均衡状态，国内外利率相同，均为i_1。如图 3-5 所示，初始时刻国内货币供应量为M_1，对应的国内价格及汇率分别为P_1和e_1。假设到了t_1时刻，货币当局决定将货币供应量提高到 20%，由原来的M_1提高到M_2。从长期看，货币量的增加将导致国内价格同比例上涨 20%，由原来的P_1升至$\overline{P}$。因为长期情况下购买力平价是有效的，所以本国货币将贬值 20%，汇率由原的e_1升至$\overline{e}$。

短期内情况并非如此。短期内，由于价格黏性的存在，国内价格仍保持在原来水平P_1，因此在国内价格水平不变的情况下，货币供应量的增加意味着货币供给过剩，从而导致国内利率下降。如图 3-5（d）所示，国内利率由原来的i_1降至i_2。在无抛补利率平价有效的前提下，国内利率低于外国利率，这将导致本币升值。如图 3-5（b）所示，汇率在t_1时刻由e_1跳升至e_2，超过了长期均衡汇率$\overline{e}$。显然，汇率发生超调是因为国内利率下降导致本国货币贬值幅度超过货币供应量的增加幅度（20%）。

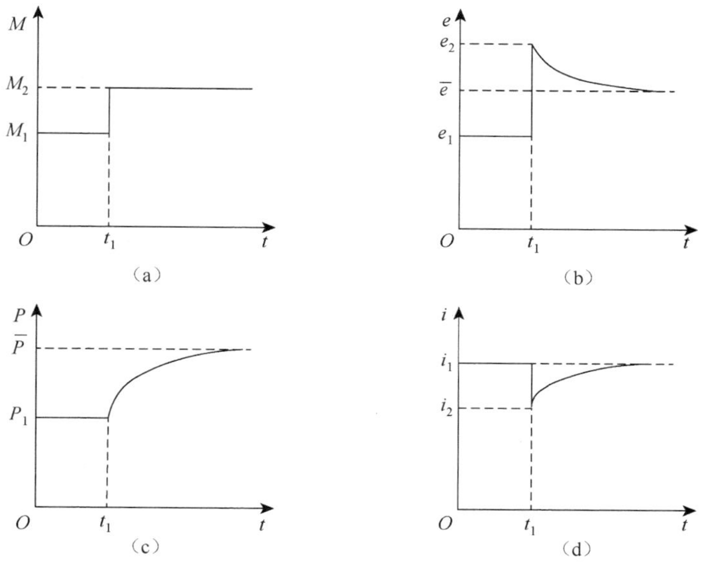

图 3-5　汇率超调图示

在汇率对货币供应量的增加做出初次反应之后，推动经济系统趋向长期均衡的力量开始发挥作用。国内利率降低和本币贬值的一个直接后果便是对国内商品的需求增加，因国内生产已达到充分就业的产出水平，对国内商品的过剩需求推动了国内物价的上涨。外国居民对本国商品需求的增加，从而引起国内利率上升，直到货币市场达到均衡。随着时间的推移，国内价格最终由原来的 P_1 升至 $\bar{P}$ 。价格上涨的幅度与货币供应量的增加幅度相同，也等于 20%。达到长期均衡时，根据购买力平价，均衡汇率水平为 $\bar{e}$ 。最后的结果是汇率也上升 20%，国内利率恢复到原来的水平，如图 3-5（d）所示，与国外利率持平，本币不再有贬值或升值的预期。

由以上讨论不难发现，黏性价格货币模型强调资产市场在短期汇率决定中的重要作用，而商品市场只在长期情况下，才对汇率产生实质性影响。在此之前，经济学家通常从外部随机干扰等方面解释汇率的波动，结果往往不尽如人意，而黏性价格货币模型首次将汇率波动与经济系统的内在机制联系在一起，较好地解释了汇率的波动性。另外，根据黏性价格货币模型，还可以发现，汇率波动与国际货币存量或货币政策的变化有很大关系，并且汇率往往要比货币政策具有更大的易变性。

（二）资产组合平衡法

资产组合平衡法可以追溯至 20 世纪 60 年代麦金农（Mckinnon）和奥茨（Oates）的研究，在此之后经过许多人的拓展研究，形成了多种形式的资产组合理论。美国普林斯顿大学教授布朗逊在“汇率决定中的资产市场和相对价格（Asset markets and relative prices in exchange rate determination）”等一系列论文中确立了汇率决定的资产组合平衡分析框架。后经霍尔特纳（Halttune）和马森（Masson）等的进一步修正，模型变得更加完善。

资产组合平衡法假定国内外资产具有不完全替代性，主张从收益-风险的视角分析国内外资产市场的失衡对汇率的影响。在资产组合平衡模型中，国际金融市场的一体化和各国资产之间的高度替代性使得个人和企业持有的金融资产不仅包括国内货币，还包括国内债券以及以外币表示的国外债券。为了追求利润最大化，个人和企业会根据其对风险和收益的权衡，选择使其达到最大满足程度的资产组合。汇率正是在每个国际平衡其全部金融资产的总供求过程中决定的。如果各国对金融资产的结构达到了满意的状态，金融资产的总量就会稳定下来，此时市场上的汇率就是均衡汇率。一旦利率、货币供给量以及居民愿意持有的资产种类等发生变化，居民原有的资产组合就会失衡，进而引起各国资产之间的替换，促使资本在国际进行流动。国际资产替换和资本流动又势必会影响外汇供求，导致汇率变动。

资产组合平衡法在现代汇率研究领域占据了十分重要的地位。该理论承认经常项目失衡对汇率的影响，也承认货币市场失衡对汇率的影响，很大程度上摆脱了传统汇率理论和货币分析法的片面性，具有积极意义。

本节小结

购买力平价理论包括绝对购买力平价和相对购买力平价两种形式，其在汇率决定理论中具有相当重要的位置；利率平价说的逻辑基础是套利均衡，套利行为推动货币市场和外汇市场的价格调整，使得抵补套利平价和非抵补套利平价成立，市场达到均衡；资产市场分析法与传统理论强调贸易流量对汇率决定的重要性不同，突出强调金融资产市场在汇率决定中的重要作用。

思考题

1. 对比分析绝对购买力平价理论与相对购买力平价理论的差异。
2. 利率平价说的逻辑基础是什么？
3. 试述资产市场分析法的宏观经济政策含义。

第三节 最优货币区理论

一、最优货币区的判断标准

最优货币区理论是关于通货区的认定、范围、成立的条件以及加入通货区的成本和收益等内容的一整套理论的统称。由于汇率、主导货币问题、货币兑换性问题都是国际货币体系中的重大课题，因此最优货币区理论实际上也是国际货币体系理论的一个组成部分。从实践层面考察，该理论又是国际政策协调理论中唯一得到正式实践的部分。

在通货区内，各成员国货币间保持固定汇率，这就意味着各国放弃汇率变动这一调节国际收支失衡的手段，在此情况下，如何使收支得到平衡而不影响国内均衡就成为一个关键问题。最优货币区理论的主要思路是：在实行固定汇率政策的通货区内，找出调节国际收支的途径和条件，并将调节条件转化为具体指标，根据各国是否符合这些指标而判断各国是否应该加入通货区。具体而言，最优货币区的判断标准大致可分为以下六种。

（一）要素流动性分析

蒙代尔（Mundell）在1961年提出将生产要素的流动性作为确定最优货币区的标准。

蒙代尔认为，需求转移是一国出现外部失衡的主要原因。假定A国生产甲产品，B国生产乙产品，若对乙产品的需求现在超过甲产品，则B国的失业增加，A国出现通货膨胀压力；若两国之间的汇率是浮动的，则B国货币相对于A国货币的贬值将使乙产品相对于甲产品变得便宜，从而乙产品需求上升，甲产品需求下降，国际收支恢复了平衡。但在固定汇率制下，就必须另外有一个调节需求转移的机制，而这个机制只是生产要素的高度流动：在乙产品供大于求的情况下，B国多余的生产要素向A国流动，从而乙产品产出下降，甲产品产出上升，两类产品的供给和需求重新均衡，要素也得到了充分利用。

这样的机制存在两个问题：①生产要素的高度流动反而有可能使货币同盟中的富国越富，穷国越穷（生产要素不断从穷国流出）；②蒙代尔并没有对生产要素中的资本和劳动力进行区分，而劳动力的流动受气候、生活习惯、文化和道德风俗诸方面差异的约束，成本较大，相比资本流动有较大困难。

（二）经济开放性分析

1963年，麦金农提出，应以经济的高度开放性作为确定最优货币区的标准。

麦金农将社会总产品区分为可贸易商品和不可贸易商品，可贸易商品在社会总产品中的比重越高则经济越开放。他认为，一个经济高度开放的小国难以采用浮动汇率的理由有两条：①由于经济高度开放，汇率稍有波动就会引起国内物价的剧烈波动；②对一个进口在消费中占有很大比重的高度开放的小国而言，汇率波动对居民实际收入的影响非常大。为此，麦金农强调，一些贸易关系密切开放的国家应该组成一个相对封闭的共同货币区，并在区内实行固定汇率安排，而整个通货区则对与其贸易往来关系不大的地区实行浮动（或弹性）汇率安排。

麦金农理论的局限性体现在三个方面。①他是以世界各国物价普遍稳定为前提来考察汇率变动后果的，但这一假设是缺乏现实依据的。因为，即便在20世纪60年代中期以前世界物价水平相对稳定的情况下，发达国家也可以通过固定汇率向外传递通货膨胀和经济不稳定性。因此，如果将这个前提颠倒一下，经济高度开放的国家恰恰应以浮动汇率来隔绝外来的不稳定影响。②麦金农的分析以经济高度开放的小国为对象。如果一个小国的主要贸易伙伴是一个大国，且其汇率钉住后者的货币，或是几个小国因彼此之间密切的贸易关系而结成货币同盟，则经济开放性标准是有意义的；但若一个小国的贸易分散于几个大国，而这些国家的货币又彼此浮动，麦金农的指标就失去了意义。③麦金农的分析重点在贸易账户方面，忽略了资本转移对汇率安排和国内经济的影响。

（三）产品多样性程度分析

凯南（Kenen）于1969年提出应将产品多样性程度作为形成一个最优货币区的标准。

与蒙代尔一样，凯南也假设国际收支失衡的主要原因是宏观经济的需求波动。他认为，一个产品相当多样化的国家，出口也是多样化的。在固定汇率安排下，对于一个产品多样化程度高的国家而言，由于单一产品的出口在整个出口中所占的比重不大，其需求的下降不会对国内就业产生太大影响；相反，对产品多样化程度低的国家来说，若外国对本国出口商品的需求下降，就必须对汇率作较大幅度的变动，才能维持原有的就业水平。可见，对产品多样性程度高的国家而言，外部动荡对其经济的冲击力较小，可以承受固定汇率的结果，而产品多样性程度低的国家则不能。

产品多样性分析的基本出发点在于按照抵御外界影响的能力来划分最优货币区，从而忽略了主动影响外界能力在汇率安排选择中的作用。事实上，世界经济的复杂性要求各国必须综合权衡自己在国际货币领域中的综合地位和能力，才能最后确定汇率安排。例如，英国是一个产品多样性程度高的国家，但缺乏足够的主动影响外界的能力，因此它没有加入1972年的西欧联合浮动和目前的欧元体系。此外，凯南同麦金农一样，也忽略了资本移动的影响，没有考虑到国内经济可能比世界经济具有更大的不确定性，因而在最优货币区分析中陷入了与麦金农类似的误区。

（四）国际金融一体化程度分析

针对以上实体经济的分析未能圆满解释最优货币区标准的情况，英格拉姆（Ingram）于1969年指出，在决定通货区的最优规模时，有必要考察一国的金融特征，并进而在1973年提出以国内金融高度一体化为最优货币区标准的理论。

英格拉姆认为，一个区域内各国国际收支的不平衡同资金的移动状况有关，尤其同缺乏长期证券的自由交易有关。例如，国际金融市场的一体化是不完全的，那么国外居民就会以短期外国证券为主要交易对象，因为买卖证券的外汇风险可以通过远期市场的套补来消除。但这样一来，各国长期利率的结构就会出现明显的差异，国际收支失衡无法通过资本流动来调整。相反，如果国内金融市场实现了高度一体化（尤其是长期资本市场高度一体化），那只要国际收支失衡导致利率发生小幅度变动，就会引起均衡性资本（非投机性资本）的大规模流动，从而弥补国际收支失衡。

英格拉姆的金融高度一体化标准的缺陷在于：它只强调了资本要素的流动，但资本要素的流动不一定能成为国际收支的一种有效调节机制；同时，它还忽略了经常账户的作用。此外，同蒙代尔一样，英格拉姆是以固定汇率的维护机制来分析最优货币区标准的，但即使在同盟内部，顺差国也不愿意为逆差国无止境地提供融资。

（五）政策一体化程度分析

1970年，托尔（Tower）和威利特（Willett）提出应将政策一体化作为确定最优货币区的标准。

他们认为，货币区成功与否，关键在于其成员国对于通货膨胀和失业增长的看法，以及对这两个指标替代能力的认识是否具有合理的一致性。换言之，一个不能容忍失业的国家是难以同另一个不能容忍通货膨胀的国家在政策取向上保持一致的。因此，他们建议应将政策合作作为国际收支的平衡机制，建立一个超国家的、统一的中央银行和统一的财政制度。

但是，由于各国政治主权的存在，建立一套统一的宏观经济管理机构是较为困难的，而且，即使建立了这样的机构，也难以保证各个成员国的国际收支平衡，这可以由部分发达国家一国范围内也长期存在不发达地区的事实得到证明。

（六）通货膨胀率相似性分析

1970 年和 1971 年，哈伯勒和弗莱明（Fleming）分别提出将通货膨胀率的相似性作为确定最优货币区的标准。

他们认为，国际收支失衡是由各国的发展结构不同、工会力量不同引起的通货膨胀差异造成的，这种分析角度与当时逐渐成形的国际收支货币分析法有关。根据货币分析法，国际收支失衡本质上是一种货币现象，在固定汇率安排下，如果国内的实际货币余额大于预期的货币余额（如货币当局创造了更多的新货币从而产生通货膨胀压力），超额货币必然形成额外支出，除了购买本国货币外，还会增购进口货物和外国证券。于是，货币的出口便大于货币的进口，进而引起商品进口大于商品出口（或证券进口大于证券出口），这就意味着国际收支出现恶化。因此，如果区域内各国通货膨胀率一致，就可以在汇率固定的同时避免国际收支失衡。

不可否认，通货膨胀会使国际收支恶化，但是把通货膨胀看作国际收支失衡的最常见、最主要的原因也是完全不符合现实的。货币分析法中，关于货币需求的函数是稳定的，以及市场具有完善的传递超额需求的机制等假定前提都是令人怀疑的。事实证明，通货膨胀不一定是国际收支失衡的主要原因，将它作为最优货币区的唯一标准是缺乏依据的。例如，20 世纪 60 年代，美国、加拿大和西欧的通货膨胀率差异非常小，但加拿大几次对美元实行浮动，西欧却出现国际收支逆差。国际收支的不平衡实际上是各国经济结构差异、国际交换关系不平等、劳动生产率差异、利率差异和通货膨胀率差异等诸多因素共同作用的结果，而且，前面几项因素有时甚至是更加重要的，因此不能用单一的通货膨胀率指标来评价通货区的合理性。

二、最优货币区理论的综合分析

早期最优货币区理论主要试图区分一国经济的结构特征，并就这些特征给出某些标准，满足这些标准使得组成货币联盟是必要的。从上面的分析我们可以看出，以某一指标作为最优货币区的唯一指标存在片面性和局限性。我们在否认它们各自成为最优货币区唯一标准的同时，承认它们的结合将有助于说明最优货币区理论。例如，以国际货币基金组织 1970～1980 年的统计考察实施货币同盟的欧洲经济共同体和未实行区域货币一体化的东南亚国家联盟，可以发现上述六项标准中，没有哪一项可以就“为什么欧洲经济共同体国家实施货币一体化而东南亚国家联盟却没有实行”的问题做出单纯而圆满的解释。因而，可以说只有在对这些指标进行综合分析的基础上，才能判断某一地区是否适合实行货币区域化。20 世纪 90 年代以来，最优货币区理论又有了新的发展，该理论随着各国区域经济一体化程度的加深而向综合分析的方向发展，集中在综合分析的基础上加入货币区的收益和成本分析。

（一）固定汇率区的收益分析

固定汇率安排的最主要收益是可以简化经济活动中的计算步骤，方便交易的顺利实现，并能够给人们提供一个相对浮动汇率安排下更容易进行预测的决策基础。这样，一国加入一个实行固定汇率安排的货币联盟取得的收益，就等于该国对浮动汇率安排下各种不确定性、混乱、计算及交易成本的节约。显然，实践中对于通货区货币效率收益很难得出一个确切的数值，但可以肯定的是，这一收益一定高于该国在不加入通货区条件下与通货区成员国进行贸易的收益。而且，如果生产要素在通货区成员国间可以自由流动，这种收益更高。

在此分析中，做出如下假设：①通货区规模越大，区内价格水平的稳定性与可预测性就越高；②通货区内固定汇率的承诺有保证；③通货区内各国市场联系越紧密，加入通货区的收益越高。

由此可以认为，一国与一个实行固定汇率安排通货区的经济一体化程度越高，该国加入通货区所获得的货币效率收益就越大，而且这一收益与国际贸易和生产要素的流动呈正相关关系。可以通过 GG 曲线对此作进一步的说明，如图 3-6 所示，横轴表示通货区参加国与通货区的经济一体化程度，纵轴表示通货区参加国的货币效益率收益，GG 曲线是一条向右上方倾斜的曲线。

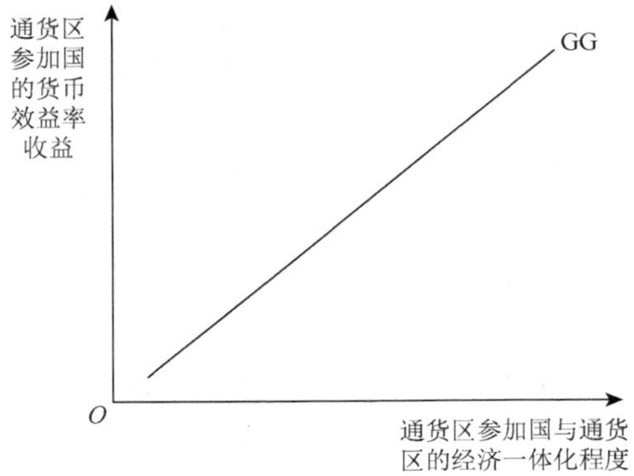

图 3-6　GG 曲线

（二）固定汇率区的成本分析

在加入货币区后，一国在获得收益的同时，要付出一定的成本，因为一国在加入货币区时，必须放弃其运用汇率工具和货币政策实现稳定国内产出和就业目标的一部分自主权，这种因固定汇率安排而产生的不稳定性被称为经济稳定性损失，它同样是和参加国与通货区其他成员国经济一体化程度相关的。例如，当一国国内需求和物价出现下降时，在固定汇率安排下，该国无法通过货币政策或汇率工具扩大需求，结果就导致了经济稳定性损失的出现。但与此同时，物价的下降会提高本国商品竞争力，增加出口，减少进口，从而扩大了需求，需求回升的幅度与经济一体化程度成正比。也就是说，一体化程度越高，经济稳定性损失就越小，成本就越低。

可以通过 LL 曲线对此加以说明，如图 3-7 所示，横轴表示通货区参加国与通货区的经济一体化程度，纵轴表示通货区参加国的经济稳定性损失。LL 曲线是一条向右下方倾斜的成本曲线，说明一个国家的经济与其所在固定汇率通货区的经济一体化程度越高，其加入通货区的成本越小，两者之间呈负相关关系。因而，若一国与通货区之间保持着较高的经济一体化程度，就可以降低其加入通货区时由于实行固定汇率安排而不得不放弃汇率调节工具以及货币政策自主权产生的不确定性。

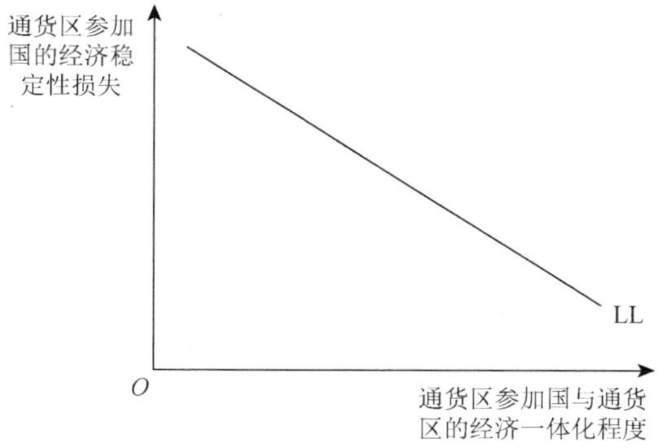

图 3-7 LL 曲线

（三）是否加入通货区的决策分析

将图 3-6 与图 3-7 中的 GG 曲线与 LL 曲线结合在一起，就可以做出是否加入通货区的决策。

如图 3-8 所示，可以看出当一国在其与通货区的经济一体化程度高于（至少是等于）M 时，LL 曲线位于 GG 曲线的下方，意味着该国加入通货区的收益高于（或等于）加入通货区损失的成本，结果是该国应该做出加入通货区的决策；相反，当一国在其与通货区的经济一体化程度低于 M 时，则该国不加入通货区，因为此时 LL 曲线位于

GG 曲线的上方，说明加入通货区所承受的产出与就业的不稳定性损失高于获得的收益。图 3-8 中 GG 曲线与 LL 曲线交点 I 决定了是否加入通货区的最低经济一体化程度 M，高于水平 M 则加入通货区有净收益，否则硬性加入只会带来净损失。

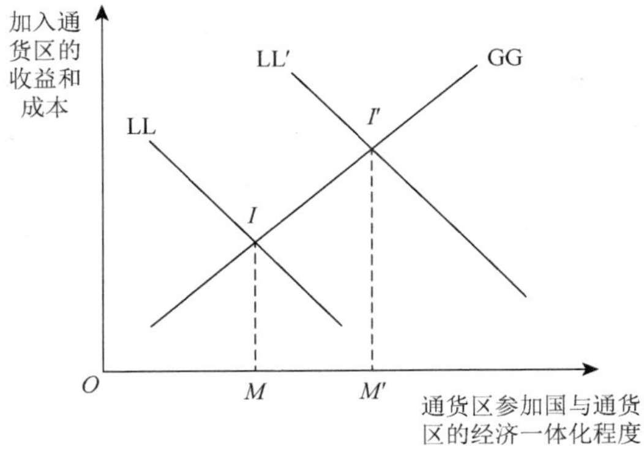

图 3-8　是否加入通货区的决策与外部经济环境变动的影响

此外，通过该模型还可以判断一国经济环境的变化是如何影响其加入通货区的选择的。例如，当一国出口需求增加，在经济一体化程度的任意一个水平上，固定汇率安排导致的汇率工具的缺失使得该国产出和就业的不稳定增加，推动 LL 曲线上移至 LL′，GG 曲线与 LL 的曲线的交点由 I 上升至 I'，结果使得参加通货区的临界水平由 M 变动到了 M'。因而，在其他条件不变时，一国商品市场的变动性增大，则使得该国加入通货区的意愿降低，这有助于解释为什么 1973 年石油危机后许多国家都不愿意沿用固定汇率制度布雷顿森林体系。

GG-LL 模型以单个国家为对象，分析了该国加入通货区的成本-收益情况，是最优货币区分析的有力工具，但是该方法未包含所有影响最优货币区的因素，如经济结构的相似性和财政政策的一致性因素等，而且在现实生活中，很难确定某个加入通货区国家的成本与收益曲线的具体位置，也就难以判断是否加入通货区的临界水平。

三、最优货币区的实践

作为最优货币区理论的最佳例证，欧洲货币一体化在世界范围内产生了深远影响，其实践过程既为该理论中有关政策协调如何影响内外均衡的内容提供了现实说明，又为未来国际货币体系的改革提供了有益的借鉴。

（一）欧洲货币一体化的发展历程

1950 年欧洲支付同盟的成立标志着欧洲货币一体化的起步。1958 年，欧洲经济共同体各国签署了《欧洲货币协定》来取代欧洲支付同盟。20 世纪 60 年代中期，欧洲经济共同体的决策机构建议成员国之间实行固定汇率制。1969 年 3 月举行的欧洲经济共同体首脑会议，提出了建立欧洲货币联盟的概念。同年 12 月，欧洲经济共同体成员国政府首脑在荷兰海牙举行会议，会议决定把欧洲经济共同体建成欧洲经济与货币联盟（Economic and Monetary Union of the European Union），并决定在 1980 年前实现欧洲经济与货币联盟目标。1971 年，美国放弃美元与黄金的联系导致建立欧洲货币机制更为紧迫。在这种背景下，欧洲经济共同体六国于 1972 年 3 月建立隧道之蛇制度，这个制度将各成员国的货币汇率的浮动作为蛇，把蛇的游动范围限定在一定范围（隧道）内，这个浮动的范围是±2.5%，后因国际金融市场的变化以及德法之间的政治分歧，隧道之蛇无法正常运转，从而导致欧洲货币之蛇夭折。直到 20 世纪 70 年代末，共同体才重新开始货币一体化进程，并在 1979 年 3 月 13 日正式建立了欧洲货币体系。欧洲货币体系的建立是共同体在经济一体化道路上的一次重大进展，也是战后国际货币体系演变中的一件大事。建立欧洲货币体系的主要目的是建立一个稳定的货币区，以保持区内低通货膨胀和汇率稳定，同时，通过区内各国之间的协商与合作来消除或减轻国际外汇市场波动对经济发展的负面影响，但由于 1992 年的欧洲金融危机，1993 年欧洲货币体系发生了很大变化——英国和意大利两国因各自货币大幅贬值而退出这个体系。

（二）欧洲货币体系的协调和稳定机制

1. 欧洲中央银行

由于欧洲中央银行在控制通货膨胀方面的良好声誉，也由于德国在欧盟中的经济领先地位，欧洲中央银行主要是以德国中央银行的运作模式为蓝本的。在制度架构上，主要分为欧洲中央银行本身和欧洲中央银行及所有参加欧元区成员国中央银行组成的欧洲中央银行体系两个层次，各国中央银行按照其人口和 GDP 的比例向欧洲中央银行认购股本。在 1999 年 1 月 1 日欧元启动后，欧洲中央银行便全面接管了整个欧元区的货币政策。欧洲中央银行的决策机构是理事会，它负责制定重大的货币政策，日常管理职能则由执行委员会行使。按照规定，欧洲中央银行不得为成员国政府的财政赤字提供资金融通，从而使其具备了独立地位。欧洲中央银行体系的主要目标是保持物价的稳定，在不与此目标相抵触的情况下，也可在促进就业和经济增长等方面对成员国提供支持。欧洲中央银行的货币政策中介目标将在货币供应量和价格指数之间选择。货币政策工具包括公开市场操作、存贷款便利和最低存款准备金要求。

2.《稳定与增长公约》

在欧洲中央银行统一执行货币政策的同时，《稳定与增长公约》为欧元区的所有成员国制定了财政政策的基本规则：成员国必须维持其公共预算收支平衡或有所盈余，成员国每年发生的财政赤字不得超过 GDP 的 3%，国债余额不得超过 GDP 的 60%，否则将被处以罚款。

3. 欧元区的准入条件

1991 年当时欧洲共同体的 12 个成员国签署了《马斯特里赫特条约》也称《欧盟条约》，该条约也是欧盟历史上具有划时代意义的协议，其最终促成了欧盟的成立。从条约的内容来看，《马斯特里赫特条约》对成为欧洲经济与货币联盟正式成员国的标准做出了规定，具体包括：通货膨胀率不能超过三个通货膨胀率最低的欧元区国家平均水平 1.5 个百分点、长期利率不能超过通货膨胀率最低的三个欧元区国家的平均利率 2 个百分点、每年的财政赤字不得超过 GDP 的 3%、国债余额不得超过 GDP 的 60%以及在加入前两年内对欧元汇率保持稳定。这组标准确保了所有欧元区成员国在加入欧元区时彼此经济情况大致相同，加入欧元区后遵守的《稳定与增长公约》则确保这些国家经济发展速度大致相同，并保证成员国不会采取以邻为壑的政策措施。

（三）欧洲货币一体化的驱动力

促使欧盟各国寻求建立统一的货币政策，并导致欧元及欧元区诞生的主要原因如下。

1. 提高欧洲在世界货币体系中的地位

布雷顿森林体系的崩溃使欧洲国家不再相信美国会继续将国际货币职责放在国家利益之前，欧盟国家为了更加有效地维护其核心利益，决定在货币问题上采取一致行动。

2. 推动欧盟变成一个真正统一的市场

一般而言，国家之间的贸易流量通常会受到以下三个因素的影响：①来自贸易保护政策的限制；②由空间距离和运输成本造成的贸易壁垒；③自由贸易区因素造成的贸易壁垒。货币因素之所以会成为国际贸易的一种壁垒，是因为不同货币的兑换不仅会产生交易费用，而且还会因为各国政府对汇率的干扰而造成贸易双方竞争力的变化，进而对贸易产生不利影响。

尽管 1957 年《罗马条约》的签订使欧洲国家建立了关税同盟，但在欧洲内部，商品和要素的流动仍存在很大的官方障碍。欧盟的长远目标就是要消除这些障碍，以美国为模式把欧盟变成一个巨大的统一市场。欧洲各国认为，汇率的不确定性是减少欧盟内部贸易的主要原因之一。如果汇率波动引起欧洲内部的相对价格大幅变动，将阻碍欧洲内部自由贸易的发展。

3. 欧洲政治稳定的诉求

理解欧洲为何能在市场和货币一体化中取得如此进展的关键在于欧洲大陆备受战争摧残的历史。许多欧洲国家领导人都认为，经济合作和一体化是防止 20 世纪两次世界大战重演的最好保证。这也使得各国愿意逐渐对国家竞争政策权利做出妥协，将经济主权转移给集中的欧盟实体。

（四）欧洲货币一体化的未来

1. 欧洲货币一体化的积极作用

（1）欧洲货币一体化减少乃至完全消除了欧盟内贸易和投资活动中的外汇风险，从而促进了欧盟国家资源的自由流动和经济一体化程度的提高。

（2）欧洲货币一体化促进和完善了欧洲统一大市场，有助于竞争机制的强化、企业规模经济效益提高和资源配置的优化。

（3）欧洲货币一体化在抑制通货膨胀方面取得了明显成效，消除或减轻了各国货币当局货币政策的损人利己的溢出效应以及零和博弈的发生。从长期看，它为经济持续增长创造了条件。

（4）欧洲货币一体化对美元霸权提出挑战。如果欧元能够成功经受各种考验，世界储备资产中欧元比重将明显增加，国际货币制度会出现美元与欧元的二元格局，这也会迫使美国在国际货币事务中采取更加合作的态度。

2. 欧盟的选择与出路

消除欧元区内部的不对称不是一朝一夕可以完成的，单纯依靠最优货币区内生性的作用耗时太多，人为限制大国对区内宏观经济指标平均水平的影响权重既没有充分的理论依据，在现实中也很难得到大国的认同。放宽《欧洲经济与货币联盟条约》的趋同标准也会造成对一体化的偏离，加剧欧元区成员国之间的不对称。在统一的货币政策下，类似《稳定与增长公约》对成员国财政状况的有限约束已经被证明难以保证欧元区的稳定，彻底放松财政约束更是不可能。

所以，消除欧元区内不对称性的根本出路在于真正推进经济一体化，而不是简单追求区内成员国经济指标的趋同。欧元区各国财政政策在配合货币政策的实践中也在积极寻求协调一致，未来欧元区财政政策与货币政策走向对称化是必然趋势。统一的货币政策和逐渐统一的财政政策所产生的溢出效应将会继续推进欧洲一体化进程。

本节小结

最优货币区的判断标准大致可分为六种：①要素流动性；②经济开放性；③产品多样性程度；④国际金融一体化程度；⑤政策一体化程度；⑥通货膨胀率相似性。GG-LL 模型从成本与收益的角度出发，判别一国是否应该加入最优货币区，是最优货币区分析的有力工具；欧洲货币一体化作为最优货币区理论的最佳例证，其在实践过程中既为该理论中有关政策协调如何影响内外均衡的内容提供了现实说明，又为未来国际货币体系的改革提供了有益的借鉴。

思考题

1. 最优货币区的判断标准有哪些？如何运用这些标准进行判别？
2. 运用 GG-LL 模型分析一国是否应该加入最优货币区。

国际金融政策

第一节　货币政策

一、国际货币体系

（一）国际货币体系的含义和作用

国际货币体系，是指国际货币制度、相应的国际货币金融机构以及由习惯和历史沿革形成的约定俗成的国际货币秩序总和，它既包括有法律约束力的关于货币国际关系的规章和制度，也包括具有传统约束力的且各国已经在实践中共同遵守的某些规则和做法，还包括在国际货币关系中起协调、监督作用的国际金融机构——国际货币基金组织和其他一些全球性或地区性的多边官方金融机构。

历史上，有过各种不同类型的国际货币体系。确定一种货币体系的类型主要依据三条标准：①国际货币体系的基础即本位币是什么；②作为国际流通、支付和交换媒介的主要货币及来源是什么；③作为主要流通、支付和交换媒介的货币与本位币的关系是什么，包括双方之间的比价如何确定、价格是否在法律上固定，以及相互之间在多大程度上可自由兑换。

具体来看，国际货币体系有三大作用。

（1）确定国际清算和支付手段的来源、形式和数量，为世界经济的发展提供必要的充分的国际货币，并规定国际货币与各国货币的相互关系。

（2）确定国际收支的调节机制，以确保世界经济的稳定和各国经济的平衡发展。调节机制涉及三方面的内容：一是汇率机制，二是对逆差国的资金融通机制，三是对国际货币（储备货币）发行国的国际收支纪律约束机制。

（3）确立有关国际货币金融实务的协调机制或有关的协调和监督机制。

（二）早期的国际货币体系

历史上第一个国际货币体系是国际金本位制。国际金本位制是在德国、美国、英国、拉丁货币同盟（含法国、比利时、意大利、瑞士）、荷兰及若干北欧国家在国内实行金本位制的基础上于19世纪80年代形成的。

国际金本位的特点是：①黄金是国际货币体系的基础；②黄金可以自由输出和输入；③一国的金铸币可以同另一国的金铸币或代表金币流通的其他金属（如银）铸币或银行券自由兑换；④在金币流通的国家内，金币还可以自由铸造。

在国际金本位制下，金币的自由输入、输出保证了各国货币之间的比价相对稳定，金币的自由兑换保证了黄金与其他代表黄金流通的铸币、银行券之间的比价相对稳定。因此，国际金本位制是一种比较稳定的货币制度。在当时的条件下，它对汇率的稳定、国际贸易和资本流动的发展，以及各国经济的发展起到了积极的作用。

但是，国际金本位制也有缺点。从根本上讲，它过于“刚性”，表现在：①国际的清算和支付完全依赖于黄金输入、输出；②货币数量的增长主要依赖于黄金产量的增长，而黄金产量跟不上世界经济的增长，使金本位制的物质基础不断削弱。在第一次世界大战爆发前，各国为筹集战争资源增加了银行券的发行，战争爆发时，各国便终止了银行券与黄金的兑换，禁止黄金的出口，国际金本位制遂宣告瓦解。

（三）布雷顿森林体系的内容和意义

第二次世界大战以后，世界建立了一个以美元为中心的国际货币体系，即布雷顿森林体系，该体系因1944年7月在美国新罕布什尔州的布雷顿森林城召开的联合国货币金融会议通过的相关协议而得名。

根据《布雷顿森林协定》，布雷顿森林体系下的国际货币制度是以黄金-美元为基础的，实行黄金-美元本位制。在这个制度下，规定美元按35美元等于1盎司[①]黄金与黄金保持固定比价，各国政府可随时用美元向美国政府按这一比价兑换黄金。各国货币则与美元保持可调整的固定比价，称为可调整的钉住汇率（adjustable peg）。各国货币对美元的波动幅度为上下各1%，各国当局有义务在外汇市场进行干预以保持汇率稳定，只有当一国发生“根本性国际收支不平衡”时，才允许升值或贬值。平价的变动要得到国际货币基金组织的同意。但在实践中，只有当平价变动大于10%时，才需国际货币基金组织的批准。由于各国货币均与美元保持可调整的固定比价，因此各国货币相互之间实际上也保持着可调整的固定比价，从而使整个货币体系成为一个固定汇率的货币体系。布雷顿森林体系的上述内容又被称为“双挂钩”，即美元与黄金挂钩，各国货币与美元挂钩，如图4-1所示。

① 盎司：重量单位，1盎司＝28.35克。

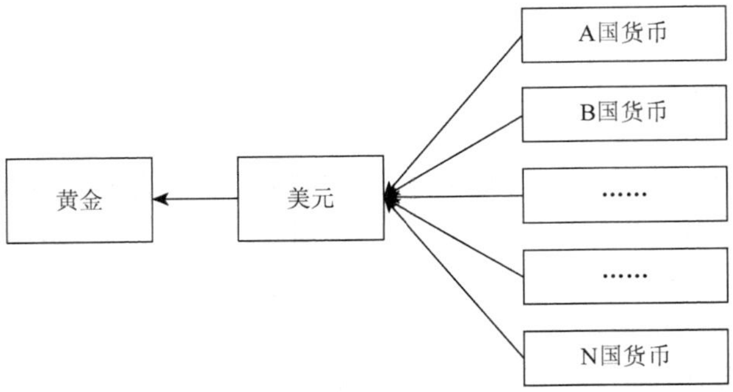

图 4-1　布雷顿森林体系下的“双挂钩”

在这个货币制度下，储备货币和国际清偿力主要来源于美元，美元成了一种关键货币，它既是美国本国的货币，又是世界各国的货币，即国际货币。这就是布雷顿森林体系的根本特点。因此，布雷顿森林体系下的国际货币制度实际上是以黄金-美元为基础的国际金汇兑本位制。

布雷顿森林体系的建立是符合当时世界经济形势的。第二次世界大战结束后，各国急需建立和恢复一个多边支付体系和多边贸易体系，以促进贸易的发展和各国经济的恢复与发展。在当时，只有美元才有能力在全球范围内向这样一个多边体系提供所需的多边支付手段和清算手段。美元等同黄金，作为黄金的补充源源不断地流向世界，一定程度上弥补了当时普遍存在的清偿能力和支付手段的不足，因而有利于推进外汇管制的放松和贸易的自由化，并对国际资本流动和国际金融一体化起到了积极的推动作用。但同时，布雷顿森林体系的根本思路在于将黄金作为全球货币的基础，它最终导致了布雷顿森林体系的崩溃。

（四）牙买加体系的形成和特点

布雷顿森林体系崩溃后，国际货币基金组织成立了“国际货币基金组织理事会关于国际货币制度的临时委员会”，于 1976 年 1 月在牙买加首都金斯敦达成了一个协议，称为“牙买加协议”，在此基础上，国际货币基金组织着手进行第二次国际货币基金协议的修正活动，并于 1976 年 4 月经理事会表决通过，自 1978 年 4 月 1 日起生效。从此，国际货币体系进入一个新阶段——牙买加体系。牙买加体系最主要特点是黄金非货币化、储备货币多样化、汇率制度多样化。

二、国际货币基金组织

国际货币基金组织是联合国管理和协调国际金融关系的专门机构。我国是国际货币基金组织创始国之一。1980 年 4 月，中华人民共和国恢复了在国际货币基金组织的合法席位或代表权后，我国开始派出自己的代表参加国际货币基金组织的活动。

（一）国际货币基金组织的职能

国际货币基金组织在国际金融领域的职能主要表现在三个方面。

第一，确立成员国在汇率政策、与经常项目有关的支付以及货币兑换方面需要遵守的行为准则，并实施监督。汇率监督是国际货币基金组织的一项重要职能，其目的在于保证有序的汇兑安排和汇率体系的稳定，消除不利于国际贸易发展的外汇管制，避免成员国操纵汇率或采取歧视性的汇率政策以谋求不平等的竞争利益。国际货币基金组织反对成员国利用宏观经济政策、补贴或任何其他手段来操纵汇率；原则上反对成员国采取复汇率（包括双重汇率）或任何其他形式的特别汇率政策。

第二，向国际收支发生困难的成员国提供必要的临时性资金融通，以使它们遵守上述行为准则，避免采取不利于其他国家经济发展的经济政策。

第三，为成员国提供进行国际货币合作与协商的场所。

（二）国际货币基金组织的构成

国际货币基金组织的最高决策机构是理事会，每年秋季举行定期会议，决定国际货币基金组织和国际货币体系的重大问题。日常行政工作由执行董事会负责，执行董事会是一个常设机构，设主席 1 名，主席即为基金组织总裁。在执行董事会和理事会之间还有两个机构：一个是“国际货币基金组织理事会关于国际货币和金融的委员会”，原名为“国际货币基金组织理事会关于国际货币制度的临时委员会”，简称“国际货币与金融委员会”；另一个是“世界银行和国际货币基金组织理事会关于实际资源向发展中国家转移的联合部长级委员会”，简称“发展委员会”。这两个委员会都是部长级会议，每年开会 2～4 次，讨论国际货币体系和开发援助的重大问题。由于两个委员会的成员大都来自主要国家且政治级别高，因此，其决议往往最后就是理事会的决议。

除理事会、执行董事会、国际货币与金融委员会和发展委员会外，基金组织内部还有两大利益集团——“七国集团”（代表发达国家利益）和“二十四国集团”（代表发展中国家利益），以及许多常设职能部门。

（三）国际货币基金组织的份额

国际货币基金组织的成员国在加入国际货币基金组织时，需要用 25%的外汇和 75%的本国货币向基金组织认缴基金份额，份额按成员国各自的国民收入水平、进出口规模和国际储备水平等因素确定，定期调整，一旦认缴后，就成为国际货币基金组织的财产。成员国认缴的份额构成国际货币基金组织的主要资金来源，被用于对成员国的资金融通。按照国际货币基金组织的规定，成员国份额应每年左右调整和扩大一次，但实际自 1998 年起，基金组织的份额就一直没有增加过，直到次贷危机爆发，为了应对危机，调整和扩大基金组织份额的呼声才得到真正落实。2010 年 12 月，国际货币基金组织决定将份额从约 2385 亿增加约一倍。2016 年 1 月底，国际货币基金组织的份额实际数已上升到约 4770 亿特别提款权。这次份额调整和扩大的原则是：一是增幅的力度大；二是维持不发达国家的份额比重；三是提高新兴经济体的份额比重；四是发达国家的份额比重有所下降。其中，中国在国际货币基金组织的份额比重有了明显上升，2022 年，国际货币基金组织执董会完成 5 年一次的特别提款权定值审查，将人民币的权重由 10.92%上调至 12.28%。

对于一个成员国来讲，份额不仅决定了它加入国际货币基金组织时应认缴的款项数额，还决定了它在国际货币基金组织的投票权、借款权和特别提款权分配权。根据规定（2016 年 1 月 26 日生效），每个成员国的总票数包括基本票数和以份额为基础的票数。每个成员国的基本票数是所有成员国总投票权加总之和的 5.502%。基本票数应为整数。以份额为基础的票数是按份额每 10 万特别提款权分配一票。2016 年 4 月 30 日，美国拥有约 16.5%的投票权，日本拥有 6.14%的投票权，中国的投票权则为 6.08%，在国际货币基金组织中排名第三。虽然中国的投票权在过去几年中得到了明显提升，但与中国的经济规模相比，中国的投票权占比仍然过低。依据国际货币基金组织重大问题须经全体成员国总投票权的 85%通过才能生效的条款，美国在国际货币基金组织内拥有绝对的否决权。成员国在国际货币基金组织的借款限额和特别提款权分配权是与其份额密切联系的，份额越高，可借用的款项和可分得的特别提款权数额就越多。

（四）国际货币基金组织的贷款和贷款条件

当成员国出现国际收支逆差且国际储备不足时，可以向国际货币基金组织申请贷款。国际货币基金组织的贷款又称提款，具体的方法是用本国货币向国际货币基金组织购买所需的外币款项（或特别提款权）并向盈余国进行结算。当成员国出现收支盈余，有能力向国际货币基金组织还款时，再用外币款项赎回本国货币。贷款分为普通贷款和特别提款权，普通贷款又分为储备部分贷款和信用部分贷款。贷款的利率以特别提款权利率为基准，随贷款种类不同而浮动。

国际货币基金组织在向成员国提供贷款的同时附加了相应的贷款条件。贷款数额越大，所附加的贷款条件就越严格。设置严格贷款条件的理由是国际货币基金组织不是一个发展援助机构，国际货币基金组织的贷款必须与受贷国可维持的国际收支前景及还款能力相结合，从而保证贷款的使用不损害基金组织资金的流动性，并有助于调整受贷国的经济状况。但对于贷款条件的效果，经济学界，尤其是发达国家和发展中国家的学者长期以来一直有所争议。

发达国家与发展中国家对国际货币基金组织贷款条件的争论实际上是在经济政策内部均衡目标和外部平衡目标相互关系方面的意见分歧。发达国家从自身利益出发，认为发展中国家出现国际收支失衡的主要原因是经济出现超额需求，因而必须通过贷款条件来确定受贷国实施削减国内吸收的紧缩政策；发展中国家则认为，贷款条件实际上是要求逆差国进行单方面的调整，这将导致国际收支调节不对称性的进一步强化，而且贷款条件要求的货币紧缩和需求调整同发展中国家的经济发展目标存在极大的冲突，实质是将解决国际收支失衡的外部问题置于经济发展的内部问题之上。

（五）国际货币基金组织的特别提款权

第二次美元危机爆发后，国际货币基金组织于 1969 年创设了一种账面资产，名为特别提款权。国际货币基金组织的成员国可以自愿参加特别提款权的分配，成为特别提款账户参加国。在国际货币基金组织范围内，成员国可用特别提款权来履行原来必须要用黄金才能履行的义务，也可以用特别提款权充当国际储备资产，还可以用特别提款权取代美元来清算国际收支差额。

由于分配到特别提款权就相当于不付出任何代价而获得国际购买力，于是各国就希望获得更多的特别提款权。在历史上的前两次特别提款权分配（1970～1972 年，1979～1981 年）中，特别提款权的分配量与成员国在国际货币基金组织所摊付的资金份额成正比，这种分配方法在逻辑上符合贡献和收益成正比的原则，但实际上造成的结果却是急需资金的发展中国家分得最少，而发达国家则获得更多的清偿力。曾有学者提出过“特别提款权分配与发展援助相联系”的分配方案，但最终未能被国际货币基金组织采纳。

除此之外，2009 年之前，特别提款权分配中还存在几个问题。第一，自 1979～1981 年的第二次分配后，特别提款权迟迟没有第三次分配，这导致特别提款权在全球国际储备中的比重大幅下降，其作用被严重削弱。第二，1981 年后新加入国际货币基金组织的成员很少或没有分配到特别提款权，这显然不公平。第三，20 世纪 90 年代以来，各国经济增长的快慢差异使特别提款权的原有分配不再能反映当今世界的经济格局。

从我国的现实情况来看，2016 年 10 月 1 日人民币成功纳入国际货币基金组织特别提款权货币篮子，成为继美元、欧元、英镑和日元后的第五个特别提款权货币，也将是第一个来自发展中国家的特别提款权货币。2022 年 5 月 11 日，国际货币基金组织执行董事会完成了五年一次的特别提款权定值审查，维持现有特别提款权篮子货币构成不变，即仍由美元、欧元、人民币、日元和英镑构成，并将人民币权重由 10.92%上调至 12.28%。

本节小结

国际货币体系，是指国际货币制度、相应的国际货币金融机构以及由习惯和历史沿革形成的约定俗成的国际货币秩序的总和，它既包括有法律约束力的关于货币国际关系的规章和制度，也包括具有传统约束力的各国已经在实践中共同遵守的某些规则和做法，还包括在国际货币关系中起协调、监督作用的国际金融机构——国际货币基金组织和其他一些全球性或地区性的多边官方金融机构。国际货币基金组织的职能体现在三个方面：第一，确立成员国在汇率政策、与经常项目有关的支付以及货币兑换方面需要遵守的行为准则，并实施监督；第二，向国际收支发生困难的成员国提供必要的临时性资金融通，以使它们遵守上述行为准则，避免采取不利于其他国家经济发展的经济政策；第三，为成员国提供进行国际货币合作与协商的场所。

思考题

1. 简述布雷顿森林体系下“双挂钩”的主要内容？
2. 国际货币基金组织的主要职能包括哪些？

第二节　汇率政策

一、汇率变化的一般经济后果

汇率是连接国内外商品市场和金融市场的一条重要纽带。一方面，汇率的变动受一系列经济因素的影响；另一方面，汇率的变动会对其他经济因素产生广泛的经济影响。

（一）汇率变动对国际收支的影响

1. 汇率变动对贸易收支的影响

一国货币汇率变动，会使该国进出口商品价格产生相应的涨落，抑制或刺激国内外居民对进出口商品的需求，从而影响进出口规模和贸易收支。例如，一国货币对外贬值，则以本币表示的外币价格高涨，出口收汇兑换成本币后的数额增加。出口商为扩大销售，增加出口，可采取降低出口商品的外币售价的办法，而获得的本币数额不会较降价前减少。与此同时，一国货币贬值，以本币表示的进口商品价格上涨，从而抑制本国居民对进口商品的需求。在进出口需求弹性满足马歇尔-勒纳条件的情况下，出口的扩大、进口的减少，有利于货币贬值国家改善贸易收支。一国货币对外升值，其结果与上述情况相反。

2. 汇率变动对服务贸易收支的影响

一国货币贬值，则外国货币兑换本国货币的数量增加，本国商品和劳务等费用与外国商品和劳务相比比较廉价，本国的购买力相对降低，而外币购买力相对提高，外国商品和劳务价格相对昂贵，这有利于本国旅游业和其他劳务状况。至于一国货币升值，其作用与此相反。当然，汇率变动的这一作用，需要以货币贬值，国家国内物价不变或上涨相对缓慢为前提。

3. 汇率变动对转移支付的影响

当一国货币贬值，如国内价格不变或上涨相对缓慢，一般对该国的单方面转移收支会产生不利影响。以侨汇为例，侨汇大多是汇赡家款，货币贬值后，旅居国外的侨民只需汇回国内少于贬值前的外币，就可以维持国内亲属的生活费用需要，从而减少该国侨汇收入。一国货币如果对外升值，其结果正好相反。

4. 汇率变动对资本流动的影响

资本从一国流向国外，主要是追求利润和避免损失，因而汇率变动会影响资本流动。当一国货币贬值而未贬值到位时，国内资本的持有者和外国投资者为避免货币进一步贬值而蒙受损失，会将资本调离该国，进行资本逃避。若该国货币贬值，并已贬值到位，在具备投资环境的条件下，投资者不再担心贬值受损，外流的资本就会抽回国内。当然，货币贬值过头，当投资者预期汇率将会反弹，就会将资本输入该国，以谋取汇率将来升值带来的好处。关于货币升值对资本流动的影响，一般则相反。需要说明的是，汇率变动对资本流动的上述影响，是以通货膨胀率、利率等因素不变或者相对缓慢变动为前提的。

5. 汇率变动对外汇储备的影响

储备资产是国际收支平衡表的项目之一，汇率变动直接影响一国储备资产项目中的外汇储备，主要表现在两个方面。

第一，本国货币汇率变动通过资本流动和进出口贸易额的增减，直接影响本国外汇储备的增加或减少。一般讲，一国货币汇率稳定，有利于该国引进外资，从而增加该国的外汇储备；反之，则会引发资本外流，从而减少该国的外汇储备。一国汇率变动使其出口额大于进口额时，外汇收入增加，储备状况也相应改善；反之，储备状况则恶化。

第二，储备货币贬值，使持有储备货币国家的外汇储备的实际价值遭受损失，而储备货币国家则因储备货币贬值而减少了债务负担，又可从中受益。

（二）汇率变动对国内经济的影响

1. 汇率变动对国内物价的影响

一国货币贬值，一方面有利于出口，国内商品供应相对减少，货币供给增加，促使物价上涨；另一方面进口原材料的本币成本上升，从而带动国内与进口原材料有关的商品价格上涨。若一国的货币升值，其结果一般相反。

2. 汇率变动对国内收入和就业的影响

一国货币贬值，有利于出口而不利于进口，将会限制资源向进口商品生产部门转移，并促使进口替代品的生产部门发展，这将促进该国扩大生产，增加就业和国民收入。这一影响，是以该国有闲置资源为前提。如果一国货币升值，就会导致该国产出、国民收入和就业的减少。

（三）汇率变动对世界经济的影响

1. 对国际贸易的影响

汇率不稳定，将加剧各国争夺销售市场的竞争，影响国际贸易的正常发展。某些发达国家汇率不稳定，利用货币贬值扩大出口，争夺市场，导致其他国家采取报复性措施，或实行货币贬值，或采取保护性贸易措施，从而产生贸易战和货币战，破坏了国际贸易的正常发展，不利于国际经济走上良性循环。

2. 对国际金融市场的影响

汇率不稳定虽然加剧投资和国际金融市场的动荡，但也会同时促进国际金融业务不断创新。汇率不稳定会引起外汇投机的盛行，造成国际金融市场的动荡与混乱，如 1992 年 9 月的欧洲汇率机制危机（“九月危机”）就是由外汇投机造成的。与此同时，汇率不稳和动荡不安，提高了国际贸易和金融的汇率风险，因此要进一步促进期货、期权、货币互换等金融衍生产品交易的出现，使国际金融业务形式与市场机制不断地创新。

3. 对国际储备货币的影响

汇率不稳定，影响某些储备货币的地位和作用，促进国际储备货币多元化的形成。某些储备货币国家的国际收支恶化，通货不断贬值，汇率持续下跌，影响其储备货币的地位和作用，而有些国家由于国际收支持续顺差，黄金外汇储备充裕，通货稳中有升，因此其货币在国际结算领域中的地位和作用日益加强，逐渐成为主要储备货币，因而汇率不稳定促进了国际储备货币多元化的形成。

二、汇率制度选择及其效率分析

汇率制度是指一国货币当局对本国汇率水平的确定、汇率变动方式等问题所做的一系列安排或规定。

（一）固定汇率与浮动汇率

固定汇率是指政府用行政或法律手段选择一个基本参照物，并确定、公布和维持本国货币与该单位参照物之间的固定比价，这个固定比价也可称为法定比价或法定汇率。充当参照物的东西可以是黄金，也可以是某一种外国货币或某一组外国货币。当一国政府把本国货币固定在某一组货币上时，就称该货币钉住在一篮子货币或钉住在货币篮子上。固定汇率不是永远不能改变的：①在外汇市场的日常交易中，汇率能在很小的允许范围内围绕法定汇率水平上下波动；②在经济形势发生较大变化时，也可以对法定汇率水平进行调整，只不过这种调整因涉及制度和法律而很少发生。因此，固定汇率通常表现为可调整的钉住制度。

浮动汇率是指汇率水平完全由外汇市场上的供求关系决定、政府不加任何干预的汇率制度。在当今世界上，由于政府力量的强大和对经济生活日益加深的干预，各国政府或多或少地对汇率水平进行干预和指导。当干预程度较高时，浮动汇率制度就成为有管理的浮动汇率制度。汇率有管理的浮动又称为肮脏浮动，与此相对应，完全自由的浮动又称为清洁浮动。

（二）固定汇率制与浮动汇率制的优劣比较

1. 实现内外均衡的自动调节汇率问题

固定汇率制与浮动汇率制最大的区别在于出现国际收支不平衡后，经济恢复内外均衡的自动调节机制不同。在固定汇率制下，货币当局会在固定的汇率水平下通过调整外汇储备来消除外汇市场上的供求缺口，并相应地通过变动货币供应量来对经济不平衡进行调节，而在浮动汇率制下，政府则完全听任汇率变动来平衡外汇供求，进而调节经济运行。以上两种方式各有其特点，哪种方式更有效率便构成固定汇率制与浮动汇率制孰优孰劣争论的第一个问题。以下分别介绍支持浮动汇率制的四个理由，并在介绍每个理由的同时说明固定汇率制支持者的反驳点。

（1）简单性。以本国产品的国际竞争力下降为例，浮动汇率制的支持者认为：在浮动汇率制下，只需要根据汇率进行调整，让本币贬值即可，而在固定汇率制下，则必须通过货币供应量的变动来调节本国价格水平的变动，这就牵涉到许多变量的调整。很显然，前者的调整必然时间更短、成本更低，尤其是本国价格调整存在黏性时，浮动汇率制的优势更为明显。

但是，固定汇率制的支持者指出，在很多情况下，对本国价格体系的调整是非常必要的，而仅仅或完全通过汇率变动进行调整是不合理的。例如，如果本国产品国际竞争力的下降是生产出口产品的经济部门的劳动生产率提高缓慢导致的成本过高所致，本币贬值虽可以在短期内增加出口，但从长期看不利于本国产品竞争力的提高，从而不利于本国相关产业的发展。在固定汇率制下，相关产业部门将被迫主动采取措施以降低成本、提高技术水平，这一价格调整往往是不可回避的。所以，从长期看，固定汇率制的调节成本反而降低。

（2）自发性。在浮动汇率制下，只要一国的国际收支出现失衡，货币就会自动地贬值或升值，从而对国际收支与整个经济进行调节，不需要任何专门的政策乃至强制措施，而在固定汇率制下，国际收支的失衡一般都需要政府制定出特定的政策组合来加以解决，这一过程中存在的时滞等问题使其效率降低，所以浮动汇率制的调节更加灵活。

固定汇率制的支持者是从以下三方面进行反驳的。①导致汇率变动的因素很多，汇率未必能按照平衡国际收支所需的方向进行调整；②汇率只能通过价格因素影响到国际收支，而国际收支是由多种因素共同决定的，这就带来很多情况下汇率调整的乏力；③汇率对国际收支的调整往往需要国内政策的支持。

（3）微调性。在浮动汇率制下，汇率可以根据一国国际收支的变动情况进行连续微调而避免经济的急剧波动，而在固定汇率制下，一国对国际收支的调整往往是在问题已经积累到相当程度时才发生，调整幅度一般较大，对经济的冲击也比较剧烈。

固定汇率的支持者并不否认固定汇率制下的调整较为僵硬，但是他们同时指出，固定汇率制可以避免许多无谓的汇率调整，尤其是当这些调整是货币干扰性或投机干扰性所造成的。例如，当资产市场上出现供求的暂时性变化时（如本国货币需求的暂时性下降），在固定汇率制下可以通过储备变动予以消除，避免汇率的频繁调整。另外，固定汇率的支持者还指出，在资金流动对汇率形成具有决定性影响时，浮动汇率的无谓调整是很剧烈的，对经济的冲击也非常大。

（4）稳定性。浮动汇率制的支持者认为，以下两个因素使浮动汇率制具有稳定性。首先，浮动汇率制下的投机主要是一种稳定性投机，因为投机者只有在货币币值相对于均衡水平被低估时买入该货币，或在货币币值相对于均衡水平被高估时卖出此货币，才能维持获利，而这一投机策略能够使被低估的货币升值，使被高估的货币贬值，对市场价格的影响是稳定性的，倾向于降低市场价格的波幅。其次，在浮动汇率制下，由于汇率随时都在调整，政府也不承诺维持某一汇率水平，因此投机性资金不易找到汇率明显被高估（或低估）的机会，同时在进行投机活动时还得承担汇率反向变动的风险。在固定汇率制下，政府对汇率的调整是很少见的，这便会给投机性资金找到汇率错误定值的时机，而且在政府承诺支持汇率水平时，投机活动就演变为和政府进行的较量，在前者实力非常强大的情况下，国际投机性资金可以从政府的失败干预中获得高额利润。尤其重要的是，固定汇率制下的投机活动可以不承担任何风险，失败后还可以按固定汇率水平进行抵补交易，大大刺激了投机活动的发生。所以，资金的高度流动再加上固定汇率制可能是一种最不稳定的组合。

固定汇率制的支持者对此进行了反驳。①浮动汇率制下盛行的不是稳定性投机，而是非稳定性投机。投机者的心理往往是非理性的，其表现之一就是“羊群效应”，也就是交易者往往在价格上涨时争相买进，价格下跌时纷纷卖出。结果是扩大了而不是缩小了市场价格的波幅。并且，实力较强的投机者还会故意制造价格的大幅波动以从中获利。比较而言，固定汇率制下的投机行为一般具有稳定性，因为投机者们预期汇率将会向固定水平调整，从而会在现实汇率水平与固定水平存在差异时，通过缩小这一差异获利。②固定汇率制下政府的介入使市场交易者在心理上存在“名义驻锚”，并通过改变投机者的预期对实现汇率的稳定施加影响，消除不确定性，而在浮动汇率制下，对未来汇率变动的预期完全没有任何客观依据，这种高度的不确定性使外汇市场完全成为投机者的乐园，凭借一国政府之力很难与之进行制约和抗衡。

2. 实现内外均衡的政策利益问题

汇率制度的不同导致了内外均衡实现过程中政策工具（主要是财政政策和货币政策）的运用方式不同。在固定汇率之下，政府必须将货币政策运用于对汇率水平的维持，而在浮动汇率制下则无此限制。针对这一特点，不同汇率制度的拥护者也从政策利益角度提出了各自的理由。

（1）政策自主性。赞成实行浮动汇率制的重要理由之一是货币政策可以从对汇率政策的依附中脱离出来，通过汇率的自发调节来实现外部平衡，而货币政策与财政政策则可专注于实现经济的内部均衡。并且，在浮动汇率制下，一国可以将外国的通货膨胀隔绝在外，从而独立制定有利于本国经济稳定与发展的财政政策和货币政策。

固定汇率的支持者则指出：①完全利用汇率政策来解决外部平衡意味着政府准备接受任何汇率水平，这显然是不可能的，因为一国的货币政策不可能完全不受外部因素的制约；②汇率调整必须有相应的其他国内政策的配合才能实现自动调整，譬如，根据国际收支的货币论，本币贬值时，只有国内信贷不扩大，才能带来国际收支改善；③浮动汇率制不可能真正隔绝外国通货膨胀对本国的影响，本国汇率的波动仍然会通过货币工资机制、成本机制等多种途径对国内物价水平产生影响。

（2）政策纪律性。浮动汇率制的拥护者指出，浮动汇率可以防止货币当局对汇率政策的滥用。例如，当一个发展中国家存在大量进口需求时，会故意高估本国货币币值以减少进口成本，这一做法往往会造成进口过度、外汇短缺、出口衰退、债务状况恶化等严重后果。再如出口导向型国家往往故意降低本国货币以达到增加出口的目的，这可能会恶化本国贸易条件，不利于经济的长久发展。在浮动汇率制下，则难以发生对汇率政策的滥用，因为汇率已经脱离了当局的控制而由市场供求决定。

固定汇率制的支持者指出，固定汇率制可以防止货币当局对货币政策的滥用。在固定汇率制下，当货币当局扩大货币供应时，就会面临本国利率下降、资金流出、本国货币贬值的压力，为了维护固定汇率，货币当局就需要动用外汇储备，从而基础货币重新减少，货币当局的扩张性政策受到了制约，而在浮动汇率制下，一国可以更自主地推行扩张性政策，不必顾及本国货币的贬值。

（3）政策效力的放大性。在浮动汇率制和固定汇率制下，财政政策和货币政策的效果是不同的，在浮动汇率制下货币政策较为有效，在固定汇率制下财政政策较为有效，因此政府需要根据其操控经济的主要手段，以及运用各项手段的条件不同而选择不同的汇率制度。当一国的金融市场较为发达时，政府使用货币政策的便利性就会提高，与之配合，政府可以选择浮动汇率制。倡导固定汇率制的研究者还指出，政府在固定汇率的维系中，会获得政策执行始终一致的声誉。这样政府在政策实施过程中，会通过影响人们的心理预期而产生额外的效果。

3. 对国际经济关系的影响

（1）对国际贸易、投资等活动的影响。浮动汇率制的拥护者从两个方面来论证浮动汇率有利于国际经济交往：①汇率自由浮动使固定汇率制下政府为维持固定汇率而采取的种种直接管制措施失去必要，浮动汇率制可以推动经济自由化，从而会极大地促进国际经济交往的发展；②浮动汇率固然给国际贸易、投资带来了一定的不确定性，但这可以通过远期交易等方式来加以规避，国际金融创新的飞速发展已大大减轻了这一问题的严重性。

赞成固定汇率制的人则认为绝不能低估浮动汇率对国际贸易与投资的危害：①进行各项规避风险的交易本身也是有成本的，有时成本还比较高，这不可避免地会对国际经济活动产生负面影响；②许多经济活动是无法规避汇率风险的，如跨国的长期投资等。另外，广大发展中国家由于金融市场不发达，缺乏远期交易等规避风险的工具，浮动汇率制对它们是特别不利的。

（2）对国际政策协调的影响。在浮动汇率制下，由于缺乏关于汇率约束的协议，各国将本国国内经济目标摆在首位，易于利用汇率的自由波动而推进以邻为壑的政策，这会造成国际经济秩序的混乱。

对此，浮动汇率制的拥护者指出：①汇率本质上是个具有“竞争性”的变量，任何一种汇率制度都不可能完全解决这一问题；②在浮动汇率制下，汇率的大幅波动往往会引起各国的关注，进而形成国际的磋商协调，这在某种程度上反而会加强各国的政策协调。

以上是固定汇率制与浮动汇率制孰优孰劣争论的主要内容。可以看出，两种汇率制度各有特点，都不是十全十美的。就本质来说，这两种汇率制度的比较，实际上意味着内外均衡目标的实现中对“可信性”与“灵活性”的权衡，而这两者常常是不可兼得的。因此，从纯粹抽象的讨论来看，并不能简单得出哪种汇率制度更为优越的结论。

三、汇率目标区方案

（一）汇率目标区的含义

既然固定汇率制和浮动汇率制各有利弊，那么是否意味着在汇率制度选择上只能是有得有失，从而并不存在最优的汇率安排？对此，克鲁格曼、麦金农等学者提出新的质疑：如果无须在固定汇率和浮动汇率之间做出非此即彼的选择，为什么不在两种极端方式之间选择一种折中方案？在限制汇率波动的同时，允许某些国家币值变化来消除不同汇率安排间的差异，这种做法通常被称作目标区方案。

就含义而言，汇率目标区有广义和狭义两种理解。广义的汇率目标区，泛指将汇率波动限制在中心汇率附近一定区域内的汇率制度。狭义的汇率目标区，特指20世纪80年代初美国学者威廉森（Williamson）提出的以限制汇率波动幅度为核心，包括确定中心汇率及变动幅度、维系目标区的国内外政策协调等内容的国际货币体系设想。这里只对广义的汇率目标区方案做简要介绍。

与有管理的浮动相比，目标区货币当局会对一定时期的汇率波动制定出比较确定的区间限制，同时货币当局对汇率变动的关注程度大大提高，在必要时需通过货币政策等措施使汇率变动尽可能不超出目标区范围。与可调整钉住汇率或钉住汇率幅度相比，目标区货币当局并不严格承诺在任何情况下都维持汇率目标区，而且目标区本身可以随时根据经济形势变化进行调整，所以相对而言目标区方案下汇率变动的范围更大。

汇率目标区方案有“硬目标区”和“软目标区”之分。硬目标区，指汇率变动幅度较小，较少调整，目标区内容对外公开，政府负有较大的以货币政策维持汇率目标区的责任。软目标区，指汇率变动幅度较大，且经常调整，目标区内容严格保密，政府不必通过货币政策来维系汇率目标区。

（二）汇率在目标区内的表现

汇率目标区的特点是在一定程度上整合了浮动汇率制的灵活性和固定汇率制的稳定性。图 4-2 给出了汇率目标区的直观解释，其实就是货币当局规定的汇率上下限之间的允许波动范围。当汇率接近波幅上限时，若不调整目标区，中央银行很可能要卖出足够多的外汇储备以阻止本币进一步贬值。同样，当汇率逼近波幅下限时，中央银行有可能要买入足够的外汇以阻止本币进一步升值。但是在规定波幅以内，中央银行不会干预外汇市场，允许汇率在目标区内自由浮动。由此可见，如果汇率幅度规定得很窄，则汇率目标区方案更接近于固定汇率安排；如果汇率幅度很宽，则汇率目标区方案更接近于浮动汇率安排。

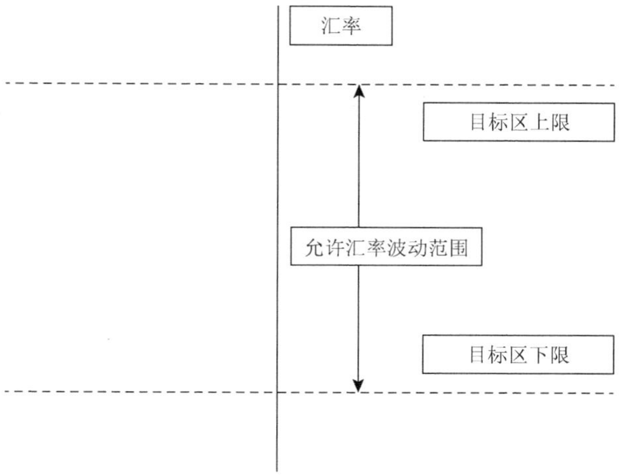

图 4-2　汇率目标区

未说明汇率在目标期内是如何变动的，假设汇率水平与国内货币供给增长率之间存在线性关系，于是便得到图 4-3 中汇率在目标区内的理想运动轨迹——虚线 *AB*。*AB* 向右上方倾斜，代表本国货币扩张会引起本币贬值，汇率上升。

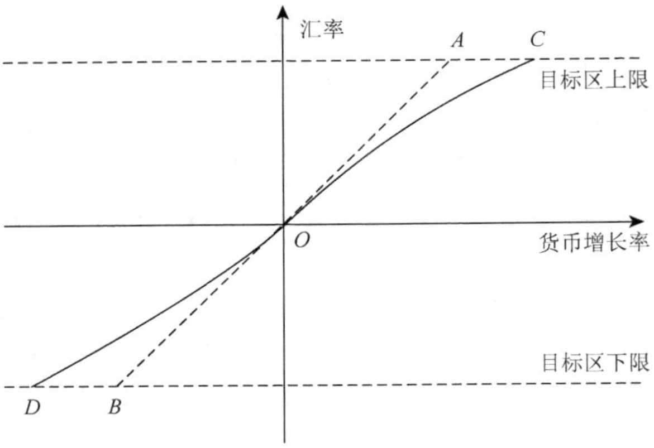

图 4-3 汇率在目标区的表现

如果目标区内的汇率变动确实有此轨迹，那么对于货币当局和微观市场主体都将是一件幸事，因为实现了一种有限波动幅度的浮动汇率安排。但实际情况是，汇率不大可能沿图中虚线变动。当汇率接近目标区波幅界限时，投机商就会预见中央银行可能采取干预措施，于是调整自己对该国货币的需求。比如，若汇率接近波动上限，市场预测中央银行将卖出外汇，防止汇率突破上限，于是预期外汇远期贴水。在这一预期指导下，即期外汇市场上对本币的需求就将上升，目的是享有未来汇率下跌、本币升值的收益。但是由于即期市场追捧本币，即期汇率就会下降，外汇市场的投机行为将造成均衡汇率水平（实线部分）在一定程度上低于真实浮动条件下的汇率水平。均衡汇率在逐渐逼近目标区上限时具有边际递减的特点，所以中央银行干预外汇市场的临界点较 A 点必然进一步向远端发展。

不难发现，如果其他因素保持不变，目标区内的均衡汇率轨迹就将是一条呈“S”形的平滑曲线。这条“S”形曲线的推导过程显得如此顺理成章，以至于后来许多学者花费很长时间试图完成从理论推导到实证检验的继续研究。遗憾的是，经过长短期利率、价格水平、国际收支差额等几乎所有相关历史数据的检验，仍然无法从汇率目标区实践中——如布雷顿森林体系以及欧洲经济与货币联盟——发现足以支持“S”形曲线的有效证据。

本节小结

汇率是连接国内外商品市场和金融市场的重要纽带，汇率变动的一般经济后果体现在其会对国际收支、国内经济乃至世界经济产生影响；汇率制度是指一国货币当局对本国汇率水平的确定、汇率变动方式等问题所做的一系列安排或规定，主要包括固定汇率制度与浮动汇率制度。汇率目标区泛指将汇率波动限制在中心汇率附近一定区域内的汇率制度，汇率目标区方案有“硬目标区”和“软目标区”之分。

思考题

1. 试比较固定汇率制与浮动汇率制的优劣。
2. 阐释汇率目标区的主要内容。

第三节 国际资本市场

一、国际资本市场概况

国际资本市场是指一年以上的中长期融资市场，参与者有银行、公司、证券商以及政府机构。资本市场的业务主要有两大类——银行贷款和证券交易，抵押贷款和租赁贷款及其他具有长期融资功能的业务也可以归入此市场中。需要指出的是，国际货币市场和国际资本市场是根据交易的金融产品期限所做的分类。

（一）国际资本市场的构成

（1）信贷市场。信贷市场是政府机构（包括国际经济组织）和跨国银行向客户提供中长期资金融通的市场。

政府贷款的基本特征是期限长、利率低，并附带一定的条件。政府贷款的期限最长可达 30 年，利息最低为 0，附加条件一般为限制贷款的使用范围，如规定贷款只能用于购买受贷国的商品，或规定受贷国必须在经济政策或外交政策方面做出某些承诺和调整。因此，政府贷款属于一种约束性贷款。

银行贷款一般是一种无约束的贷款，贷款利率视市场行情和借款人的信誉而定。对于数额比较巨大的贷款，银行一般采用银团贷款（或称辛迪加贷款）的方式以分散风险。银团贷款，是指几家甚至十几家银行共同向某一客户提供贷款，由一家银行做牵头行，若干家银行做管理行，其余银行做参与行。牵头行通常也是管理行，收取牵头费和管理费，并与其他管理行一起承担贷款的管理工作。

（2）证券市场。证券市场主要由债券业务构成。债券发行人可以是政府机构、国际组织，也可以是企业、公司或银行。大多数债券的发行都由银行或证券商作为中介，承销债券的发行。除了债券业务外，从 20 世纪 90 年代起，以股权为对象的国际融资业务也比较活跃。例如，中国就有多家企业在美国上市，从而获得融资。以股权为抵押或直接出让股权而获得国际资金融通的业务，均可划入国际资本市场的范畴。

（二）国际资本市场的作用

国际资本市场是国际进行长期融资的场所。本国企业可以在国际资本市场上以长期贷款、发行债券或出让股权的形式获得长期经营所需的资金。由于长期资本主要是生产领域所需的资金，在世界范围内，长期资本通过国际资本市场得到了配置，流向了生产效率较高的国家和经济体，因此国际资本市场有利于全球产出水平的提高。

（三）国际资本市场的增长

无论采用什么衡量标准，20 世纪 70 年代以来国际资本市场交易规模的增长都远远高于世界 GDP 的增长。造成这种增长的一个主要因素是：从工业化国家率先开始，许多国家逐渐解除了私人资本跨国流动的壁垒。

促进这种增长的一个重要原因在于：一国如果在允许国际资本流动的同时固定其货币汇率，就要放弃对国内货币政策的控制权。这种牺牲表明了一个国家不可能同时实现以下三个目标。

第一，固定汇率。

第二，以国内目标为导向的货币政策。

第三，国际资本的自由流动。

这对于政策的制定者而言可谓“三难选择”，之所以不是两难选择是因为选项有三种：第一种和第二种，第一种和第三种，第二种和第三种。在金本位制下，许多国家选择了第一种和第三种，得到固定汇率和自由的国际支付，放弃了本国的货币政策。

发达国家在布雷顿森林体系的后期放弃了固定汇率制，他们选择了一种允许他们把国际资本流动和国内货币政策结合起来的体系。这就为跨国资产交易提供了更大的自由空间。就内部相互汇率来说，欧洲经济与货币联盟的成员国选择了一种不同的道路。他们通过把货币政策授权给共同的中央银行制定实现了第一个和第三个目标，但同时放弃了第二个目标。然而，欧元相对于外国货币的汇率是浮动的，因此欧元区可以在允许跨国自由支付的同时制定以区域内宏观经济目标为导向的货币政策。

二、国际资本市场与贸易收益

（一）三种贸易收益

不同国家居民之间所有贸易活动不外乎以下三种类型：产品和服务与产品和服务之间的贸易、产品和服务与资产之间的贸易以及资产与资产之间的贸易。在任何时候，一个国家通常都在从事三种类型的贸易。图 4-4（其中，假定有两个国家：本国和外国）显示了国际交易活动的三种类型，每一种都有可能从贸易中获得不同收益。

国家可以通过集中生产本国最有效率的产品并用自己的一部分产出来支付进口的外国产品从而获得收益。这种类型的贸易收益来自产品和服务与其他产品和服务的交换。图 4-4 上部的水平箭头显示的是本国与外国的产品和服务的交换。

第二种贸易来源于跨期贸易，即用现在的产品和服务与未来的产品和服务的所有权进行交换，也就是与资产进行交换。当一个发展中国家向国外举债（即向外国人出售债券）来为国内的投资项目进口原材料时，就是在从事跨期贸易，而这种贸易无法脱离国际资本市场而存在。图 4-4 的对角箭头表明了产品和服务与资产之间进

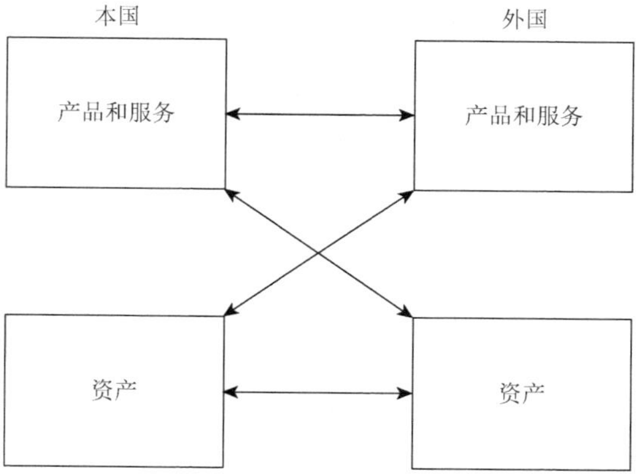

图 4-4　三种类型的国际交易活动[①]

行的贸易。例如，如果本国的经常账户出现赤字，那么本国就把资产出口到外国的资产净出口国以及外国产品和服务的净进口国。

图 4-4 底部的箭头代表最后一种类型的国际贸易，即资产与资产的贸易，如法国地产与美国国库券的交易。表 4-1 说明了 2015 年度美国国际收支账户情况。在金融账户一栏中可以看到美国居民购买了 2254 亿美元外国资产，外国居民购买了 3952.3 亿美元美国资产。(这些数据没有包括衍生品；美国商务部经济分析局仅报告净衍生品贸易数据)。所以，美国除了卖给外国人资产来弥补其经常账户赤字外，什么也买不回来，美国与外国的居民同时也在从事大笔纯资产交易。国家之间进行如此大额的资产交易的部分原因在于，与产品和服务的交易一样，它可以使所有相关国家受益。

表 4-1　美国 2015 年国际收支账户　　单位：亿美元

项目	金额
经常账户	
（1）出口	30 440.8
其中：	
商品	15 103.0
服务	7 508.6
收入所得（主要收入）	7 829.2
（2）进口	33 620.6
其中：	
商品	22 728.7
服务	4 885.6
收入所得（主要收入）	6 005.3
（3）净单边转移支付（次要收入）	–1 449.9
经常账户余额[(1)–(2)+(3)]	–4 629.7

① 各国居民可以用产品和服务交换别国的产品和服务，也可以用产品和服务交换别国的资产（即未来的产品和服务），还可用资产交换别国的资产。这三种交换均能带来贸易的收益。

续表

项目	金额
资本账户	
（4）资本账户交易净额	–0.4
金融账户	
（5）美国净金融资产收购（不包括金融衍生品）	2 254.0
其中：	
官方储备资产	–62.9
其他资产	2 316.9
（6）美国净负债发生额（不包括金融衍生品）	3 952.3
其中：	
官方储备资产	–981.0
其他资产	4 933.3
（7）金融衍生品净额	–253.9
净金融流动[(5)–(6)+(7)]	–1 952.3
净错误与遗漏（净金融流动减去经常账户余额与资本账户交易净额之和）	2 677.8

资料来源：https://www.bea.gov/data

注：合计数与计算结果有所出入是四舍五入修约所致

尽管前面的论述在理论上比较清晰，但要意识到在现实世界中不同类型的贸易会由于它们的互补性而同时发生。例如，进口商会基于对销售商的信用而进口外国产品，在产品销售给本国消费者之后再付款。这样的话，进口商的这种在获得产品一段时间后再付款的能力——一种跨期贸易的形式——对于产品和服务的国际汇兑是至关重要的。另一个例子是，出口商需要在期货市场上对未来的外汇收入进行套期保值。此时，资产与资产的贸易——远期外币对远期本币——降低了出口商产品和服务的交易成本。

（二）风险规避

当个人选择资产时，影响他们决策的一个重要因素是获得每一笔投资收益的风险。在其他条件相同时，人们不喜欢有风险的那种资产。经济学家把人们的这种偏好叫作风险规避。风险规避的外币资产投资者对某一特定资产的需求除考虑预期的收益外，还会考虑资产的风险性（用风险升水衡量）。

关于风险规避的含义可以用以下例子加以说明。假设你参加一项投资，盈利 1000 美元的可能性与亏损 1000 美元的可能性各占 50%，既然盈利和亏损的可能性一样大，那么这场投资的平均收益——预期价值为 $0.5\times1000+0.5\times(-1000)=0$（美元）。即使两种可能性的结果相同，但如果你是一个风险规避者，你将不参与这项投资，因为对你来说，相比于盈利 1000 美元的可能性，你更在意的是亏损 1000 美元的可能性。虽然一些人（风险偏好者）喜欢冒险，也许会参加投资，但是很明显，风险规避者的行为更为普遍。例如，风险规避能帮助解释保险公司的营利性——人们愿意购买保险以保护自己或家庭免受盗窃、疾病和其他灾难所带来的经济上的风险。

如果人们是风险规避者，那么判断一种资产组合的价值不仅要根据预期的收益，还要考虑为得到收益所将承受的风险程度。例如，在风险规避的情况下，即使资产组合提供的利率不符合利率平价条件，人们也不愿意拥有以不同货币计价的债券——如果这一结果是一个理想的兼顾风险与利润的资产组合。一般来说，年收益率波动很大的资产组合不如拥有相同的年收益率但只有轻微波动的资产组合受欢迎，这种现象从根本上解释了为什么不同国家之间要进行资产交易。

（三）国际资产的种类：债务与权益的比较

国际资产交易包括许多不同种类资产的买卖。在国际资本市场上进行交换的资产有债券、各国货币存款、股票以及更复杂的金融工具，如股票期权或货币期权。国际多样化投资的其他方式包括购买外国房地产和直接购买外国的工厂。

对资产交易来说，区别债务工具和权益工具是很有用的。债券和银行存款是债务工具，因为无论经济状况如何，债券的发行人和银行必须偿还一个固定的价值（一定数量的本金加上利息）。相反，股票则是一种权益工具，它是对公司利润的一种要求权，而不是一种固定的支付，它的偿还还会根据情况的不同而变化。

债务和权益之间的区分实际上并不是很清楚，即使一种债券的支付在不同的国家是相同的，它的实际支付也要取决于不同国家的价格水平和汇率，而且一种既定的债券所许诺的收入有可能不会兑现，如在银行破产、政府没收外国资产的情况下。像信誉等级较低的公司债券那样的资产，从表面上看好像是债务，实际上也许只是权益，因为它的支付需要视发行人将来的财务状况而定。

三、中国的证券市场

中国的长期资金市场已经得到了很大的发展，这主要表现在证券市场上的发展：证券市场迅速成长为我国社会主义市场经济的重要组成部分，并成为全球最具活力的证券市场之一。

证券市场的发展在筹集社会资金、优化资源配置、调整经济结构方面发挥着越来越重要的作用。证券市场使股份制经济在法律和制度上得到了肯定，有力地推动了国有企业的股份制改造。证券市场所推行的信息披露制度、董事诚信责任制度，以及审慎的会计标准和准则推动了我国公司治理结构的改善和现代企业制度的建立。证券市场也极大地调动了民间资本的积极性，促进了我国民营经济的发展，并推动了我国经济对外开放的进程。

（一）中国股票市场

从中国证券市场国际化的历史进程来看，1982 年 1 月是证券市场国际化的初始点，当时中国国际信托投资公司首次在日本发行了100亿日元武士债券，由此揭开了证券筹资开放的序幕。20世纪90年代，随着上海证券交易所、深圳证券交易所的相继成立，中国证券市场国际化进入了全面发展时期。在证券投资方面，除了发行债券外，内地企业还在境外多个市场上发行股票与基金。例如，在1994年6月，青岛啤酒等九家中型国有企业作为内地第一批企业，在香港证券交易所向境外投资者成功地发行了H股，共筹集资金15亿美元，从而取得了内地企业在境外发行股票的零的突破。此后，H股、B股、N股、S股、美国存托凭证（American Depository Receipt）、中国投资发展基金等纷纷涌现。在证券投资方面，以真空B股的发行为起点，开始了证券市场向境外投资者开放的步伐。2001年2月，中国证券监督管理委员会做出了允许境内居民用自有外汇投资B股市场的决定，由此局部实现了证券市场投资的双向国际化。在证券业的国际化方面，自1982年7月野村证券在北京开设办事机构以来，境外的知名大券商、基金公司纷纷进入内地开办企业，一些著名的证券公司和基金公司还通过与境内金融机构或证券公司合资来发展业务，而另一方面，内地的证券机构也开始步入国际市场，在美国等地设立办事机构，从而实现了双向的互动。

（二）中国债券市场

中国债券市场从1981年恢复发行国债开始至今，经历了曲折的探索。1997年6月以前，商业银行主要通过证券交易所进行国债买卖。1997年6月，根据新的管理规定，商业银行全部退出交易所的证券交易，并通过新建立的银行间债券市场进行债券交易。1996年末建立债券中央托管机构后，中国债券市场进入快速发展阶段。1997年上半年，股票市场过热，其中，交易所的债券回购成为银行资金进入股票市场的重要渠道之一。目前我国债券市场形成了包括银行间市场、交易所市场和商业银行柜台市场三个子市场在内的统一分层的市场体系。中央国债登记结算有限责任公司作为债券中央托管机构，对中国债券实行集中统一托管，又根据参与主体层次性的不同，相应实行不同的托管结算安排。

其中，银行间市场是债券市场的主体，债券存量约占全市场的95%。这一市场参与者是各类机构投资者，属于大宗交易市场（批发市场），实行双边谈判成交，典型的结算方式是逐笔结算。中央国债登记结算有限责任公司为银行间市场投资者开立证券账户，实行统一托管；中央结算公司还为这一市场的交易结算提供服务。

目前，在银行间债券市场上，债券的发行利率和买卖价格都已由市场决定。债券一级市场的改革，为债券二级市场的发展创造了条件。在银行间，市场上组成了以公开市场一级交易商为核心成员的国债和政策性金融债券的承销团。证券承销商开始在银行间市场上承担债券买卖双边报价的功能，以促进债券流动性的提高。在银行间债券市场上，实现了债券的统一托管和无纸化，市场成员间签订了回购主协议。通过上述改革，银行间债券市场初步形成了现代债券市场的架构。

交易所市场是另一重要部分，有各类社会投资者参与，属于集中撮合交易的零售市场，典型的结算方式是实行净额结算。交易所市场实行两级托管体制，其中中央结算公司为一级托管人，负责为交易所开立代理总账户，中国证券登记结算有限责任公司为债券二级托管人，记录交易所投资者账户，中央结算公司与交易所投资者没有直接的权责关系。交易所交易结算由中国证券登记结算有限责任公司负责。

商业银行柜台市场是银行间市场的延伸，也属于零售市场。柜台市场实行两级托管体制，其中中央结算公司为一级托管人，负责为承办银行开立债券自营账户和代理总账户，承办银行为债券二级托管人，中央结算公司与柜台投资者没有直接的权责关系。与交易所市场不同的是，承办银行日终需将余额变动数据传给中央结算公司。同时，中央结算公司为柜台投资人提供余额查询服务，成为保护投资者权益的重要途径。

本节小结

国际资本市场主要由信贷市场和证券市场构成，由于长期资本主要是生产领域所需的资金，在世界范围内，长期资本通过国际资本市场得到了配置，流向了生产效率较高的国家和经济体，因此国际资本市场有利于全球产出水平的提高。不同国家居民之间所有贸易活动主要包括三种类型：产品和服务与产品和服务之间的贸易、产品和服务与资产的贸易，以及资产与资产之间的贸易。风险规避的外币资产投资者对某一特定资产的需求除考虑预期的收益外，还会对资产的风险性加以考量。

思考题

1. 简述国际资本市场的主要构成部分及其主要作用。
2. 简述中国证券市场的发展脉络。

第四节 国际银行业务

一、跨国银行的产生与发展

（一）跨国银行与国际银行

跨国银行是指通过股权或其他形式，在两个或两个以上国家建立分支机构并开展业务的商业银行。中国银行于 1929 年在伦敦设立了中国第一家海外分支机构，是我国拥有海外机构最多、海外经营历史最长的银行。

容易与跨国银行混淆的一个概念是国际银行。国际银行是提供国际业务的银行。判断一项业务属于国内业务还是国际业务，大致有三种不同的判定标准，即属人原则、属地原则和属币原则。

属人原则。银行为本国居民（包括自然人和法人）提供的业务，不论发生在国内还是国外，均属于国内业务；相反，为非居民提供的业务，不论发生在国内还是国外，均属于国际业务。

属地原则。银行在国内提供的业务。服务对象无论是居民还是非居民，也不管使用本币还是外币，都属于国内业务。银行在国外提供的业务则属于国际业务。

属币原则。银行使用本国货币开展的业务，无论在国内还是国外，都属于国内业务，而银行使用外币提供的业务，不管在国内还是国外，都属于国际业务。这就意味着，我国银行只要使用人民币开展的业务都属于国内业务。相反，使用美元、英镑等外币开展的业务属于国际业务。

银行即使没有境外分支机构，只要能够提供国际业务，就是一家国际银行，而跨国银行的本质特征是机构的跨国性，只要银行到国外设立分支机构并从事业务经营，就是一家跨国银行。两者的不同之处在于：跨国银行的标准是单一的，就是其营业机构的国界性；国际银行的划分标准则是多维的，包括交易主体、交易场所和交易币种。因此，国际银行的外延大于跨国银行。跨国银行一定是国际银行，而国际银行却不一定是跨国银行。

（二）国际业务推动跨国银行兴起

从历史上看，跨国银行是伴随着银行国际业务的发展而兴起的。银行最重要的国际业务是货币兑换和国际信贷。

古希腊城邦林立，金银铸币种类繁多，城邦之间的贸易往来非常密切，为了方便商人们更高效地进行货物贸易，希腊出现了一种专门从事各城邦货币兑换的货币兑换商。当时商人们与货币兑换商在一种被称作“Trapezes”的柜台上进行货币兑换，所以被称作“Trapezion”。到了古罗马时代（公元前 200 年左右），货币兑换业继续得到发展。这时的货币兑换商被称作“Argentarii”，他们在一种被称为“Banci”的小桌子上办理货币兑换业务，英文“Bank”一词也是从这里衍生出来的。国际贸易的出现以及金属货币的产生使得货币兑换业应运而生，并成为欧洲最早的银行业务。

商人们有时会把暂时不需要的钱交给货币兑换商保管，等需要时再从货币兑换商处取出，进而产生了存款业务。当越来越多的商人从货币兑换商处不停地存入和取出货币时，总有一部分货币被闲置下来。精明的货币兑换商于是把这些闲置的货币贷放出去，收取利息，于是产生了贷款业务。由此可知，正是货币兑换这项国际业务，衍生出了银行的存贷款业务。

西欧各国之间的战争也是商业银行国际业务发展的一大动力。由于没有系统的风险管理体制，银行最初的经营非常谨慎。银行的存款来源与贷款对象，主要是教会、王室和贵族，对企业的贷款只占银行对外贷款的一小部分。公元 14 世纪以后，由于欧洲各国战事连年不断，旷日持久的战争催生了国王们对资金的大量需求。国际银行与国际信贷在这一时期的发展达到了高潮。1300 年前后，意大利的佛罗伦萨取得世界银行的霸主地位。卢卡的里卡迪家族贷款资助英国爱德华一世征服了威尔士，弗雷斯科巴尔家族贷款帮助爱德华二世征战苏格兰，巴迪和佩鲁齐家族支持爱德华三世同法国进行历史上有名的“百日战争”。1345 年，爱德华三世共欠巴迪家族 90 万弗罗林，结果巴迪家族因贷款收不回来而破产，佛罗伦萨银行业因之趋于衰微。即便如此，这些还是极大地刺激了国际贷款的发展，为以后国际银行的扩张埋下了伏笔。

16 世纪中叶，当时的热那亚取代了安特卫普成为欧洲经济的中心，并掀起了新一轮的银行业热潮。为了控制美洲的白银，他们向西班牙的国王贷款，并据此大量发行汇票。直到 1622 年，美洲白银的泛滥导致白银贬值，这一事业被迫终结。到 18 世纪，国际银行业在荷兰的阿姆斯特丹再次兴起，国际银行业又出现了一次发展的高潮。荷兰银行向欧洲各国政府发放了大量贷款，其中有许多贷款后来无法收回，使荷兰银行因坏账过多而受到沉重打击，从此一蹶不振。

综上所述，货币兑换和国际信贷这两项重要的国际业务分别是在商品贸易和战争两个不同的因素影响下发展起来的。这两项国际业务分别加强了银行在国家间同商人与政府的联系，并为以后跨国银行的发展奠定了基础。

二、跨国银行的组织架构

跨国银行的业务不仅要符合国际形势的发展变化，还要符合所在地的经济环境、金融政策以及监管要求。跨国银行的经营目标是扩大自身的利润来源，占领更多的金融市场，这就要求跨国银行在设立与运营的过程中必须审慎甄别与选择组织架构和业务。

（一）跨国银行类别

1. 代理行

代理行是为境外商业银行代理业务的银行。从定义上看，代理行并不属于跨国银行。当商业银行希望跨国境开展业务，但因为成本或者政策上的限制无法设立境外分支机构时，商业银行可以在东道国选择合作伙伴，作为其代理行。商业银行在选择境外代理行之前，需要综合考虑多方面的因素。例如，分析其资产、资本及其他财务指标，判断其经营稳健性；甄别其信贷、业务和风险管理能力，确定该银行能否满足业务需求。一旦确定了目标银行，商业银行与该行正式签订代理合约，由代理行在贸易融资、国际清算、外汇汇兑、国际信贷等方面为商业银行的跨国公司客户提供服务。代理行可以转移资金或发放贷款，但是不能从东道国吸收资金。

在商业银行提供跨国金融服务方面，代理行具有成本低廉优势。但是，代理行这种模式的弊端也很明显：一是客户需要向代理行支付不菲的业务代理费；二是银行在业务处理方面缺乏主导地位，必须遵循代理行的业务程序和规则；三是容易造成客户资源流失，跨国公司往往被代理行抢走。

2. 代表处

代表处是商业银行在海外设立分支机构的最初形式，是跨国银行最简单的组织架构，代表母银行进行商业信息收集、公共关系维护以及潜在机会发掘等活动，不能从事银行业务。代表处的功能简单，受东道国的法律限制较少，因此运营成本较低。商业银行在开发新市场的时候，代表处是一个最有效的手段。1983 年美国花旗银行重返中国时，采取的方式就是在中国深圳设立代表处。

3. 分行

分行也称境外联行，是跨国银行分支机构中最主要的一种形式。分行并不是独立的法人实体，它是母行的一个组成部分，与母行之间存在着连带责任。分行的资产负债表不是独立的，而是母行资产负债表的一部分，其业务范围要与总行保持一致，总行对其活动负有完全责任。从公司的角度看，分行仍然是母行下属的一个法定的职能部门，开设一家分行意味着商业银行需要在海外市场投入更多的资金和人力资源。分行这种形式的缺点是，银行要对境外分行的经营不善或分行员工违规产生的不良后果负责。如果分行的资产负债表出现了问题，母行不得不拿出资本金来对其进行救助。

从原则上讲，分行可以从事各类银行业务，但是在实际运营中，分行更多从事的是批发业务。因为零售业务需要在东道国建立比较完善的机构网络，运营成本较高，所以分行在东道国较少从事零售业务，主要从事批发业务，分行的主要资产业务是对大型企业或者银行同业的贷款，分行的资金则主要来自母行划拨或者同业拆借。

4. 子行

子行也称附属银行，是商业银行在海外设立的独立法人实体。由于受到各种条件限制，商业银行往往不能直接在某些国家设置分支机构，可通过收购外国银行的全部股份或大部分股份成立附属机构。子行的经营自负盈亏，与母行之间不存在连带责任关系。因此，子行避免了分行的最大缺点，母行无须对子行经营中的不良后果负责。只要一家银行直接或间接拥有境外另一家银行一定比例的股票，能够绝对控制后者的经营决策，则后者就是前者的子银行。相对于分行来说，子行的优点是：母行的责任被限定在成立时的资本金之内，母行只承担有限责任；子行的业务范围更加广泛，有更多的网点机构来开展零售业务；一些国家给予子行更多的业务许可，如只有子行才能做投资银行业务。子行的缺点是：高资产规模比分行大，启动资金要求较高；管理成本以及运营成本也比分行高。

5. 联营银行

联营银行是指商业银行参股的东道国银行，不控制后者的经营管理。联营银行在法律地位、性质和经营特点上与子行类似，只是在联营银行中，任何一家外国投资者拥有的股权都在 50%以下，其余股权可以为东道国所有，或由几家外国投资者共有。商业银行参股联营银行的投资策略可以分为战略性投资和财务性投资两种。商业银行如果进行的是战略性投资，就会积极参与联营银行的经营管理，并提供自身的经验和资源。如果只是财务性投资，希望日后以一个更高的价格转让股权，获取投资收益，商业银行就不会介入联营银行的经营管理。例如，我国国有商业银行在实施股份制改造时曾经引入外资银行作为战略投资者，然而，这些参股的外资银行大多以财务性投资为目的，较少参与经营管理，也没有将其先进的经验和理念引入我国国有银行的经营管理中。

6. 银行集团

银行集团通常是由两个以上不同国籍的跨国银行依据协议共同投资注册而组成的公司性质的合营银行，任何一个投资者所持有的股份都不超过 50%。在进入新市场时，为了达到降低资本要求和风险的目的，多个国家的商业银行可以联合多家银行的资金、技术和资源，实现优势互补，占领较大的市场份额，这种方式在 20 世纪 70 年代盛行一时。目前银行集团主要为大型项目提供金融服务。

代表处、分行不是独立的法人，母行可以对其进行完全控制。子行、联营银行、银行集团是独立的法人，母行只能根据控股的多少对其产生不同程度的影响。从业务范围来看，代表处的业务有限，银团银行一般不经营小额业务，只有分行、子行、联营银行能够开展广泛的业务。代理行是外籍银行，尽管与本国银行有资金往来的业务代理关系，但毕竟不是自己的银行，业务上不如使用本国境外联营银行方便。

（二）决定跨国银行组织架构的因素

不同的跨国银行的组织架构各有利弊，跨国银行在选择组织架构时，必须综合考虑以下几个因素。

1. 法律法规

跨国银行在海外设立分支机构时，东道国对外资银行的法律规定以及监管要求是跨国银行考虑的首要因素。尽管 WTO 规定成员之间应该向外资银行开放其金融行业。然而，发展中国家对外资银行开设分行或者子行的限制较多，发达国家金融市场开放程度较高，对外资银行的限制较少。2006 年 11 月 28 日，我国履行加入 WTO 时开放外资银行的承诺，由中国银行业监督管理委员会（简称银监会）[①]发布了《中华人民共和国外资银行管理条例实施细则》，全面体现了履行加入世贸组织承诺，对外资银行实行国民待遇的原则，明确了外资银行设立机构、开展业务包括从事人民币业务的条件、申请程序和审批时限。

2. 资源限制

跨国银行的组织架构不同，所需的资金和人力资源也不相同。例如，设立子行需要支付的成本最大，所耗费的人财物资源最多，而设立代表处所需要的投入最小。此外，不同组织形式跨国银行的业务经营各有侧重，对人力资源的要求差异较大。例如，代表处需要在业务发展和公共关系方面具有出色能力的人员，分行则需要擅长管理信用风险的人员。

3. 经营环境

如果东道国的金融开放程度较高，金融体系也较为完善，商业银行认为环境好，

① 2018 年，银监会和保监会合并，组建中国银行保险监督管理委员会（简称银保监会）。2023 年，在银保监会基础上组建国家金融监督管理总局。

商业机会多，可设立规模比较大的分行或者子行。如果东道国风险程度较高，开展业务存在很大的不确定性，商业银行则会选择成立一家代表处，进行试探性的经营。

4. 税收

不同组织架构的跨国银行的税收大不相同。子行是东道国的独立法人，需要按照东道国的税收制度纳税。分行不是独立法人，不必向东道国缴纳公司所得税，而是要将利润合并到母行，按照母行所在国的税收规定纳税。为了降低税收负担，商业银行往往根据东道国的税收负担以及在当地的经营状况来确定采取何种组织架构。在东道国税负较重的情况下，商业银行一般不设立子行，以便能够把利润从该国转移到税负较轻的母国或第三国。跨境经营之初经常会出现亏损，采用分行的形式有助于减轻母行的税务负担。当分行开始盈利后，在东道国税负较轻的情况下，可将分行升级为子行。

总体来说，跨国银行在进入新市场的初期，大多会选择代表处或分行的形式。当其规模发展较大，业务较为成熟后，特别是进入本土化阶段后，能够获得国民待遇的子行则成为主要的形式。

三、跨国银行的业务与监管

按照业务性质，跨国银行与国内银行没有什么不同，可划分为资产业务、负债业务和表外业务。然而，跨国银行的业务有其侧重点，零售和私人银行业务、同业拆借业务、国际银团贷款、贸易金融服务、项目融资和国际担保是跨国银行最常见的业务。

（一）常见业务

1. 零售和私人银行业务

零售银行业务，一般是指面向小型企业和个人消费者提供的分散、零星的小额银行产品和金融服务。零售银行业务不是具体的某一项业务，而是有着广泛的业务领域，同时包括资产业务、负债业务和中间业务。具体来说，零售银行业务只向个人提供银行服务，包括存款业务，住房、汽车以及其他种类的消费信贷、信用卡服务、交易账户等，以及个人客户的保险和投资理财业务。

对于本土化经营的商业银行来说，零售银行业务是其重要的利润来源。然而对于跨国银行来说，开展零售银行业务的难度要比本地银行大得多。产品偏好和营业网点的广泛性成为零售银行国际化的巨大障碍，本地银行在零售银行业务中占有重要地位。由于零售银行的产品、客户和银行监管在不同国家之间有很大的差别，跨国银行在与拥有广大分支系统的本地银行竞争时，往往处于下风。

20 世纪 80 年代见证了零售银行国际扩张的艰难历程，多家银行做出尝试均未获得成功，只有花旗集团成功地在零售银行领域建立起一个全球品牌。花旗银行将自身零售银行的区域划分为北美区、欧洲区、亚洲区和拉美区。根据花旗银行 2013 年财报，非北美区对其消费金融的利润贡献度已经达到 43%。花旗银行之所以能够在零售银行业务中取得成功，关键在于它拥有出色的银行卡业务。银行卡业务对消费金融的利润贡献度达到 56%。

私人银行业务是指向拥有高资产的个人提供财富管理服务的业务。私人银行业务与零售银行业务在业务种类上有交叉，二者主要区别在于服务对象不同。尽管私人银行也包括存款和贷款这两大传统零售业务，但是私人银行有独特的业务，即财富管理。财富管理涉及保管业务、贵金属、货币、商品及艺术品投资管理、基金和保险理财等，是跨国银行展开竞争的主要区域，也是其最大的利润来源。与零售银行不同的是，私人银行的客户经理需要与客户保持长期的合作关系。私人银行领域的客户资源少，竞争压力大，除了向客户提供优质的产品外，良好的私人关系是客户经理维系客户的关键。

2. 同业拆借业务

同业拆借业务的资金规模比零售银行的资金规模大得多，其行为类似于商品供应商之间的交易，所以它也被称为批发银行业务。商业银行能够通过同业拆借提高资金的使用效率。一方面，有的银行会面对非常有利可图的投资机会，但是自身可使用的资金却不充足；另一方面，也有一些银行因为一时找不到合适的投机机会而造成暂时的资金闲置。同业拆借将资金的需求方和供给方连接起来，使资金的利用达到最大化。

跨国银行在面对营业机构网络已经发展成熟的本地银行时，零售银行业务的扩张面临着很大的困难。因此，同业拆借成为跨国银行主要的资金来源。银行之间同业拆借期限短，流动性强，安全性高，是跨国银行保持必要流动性的一个重要手段。

目前世界上最著名的银行间同业拆借市场是伦敦银行间同业拆放市场。伦敦银行间同业拆放市场最初只是作为银行间由于头寸不足而互相拆借英镑的市场，伴随着国际金融业务的扩张，该市场将币种拓展到美元、欧元、日元等国际货币，形成了“欧洲货币批发市场”。伦敦银行间同业拆放利率不仅是银行间拆借资金的参考利率，同时也是价值数万亿美元的衍生品的参考利率，在全球金融市场上具有举足轻重的地位。

我国银行间互相拆借资金的市场是全国银行间同业拆借中心，其总部设在上海。由 18 家报价行独立报出不同期限的人民币拆借利率，该中心经过处理和计算后得出上海银行间同业拆放利率，于每个工作日的上午 11：00 对外公布。截至 2018 年 6 月，参与我国银行间同业拆借中心人民币拆借市场的跨国金融机构包括 114 家外资银行、203 家境外银行、37 家境外保险公司、38 家境外证券公司、7 家国际金融组织和 5 家主权财富基金，以及人民币合格境外机构投资者。可以看出，能够在我国银行间同业拆借市场上进行人民币拆借的不仅包括为数众多的跨国银行，也包括尚未在我国设立分支机构的境外银行，银行间同业拆借市场是设立在我国的跨国银行借入资金的主要场所。

3. 国际银团贷款

国际银团贷款又称辛迪加贷款，是跨国银行的核心业务之一，能够为银行带来丰厚的收入。当贷款项目涉及的金额较大，或者风险偏高时，国际银行贷款模式能够使多家银行共同提供资金，分摊贷款风险。国际银团贷款一般需要一家或几家大银行作为牵头行，搜集有用的信息来判断借款者的信用级别，组织贷款，并把贷款份额再出售给其他参与银行。牵头行必须要有能力将贷款销售给其他金融机构，完成必要的组织工作并为之定价。参与行虽然在整个国际银团贷款中不占主要地位，但是对于一家银行来说仍然有重要的意义。因为银行从国际银团贷款中获取的收益是相当可观的，远大于国内贷款，而且对于一家希望涉及国际信贷业务的银行来说，充当参与行是一个很好的起点。银行可以先参与由其他银行牵头组织的国际银团贷款，以结识众多的国际大银行，并积累国际银团贷款业务相关的经验。

为了满足资金供求双方不断增长的需要，国际银团贷款发展出不同的形式。按照贷款期限，可分为定期银团贷款和循环银团贷款；按照贷款人和借款人的关系，可分为直接银团贷款和间接银团贷款。此外，还有备用贷款、备用信用证担保贷款等。

4. 贸易金融服务

在商业银行的各项业务中，贸易金融服务的历史十分悠久，它几乎与商业银行的兴起同时出现。跨国银行的设立在很大程度上是为本国的跨国公司提供结算、融资、保函等贸易金融服务。这不但在跨国银行的国际业务中占有很大比重，而且与跨国银行的其他业务相关联。因此，各大跨国银行对贸易金融服务都十分重视，往往设有专门的机构负责此项业务。

根据融资期限的长短，国际贸易融资可以分为短期贸易融资和中长期出口信贷。短期贸易融资是指期限在一年之内的贸易融资，一般适用于原材料、燃料、零部件、消费品等制造周期短、价值较低的商品，故其融资的额度通常也较小。中长期出口信贷，是指银行提供的中长期国际贸易融资。之所以称为出口信贷，是因为中长期国际贸易融资一般都是由出口国的银行提供的，以促进出口为目的，并且都有国家的政策性支持，根据贸易融资服务的对象不同，可以分为对出口商的融资和对进口商的融资。

5. 项目融资

项目融资是指银行基于项目的资产和现金流量，资金回报和费用较高的新型融资方式。项目融资的根本特征是有限追索和风险分担，所涉及的参与方比传统的国际信贷更加复杂。这是适应跨国公司业务发展的需要，在大型项目国际招标的基础上，由国际银团贷款发展起来的一种新型国际贷款，实际上属于商业银行业务或者投资银行业务。

项目融资具有以下特点。①注重项目承办单位的资产状况和项目本身的经济效益。②多方担保。要求与工程项目有利害关系的多个单位进行担保，即项目建设的承包商、项目设备和原材料供应商、项目产品的购买者或使用者、保险公司、政府机构等。③工程所需要的资金来源多样化。

6. 国际担保

国际担保指银行在企业进行跨境贸易、工程、金融合作中，向境外机构（担保受益人）承诺，当企业未按照贸易、工程或金融合同等履行其应有的义务时，由担保人代为履行义务。在国际担保中，通常被担保人或受益人至少有一方位于境内。

国际担保能够支持的跨境交易类型较为广泛，既包括非金融性交易，诸如国际买卖合同、租赁合同、国际工程承包等，也包括融资性交易，诸如国际贷款、透支、票据发行便利、境外证券发行、跨境并购、风险参与交易。国际担保目前适用的管理包括国际商会发布的《合同担保统一规则》（URCG325）、《见索即付保函统一规则》（URDG758）、《合同保函统一规则》（URCB524）、《国际备用证惯例》（ISP98）以及《联合国独立担保和备用信用证公约》。

（二）跨国银行的金融监管

金融监管是指政府机构或行业自律组织以降低金融风险、维护金融安全为目的，对金融机构和金融市场在准入、运营和退出等方面的监督管理。由于市场经济体系中本身存在着不稳定性和市场失灵的问题，再加上金融体系对于风险有放大作用，为了使金融能够更好地服务于实体经济，客观上需要政府对金融行业进行必要的管制和指导。跨国银行的产生，使得资本在全球范围内自由流动的同时扩大了金融风险。相对于本土化经营的商业银行来说，跨国银行在两个方面风险度较高：一是跨国银行的国际业务经常互相交叉与牵连，跨国银行在这种情况下对于风险的管理面临很大的障碍；二是跨国银行在经营过程中经常涉及监管空白的灰色地带，由于母国和东道国对跨国银行监管可能存在真空期，因此使得跨国银行有了很强的冒险投机的意愿，这使得风险可能在短时间内聚集，造成无法弥补的损失。

20 世纪 70 年代以来，国际市场上发生了一系列重大银行破产案件，其中包括美国的富兰克林国民银行和奥地利的安斯塔特银行。这些银行破产给国际金融市场造成了很大的冲击，使得各国政府意识到加强银行监管已刻不容缓。1974 年底，十国集团央行行长在巴塞尔召开会议研究国际银行风险监管问题，成立了巴塞尔银行监管委员会（简称巴塞尔委员会），总部设在瑞士的巴塞尔。作为国际清算银行的一个正式机构，巴塞尔委员会由各成员中央银行官员和银行监管当局代表组成，负责制定全球范围内国际银行资本和风险监管标准。2009 年 3 月，我国正式加入巴塞尔委员会，全面参与国际银行业监管标准和准则的研究制定工作。《巴塞尔协议》针对性地提出银行资本管理要求，并且不断随时代的变迁而进行修订与完善，对跨国的经营和战略产生了深远的影响。

本节小结

跨国银行，是指通过股权或其他形式，在两个或两个以上国家建立分支机构并开展业务的商业银行。跨国银行的主要类别包括：代理行、代表处、分行、子行、联营银行和银行集团六种类型，跨国银行的主要常见业务包括：零售和私人银行业务、同业拆借业务、国际银团贷款、贸易金融服务、项目融资、国际担保等六个方面。

思考题

1. 决定跨国银行组织架构的因素包括哪些方面？
2. 简述《巴塞尔协议》中关于跨国银行金融监管的主要内容。

第五节 国际资产组合

一、国际组合投资的发展状况

1952 年，美国经济学家哈里·马科维茨最早提出了现代组合投资理论。1952 年 3 月，他在《金融杂志》上发表《资产组合选择：投资的有效分散化》一文，该文堪称现代金融理论史上的里程碑，标志着现代组合投资理论的开端，而国际组合投资理论与实践的发展在一定程度上可以理解为第二次世界大战后，各国经济联系日益加强的必然结果。

1945 年随着第二次世界大战结束，世界经济进入战后恢复阶段，美国成为资本主义世界的头号强国，伴随着战后重建的逐渐深入，资本主义经济体又迎来了发展的“黄金时期”。实体经济的发展和国际关系的缓和推动了各国的经济交往。与此同时，1944 年以美国为主导建立了布雷顿森林体系，各国均严格遵守固定汇率制度，保持汇率稳定，这一稳定的国际货币体系又大大推动了国际贸易的发展。据统计，1948～1971 年，资本主义世界的出口贸易平均年增长 8%，大大高于第一次世界大战期间的 0.8%。经济和贸易的发展也极大地推进了国际资本流动，但是由于这一时期西方国家对国内金融市场实行严格监管，对国际资本流动实行控制，当时的国际投资主要以直接投资为主，组合性的证券投资规模较小。

从 20 世纪 80 年代开始，国际组合投资进入了高速发展阶段。表 4-2 为国际组合投资的概况。

表 4-2 截至 2021 年国际组合投资概况 单位：亿美元

国家及地区	总投资组合资产	股本及投资基金	债券总额	长期债券	短期债券
美国	162 092	119 445	42 647	36 882	5 766
卢森堡	64 386	34 569	29 817	25 398	4 420
日本	50 639	22 148	28 491	28 100	390

续表

国家及地区	总投资组合资产	股本及投资基金	债券总额	长期债券	短期债券
爱尔兰	50 517	23 065	27 452	20 946	6 507
德国	45 865	21 533	24 332	24 009	323
英国	41 786	25 749	16 036	14 292	1 744
法国	32 950	11 762	21 189	18 313	2 876
开曼群岛	28 911	14 107	14 804	11 786	3 018
加拿大	27 385	22 197	5 189	5 121	67
荷兰	24 899	13 545	11 355	10 654	701
其他国家	280 263	144 010	136 253	119 858	16 395
世界总额	809 693	452 129	357 565	315 359	42 206

资料来源：IMF（2021）

注：合计数与各分项加总略有出入是数据修约所致

从表中可以看到，截至 2021 年，各个国家及地区拥有的国际证券资产约达 80.97 万亿美元，其中股票类资产超过 45 万亿美元，规模相当大。

在当前的国际组合投资中，发达国家的证券仍然是投资的主要流向，但是新兴市场正日益成为国家组合投资的一个重要投向。同世界发达的证券市场相比，新兴证券市场具有如下两个基本特征：①主要位于新兴工业化国家和发展中国家或地区。根据国际金融公司编制的“新兴市场可投资综合指数”，截至 1996 年全球共有 36 个证券市场被列入新兴证券市场，其中拉美有 12 个，亚洲有 11 个，非洲有 8 个，欧洲有 3 个，中东有 2 个；②这些市场以国内迅猛的经济增长为背景，规模扩张极为迅速，投资收益率也是相对较高的。新兴市场提供的高收益率以及风险分散化优势使得国际组合投资加速进入新兴市场。

国际投资者主要通过基金进入新兴证券市场。例如，直到 20 世纪 80 年代末，在美国注册的墨西哥基金一直是美国投资者投资墨西哥市场的唯一途径。又如，尽管韩国 1991 年才启动证券市场自由化进程，但早在 1984 年，在纽约证券交易所上市的韩国基金就已经进入韩国市场。据世界银行的一项调查，1997 年养老基金对新兴市场的投资占其总资产的 1.5%～2%，约为 500 亿～700 亿美元。根据新兴市场基金研究公司和国际金融公司的统计，全世界新兴市场基金的股票投资达到较高的水平，1996 年底对部分亚洲经济体的投资达 772 亿美元，占其股市总值的 5%；1997 年底对拉美部分经济体的投资为 397 亿美元，占其股市总值的 7%。20 世纪 90 年代以来，美国的基金大幅度增加了对新兴市场的投资。1991～1998 年，美国专门针对新兴市场的基金从 3 只增至 165 只，同期基金净资产从 1.42 亿美元增加到 135 亿美元。1997 年基金资产最高时曾达到 170 亿美元，但亚洲金融危机之后有所回落。进入

21 世纪，随着新兴市场国家从危机中走出，新兴市场高速增长的经济和较高的投资收益又吸引了大量资本涌入。

二、国际组合投资的动机

国际证券投资理论认为，投资于多个国家的证券市场比仅投资于一国证券市场能有效地分散风险，并保持不变的收益水平。各国经济波动周期的差异以及国际证券市场一体化程度不高，相关系数较低，为投资者在不同时期、不同国家分散风险提供了必不可少的条件。通过国外投资，可部分地消除证券组合中来自本国商业循环周期波动的影响，这既能在较大程度上消除各种风险，又能使投资者持续获得局限于一地所无法保持的长期收益。所以，投资者进行国际组合投资的动机主要包括如下两个方面。

（一）获取更高的收益

投资者的收益率用预期收益来反映，组合的收益等于各项资产收益的加权平均结果。假设投资 A 国股票的收益率为 15%，投资 B 国股票的收益率为 20%。如果 A 国投资者仅投资于 A 国市场，那么他仅能获得 15%的投资收益率。若 A 国投资者构筑了一个国际组合，在其组合投资中加入 B 国的股票，而且各占 50%的比例，那么根据组合收益率的计算公式①可知，此时 A 国投资者的收益率将是 17.5%，比仅投资于 A 国市场提高了 2.5%。也就是说，投资者可以通过在组合当中加入收益率更高的外国证券来提高整个组合的收益率。

国际组合投资所带来的收益增值主要来自两个渠道：①如果外国证券市场无效，那么外国证券的价格就不能反映全部信息，准确把握交易时机的投资者可以获得超额利润；②外国证券市场与本国证券市场分离，这意味着外国市场的投资者承担证券风险而获得的报酬与本国市场上的投资者不同。例如，假定一个资本缺乏的小国必须向股权投资者提供 4%的实际收益率，而资本充裕的大国对于具有相似风险的项目只需 2%的实际收益率。如果这些市场始终被各种壁垒分离，那么这些收益率差异就会持续下去。投资者始终可以通过国际组合投资来获得增值收益。

（二）获取风险分散化收益

投资是有风险的，按照风险能否被分散，可以将风险划分为系统性风险和非系统性风险。系统性风险是由那些影响整个金融市场的风险因素引起的，这些因素包括经济周期、国家宏观经济政策变动等。这一部分风险影响所有金融变量的

---

① 投资组合收益率 = $\sum$（投资比例×单项资产收益率）。

可能值，因此不能通过分散投资相互抵消或削弱，又称为不可分散风险。换言之，即使投资者持有的是充分分散化的组合投资，也要承受这一部分风险。非系统性风险是一种与特定公司或行业相关的风险，它与经济、政治以及其他影响所有金融变量的因素无关，也就是说与整个市场无关，所以分散投资能够降低非系统性风险，而且如果分散是充分有效的，这种风险还能被消除，故又被称为可分散风险。资产组合理论证明，资产组合的风险随着组合所包含的证券数量的增加而降低，资产间相关度极低的多元化资产组合可以有效地降低非系统性风险。全球化进程的日益发展使我们能够利用国外的证券，将其作为一种可行的更大范围上的分散化途径。

一国国内证券组合投资一般只能分散本国市场上的非系统性风险，而国际证券组合投资不仅可以降低非系统性风险，还可以起到降低相对于一国而言的系统性风险的作用。对于分散化风险而言，构筑国际证券组合比国内证券组合要理想得多。但是，这一结论成立的前提是各国之间证券投资收益的相关性较低。从组合投资的角度看，与国内证券之间或国内不同证券市场之间的相关性相比，不同国家之间的相关性要小得多。

三、国际组合投资渠道

投资者可以通过多种途径进行国际投资，每一条途径都有其自身的优点。常见的国际组合投资渠道包括如下三种类型。

（一）在国外证券市场上直接购买外国证券

随着各国资本流动控制政策的取消和各国证券市场的对外开放，越来越多的投资者通过直接购买外国证券市场上的证券来实现国际组合投资。直接购买外国证券的好处是投资者可以完整地实现自己的投资意图，贯彻自己的投资策略。但对于投资者而言，这样一种投资在技术层面可能存在一些障碍，如跨境交易成本过高、外汇兑换成本加大、对外国证券的信息掌握不充分等。因此，对于个人投资者来讲，直接购买外国证券是一个综合成本较高的国际组合投资形式，但对较大规模的投资机构而言，却是在国际投资中首选的一种方式。例如，目前就有许多机构投资者通过合格境外投资者制度直接投资中国证券市场。

（二）购买本国市场上的外国证券

现在，很多公司的股票不仅在国内上市，还同时在其他国家的多个证券市场上做异地上市。这就为投资者在本国市场上购买外国证券提供了可能。目前，大多数公司的海外发行采取了存托凭证形式，购买存托凭证也成为一国投资者构筑国际组合的重要渠道。

存托凭证，又称预托凭证，是指在一国证券市场流通的代表境外公司有价证券的可转让凭证，属于公司融资业务范畴的金融衍生工具。存托凭证实际上是境外公司存托股票（depository share）的替代证券。存托凭证发行后，与其他证券一样，可以在外国证券交易所或柜台市场自由交易。以股票为例，存托凭证的产生过程如下：经纪人在其国内证券市场购买一定数额的股票，并交付于当地的托管银行（也称受托银行）保管，然后由托管银行通知外国的存券银行在当地发行代表该股份的存托凭证。美国存托凭证的示意图如图 4-5 所示。

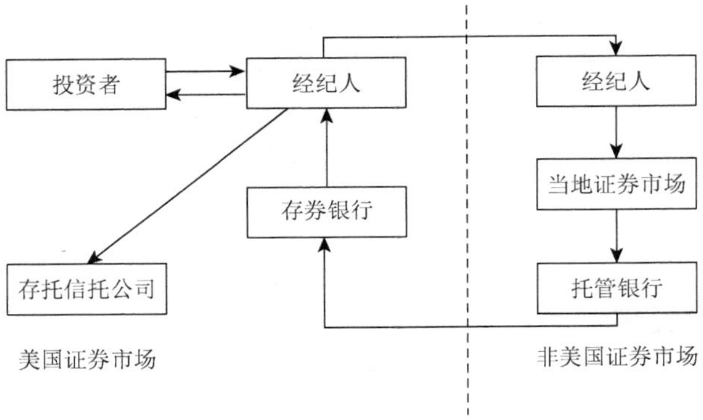

图 4-5 美国存托凭证示意图

从投资人的角度看，存托凭证是由存券银行所发行的几种可转让股票凭证，证明一定数额的某外国公司股票已寄存在该银行在外国的保管机构，而凭证的持有人实际上是寄存股票的所有人，其所有的权利与原股票持有人相同。以美国存托凭证为例，国内公司可以通过发行该种存托凭证快速筹集到大量外汇资金，拓宽公司的股东基础，提高其长期筹资能力，提高公司证券的流动性并分散风险。而且，发行存托凭证可以规避直接发行股票与债券的法律要求，手续简单，发行成本低。对于美国居民而言，投资中国公司在美国发行的存托凭证，既可以分散跨国投资，以实现组合投资的多元化，而且以美元交易，非常方便。存托凭证一般代表公司股票，但有时也代表债券。存托凭证的当事人，在本地有证券发行公司、保管机构，在国外有存券银行、证券承销商及投资人。按其发行或交易地点不同，存托凭证被冠以不同的名称，如美国存托凭证、欧洲存托凭证（European depository receipt，EDR）、全球存托凭证（global depository receipt，GDR）、中国存托凭证（Chinese depository receipt，CDR）等。从世界范围看，目前存托凭证交易最为活跃的地区以欧美为主，美国存托凭证的发行量一直遥遥领先。美国存托凭证通过减少或消除诸如交割延误、高额交易成本以及其他与跨国交易有关的不便之处，为非美国公司的股票在美国交易提供变动的渠道。从清算、交割、过户和所有权的角度来看，存托凭证都可以同美国证券一样进行交易。

（三）投资共同基金

投资者也可以通过购买投资于外国证券市场的共同基金来实现国际组合投资，这也是个人投资者最好的选择。这些投资于外国证券市场的共同基金可以分为以下五类。

第一，全球基金。全球基金有时也被称为世界基金，这种基金广泛投资于全球证券市场，包括美国等发达国家的证券市场和亚洲、拉美、欧洲的新兴市场，但全球基金并不一定意味着在全球范围内广泛投资，这些全球基金可能会集中投资于几个证券市场。例如，IDEX 全球股票基金将 26%的资产投资于美国，11%投资于英国，8%投资于法国，日本和德国各投资 6%。

第二，国际基金。国际基金也叫外国基金，这种基金广泛投资于除本国市场以外的其他国家的证券市场。国际基金和全球基金的差异就在于是否对基金注册所在国市场进行投资。同全球基金一样，国际基金可以有各不相同的投资重点和投资战略。例如，中城国际分散基金将其资产投资于 44 个不同国家，而奥克马克基金将其资产投资于世界上几个快速增长的市场：泰国、韩国、中国香港和土耳其。

第三，区域基金。区域基金是投资于世界上某一特定地理区域的证券市场。例如，区域基金可以将其资产集中投资于欧洲、拉美或亚太地区。

第四，国家基金。国家基金在本国市场外的单一国家市场进行投资，如中国基金、日本基金、韩国基金等。

第五，新兴市场基金。新兴市场基金是专门投资于新兴市场的基金。新兴市场基金近年来在国际市场上发展很快。

四、国际资产最优组合分析推导

关于国际资产最优组合的分析，可以由以下模型得出。一个典型的投资者可以将其实际财富 W 投资于本国和外国资产。将有两种结果，但并不可以预知哪一种情形会发生。其中情形一发生的概率为 q，对每一单位的财富投资本国会带来 H_1 单位的回报，对每一单位的财富投资外国会得到 F_1 单位的回报。情形二发生的概率为 $1-q$，对每一单位的财富投资本国和外国可以分别得到 H_2 单位和 F_2 单位的回报。

假设投资本国的资产比例为 a，投资外国资产的比例为 $1-a$。那么如果情形一发生，投资者能够消费这两种资产的加权平均值为

$$C_1=[aH_1+(1-a)F_1]\times W \tag{4-1}$$

同样情形二的消费为

$$C_2=[aH_2+(1-a)F_2]\times W \tag{4-2}$$

无论哪种情形，投资者获得的效用 $U(C)$都是其消费水平 C 的函数，因为投资者事先并不知道哪种情形会发生，所以他会做出资产组合决策，以达到将来消费的平均值或预期效用的最大化，即

$$qU(C_1)+(1-q)U(C_2) \tag{4-3}$$

将式（4-1）和式（4-2）给出的情形一和情形二的消费水平代入上述预期效用函数，投资者的决策问题就可以表述如下，即选择投资比例 a 以达到预期效用最大化：

$$qU\{[aH_1+(1-a)F_1]\times W\}+(1-q)U\{[aH_2+(1-a)F_2]\times W\} \tag{4-4}$$

通过对上述预期效用函数的 a 求偏导并令导数为零，即可求出投资决策问题的解。

令 $U'(C)$表示预期效用函数 $U(C)$关于 C 的导数，即 $U'(C)$是消费的边际效用。如下式：

$$\frac{H_1-F_1}{H_2-F_2}=-\frac{(1-q)U'\{[aH_2+(1-a)F_2]\times W\}}{qU'\{[aH_1+(1-a)F_1]\times W\}} \tag{4-5}$$

则可求解出使得预期效用最大化的 a 值，即最优投资比例。

对于一个风险规避的投资者，消费者的边际效用 $U'(C)$会随着消费的增长而下降。边际效用递减解释了风险规避者为什么不进行预期收益为零的投机：因为投机成功得到的额外消费效用比投机失败损失的消费效用可能要小。如果消费的边际效用不随消费而变化，则称这样的投资者是风险中性的而不是风险规避的。一个风险中性的投资者愿意进行预期收益为零的投机。

如果投资者是风险中性的，那么对于所有的 C 来说，$U'(C)$是一个常数，式（4-5）就变为

$$qH_1+(1-q)H_2=qF_1+(1-q)F_2 \tag{4-6}$$

这表明本国资产与外国资产的预期收益率相等，即如果不考虑风险（和流动性），在均衡状态下所有资产均具有相同的预期回报。因此，在风险中性条件下，利率平价条件成立，但在风险规避条件下一般来说不成立。

从上述分析可以看到，在两种自然情形下，任何一种资产都不可能比另外一种产生更高的回报。如果某种资产确实比另外一种更优，那么式（4-5）左边为正，右边为负（因为消费的边际效用总是假定为正）。因此，式（4-5）无解。直观上说，如果对于某种资产总有另外的资产优于它，那么就没有人愿意持有它。如果确实有人这样做，其他投资者就可以出售低回报的资产并用所得购买高回报的资产，从而得到无风险的套利。

为明确起见，假设 $H_1>F_1$ 和 $H_2<F_2$，则在情形一下本国资产更优，在情形二下外国资产更优。

本节小结

投资者进行国际组合投资的动机主要包括两个方面：一是获取更高的收益，二是获取风险分散化收益；国际组合投资主要包括三条渠道，分别是在国外证券市场上直接购买外国证券、购买本国市场上的外国证券、投资共同基金。

思考题

1. 简述国际组合投资的主要动机。
2. 国际组合投资的渠道包括哪些？
3. 试推导国际资产最优组合的实现过程。

第三篇　国际生产理论与政策

第五章

国际生产理论

第一节　国际直接投资理论

随着经济全球化和投资自由化程度的加深，国际直接投资已经成为世界经济活动和联系的重要纽带，对国际政治、经济关系产生了深刻的影响，是国际经济发展中最活跃、最引人注目的因素。各国通过国际直接投资，实现生产要素的国际转移和重新配置，提高各国生产要素的利用效率，促进经济发展，加强国与国之间的经济联系。作为国际直接投资的主体，跨国公司也在迅速兴起，并通过跨国经营、兼并等方式，迅速在全球形成了庞大的生产和销售网络，推动了世界产业结构的调整。

一、国际直接投资的内涵

（一）国际直接投资概念的界定

国际直接投资（foreign direct investment，FDI）也称对外直接投资、海外直接投资或跨国直接投资，是指一国的投资者（自然人或法人）在所在国（母国）之外进行的，以获取持续利润或稀缺生产要素为目的，通过参与企业管理并取得某种程度的控制权的资本投资，并伴随着经营能力、技术知识等资源组合的跨国界转移。对资本输出国（即母国）来说，国际直接投资就是对外直接投资；对资本输入国（即东道国）来说，就是吸收国际直接投资。说法不同是因为角度的不同、资金流向的不同。

国际货币基金组织对国际直接投资下的定义在学术界也颇具影响力，具体如下：“国际直接投资是指一个国家（或地区）的居民或实体（国际直接投资者或母公司）与在另一国的企业（国外直接投资企业、分支企业或国外分支机构）建有长期关系，具有长期利益，并对之进行控制的投资”。在股权参与式直接投资中以25%作为拥有控制权的最低限度。同时国际货币基金组织认为，国际直接投资者除了利用股权投资这种方式之外，还可以通过别的方式同样达到有效控制其他商业实体的效果，这就是非股权参与式（non-equity participation）国际直接投资，它是指国际直接投资者没有在东道国企业中参与股份，而是通过与东道国企业签订有关技术、管理、销售、工程承包等方面的合约，取得对该东道国企业的某种管理控制权，如技术许可证合同（technical licensing contract）、管理合同（management contract）、销售协议（sales agreement）、交钥匙合同（turn-key contract）、技术援助或技术咨询合约（technical assistance or technical consulting agreement）。

关于上述定义，经济学界存在两点争论。一是有关股权参与式直接投资中为获得控制权所要求的最低股权份额。对于这个数字的要求，不同的国家和地区有不同的规定。例如，联合国对这个比例的规定是 10%，英国、德国的规定是 20%，加拿大规定这一比例不低于 50%。实际上，随着全球经济一体化的发展，企业之间相互参股的现象越来越普遍，企业的股权分布日益分散，因此投资者即使拥有不高的股权比例，也完全可以对一个企业的经营管理拥有控制权。相反，如果某些国家的政府对当地企业的人力资源、产品营销等方面有严格的规定和限制，那么即便国际直接投资者对该企业拥有全部的股权，也不见得能拥有控制权。

非股权参与式直接投资是否属于国际直接投资？尽管有些学者的观点是不涉及资产所有权，不能算作国际直接投资。但大多数学者认为，国际直接投资的特点是取得对所投资企业一定程度的经营管理控制权，因此，从这个角度来说，非股权参与式直接投资和股权参与式直接投资一样，都能够对目标企业的经营管理权实施一定的影响，所以非股权参与式直接投资也是国际直接投资的一种形式。

（二）国际直接投资的基本特点

国际直接投资在本质上与一般的投资过程相同，但是每一个环节都更为复杂。具有如下的特点。

1. 国际直接投资是资源的跨国界转移

国际直接投资过程必然伴随着资源的跨国转移。除了货币资本的移动，还伴随着企业经营管理所必需的其他要素，如信息技术、经营管理与市场销售技能等资源组合向东道国的转移。一旦投资活动付诸实施，就开始了资源的跨国界转移，最终使得能产生收益的资本多国分布。这种转移对于促进资源与生产要素流动，促进投资流入国、流出国的经济增长和生活水平的提高都起着重要作用。但要指出，一方面资源转移是跨国界的，另一方面，最终产品形成之前的资源的转移配置一般会保持在公司系统内部进行。

2. 国际直接投资是企业跨国界的扩展

从地域上看，国际直接投资是公司的经营活动由母国向东道国的扩张，因为它是资本、技术、经营管理技能等生产要素组合的转移，所以在整体上体现了企业跨国界的扩展。国际直接投资的目标就是通过对外直接投资实现跨国界的生产和销售。于是，随着国际直接投资的发生，企业的生产活动、市场销售活动和前期准备工作等，甚至包括研究与开发中心都会向国外转移。

3. 国际直接投资与国际间接投资的区别

国际直接投资和国际间接投资之间最主要的区别在于各自的目标不同。国际直接投资以取得东道国企业经营控制权并参与其生产和管理为目标；国际间接投资以取得利息、股息等收入为目标，不谋求对企业的控制权。直接投资是生产要素组合的跨国移动，而间接投资是单一金融资本的移动，可见直接投资比间接投资复杂得多，但是国际上对于判断一项股票投资属于直接投资还是间接投资，并没有统一的标准。各国根据自身情况而制定的标准各不相同，基本在 5%～50%。这就造成了这样一种情况，即在某个国家一项购买外国企业股票的投资被划分为直接投资，即便所购买的股票份额是相同的，但是根据另外一个国家的标准，这项投资会被划分为间接投资。由此可见，难以对国际直接投资与国际间接投资进行绝对区分。

二、国际直接投资的主要理论

跨国公司的直接投资行为难以在主流的古典和新古典贸易理论中得到解释。不论是亚当•斯密和大卫•李嘉图的古典理论，还是赫克歇尔-俄林的新古典理论，都假设生产要素在各国内部是自由移动的，而在国家间不能移动。在这一前提下，国际直接投资既无必要，也无可能，国际贸易理论没有给国际直接投资理论留下任何生长空间。所以，早期的国际直接投资理论不可能在国际贸易理论的框架内衍生出来，而只能另辟蹊径，寻求一种完全不同的解释。跨国公司的代表性理论主要有垄断优势理论、内部化理论、边际产业扩张论和国际生产折衷理论。

（一）垄断优势理论

垄断优势理论是国际投资的独立理论，它是由美国经济学家斯蒂芬•海默（Stephen Hymer）在 1960 年提出的，后来由约翰逊、凯夫斯（Caves）和金德尔伯格（Kindleberger）等学者补充、发展成为完整的理论。这是在研究美国跨国公司对外直接投资行为基础上产生的理论，也是最早研究对外直接投资的理论。

海默的垄断优势理论以市场的不完全性为分析起点，海默认为，与传统经济学对完全竞争市场的理想假设不同，现实中的一国或者国际市场往往是不完全的。这种不完全主要来自四个方面：一是商品差异、特殊的营销技巧或价格垄断等原因造成的产品市场不完全；二是受专利制度保护的技术等原因造成的要素市场不完全；

三是企业拥有的规模经济所造成的市场不完全；四是政府的介入等原因造成的市场不完全。这些市场不完全可能会使某些公司拥有异于其他公司的垄断性优势。海默认为，这些垄断优势主要表现为五个方面：一是技术优势，包括技术诀窍、管理组织技能和市场技能；二是工业组织优势，主要包括规模经济、垄断市场结构和行为；三是易于利用过剩的管理资源的优势；四是易于得到廉价资本和投资多样化的优势；五是易于得到特殊原材料的优势。垄断优势的存在既是企业愿意进行跨国投资的原因——通过跨国投资可以充分利用这些垄断优势，也是企业进行跨国投资的前提——只有具备足够的垄断优势，跨国企业才能克服海外投资的附加成本，抵消东道国当地企业的优势，确保海外投资活动有利可图。由此而自然得出的一个结论是，那些规模实力雄厚、垄断优势明显的跨国公司将首先走在对外投资的前列，并且会首先选择缺乏垄断优势的国家进行投资建厂。

在海默之后，西方一些经济学家沿着他的思路，对此进行了进一步的研究。主要的拓展体现在对垄断优势来源的解释上。例如，约翰逊认为，企业对外直接投资的垄断优势，主要来自对知识资产的占有和使用，这是因为知识资产的生产成本很高，通过对外直接投资可以实现生产规模的扩大，从而降低利用知识资产的成本，而对于东道国来说，为获得同样的知识资产需要付出很大的代价，还不如接受外来投资。凯夫斯认为，跨国公司垄断优势的一个重要表现是跨国公司使其产品差异化的能力。跨国公司之所以能在国外进行生产，是因为它能根据不同国家、不同消费者的偏好，设计和生产出适合不同消费者的产品，并能够运用高超的销售技巧迎合消费者的心理需求。

垄断优势理论是较早对跨国公司投资行为进行系统性解释的代表性理论，其提出的关于市场不完全、垄断优势等观点，对后来的跨国公司理论发展具有重要影响。垄断优势理论把不完全竞争与跨国企业的对外投资相结合，能够较好地解释大型企业的跨国投资行为，以及知识密集型企业的对外投资，但它没有解释拥有垄断优势的企业为什么不进行产品出口或者技术转让，而是选择对外投资，而且不能解释为什么大量对外直接投资流入发达国家，也无法解释中小企业的对外投资行为。

（二）内部化理论

内部化理论的基本思想最早由科斯（Coase）在交易成本理论中提出，由英国学者巴克利（Buckley）和卡森（Casson）于 1976 年形成内部化理论体系，并由克鲁格曼等加以发展。内部化理论强调企业通过内部组织体系降低市场交易成本的能力，并把这种能力当作企业对外直接投资的动因。

内部化理论认为，企业在生产活动中会产生专利、技术、商标等中间产品，由于中间产品市场存在不完全性，企业在进行中间产品的外部交易时往往产生高额交易成本。交易成本的高低与四类因素有关：一是行业特定因素，主要包括中间品的特性、外部市场结构等；二是国别特定因素，主要指东道国政府的政治、法律、经济状况；三是地区特定因素，即地理位置、社会心理、文化差异等；四是企业特定因素，即企业的组织结构、管理经验、控制和协调能力等。当外部市场的交易成本过高时，企业自己虽然无力改变外部市场的不完善，却能够通过对外直接投资用内部市场取代外部市场，节约交易成本，以获得更高的收益。当然，跨国公司市场内部化也是有成本的，如增加企业内部的交流成本、内部的管理成本以及因东道国政府干预增加的成本，因而企业是否采取内部化取决于外部市场交易成本和企业内部交易成本的大小比较。凡是企业内部组织交易的成本低于市场的交易成本时，企业便获得了扩张力，这种扩张过程跨越国界便产生了跨国公司，而企业创造其内部“市场”的过程便是所谓的内部化过程。

内部化理论从新制度经济学的交易成本理论出发，把跨国公司视作一种节省交易成本的制度安排，尽管并不能解释跨国公司的全部对外投资行为，但是仍然具有重要意义。与垄断优势理论相比，内部化理论不仅从跨国公司本身来解释跨国投资行为，而且充分注意到了投资国市场失灵对跨国公司行为的影响。言下之意是，应该从根本上反思某些国家对跨国公司的政策态度。因为，如果跨国公司的出现是市场失效的结果而不是市场失效的原因，那么奉行敌视跨国公司政策的国家应改变政策态度和姿态。

（三）边际产业扩张论

边际产业扩张论是日本一桥大学教授小岛清在 20 世纪 70 年代中期根据国际贸易比较成本理论提出的，当时的主要背景是日本对外投资模式与美国对外投资模式存在差异。当时日本的对外直接投资与美国的对外直接投资相比有三点明显的不同。①美国的海外企业大多分布在制造业部门，从事海外投资的企业多处于国内具有比较优势的行业或部门，而日本对外直接投资的企业主要分布在自然资源开发和劳动密集型的行业，这些行业是日本已失去或即将失去比较优势的行业。②美国从事对外直接投资的多是拥有先进技术的大型企业，而日本从事对外直接投资的企业以中小企业为主体。③美国的对外直接投资是贸易替代型的，一些行业对外直接投资的增加减少了这些行业产品的出口；相反，日本对外直接投资的增加不仅没有减少贸易，反而带来国际贸易量的扩大。显然，日本企业的对外投资行为与以美国跨国公司为代表的垄断优势理论预测不符。

小岛清认为，对外直接投资和国际贸易一样应遵循比较优势原则。按照国际贸易的比较优势原则，一国应集中生产和出口本国具有比较优势的产品，进口本国处于比较劣势的产品。这时候，对于一个劳动生产率总体水平相对较高，在很多产业都处于绝对优势地位的国家来说，如果首先把优势最明显、即便在本国也是具有比较优势的产业推出去对外投资，则这种投资一定会导致对贸易的替代，不利于本国整体经济的发展。但是如果换个思路，首先把那些虽然具有绝对优势，但是已经失去了比较优势的产业，即边际产业，推出去进行对外投资，不仅对本国有利，对投资输入国也有利。从投资输入国来看，本国的边际产业必然是对方国家具有比较优势或潜在比较优势的产业，由于本国的产业比对方国家同类产业具有更高的绝对劳动生产率，本国先进产业的输入可以带动对方国家劳动生产率总体水平的提高，扩大对方国家具有的比较优势。从本国来看，边际产业的输出不仅可以获取投资利润，为本国的经济增长提供资金，而且通过对外投资提高对方国家劳动生产率还可以提高该国的平均收入水平，从而增强该国的进口能力，刺激本国产品的出口。此外，本国企业在对外投资输出资金的同时，会带动本国相关设备、中间产品、原材料等的出口，可以进一步扩大双方的贸易量。因此，按照边际产业扩张论进行的对外投资，其结果是双赢的。

小岛清注重从国际分工的比较成本来分析对外直接投资。与其他国际直接投资理论相比，小岛清的边际产业扩张论有以下几个特点：第一，从事对外直接投资的企业与东道国的技术差距越近越好，这样容易在海外，特别是在发展中国家找到立足点，占领当地市场；第二，中小企业在制造业中投资往往比大企业更占优势，因为它们转移到东道国的技术更适合当地生产要素结构，为东道国创造就业机会，受它们欢迎；第三，无论是投资国还是东道国都不需要有垄断和寡头垄断市场。小岛清在把微观分析作为既定前提的基础上，注重从宏观动态角度来研究跨国公司的对外直接投资行为。缺陷在于，其动态分析仅限于日本及少数欧洲国家的情况，而且随着世界经济环境的变化，日本的对外投资模式在不断地向美国趋同，大量日本本土一流企业开始竞相对外投资，边际产业扩张论的理论普遍性在进一步减弱。

（四）国际生产折衷理论

1977 年，英国雷丁大学著名国际投资与国际企业专家约翰 •邓宁（John Dunning）提出国际生产折衷理论，1981 年在《国际生产与跨国企业》中对该理论进行了系统阐述。

邓宁的国际生产折衷理论或称国际直接投资综合理论，将海默、金德尔伯格、约翰逊的理论与卡森、巴克利以交易成本分析为基础的内部化理论有机地综合起来，形成了一个新的跨国公司理论范式。该理论被广泛接受，逐渐成为西方跨国公司理论的主流，成为对外直接投资及跨国公司研究领域中最有影响的理论之一。邓宁认为，跨国公司进行跨国经营有国际技术转让、产品出口和对外直接投资三种方式，具体采取哪一种方式取决于企业所能利用的各种优势的组合情况，这些优势具体包括：所有权优势、内部化优势和区位优势。

（1）所有权优势是指一国企业拥有或能获得的，而国外企业没有或在同等成本条件下无法获得的资产及其所有权方面的优势，包括资产性所有权优势和交易性所有权优势。资产性所有权优势分为有形资产所有权优势（由资本、多样化经营、市场垄断等方面形成的优势）和无形资产所有权优势（由技术专利、商标、管理技巧等方面形成的优势）。交易性所有权优势主要是指跨国公司拥有遍布全球的营销网络形成的优势。

（2）内部化优势是指一国企业通过跨国投资以公司内贸易取代外部市场交易形成的优势。企业仅拥有所有权优势是不够的，因为外部市场是不完善的，企业所拥有的各种优势有丧失殆尽的危险。企业只有通过内部化，在一个共同所有的内部实行供给与需求的交换关系，用企业自己控制的程序来配置资源，才能使企业所拥有的所有权优势发挥最大的效用，才能保持垄断优势。内部化优势越明显，说明跨国公司用公司内贸易取代外部市场交易越有优势，技术转让、产品出口就越不可取，直接投资的优势也就越明显。

（3）区位优势是指企业在投资区位方面所具有的优势，指东道国不可移动的要素禀赋优势及东道国政府对外国企业的鼓励或限制政策等。具体表现为：东道国市场的地理分布状况、生产要素的成本及质量、运输成本、基础设施、政府干预范围与程度、各国的金融制度、国内外市场的差异程度，以及由历史、文化、风俗偏好、商业惯例形成的心理距离等。企业从事跨国投资必然要受这些因素的影响。它决定着企业从事国际化生产的区位选择。

本节小结

解释国际直接投资的理论有很多，有代表性的理论是垄断优势理论、内部化理论、边际产业扩张论和国际生产折衷理论。垄断优势理论强调跨国公司具有并努力保持其特有的垄断优势，这是其向国外投资的重要因素。内部化理论强调产品市场特别是中间产品市场的不完全性，以及由此引起的信息不对称，促使企业在开拓海外市场的三种方式——出口、直接投资和发放许可证上倾向于选择直接投资。边际产业扩张论从投资国的宏观角度而不是企业的微观角度讨论对外直接投资动机，否定了垄断优势因素在对外直接投资中的决定性作用。

思考题

1. 什么是国际直接投资？它的特点是什么？
2. 国际直接投资的主要方式。
3. 什么是内部化？为什么会发生内部化？
4. 结合经济全球化的现实趋势讨论跨国公司对世界资源配置效率的影响。
5. 企业为什么要选择直接投资方式开拓国外市场？

第二节 国际生产分工理论

一、国际生产分工的产生

国际生产分工是国际贸易发生发展与各国（地区）经济联系的基础。国际生产分工是指世界范围内各国家间的劳动分工，是生产专业化、独立化在国家范畴上的体现，是社会生产力和分工发展到一定阶段的产物，也是社会大生产和经济全球化的结果。

传统的国际生产分工理论发展从亚当・斯密提出的国际分工协作促进贸易量的增长理论，到李嘉图的国际比较优势理论，再到赫克歇尔和俄林的生产要素禀赋理论，至此生产的国际分工都是存在于产业间的分工与合作，从产品的角度讲，国际生产分工停留在生产的一体化层面，但是 Porter（1985）从产业竞争角度出发，提出“价值链分析法”，首次对生产活动进行了非一体化的解构，即企业的价值活动，包括研究开发、原料采购、生产、分销、营销和销售、售后服务等活动，所有这些活动构成企业的价值链条，每项活动都会创造价值并成为整条价值链上的一个环节，但 Porter 的价值链分析法仍然仅限于公司内部的生产管理。Kogut（1985）则指出价值链条上的各个环节如何在不同的国家与区域之间进行配置，取决于各地区的比较优势，而企业的竞争能力则决定了企业应该在价值链上的哪个环节和技术层面上倾其所有，以保证其竞争优势。可以说 Kogut 的理论把“价值链分析法”由企业层面扩展到了国际层面，也更能反映价值链的垂直分离与空间布置的特点。

到了 20 世纪 70 年代，国际生产分工体系中首次出现了“垂直专业化”（vertical specialization）的生产方式，即每个经济体只在商品生产的特定阶段进行专业化生产，中间品贸易量的激增，不仅促进了国际贸易飞速发展，还使国际生产分工进入了商品内分工的阶段，推动了全球化。Feenstra（1998）基于这种新的国际生产分工方式，较早地提出国际生产非一体化的概念，认为生产非一体化是一种垂直整合模式，并且与贸易一体化（integration of trade）是共生的关系。国际生产非一体化的出现，彻底改变了国际生产分工方式，避免了垂直一体化所带来的问题，如企业规模过大、外部资源利用所存在的障碍、组织效率递减以及企业经营风险增大等，提高了国际生产分工的效率。

20 世纪 80 年代以后，在罗森、贝克和杨小凯等人的努力下，现代分工理论得到了进一步完善。杨小凯借助超边际分析工具，在充分融合当代经济学主流观点与方法（尤其是新制度经济学的观点与方法）的基础上，对传统分工理论进行严谨的模型化推导，从数理角度构建了一套从微观基础到结构绩效的分析框架，系统描述了分工与专业化在推动社会经济运行与发展中的作用机制。杨小凯认为，专业化分工的动力在于交易费用：交易费用系数越低，分工水平越高；反之则越低。如果把交易费用看成自变量，则可以得到专业化分工的非线性函数。整个社会分工过程是专业化分工函数不断迭代的过程，是一个动力学系统。同时，杨小凯还认为“因为局部最优决策在不同的职业模式之间是不连续的，它们会随着专业方向的改变而不连续地在 0 和正值之间跳跃”，也即，“随着参数组在不同的参数子空间之间移动，一般均衡会在不同的角点均衡之间不连续地跳跃”。因此，专业化分工动力学系统还具有离散性。

进入 20 世纪 90 年代，随着全球生产的分散化，形成了全球价值链的新概念，即一条价值链上所有的增值环节都可以被分离开，从产品创意到生产和商业化的全部过程都散布到世界各地，学者也开始更加关注全球价值链的片段化（fragmentation）与空间重组问题，包括不同的生产步骤（供应链），还包括营销、销售和客户服务（需求链）等。例如，Arndt 和 Kierzkowski（2001）就指出产权分离是跨国界生产成为可能的一个重要因素，当产权分离是可行的，那么委托加工就成为可能，否则仍然会以外国直接投资为主，其观点为外包（outsourcing）与跨国公司的全球采购行为提供了理论基础。

二、国际生产分工的发展阶段

（一）以产品交换为特征的第一次国际生产分工理论研究

早期国际分工起始于 15 世纪末、16 世纪初的地理大发现时期，形成于 16 世纪、17 世纪西欧国家个体手工业向工厂手工业过渡的时期。18 世纪 60 年代到 19 世纪中叶的产业革命，使得机器大生产取代了手工劳动，社会分工最终超出了国家和民族的界限，以世界、市场为纽带的国际分工逐渐形成。从 19 世纪 70 年代的第二次科技革命到第二次世界大战这段时期，开始了真正意义上的国际分工。

最早对国际生产分工理论进行研究的亚当·斯密在其《国富论》中，详细论述了分工协作所带来的好处。李嘉图提出的比较优势理论虽然扩充了亚当·斯密的国际生产分工范围，但只是用不同国家劳动生产率差异来论证比较成本产生的比较优势，不能解释各国之间生产要素及生产率相同情况下比较优势的来源，因此国际分工的范围同样受到局限。20 世纪 20 年代由瑞典经济学家赫克歇尔提出，随后经俄林补充完善，形成要素禀赋理论，该理论作为多种生产要素理论，替代了李嘉图的单一生产要素理论，较好地解释了比较成本差异产生的原因，从而进一步完善了国际生产分工理论，给第一次国际生产分工变革理论研究画上了一个圆满的句号。

由于第一次国际生产分工变革理论是基于比较利益，并且以交换实现的研究，实质上是一种初级的国际生产分工理论；又由于国际生产分工在某种程度上具有强权性质，因此，第一次国际生产分工变革理论研究具有较大的片面性。虽然其理论的核心内容——比较利益，在以后的国际生产分工理论研究中意义极为重大，但只能在有限的范围内和以较低的程度去解释国际贸易现象，难以直接和全面地解释国际生产体系的变革。

（二）基于全球价值链的第二次国际生产分工变革理论研究

二战以后，国际上出现了生产要素的跨国流动，跨国公司将资本、技术等生产要素输出到其他国家进行生产和经营，以产品交换为特征的国际生产分工理论已难以解释这种现象，基于全球价值链的国际生产分工变革理论便产生了。

20 世纪 80 年代中期，发达国家的跨国公司基本上完成了由国际化向全球化阶段的过渡，美国哈佛大学工商管理学院波特教授在他的“波特竞争三部曲”中的《竞争优势》一书中，从产业竞争角度提出了“价值链分析法”。后来，波特认为，价值链是将技术、劳动力以及原料投入有效地结合在一起，利用工艺手段进行生产、配送以及销售的过程。就单个企业而言，其既可以处于上述过程的某一环节，也可以对上述各个环节进行整合。他还进一步指出，企业全球战略的制定过程及结果是国家之间比较优势以及企业竞争力作用的产物，国际比较优势是价值链各环节空间配置的决定因素，而企业间能力的差异则决定了企业在相关价值链所处的环节。

在波特等人后，20 世纪 90 年代格里菲在对全球服装产业进行分析的基础上，提出了全球商品链的概念，旨在说明生产、贸易以及公司战略的转变及其对服装产业的影响。此后学者们在全球商品链理论基础上进行了进一步的探讨，提出了全球价值链的概念，用来描述产品的价值增值过程及其在全球范围内的分布。21 世纪前后，对于价值链理论的研究，已从描述性的、启发式的概念转化为分析性的研究工具，从而深刻揭示了全球价值链的本质、特征及其治理机制，其核心内容包括进入壁垒、治理结构和系统效率等。全球价值链理论不仅很好地解释了自第二次世界大战以来生产国际化向生产全球化发展的趋势，而且探索了基于全球化的国际生产分工治理模式和内在机理，从而成功地论证了跨国公司在全球进行生产和经营的行为，形成了比较完整的全球性国际生产分工变革理论。

（三）以生产非一体化为特征的第三次国际生产分工理论研究

随着生产一体化的发展，跨国公司规模不断扩大，其内部协调成本逐步提高，而市场的不确定性却日益突出，跨国公司通过直接投资方式所取得的收益以及通过国际贸易所取得的收益面临日益下降的威胁。同时伴随着信息技术的发展，国际生产经营日益信息化、网络化，各国开放度增加，且在不断自由化其投资政策的背景下，跨国公司通过模块的、相关的和受控制的治理模式不仅能赢得更丰厚的利润回报，而且能在竞争日益激烈的国际市场中赢得更为持久的竞争优势。跨国公司通过合同关系组织国际生产分工，从而使国际生产越来越趋向非一体化。在这种背景下，学术界出现了以生产非一体化为特征的第三次国际生产分工变革理论研究。目前，虽然这种理论尚处在萌芽阶段，未形成完整的理论体系，但是一种极具应用前景的理论研究。

罗伯特·芬斯切于 1998 年发表的《全球经济中一体化贸易和生产解体》一文中，较早涉及生产非一体化的概念。芬斯切基于国际价值链垂直分工，考察了生产非一体化和贸易一体化的关系。他认为，这是一种共生关系，并且生产非一体化中间品的投入增加，导致贸易总量增加。芬斯切在文中指出，生产非一体化是一种垂直整合的模式，理论的源头可以追溯到马歇尔，思想的源头是亚当·斯密。亚当·斯密提出生产分工思想后，马歇尔进一步从产业组织角度发展了亚当·斯密的分工理论，但他的规模经济性问题却与亚当·斯密的自由竞争理想相冲突。

关于生产非一体化产生的原因，斯蒂格勒就指出，在产业生命周期的萌芽期和衰退期，企业的垂直一体化程度较高；在产业生命周期的成长期和成熟期，产业组织会表现出垂直解体的趋势。生产非一体化的出现，改变了国际生产分工方式，避免了垂直一体化所带来的企业规模庞大、外部资源利用障碍、组织效率递减和企业风险增加的一系列问题，因此具有比垂直一体化更高的效率。

（四）简要评述

国际生产分工理论研究的演进反映的是各国生产分工从国际化到全球化以至进入区域化的过程。第一次国际生产分工理论研究，研究的是国内生产突破一国国界，走向国际生产的过程，这种过程主要是通过国际贸易形式，以交换产品带动的国际生产分工，因此实质上是一种贸易国际化，生产国际化只是一种间接的过程。第二次国际生产分工理论研究是基于生产要素国际流动，且突破了赫克歇尔-俄林的生产要素禀赋理论，将现代企业竞争力归结为主要是依赖于“专业化要素”“高级生产要素”，而这些要素不是靠自然禀赋，而是靠技术创新，因此是一种真正意义上的国际分工，全球价值链理论是这种理论最完善的形式。第三次国际生产分工理论研究是在全球价值链理论基础上进一步将国际生产分工引入区域的结果，也是全球价值链理论的延伸、国际生产分工的区域化和国际生产理论的完善化。

三次国际生产分工理论研究具有不同的特征和意义。首先，第一次和第二次国际生产分工理论研究主要是发源于产品、资本输出国，研究视点是基于发达国家的利益，因此理论不免会带上片面性和局限性，某种意义上说，这些理论是产品、资本输出国的理论，对于输入国而言，只有被动地接受，而不可能进行改造和创新。其次，由于第三次国际生产分工理论研究反映的是国际分工区域化的进程，区域化的特征尤为明显。全球价值链的研究，虽然也是以国际生产在全球不同区域的分工和配置为研究对象，但它基于生产分工的价值分布和连续过程，强调的是不同区域资源配置的合理性，容易忽视区域自身的特征和运行规律。对于国际生产分工从全球化转向区域化，第三次国际生产分工理论研究必然要研究区域特征和运行规律。反映在概念上，国外对于第三次国际生产分工理论研究大多以“垂直解体”“垂直分离”予以概括，而国内则较多用“生产非一体化”。这并非仅是提法的不同，较大程度上反映的是研究的出发点和研究性质的差别。反映在动因上，国外以垂直解体或垂直专业化研究了这种分工方式的必然性，国内则更侧重于跨国公司生产垂直解体规律和利用的意义。但无论是国外还是国内的研究，所揭示的国际生产分工从价值链的全球垂直一体化配置向区域生产非一体化发展的趋势是相同的。最后，现有的研究还表明了生产非一体化同生产一体化在本质上具有一致性和内在联系。前者是后者在全球价值链基础上向区域的延伸；后者则是前者的基础，两者具有内在逻辑联系。

国际生产分工体系变革理论既解释了国际生产从国际化到全球化，直至区域化的进程，有利于我们正确把握国际经济走向，亦能解释目前国际制造业外包向服务外包发展的趋势，为我们观察外资投资行为变化，调整区域经济发展战略，提供了一个思路和分析框架；为我们顺应国际潮流，推进外资研发本地化、内资企业自主创新，加快发展服务业提供了理论依据；为创新区域经济发展模式和实现区域经济可持续发展指明了方向。

三、科技革命下的国际生产分工

（一）蒸汽时代与国际生产分工

第一次科技革命是指 18 世纪 60 年代从英国发起的技术革命，人类社会开始从手工作业时代进入机器时代。第一次科技革命发生后，英国成为国际分工体系的中心。蒸汽动力在航海领域的广泛应用使得货物的远洋运输成为可能，各国实现了货物的跨国境交换。以蒸汽机为代表的机器发明与广泛应用深度改变了社会的供需结构。一方面，机器生产产品的供给远远大于国内市场需求；另一方面，国内市场不能满足大机器工业引致的对原材料的大量需求。中间品与最终产品国内供需的不匹配形势必会产生拓展海外市场的需求。当时“世界工厂”英国所生产的钢铁、煤炭、纺织品近乎垄断了全球市场，英国殖民地成为其工业品的销售市场和原材料来源地。李嘉图经典的比较优势理论主要解释了蒸汽时代的国际生产分工，当时的国际生产分工的主要形式为产业间贸易，发达国家出口具有比较优势的资本密集型产品，发展中国家出口具有比较优势的劳动密集型产品。当时国际生产分工的利益分配极其不均匀，具有较高工业生产率的发达经济体位于国际生产分工的核心位置，其他国家处于附属地位。

（二）电气时代与国际生产分工

19 世纪 70 年代，美国抢在英法等欧洲强国之前，开启了电气时代，率先完成了第二次科技革命。电气时代以电力的广泛应用为主要标志，用电力动力取代蒸汽动力，很快以电为能源的产品迅速被发明并广泛应用。电力开始作为机器的动力，其能量远远超过了蒸汽动力，因此企业生产效率得以大幅提升，企业的规模化和标准化生产成为可能。此时市场垄断代替了自由竞争，国际直接投资迅速增长，资本输出成为典型特征，以跨国公司为主导的对外投资成为国际生产分工的主要驱动力。越来越多的跨国公司选择将生产的各个阶段分散到不同的地区进行，以实现对生产资源最充分的利用，这从根本上改变了国际贸易的本质，国际贸易从“产品贸易”过渡到“任务贸易”。上游生产者以中间品形式将产品传递给下游生产者，经过多阶段生产和多次跨境交易，最后到达最终需求者，进而形成所谓的全球价值链。

（三）信息时代与国际生产分工

信息通信技术的“爆炸式”发展改变了全球价值链上企业间的互动模式，使得厂商可以通过通信设备建立远程协作网络，传达生产指令。在信息时代的国际生产分工中，同类产品相互交换的产业内和企业内贸易占主导地位，而不同类产品相互交换的产业间贸易退居次要地位。信息技术对国际生产分工的改造主要体现于以下两个方面。

1. 互联网的高速发展搭建起全球信息自由流动的“桥梁”

“互联网 + 贸易”的电子商务模式加速了各个经济体之间的高速融合，降低了企业间的“搜寻-匹配”成本，减少了全球价值链各生产环节间的协调成本。跨境电商的发展大幅削减了由信息不对称导致的不确定性。互联网提供了更多的供应商渠道，改变了以往过度依赖贸易中间商的出口模式，减少了国际贸易的中间环节。依据新贸易理论，企业生产率是企业进入国际市场的关键因素，信息技术降低了企业进入国际市场的“门槛”，大量非高生产率的中小企业进入国际市场成为可能。

2. 信息技术的广泛应用提高服务的可贸易性

全球化前两次“松绑”过程主要发生在货物贸易。随着信息技术的发展，服务“生产”和“消费”的时空分离成为可能，全球化实现了第三次“松绑”。经典的国际贸易理论普遍认为，与货物属性明显不同，服务商品具有无形性、异质性和不可存储性等特点，上述特点决定服务生产、交换和消费的即时性和不可分割性。信息技术打破了全球生产分工的时间和空间限制，改变了服务贸易产生的前提条件，催生了服务贸易的新业态。互联网为服务要素跨区域流动提供了可能，从而实现了服务“生产”和“消费”的区域分离。信息存储技术的出现使得部分服务出现了实体化趋势，从而实现了服务“生产”和“消费”的时间分离，服务贸易的领域随之大幅延展，服务贸易的增速超过货物贸易增速。

（四）智能时代与国际生产分工的未来图景

科技创新成果的“普适性”（指的是科技创新成果在各行业中的投入程度）是定义科技革命的重要依据。在 19 世纪和 20 世纪，能够产生革命性影响的“通用技术”主要有三个，分别是蒸汽机、电力与互联网。随着互联网算法的进一步提高，机器不但能够按照指令完成指定任务，而且还能够进行机器学习、仿真模拟和信息交互。当前人工智能已经渗透到各层级的产业模块，人工智能深度嵌入了全球生产网络中的研发、生产、运输、交换、营销等经济活动环节，催生了一系列的新技术、新产业和新业态。智能时代的国际生产分工将会呈现以下演变趋势。

1. 规模化生产向“柔性化”生产演变

全球价值链由以往消费者和生产者双轮驱动转向以消费者驱动为主导，消费者和市场需求成为全球生产网络中的核心环节，消费者通过用户体验直接介入产品“研发—生产—运输—消费”的全过程。随着消费结构升级，消费者对个性化、定制化、时效性、体验感提出更高要求，能够满足高频率、多样性、小规模需求的“柔性化”生产模式应运而生。建立在人工智能基础之上的“柔性化”生产将成为企业参与全球生产分工的主要模式。以纺织服装业为例，不管是内蒙古鄂尔多斯，还是阿里的“淘宝村”，都在通过“柔性化”生产满足消费者需求。

2. 制造业与服务业的融合趋势越发明显

制造业和服务业的发展经历了由深化分工到高度融合的过程。科技革命以来的数百年间，技术进步推动服务业和制造业的专业化生产，促使服务业特别是金融、电信、分销、运输等生产性服务业从制造业中分离出来，服务业为制造业提供支撑，制造业为服务业提供需求。在新一轮科技革命的背景下，以互联网为纽带，服务业和制造业再度呈现高层次融合的趋势，服务业与制造业的边界逐渐消失，产业链、供应链、价值链实现了深度融合，制造者不单提供产品，更要负责产品的“全生命周期”。制造业服务化可以通过上、中、下游的价值链延伸，增加服务中间投入品的种类，降低企业生产管理成本，提高企业研发与自主创新能力，扩大营销渠道，提升制造业企业的出口附加值。以共享单车为代表的共享经济、以深度学习为代表的人工智能，就是制造业向服务业延伸、服务业引领制造业发展的成功案例。

3. 垂直分工向扁平化方向演变

“蛇形”价值链分工逐渐向“蛛网型”价值链迈进。传统垂直专业化分工主要以多节点流线型生产为主，不同国家依据比较优势占据全球供应链的不同位置。随着跨境电商的兴起，全球价值链的架构随之改变，价值链上下游的交易关系趋于扁平化，中间交易环节明显减少，制造商可以直接连接消费者。

4. 向“去中心化”和“多中心化”方向演变

“微笑曲线”趋向扁平化。在传统价值链分工体系中，价值链上游研发环节和下游营销环节是全球价值链体系的核心环节，位于全球价值链中游的生产制造环节附加值相对较低。人工智能等先进制造技术会提升“微笑曲线”中游环节的附加值，进而实现价值链体系中的“去中心化”问题。价值链主要由商品流、服务流、信息流和现金流四部分构成。信息共享机制和信任体系的构建是实现全球价值链各环节效率奇点的关键。由于信息不对称和缺乏信任，跨国公司主导的传统价值链体系往往不能实现效率最大化，而人工智能能够显著提高信息流通的效率和质量，区块链技术可以解决价值链体系中节点的信任问题，进而达到效率奇点。

5. 规模经济向速度经济演变

全球价值链响应时间变得越发重要。在信息、技术和运输等高速发展的催生下，时间将成为成本管控的第一要素，国际生产分工由规模经济模式向速度经济模式转变，企业的先发能力、应变能力、流程再造能力等综合协作能力将成为企业竞争力的核心因素。除了降低传统意义上的生产成本外，产品的及时交付能力将成为企业深度嵌入全球价值链体系的关键所在。

6. 产业分工将呈现出“云团化”特征

全球技术创新链由线性模式向网络模式演进。制造业是技术创新最活跃的产业。当前，生产模式、产业业态和分工格局在发生不断变革，全球制造业创新体系也随之转变。创新载体由独立性企业向跨领域、多主体、协同性、网络化创新体系转变。当前，许多互联网公司充分利用在下游收集的客户信息和消费者偏好，不断向上游渗透，加入新型智能硬件设备和服务型制造等新兴领域的竞争中，布局新型智能硬件制造环节（如苹果、谷歌和百度开始在汽车领域布局）。在传统国际分工中，企业专业化生产全球价值链的某一环节，而未来的全球价值链分工将会呈现出“云团化”趋势，企业不仅专注于某一细分产品的生产，而且通过大数据和云计算，深度参与到上下游环节，衍生出一系列产业链条，利用信息技术，快速实现产业链条的跨越式升级。

本节小结

国际生产分工是指世界上各国（地区）之间的产业分工，是国际贸易发生发展和各国（地区）经济联系的基础。国际生产分工理论研究的演进反映的是各国生产分工从国际化到全球化以至进入区域化的过程。第一次国际生产分工理论，研究的是国内生产突破一国国界，走向国际生产的过程，这种过程主要是通过国际贸易形式，以交换产品带动的国际生产分工，因此实质上是一种贸易国际化，生产国际化只是一种间接的过程。第二次国际生产分工理论是基于生产要素国际流动，且突破了赫克歇尔-俄林的生产要素禀赋理论，将现代企业竞争力归结为主要是依赖于“专业化要素”“高级生产要素”，而这些要素不是靠自然禀赋，而是靠技术创新，因此是一种真正意义上的国际分工，全球价值链理论是这种理论最完善的形式。第三次国际生产分工理论是在全球价值链理论基础上进一步将国际生产分工引入区域的结果，也是全球价值链理论的延伸、国际生产分工的区域化和国际生产理论的完善化。

思考题

1. 什么是国际分工？影响国际分工发展的主要因素有哪些？
2. 第二次世界大战后国际分工的主要特点是什么？
3. 简述赫克歇尔-俄林要素禀赋说和古典学派的比较成本说的区别。
4. 简述信息时代下国际生产分工的特点。

第三节　全球价值链理论

全球价值链是建立在国际产品内分工和贸易基础上，将产品生产划分为不同的价值环节，各个国家和地区为实现不同环节的价值而进行生产、销售和贸易，其主要表现为在每个生产环节中价值增加的链条。从分工角度看，全球价值链是国际分工高度复杂化背景下生产环节跨国配置和价值分布的形态体现，是一国内部社会分工不断发展与深化进而向国际领域扩展的结果。

一、全球价值链概念的演化

（一）价值链

全球价值链理论源于 20 世纪 80 年代，其中最为流行、影响最为深远的是波特在 1985 年提出的价值链理论。波特在分析公司行为和竞争优势的时候，认为公司整体的生产经营活动可根据不同性质和作用分解为一个个单独的、具体的活动。因为每个活动都创造价值，所以波特把这些活动称为价值创造活动。价值创造活动被分为基本活动和支持性活动，基础活动包括生产、营销、运输和售后服务，支持性活动环节则包含原材料供应、技术、人力资源和财务等，这些活动在公司价值创造过程中相互联系，创造的价值进而串联形成价值链的最初形态。价值链管理强调企业应该从总成本的角度考察企业的经营效果，而不是片面追求单项业务活动的优化，通过对价值链各个环节加以协调，增强整个企业的业绩水平。波特分析了一般企业的价值链构成，提出了基本的价值链结构模式（图 5-1）。

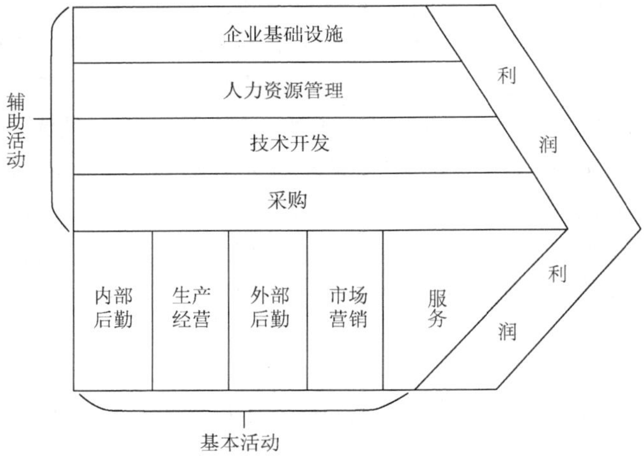

图 5-1 企业活动价值链示意图

考虑到企业间交流与协作的日益频繁，波特进一步提出了一个上承供应商、下接分销商的“价值链系统”概念，这是全球价值链概念的基础。在价值链的组成中，供应商具有创造和发送用于企业价值链之中外购投入的价值链，即上游价值链。许多产品在到达顾客手里之前需要通过销售渠道的价值链，即渠道价值链。

企业的产品最终会成为其买方价值链的一部分，即顾客价值链。这样，从上游价值链到买方价值链形成一个完整的价值系统（图 5-2）。波特的价值链理论将原局限于单个企业内部的价值链拓展到企业间，对于公司经营与竞争发展有着重大意义。

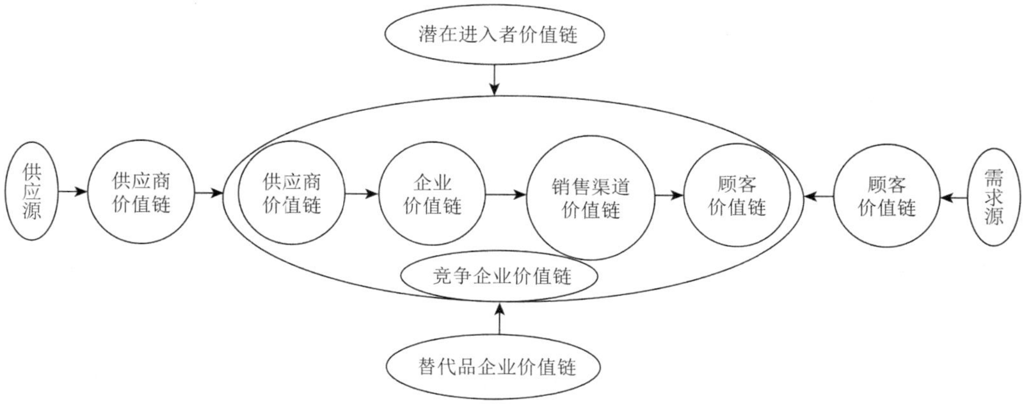

图 5-2　价值链系统

（二）价值增值链

Kogut（1985）在分析国际战略优势中使用了价值增值链（value added chain），认为价值增值链是由技术与原料和劳动力融合而形成的各种投入环节，结合起来形成最终商品，并通过市场交易、消费等最终完成价值循环的过程。Kogut 在价值链理论的基础上将价值链的概念扩展至区域与国家层面，明确提出国际商业战略的设定形式实际上是国家的比较优势和企业的竞争能力相互作用的结果。当国家的比较优势决定了整个价值链条各个环节在国家或地区之间如何配置的时候，企业的竞争能力就决定了企业应该在价值链条上的哪个环节和技术层面上倾其所有，以便确保竞争优势。他还把价值增值链表述为一个过程：厂商把技术同投入的原料和劳动结合起来生产产品、进入市场、销售产品的价值增值过程。在这一过程中，单个厂商或许仅参与了某一环节，或者厂商将整个价值增值过程都纳入了企业等级制的体系中等，厂商的各种活动与技术都会同其他的公司发生联系。与波特强调单个企业竞争优势的价值链观点相比，这一观点比波特更能反映价值链的垂直分离和全球空间再配置之间的关系，因而对全球价值链观点的形成至关重要。与波特相比，Kogut 的理论更能够反映价值链所具有的经济全球化背景以及垂直分离化特点，因而对全球价值链理论的形成起到至关重要的作用。

20 世纪 90 年代之后，克鲁格曼进一步研究了价值链的垂直分离现象；此后，Arndt 和 Kierzkowski（2001）使用了“片段化”来描述生产过程的分割现象。在对这一现象进行剖析的过程中，两位学者认为“产权的分离是跨界生产组织的一个重要决定因素。如果产权分离无法实施，那么跨国公司和外国直接投资就有可能是一个首要选择。如果产权分离是可行的，那么委托加工等方式就会提上日程，而外国直接投资就不会扮演主要角色”。这两位学者的观点为原始设备制造商生产外包和跨国公司的全球采购提供了直接的理论基础。

（三）全球商品链

随着通信技术的发展、运输成本的下降以及社会分工专业化程度的进一步提高，供应、生产和销售等的合作不再局限于某个区域或者某个经济体内，跨地区、跨国之间企业的纵向合作成为可能。Gereffi 和 Korzeniewicz（1994）在对美国零售业价值链进行研究的基础上，将价值链分析法与产业组织研究结合起来，提出全球商品链（global commodity chain，GCC）分析法。在经济全球化的背景下，商品的生产过程被分解为不同阶段，围绕某种商品的生产形成一种跨国生产体系，把分布在世界各地不同规模的企业、机构组织在一个一体化的生产网络中，从而形成了全球商品链。Gereffi 和 Korzeniewicz（1994）认为全球商品链应该包括以下内容，“通过一系列国际网络将围绕某一商品或产品而发生关系的诸多家庭作坊、企业和政府等紧密地联系到世界经济体系中；这些网络关系一般具有社会结构性、特殊适配性和地方集聚性等特性；任一商品链的具体加工流程或部件一般表现为通过网络关系连接在一起的节点或一些节点的集合；商品链中任何一个节点的集合都包括投入（原材料和半成品等）组织、劳动力供应、运输、市场营销和最终消费等内容”。Gereffi 和 Korzeniewicz（1994）还区分了两类全球商品链：采购者驱动（buyer-driven）型和生产者驱动（producer-driven）型。采购者驱动型商品链是指大型零售商、经销商和品牌制造商在散布于全球的生产网络（特别是奉行出口导向的发展中国家）的建立和协调中起核心作用的组织形式。采购者驱动型全球商品链是通过非市场的外在调节而不是直接的所有权关系建立高能力的供应基地从而构建全球生产和分销系统，如沃尔玛、家乐福等大型零售商，耐克、锐步等品牌运营商和伊藤忠式贸易代理公司等跨国公司控制的全球生产网络。生产者驱动型商品链是指大的跨国制造商在生产网络的建立和调节中起核心作用的垂直分工体系。在生产者驱动型商品链中，制造先进产品如飞机等的制造商获得了更高的利润，控制了上游的原料和零部件供应商、下游的分销商和零售商。通过比较生产者驱动型全球商品链中的非市场外部协调和传统的垂直一体化企业的内部协调，Gereffi 和 Korzeniewicz 指出了生产者驱动在促进商品链中各国产业共同进步的重要作用。

（四）全球价值链

在整个 20 世纪 90 年代，Gereffi 等的理论没有摆脱商品这一概念的局限，并没有突出强调在价值链上运营的企业在价值创造和价值获取方面的重要性。直到

2001 年，Gereffi 和该领域研究者在《IDS 公告-发展研究机构》(*IDS Bulletin-Institute of Development Studies*）杂志上推出了一期关于全球价值链的特刊——《价值链的价值》(*The Value of Value Chains*)，从价值链的角度分析了全球化过程，认为应把商品和服务贸易看成治理体系，而理解价值链的运作对于发展中国家的企业和政策制定者具有非常重要的意义，因为价值链的形成过程也是企业不断参与到价值链并获得必要技术能力和服务支持的过程。这份特刊在全球价值链研究中起到了里程碑式的作用。在特刊中，许多学者从全球价值链的治理、演变和升级等多个角度对全球价值链进行了系统的探讨和分析，并由此建立起了全球价值链基本概念及其基本理论框架。

Sturgeon 和 Lee（2001）从组织规模、地理分布和生产性主体三个维度界定全球价值链。从组织规模看，全球价值链包括参与了某种产品或服务的生产性活动的全部主体；从地理分布来看，全球价值链必须具有全球性；从参与的主体看，有一体化企业、零售商、领导厂商、交钥匙供应商和零部件供应商。他还对价值链和生产网络的概念进行了区分：价值链主要描述了某种商品或服务从生产到交货、消费和服务的一系列过程，而生产网络强调的是一群相关企业之间关系的本质和程度。

联合国工业发展组织（United Nations Industrial Development Organization，UNIDO）2002 年结合诸多学者的研究成果，在 2002～2003 年度工业发展报告《通过创新和学习来参与竞争》(Competing Through Innovation and Learning）中提出了最具代表性的全球价值链概念。全球价值链是指在全球范围内为实现商品或服务价值而连接生产、销售、回收处理等过程的全球性跨企业网络组织，涉及从原料采集和运输、半成品和成品的生产和分销，直至最终消费和回收处理的过程。它包括所有参与者和生产销售等活动的组织及其价值利润分配，并且通过自动化的业务流程以及供应商、合作伙伴、客户之间的连接，支持机构的能力和效率。该定义强调了全球价值链不仅由大量互补的企业组成，而且是通过各种经济活动联结在一起的企业网络的组织集，其关注的焦点不只是企业，也关注契约关系和不断变化的联结方式。从全球价值链的概念可以看出，全球价值链强调的是一种纵向维度的生产分工，主要是垂直化的生产分工，分工越细，纵向链条越长，但在全球价值链中还存在着横向维度的专业化分工，横向维度的专业化生产分工会发展成规模经济。纵向链条和横向链条越长，全球生产网络规模越大、结构越复杂。

英国萨塞克斯大学的发展研究所（Institute of Development Studies）是目前对全球价值链问题进行较广泛研究的机构，它将全球价值链定义为产品在全球范围内，从概念设计到使用再到报废的全生命周期中所有创造价值的活动范围，包括对产品的设计、生产、营销、分销以及对最终用户的支持与服务等。组成价值链的各种活动可以包括在一个企业之内，也可以分散于各个企业之间；可以集聚于某个特定的地理范围之内，也可以散布于全球各地。

二、全球价值链理论内容

对全球价值链的理论研究主要从四个方面进行：一是全球价值链的动力机制。全球价值链理论中关于动力的研究，基本延续了 Gereffi 和 Korzeniewicz（1994）在全球商品链研究中给出的全球商品链运行的生产者驱动型和采购者驱动型两种模式，认为全球价值链的驱动力基本来自生产者和采购者两方面。换句话说，就是全球价值链各个环节在空间上的分离、重组和正常运行等是在生产者或者采购者的推动下完成的。二是价值链中经济租金的产生和分配，包括进入屏障、经济租金产生的来源（如技术、组织、技能和营销等核心能力）、租金分配等。三是全球价值链的治理。全球价值链的治理是指：价值链组织的结构、不同主体的权力分配，各个经济主体在价值链中的关系的协调。治理模式的研究是当前全球价值链治理研究的主要方面。尽管 Kaplinsky 和 Morris（2003）借鉴了西方社会的三权分立的原理提出了一个价值链治理的分析框架，即价值链中的立法治理、执行治理和监督治理，虽然部分原理已经在实证分析中呈现出来，但是其理论还没有形成系统，并不完善。四是全球价值链的产业升级，主要从升级的机理、方式和途径等方面进行研究。价值链研究中的这四个方面是彼此相互联系的一个整体，其中全球价值链的治理居于领导的地位，它决定了价值链的升级以及价值链所产生的经济租金的分配。

（一）全球价值链的动力机制

Henderson（1998）在 Gereffi 和 Korzeniewicz（1994）提出的生产者驱动型和采购者驱动型模式的基础上对全球价值链的驱动力进行了更加深入的研究，指出生产者驱动型的商品链是指由生产者投资来推动市场需求，形成全球生产供应链的垂直分工体系，投资者可以是拥有技术优势、谋求市场扩张的跨国公司，也可以是力图推动地方经济发展、建立自主工业体系的本国政府。在生产者驱动型的全球价值链中，跨国公司通过全球市场网络来组织商品或服务的销售、外包和海外投资等前向联系产业及后向联系产业，最终形成生产者主导的全球生产网络体系。一般资本和技术密集型产业的价值链，如汽车、飞机制造、计算机、半导体和装备制造等，大多属于生产者驱动型价值链。在这类全球价值链中，大型跨国制造企业［如波音、GM（General Motors Company，通用汽车公司）等］发挥着主导作用，如图 5-3 所示。

采购者驱动的商品链是指具有强大品牌优势或销售渠道的大型采购商组织，通过全球采购和贴牌加工等生产方式组织起来的跨国商品流通网络，协调和控制针对发达国家和发展中国家目标市场的生产、设计和营销活动，其特点是劳动密集型，以消费品如服装、鞋类、玩具、消费类电子产品和各种各样的手工制品为代表（图 5-4）。采购者驱动型价值链存在三方面的不平衡性：一是高等要素（advanced factors）在价值链环节间的配置极不平衡。海外采购者作为全球价值链的主导企业（leading firms），采取俘获型（captive）治理模式，对研发设计、市场信息、品牌渠道等高等

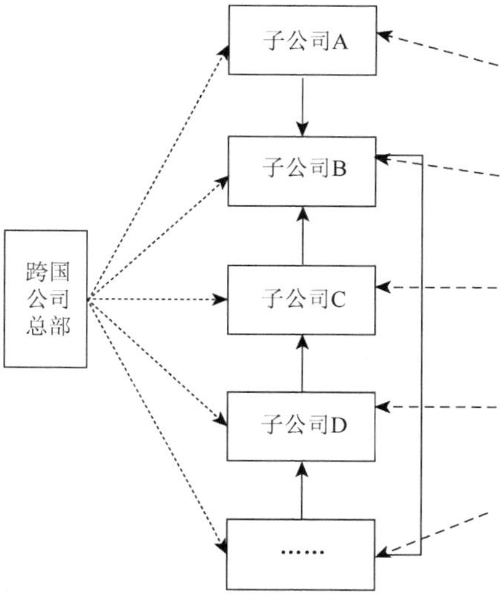

图 5-3 生产者驱动型全球价值链

资料来源：Henderson（1998）

要素实施了严格控制；发展中国家制造商往往只拥有自然资源、劳动力等基本要素，作为被治理者，仅能发展有形生产能力，普遍缺乏无形竞争能力。二是附加值在价值链环节间的分布极不平衡。价值链的驱动力主要来自商业资本而非产业资本，附加值主要由控制了设计、品牌及流通环节的海外采购商创造，中游制造环节产生的附加值极为有限。三是分工利益在价值链环节间分配极不平衡。处于商业流通领域的海外采购者，凭借对市场的绝对控制获得了价值链中的主要分工利益，而处于从属地位的生产商只能接受不公平的利益分配格局。

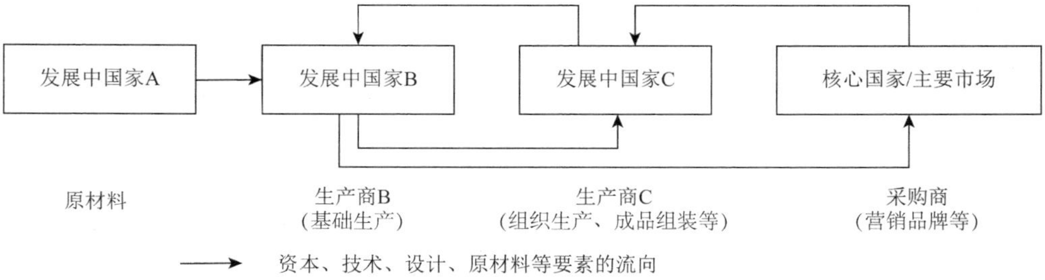

图 5-4 采购者驱动全球价值链

资料来源：Henderson（1998）

张辉（2006）在 Gereffi 的基础上从动力根源、核心能力、进入门槛、产业分类、典型产业部门、制造企业、主要产业联系、主要产业结构和辅助支撑体系九个方面对生产者驱动型和采购者驱动型全球价值链进行了比较研究并给出了具体案例（表 5-1）。

表 5-1 生产者驱动型和采购者驱动型全球价值链比较

项目	生产者驱动型的价值链	采购者驱动型的价值链
动力根源	产业资本	商业资本
核心能力	研究与开发、生产能力	设计、市场营销
进入门槛	规模经济	范围经济
产业分类	耐用消费品、中间商品、资本商品等	非耐用消费品
典型产业部门	汽车、计算机、航空器等	服装、鞋类、玩具等
制造企业	跨国企业，主要位于发达国家	地方企业，主要在发展中国家
主要产业联系	以投资为主线	以贸易为主线
主要产业结构	垂直一体化	水平一体化
辅助支撑体系	重硬件，轻软件	重软件，轻硬件
典型案例	英特尔、波音、丰田、海尔、格兰仕等	沃尔玛、国美、耐克、戴尔等

资料来源：张辉（2006）

从表 5-1 中可以看出，全球价值链的驱动力不同，导致其动力根源不同，不同的动力根源决定了该价值链的核心能力不同。不同驱动力的价值链，分布的产业也有所不同。这就意味着一国要发展一个产业时，要先根据该产业价值链的驱动力去确定该产业价值链的核心能力，认清其所处的价值链的性质及其环节，然后积极发展这种核心能力，才能使该国在该产业的全球价值链中具有竞争优势并处于高端的高附加值地位。

对于企业而言，更有意义的部分在于：生产者驱动型的价值链中，其核心环节对其他环节的控制多通过海外直接投资的形式来完成，而采购者驱动型的价值链中，生产环节大多由位于发达国家的零售商、品牌商和代理商通过外包网络分包给发展中国家的合约商。这也就是为什么我国融入全球价值链的大多是如服装、鞋类、玩具等传统行业的原因。此外，Henderson（1998）的研究表明，生产者驱动型的全球价值链中，其价值的增值部分大多数位于生产领域，而采购者驱动型的全球价值链中，其附加值大多流向了市场销售和品牌化等流通领域，这一研究为企业实现产业升级指明了方向。

在对价值链驱动机制的深入研究中，学者们发现这一简单的驱动力二分法存在不少问题，如被公认为生产者驱动的 IT 产业中，戴尔在流通环节的出色表现就具有某些采购者驱动的特征，而服装行业中李维斯就是有着自己垂直一体化生产体系的生产者驱动价值链中的品牌商。张辉（2006）就提出了位于采购者驱动型与生产者驱动型之间的“中间型”或“混合型”驱动模式。他认为驱动模式应该按照价值链的价值增值序列划分，而不是按部门划分，并以此为基础提出“中间型”或“混合型”驱动模式的价值链，其边际价值增值率从生产环节向流通环节先递减再递增，其形状与施振荣提出的微笑曲线吻合。

（二）全球价值链中经济租金的产生和分配

在经济学上，“经济租金”是生产要素所有者凭借垄断地位所获收入中，超过要素机会成本的剩余。经济租金是要素收入（或价格）的一部分，该部分并非为获得该要素而在当前已使用要素中所必需的，它代表着要素收入中超过其在其他场所可能得到的收入部分。简言之，经济租金等于要素收入与其机会成本之差，代表着要素收入中超过其在其他场所可能得到的收入部分。如图 5-5 所示，图中 R_0OE 为经济租金。因为，要素全部收入为 OR_0EQ_0，要素所有者提供 Q_0 量要素所愿接受的最低要素收入是 OEQ_0。因此，去掉 R_0OE 部分也不会影响要素的供给量。所以，R_0OE 部分为经济租金。

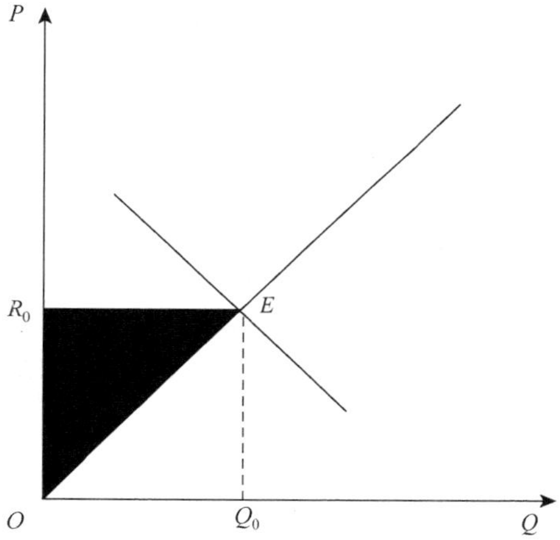

图 5-5　经济租金

只要存在垄断，不管是行政、市场还是天然的，就可能存在经济租金。作为研究的起点，全球价值链理论分析了全球价值链各环节价值的产生过程和各环节收益的分配过程。Kaplinsky 和 Morris（2003）认为这些收益从本质上讲产生于那些能保护自己远离直接市场竞争的价值链参与者，并且这种规避直接竞争活动的能力可用“经济租金”的概念来理解。因为参与了全球化的国家和商家都处在“全球价值链”的治理（governance）之下，而价值链的治理目标，正是索取各种各样的经济租金，而不是要素回报或者企业家回报，所以全球价值链对全球市场、对全世界的经济生活的改造是非常深刻的。如果能够全面分析近 20 年来的全球国际贸易的数据，结果将会支持以下这个判断：从全球化的生产和营销中获利的赢家获得的收入，已经不再是或者主要不是古典经济学所说的“要素回报”，或者相对于风险承担而得到的“企业家回报”了，获利的源泉是基于“进入壁垒”或者垄断条件而产生的经济租金。随着经济全球化进程中要素收益率的降低，进入壁垒开始成为“租”产生的重要因素。进入壁垒较高的环节能产生较高的“租”，而竞争激烈的低进入壁垒环节，收益是不可持续的，因为“租”会慢慢耗散。要保持较高收益，要么是该行业进入壁垒很高，行业外企业很难进入该行业与之相竞争，要么是进入壁垒在不断发生变化，即企业的创新和生产能力在动态发展，不断从事新的经济活动，从而在该领域形成新的进入壁垒。

经济租金有哪些形态？Kaplinsky 和 Morris（2003）将经济租金区分为内生的和外生的两大类（表 5-2），开列出一个经济租金的清单：内生经济租金中包括“技术经济租金”“人力资源租金”“组织-机构经济租金（如日本新的生产组织形式，减少存货，做到优质和低成本）”“营销-品牌经济租金”“关系经济租金（以中小企业的聚集和企业之间正向的溢出为优势而获得的收入）”，还有以商业秘密和知识产权的形态存在的进入壁垒。外生经济租金的清单上包括“自然资源经济租金”“政策经济租金（有差别的进入机会，源于政府的政策）”“基础设施经济租金（如交通设施的便利）”和“金融经济租金（融资机会）”等。另外，经济租金还具有累加性，而且永远处于变动中：一方面，已经得到的经济租金会由于进入壁垒被突破而流失或由于技术扩散而消失；另一方面，新的经济租金还会不断产生出来。因为经济租金会随竞争性加强、进入障碍降低而减小，最终以低价或高质形式转化为消费者剩余。

表 5-2　全球价值链上经济租金的主要表现形式

经济租金类型		稀缺性生产要素或进入壁垒	含义
存在于全球价值链之内（内生经济租金）	企业内	技术经济租金	拥有稀有技术
		人力资源租金	比竞争者拥有更好技能的人力资源
		组织-机构经济租金	拥有较高级的内部组织形式
		营销-品牌经济租金	拥有更好的营销能力和（或）有价值的商标品牌
	企业间	关系经济租金	同供应商和顾客（买主）之间拥有较高质量的关系
存在于全球价值链之外（外生经济租金）		自然资源经济租金	获得稀有自然资源
		政策经济租金	在一个高效率的政府环境：创设壁垒阻止竞争者进入
		基础设施经济租金	获得高质量基础设施性投入
		金融经济租金	比竞争者获得条件更优越的金融支持

资料来源：Kaplinsky 和 Morris（2003）

全球价值链可分为三大环节：其一是技术环节，包括产品研发、创意设计、提高生产加工技术水平、技术培训等环节；其二是生产环节，包括采购、系统生产、终端加工、测试、质量控制、包装和库存管理等分工环节；其三是营销环节，包括销售后勤、批发与零售、品牌推广和售后服务等分工环节。当国际分工深化为增值过程在各国间的分工后，传统产业结构的国际梯度转移也因此演变为增值环节的梯度转移。就增值能力而言，以上三个环节呈现由高向低再转向高的“U”形，或曰“微笑曲线”状（图 5-6）。价值链不同环节所创造的附加值是不同的，获得的经济租金的多少也是不一样的。靠近“U”形曲线中间的环节，如零部件生产、组装等环节在价值链中创造出较低的附加值，因而获得较低的经济租金，靠近“U”形曲线两端的环节，如产品研发、设计、市场营销、品牌推广和售后服务等在价值链中创造出较高的附加值，因而获得更多的经济租金。

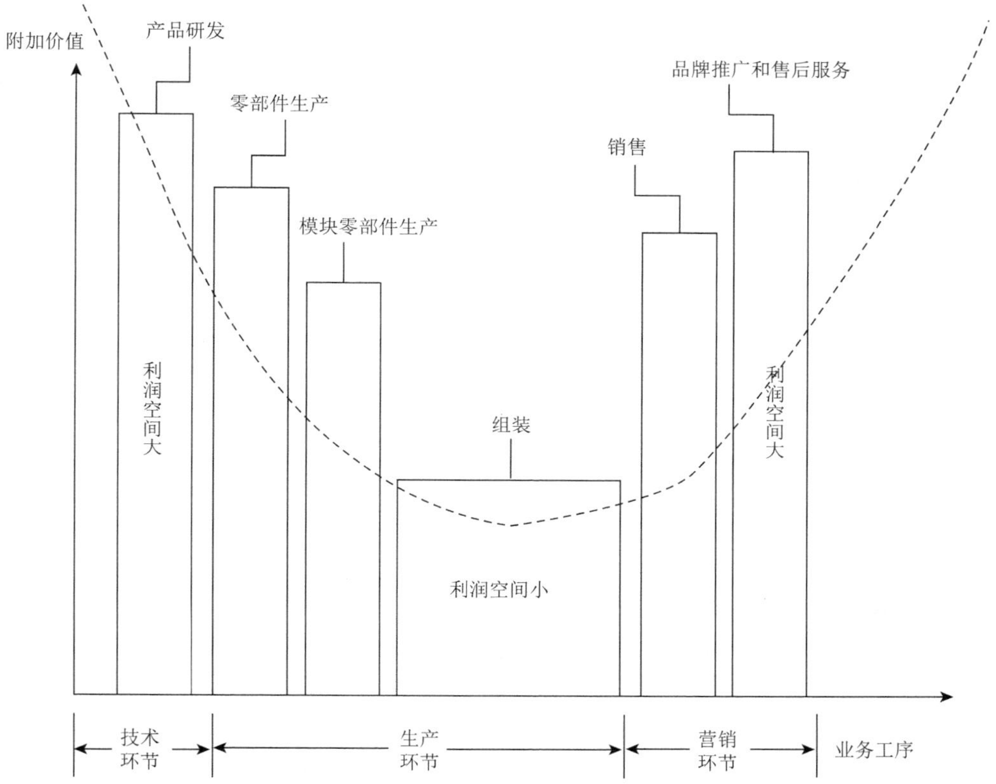

图 5-6　价值链增值微笑曲线示意图

例如，一个美国的服装公司可以在意大利完成设计，在印度采购面料，在韩国采购化纤辅料，在中国采购配件，在越南缝制成衣，然后在菲律宾检验、包装，再出口到美国销售。一件服装的生产被分解为诸多的生产加工环节，并放在不同的国家和区域完成，构成整个价值创造过程，随着不同环节生产附加值的不同，形成如图 5-7 所示的曲线。

随着技术水平的不断提高，生产环节的进入壁垒不断降低，导致越来越多的国家参与经济全球化进程中的生产（组装）过程，这一环节的“租”日益耗散，导致生产环节增加值不断降低。因此，能产生较高的“租”的领域越来越脱离具体生产过程而转向无形的过程，如研发和营销等领域，因为这些活动通常是技术或知识密集型的，会形成较高的进入壁垒、较长时间的知识产权保护，如长达 20 年的专利技术保护和接近永久性的品牌效应，是价值链中收益的重要来源。在知识经济时代，全球价值链上经济租金的产生源泉正由有形活动转变为无形活动。这是因为无形活

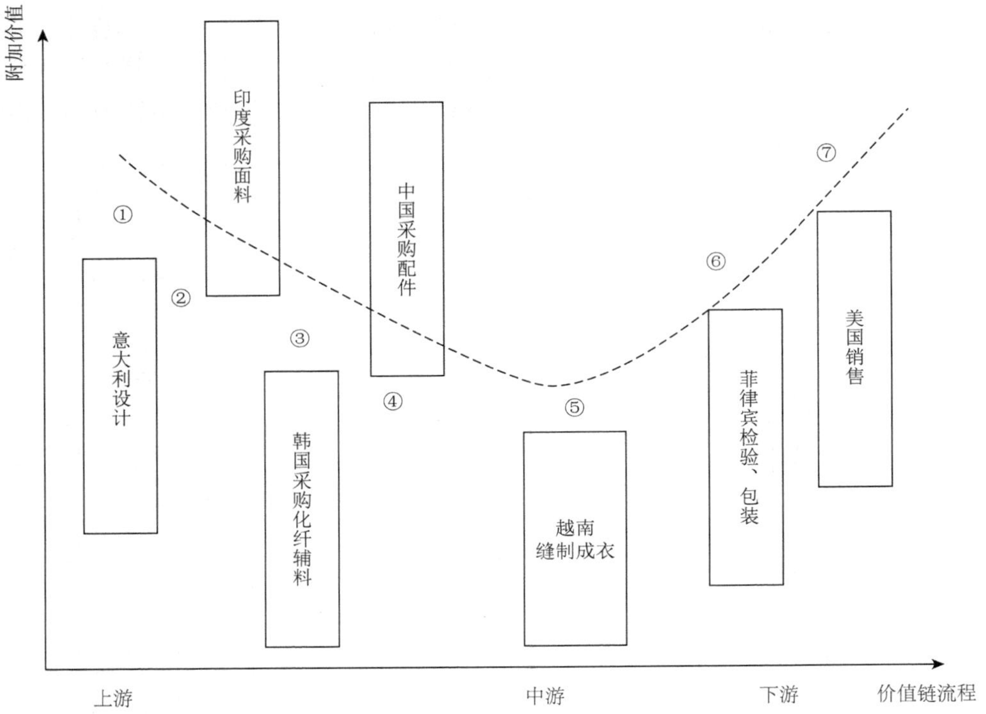

图 5-7 美国某服装公司全球价值链图示

动越来越建立在知识和技能基础上，并且根植于组织体系中。一些无形活动，如物流控制、广告、产品设计、品牌推广等，在全球价值链上发挥了越来越重要的作用。因此，不难理解大多数处于全球价值链生产环节上的发展中国家的地位远不如发达国家的原因了。

（三）全球价值链的治理

随着国际分工的进一步细化，价值链也变得更加复杂，内部环节不断增加。此时想要通过提高价值链中的单个环节的效率从而提升整个价值链的收益的方式变得很有限，因此需要系统性地协调价值链中各个环节的活动，从而使整个价值链具有竞争力，这种系统性协调就是价值链的治理。治理本身就是"租"的重要来源，这是一种特殊的关系租金（relational rents）。治理行为用来分析一条价值链如何被控制和协调。全球价值链中不同行为体的权力大小不同，处于全球价值链地位较高的发达国家或者领导企业主要以对价值链的治理研究为主，其"治理"指通过非市场机制协调价值链上活动的企业间的相互关系和制度机制；治理的形式不同直接影响发展中国家或企业的升级前景（Schmitz and Humphrey，2000）。Gereffi 和 Korzeniewicz（1994）提出全球商品链理论时，将其驱动力分为生产者驱动型和采购者驱动型，他将治理定义为"决定人财物资源如何在价值链内分配和流动的权威和权力关系"。Schmitz 和 Humphrey（2000）将价值链的治理定义为：通过价值链中公司之间的关系安排和制度机制，实现价值链内不同经济活动和不同环节间的非市场化协调。作为一种制度安排，治理在全球价值链上居于核心地位，因为价值链上各环节公司之间的各种活动、劳动分工以及价值分配，都处于价值链治理之下。

激烈的竞争降低了进入壁垒，从而导致越来越多的国家进入全球生产和贸易活动中，导致收益不断减少。全球价值链的参与者开始寻找新的租金形式。价值链主导者一方面要求供应商或客户改变其自身的生产过程，另一方面也会不断寻找新的供应商和客户。这时，价值链的主导者变成了价值链的治理者（其管理程度随其在价值链中的权利不同而有所差异），开始对价值链的分工过程进行不同地区和制度环境下的全局安排，从而提高了价值链的整体效率，导致整个价值链的收益不断增加。

1. 全球价值链治理的类型

Powell（1990）将全球价值链的治理模式分为市场、层级制和网络三种组织形式，并从一般基础、交易方式、冲突解决方式、弹性程度、委托数量级、组织氛围、行为主体的行为选择、相似之处等方面对三种经济组织形式进行了比较，如表 5-3 所示。

表 5-3 三种经济组织形式之间的典型对比

关键因素	经济组织形式		
	市场（market）	层级（hierarchy）制	网络（network）
一般基础	合约……产权	雇佣关系	互补性分工、努力
交易方式	价格	公司规则	网络关系
冲突解决方式	杀价……法律强制执行	管理命令……监督	互惠互利……声誉
弹性程度	高	低	中
委托数量级	低	中到高	中到高
组织氛围	不信任、斤斤计较	官僚体制、照章办事	回旋余地大、互利性
行为主体的行为选择	独立，转换成本低	从属、依赖上级，转换成本高	相互依赖
相似之处	如同层级制中文件的合约	与市场相似的特性：利润至上、转让价格	正式的规则、关联股东

资料来源：Powell（1990）

根据 Schmitz 和 Humphrey（2000）的研究，全球价值链一般有三种典型的治理模式。①网络型，即具有互补能力的企业之间对全球价值链的重要环节进行分工，各方共同定义产品。网络意味着企业之间是一种平等合作的关系，各自在全球价值链中分享核心能力。②准层级（quasi-hierarchy）型，即一家企业对其他企业实施高度控制，常常要指定产品的各种特征以及要遵循的流程。准层级意味着以下两类企业间的关系：一类是法律上虽然独立但要从属于其他公司的企业，另一类是在全球价值链中制定其他参与者不得不遵守的规则的主导公司。③层级型，即主导公司对全球价值链上的某些运行环节采取直接的股权控制，跨国公司及其分支机构之间的关系就属于这一类。不过，正常的市场关系也可以视为一种无治理模式，即由于生产是标准化的或产品容易定制化，交易双方并未发展成控制与被控制的关系。斯特恩区分了在当今产业重组和空间配置中起重要作用的三种治理模式：权威型生产网络（authority production network）、关系型生产网络（relational production network）和虚拟生产网络（virtual production network）。

Kaplinsky 和 Morris（2003）认为，全球价值链中不同环节的企业之间维持互相信任的机制是制定和执行各种规则和标准。他们指出只有通过全球价值链运转的规则和标准把全球生产和贸易的离散性片段区域联系起来，才能反映全球价值链动态性特征，同时，只有认识到治理规则和标准的重要性，厂商或集群才能顺利嵌入全球价值链实现升级，所以他们提出了一种新的治理分类方法，即全球价值链治理大致可分为规则制定治理（legislative governance）、监督裁决性治理（judicial governance）和执行性治理（executive governance）三种形式。①规则制定治理。规则制定治理主要是指制定一些参与全球价值链所需要的基本条件和规则，这些规则除了质量、价格、传递可靠性和产品标准外，还包括一些社会标准，如质量标准（ISO 9000）、环境标准（ISO 14000）、社会责任标准（SA8000）和其他一些特别工业标准。有两类因素影响了规则制定：一是这些规则适用的范围，如国际性标准、地区性标准或企业特别标准；二是这些规则是否覆盖产品或工艺流程。②监督裁决性治理。监督裁决性治理主要是监测各行为主体是否遵从全球价值链的治理规则，以及进行成效评估等。存在于全球价值链之中的监测主体主要是主导厂商，如关键性购买者；存在于全球价值链之外的监测主体主要是政府或区域性标准办公室、非政府组织、新闻媒体等。③执行性治理。执行性治理是指针对治理监测的结果而采取的措施，目的是让全球价值链参与者在行为上符合治理规则，并为其达到规则要求提供协助。存在于全球价值链之外的专门咨询公司、学习网络和政府代理机构，以及存在于全球价值链之中的规则制定企业或其购买代理商等都是协助供应商达到全球价值链规则的机构。在全球价值链上实行奖罚分明的胡萝卜与大棒（carrot&stick）政策是实现治理功能的关键。此外，Kaplinsky 和 Morris（2003）指出不同的全球价值链具有不同的治理程度和形式：一些全球价值链基本上不存在治理，或者最多存在较弱的治理形式；绝大部分全球价值链在治理的三个领域（治理规则制定、监督和执行）存在多重治理点，进而形成一种水平形式和垂直形式治理重叠的局面。

在 Schmitz 和 Humphrey（2000）分类的基础上，Gereffi 等（2005）根据全球价值链中各行为主体之间协调能力的高低，将全球价值链治理模式划分为以下五种形式：市场型、模块型、关系型、领导型和等级型，这五种治理模式中市场型和等级型分别处于价值链中行为主体之间协调能力的最低端和最高端。市场型是指各个经济行为主体通过货币买卖各种商品和服务，其运行的核心机制是价格机制。等级型则是以企业制为典型，运行的核心就是管理控制。模块型、关系型和领导型都属于网络型，介于市场型和等级型两者之间，其中模块型是系统的分解与集成，各个子系统需要有很好的创新效率，并按照一定的规则相互联系集约交易费用；关系型模式中厂商由于社会同构性、空间邻近性、家族和种族性等联系集聚在一起；领导型模式则是众多中小厂商特别是小型厂商依附于几个大型厂商，由大型厂商对他们实施很强的监督和控制力。在现实世界的全球价值链治理中，这五种形式往往是相互交错的，且彼此之间存在着一个动态的转换机制。这五种全球价值链治理模式阐明了权力在全球价值链中的运作模式。例如，在领导型全球价值链中，主导公司直接对供应商行使权力，这种直接控制表明了一种高度的外在协调和权力不对称关系。在关系型全球价值链中，公司间的权力平衡更加对称，并存在大量的外在协调。在模块型以及市场型全球价值链中，客户和供应商的转换相对比较容易，权力的不对称性相对较低。从等级型到关系型再到市场型，显性协调和权力不对称的程度逐渐减弱（图 5-8）。

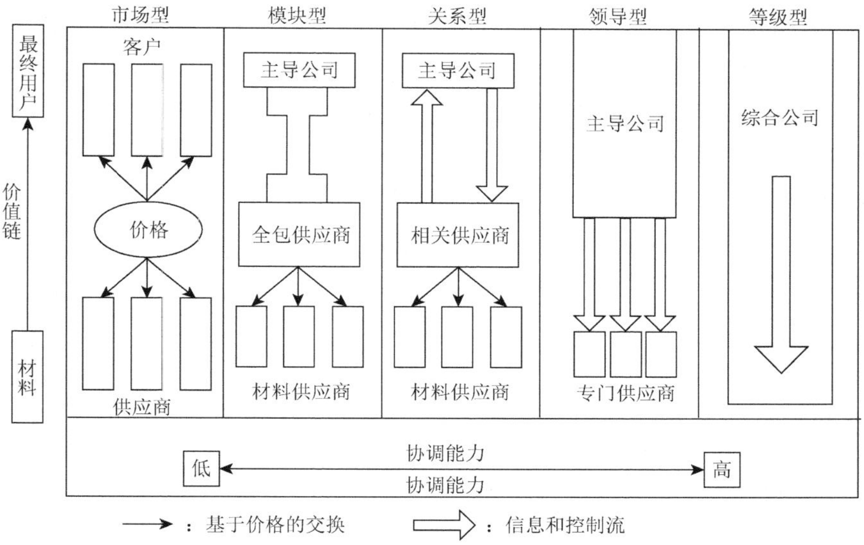

图 5-8 五种全球价值链治理模式

资料来源：Gereffi 等（2005）

Gereffi 等（2005）的全球价值链治理范式是目前最严谨的一个，它涵盖了目前发现的多数典型的全球价值链类型，重要的是，Gereffi 不但研究了每种治理模式的特点，而且引入了更多的经济学分析方法，将特征变量化，具有较好的理论基础。但是，Gereffi 的范式仍然存在一些问题：第一，该理论中的治理模式仅限于领导厂商和较高级供应商之间的关系，但在具体的行业价值链中，可能包括更多的上游和下游主体；第二，模型中的前两个变量（交易的复杂性和交易的可标准化程度）有很强的相关性，实际上这两个变量都是通过影响交易成本来决定价值链的治理模式，但影响交易成本的重要因素不止这两个；第三，把三个变量简单地划分为高低两个维度可能不够准确，如模块型治理模式中交易的标准化能力高于领导型治理模式，但低于市场型治理模式；第四，文化禀赋、公司战略、政府政策与国内和国际的制度对价值链的治理有重要的影响，但在 Gereffi 的模型中却没有提及；第五，Gereffi 的模型没有说明价值链中各个链节（node）的区位问题，即为什么不同的链节会分布在不同的地区或国家。

2. 全球价值链治理模式选择的决定因素

Gereffi 等(2005)认为，全球价值链治理模式的选择主要由以下因素决定(表 5-4)。①交易的复杂性。价值链中交易越复杂，各主体之间的交互作用越强，采取的治理模式越倾向于网络型治理模式（模块型、关系型和领导型）和等级型的治理模式。②交易的可标准性。反映的是价值链中信息和知识的可获得性，及其传递效率和交易费用。某些行业的价值链中，关于产品、生产过程等的复杂信息经过编辑标准化处理后便很容易在价值链中传递，如果供应商有能力接受并实施这些标准化的信息，并且这些标准在价值链中被广泛采纳，则采用模块型治理模式；否则，价值链中的主导企业将垄断这些信息，对其他企业实施垂直一体化的控制，采用的是等级型治理模式，或者采取外包战略，但对承包企业实行紧密的监控，采用的是领导型治理模式。③供应商的能力。接受和实施价值链中的主导企业所传递的复杂信息，要求供应商具有较高的能力。如果供应商的能力较低，主导企业只能实行垂直管理，价值链采用的是等级型治理模式；或者实行外包，采用领导型治理模式。

表 5-4 全球价值链治理模式选择的决定因素

治理模式		交易的复杂性	交易的可标准性	供应商的能力
市场型		低	高	高
网络型	模块型	高	高	高
	领导型	高	高	高
	关系型	高	低	低
等级型		高	低	低

资料来源：Gereffi 等（2005）

Gereffi 等（2005）还指出，全球价值链治理模式并不是静态的，也不是严格与特定行业相关联的。同时，即使在特定地点和特定时间内，全球价值链的治理模式也可能从一种模式转换为另一种模式。原因主要是：①当新的生产商获取新的产能时，权力关系可能会发生变化；②由于投资的转换，对于主导公司来说，创建和维持严格的等级型治理模式代价巨大；③企业和企业群往往并不局限于一条价值链，而可能是在多条价值链上运营，因此有可能把从一条链上学到的能力应用到其他价值链中。价值链治理模式的变化，可能会导致交易的复杂性、交易的可标准性和供应商的能力等的变化。

3. 全球价值链治理战略环节的识别

全球价值链理论的一个基本思路就是在整个价值链条上众多的“价值环节”中，并不是每一个环节都能创造等量价值。每个环节创造的价值不同，某些辅助性环节并不创造价值，而高附加值的环节一般就是全球价值链上的战略环节。准确判断出全球价值链中的战略环节，为企业在全球布局不同的生产环节提供了依据，也指出了产业发展或升级的目标所在。同时，要保持企业或产业的竞争优势或核心竞争力，关键也是要抓住此战略环节。谁抓住了这些战略环节，谁就抓住了整个价值链，谁也就控制了该行业，即由谁来治理这条价值链。因此，如何识别战略环节也是治理研究的主要内容之一。

在许多全球价值链中，可能存在多个参与治理的主导公司。同时，这些主导公司可能位于不同环节上，如位于链条的最高端、中部或底端。战略环节有可能是与产品直接相关，如可口可乐公司的饮料配方，也有可能是在价值链的“辅助性增值活动”环节上，如国际商业机器公司（International Business Machines Corporation，IBM）在计算机行业的竞争优势就来源于其覆盖全球的强大的组织体系，即其组织管理能力。全球价值链理论在分析战略环节时，弱化了传统分析中的市场销售比重和利润率等指标，采用了一些动态指标（表 5-5 列出了识别战略环节的若干关键性指标），以此可判断战略环节的变化，更突出了产业的动态改善过程和发展的治理理念，这对于企业适时调整战略和选择嵌入全球价值链的切入点尤为重要。例如，汽车、电信等行业的战略环节明显地向产品使用和维护等下游环节转移，下游环节的增值呈现上升趋势。那么，企业通过降低生产成本、经营主导产品、开发差异性产品来维持竞争优势的传统战略就显示出局限性。在这种情形下，企业（尤其是对一些生产环节技术壁垒较高行业的企业）应积极开拓下游环节的增值业务，如多元化的客户服务、提供产品本土化方面的服务等，使其逐渐融入全球价值链之中。

表 5-5　全球价值链中识别战略环节的若干关键性指标

指标	比较	数据来源
价值链中销售比重	并非一个强势指标，因为该指标中无法规避原料部分的重复买卖活动，因此缺乏有效影响力	资产负债表，通常只能收集到企业对外发布的信息和数据
价值链中增值比重	反映了价值链的具体环节部分，因此是一个比较好的衡量规模的指标	企业调研
价值链中利润比重	较好地反映了在价值链中的竞争力，是一个反映价值链中能力水平的好指标，但是高额利润也可能来自对稀缺资源的垄断，并且对下游加工环节没有控制力	企业调研
价值链中购买份额	一个很好的指标，特别是当购买渠道多元化而非依赖领导企业的时候，该指标更加有效	企业调研（品牌在最终市场的份额研究）
掌握价值链中核心技术或具备独特能力	更适用于生产者驱动的价值链，如汽车产业	
拥有价值链中“市场标识”（品牌）	在品牌标识显得重要的市场中，该指标的优势更明显	

资料来源：Stamm（2004）

（四）全球价值链的产业升级

价值链升级是指企业能力的提高使得厂商能够从事价值链中附加价值高的经

济活动，从而获得更多收入。从全球价值链的角度来研究的产业升级，指的是价值链之中或尚未嵌入价值链的企业通过嵌入价值链获取技术进步和市场联系，从而提高竞争力，进入增加值更高的活动中。升级过程包括各个价值环节内在属性和外在组合两个方面的变动，这两方面都连接在同一链条之中或不同链条之间。由于一个国家或地区在全球价值链中所处的功能环节直接决定了其在该产业获得的附加价值，因此要想改变在价值链中的被动局面，发展中经济体的产业必须进行升级。

Kaplinsky（2000）认为产业升级就是制造更好的产品、更有效地制造产品或者是从事需要更多技能的活动。在此基础上，英国萨塞克斯大学创新研究小组的学者（Schmitz and Humphrey，2000）提出了全球价值链中的产业升级的四种模式：工艺流程升级（process upgrading）、产品升级（product upgrading）、功能升级（functional upgrading）和链条升级（chain upgrading），各升级模式的实践形式如表 5-6 所示。

表 5-6 全球价值链各升级模式的实践形式

升级模式	实践形式
工艺流程升级	通过创新生产系统或引进先进技术，提高价值链中加工流程的效率
产品升级	通过引进新产品或改进已有产品比竞争对手更有效率，移向更先进的生产线（增加单位价值）
功能升级	重新组合价值链中的环节，以提高经济活动的附加值。获得新的功能或放弃已有的功能，增加经济活动的技术含量。例如，从生产环节向设计环节和营销等利润丰厚的环节跨越，改变企业自身在价值链中所处的位置
链条升级	从一条价值链跨越到一条新的、价值量高的相关产业的价值链，企业把在一产业获得的能力应用到另一个新的产业，或转向一个新的全球价值链中

资料来源：Schmitz 和 Humphrey（2000）

对于四种产业升级的方式，众多研究表明其内部是有一定规律可循的。普遍认为产业升级一般都遵循从工艺流程升级到产品升级再到功能升级最后到链条升级这一规律。但应强调，产业升级轨迹并不是完全依照这一规律且不可改变的，如当技术出现突破性创新时，升级轨迹可能突破常规方式。另外，产业升级过程中有一点是可以肯定的，就是随着产业升级的不断深化，附加价值不断提升，参与价值链中实体经济活动的环节变得越来越稀少，产业空心化程度也将不断提升。

联合国工业发展组织在 2002～2003 年度工业发展报告《通过创新和学习来参与竞争》中这样描述全球价值链的产业升级机制，“全球价值链扩散功能和工艺流程为发展中国家企业提供了改善各种能力的机会。对于发展中国家的企业或企业集群而言，当务之急是将其融入更广泛的系统中去。这就要求有步骤地采取行动，使企业治理达到世界水准。另外，还必须通过有意识的创新和学习获得必要的技术能力。鉴于未来获得市场进入和先进技术的前景，上述努力是值得的”。实际上，无论是采购者驱动型还是生产者驱动型价值链，为了进入国际市场，发展中国家的企业必须获得初始技术能力。当地企业一旦进入全球价值链，由供应联系所引发的学习效应就会出现。正因如此，企业进入全球价值链以改善其技术能力，为价值链升级做好必要的准备。

总之，就产业升级的四个层次而言，无论哪个层次，都意味着从劳动密集型价值环节转向资本和技术密集型价值环节，从劳动密集型价值链条转向资本和技术密集型价值链条，其过程都伴随着资本深化，而资本深化意味着随着要素禀赋发生变化，企业在技术选择的过程中不断地以资本代替劳动，以进一步提高资源配置效率。通常产业升级遵循从工艺流程升级、产品升级、功能升级到链条升级的循序渐进的过程，其渐进过程实质上体现了要素禀赋的比较优势循序渐进的变化过程。

全球价值链理论从出现到完善发展迅速，与现实中贸易方式变革基本同步。这种新的国际分工方式建立在通信技术与运输方式飞速发展的基础上，由发达经济体中的跨国公司发起，以跨国公司在全球范围内寻求生产成本的降低为推动力，并且最终形成由发达经济体掌控源头，发展中经济体制定标准、发达经济体与发展中经济体同时参与进来的营销、售后、回收等的全球需求链，两部分链条共同构成了一个产品的全球价值链。

三、原产地规则对全球价值链的影响

本部分首先对原产地规则的相关理论和概念进行了梳理和界定，其中重点阐述了原产地规则的概念、职能、分类和内容，其次结合贸易创造、贸易转移、投资创造、投资转移和成本叠加等原产地规则经济效应理论，将原产地规则与全球价值链纳入统一的分析框架。

（一）原产地规则的相关概念和理论

1. 原产地规则概念的界定

1）原产地概念

原产地通常是指货物或服务的最初来源地，是货物或服务的“经济国籍”（徐进亮和丁长影，2013），这里的来源地可以指一个区域集团、一个地区和一个国家①。WTO《原产地规则协定》将货物的原产地定义为，“完全获得该货物的国家（地区）；或当生产涉及多个国家（地区）时，则为该货物发生实质性改变的国家（地区）”②，即货物的开采地、提取地、收获地、出生地、制造地或加工地以及生产地（厉力，

① 其一，欧盟等区域集团作为 WTO 承认的单独关税区从事国际贸易；其二，北美自由贸易区等区域贸易协定将产品的“区域性”属性纳入优惠资格的管理当中，因此对于“来源地”的概念不限于单独的国家。

② WTO《原产地规则协定》第 9 条第 1 款 b 项。

2011）。需要注意的是，原产地具有“唯一性”特征，即产品的“经济国籍”只能为一个国家（地区），无论其包含了多少国家（地区）的原材料和中间投入品（王金强，2016）。

2）原产地规则概念

在国际贸易的实际操作中，为了对进口产品进行国别统计并施以关税税率、配额、反倾销等不同的贸易待遇和措施，进口国海关需要明确进口货物的来源地。这种判定货物来源地的方法在国际贸易领域里被称作原产地规则。根据WTO《原产地规则协定》的定义，“原产地规则是各成员为确定货物原产地而实施的普遍适用的法律、规章和行政裁决”[①]。当原产地规则仅作为对进口货物做国别统计的技术工具时，它是中性的、无争议的。然而，当原产地规则作为判定一国出口货物在进口国是否享受优惠贸易待遇时，即原产地规则与优惠贸易体制联系在一起时（优惠原产地规则），它又是歧视性的，且这种歧视性的背后隐含了巨大政策含义和经济利益，使得原产地规则在国际贸易中的地位愈加明显。因此，原产地规则不仅是一种中性的、无争议的技术工具，同时又是歧视性的贸易政策工具。

3）原产地规则分类

按照适用的商品类型划分，原产地规则可以分为货物原产地规则，如关于“机器、器具及设备”的产品特定原产地规则，以及服务原产地规则，如“跨境贸易服务”下的服务来源地；按照适用的范围划分，原产地规则分为优惠原产地规则，如区域贸易协定中的原产地规则，以及非优惠原产地规则，如WTO原产地规则。其中，优惠原产地规则又可以分为单边优惠原产地规则和互惠优惠原产地规则。WTO《原产地规则协定》对非优惠原产地规则的定义为“与导致给予超出1994年GATT第1条第1款适用范围的关税优惠的契约式或自主式贸易制度无关”的原产地规则[①]。由上述定义可知，非优惠原产地规则主要用于确定非优惠贸易中产品的来源地，其作用主要体现在两个方面：第一，作为一项海关技术，用于贸易数据的统计和汇编；第二，作为一项非优惠性辅助性贸易政策工具，用于判定货物的来源地从而适用相应的海关措施，如最惠国待遇。与非优惠原产地规则相反，优惠原产地规则往往与优惠贸易安排联系在一起，主要适用于普惠制和区域贸易协定等单边、双边和诸边优惠贸易体制。例如，普惠制优惠原产地规则、北美自由贸易区优惠原产地规则、欧盟优惠原产地规则。根据优惠贸易安排的性质不同，优惠原产地规则的作用也不同。关税同盟由于对外关税的一致性，使得整个受惠区可以被视为一个国家来对待，因而原产地规则的职能作用仅用于确认进口产品是否享有优惠准入资格。然而，对于自由贸易区而言，原产地规则有效地防止了因各成员关税独立性引发的贸易偏转现象，保护了区域各成员的贸易利益，增加了原产地规则的职能作用，提高了原产地规则的意义。

在实际操作中，优惠原产地规则主要用于判定进口产品能否获得优惠市场准入资格，而非优惠原产地规则主要用于判定进口货物的来源地。由此可见，优惠

① WTO《原产地规则协定》第1条第1款。

原产地规则旨在确定产品是否原产自受惠区，在该产品失去优惠准入资格时，无须进一步明确其原产地；而非优惠原产地规则作为辅助工具，必须确定产品的来源地，以便于相应贸易措施的适用，这是优惠原产地规则和非优惠原产地规则的主要区别之一。

2. 原产地规则的内容

原产地规则的主体包括实体规则和程序规则：前者正式定义了产品原产地的判定标准，包括税则归类改变标准、区域价值含量标准和加工工序标准；后者明确了执行原产地规则所涉及的操作程序，即程序规则，包括直接运输、原产地证明、原产地验证和核查等，如图 5-9 所示。

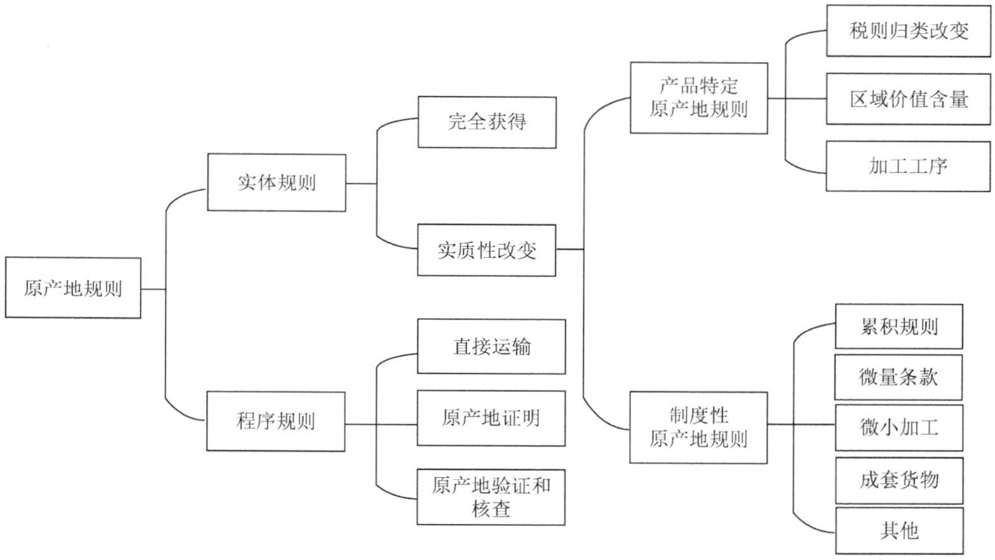

图 5-9 原产地规则的内容

1）完全获得标准

完全获得（wholly obtained）产品是指产品生产涉及的原材料、零部件、加工组装等完全在一国境内完成的产品。一般来讲，完全获得产品通常为在一国境内获取的自然资源产品。例如，在一国境内开采的矿产品或在一国境内猎取或捕获的活体动物。完全获得标准对产品原产地的判定限制在一个国家，在技术层面上易于判断和界定，因而被各国接受。然而，由于对相关概念缺乏统一的规定，一些产品在完全获得的判定上存在较大争议。例如，《中国—东盟自由贸易区原产地规则》规定“在该成员方注册或悬挂该成员方国旗的船只在公海捕捞获得的鱼类及其他海产品”被认定为完全获得产品[①]。然而，中国-澳大利亚自由贸易区原产地规则规定“由在一

① 《中国—东盟自由贸易区原产地规则》规则三（七）。

方注册并悬挂该方国旗的船只在公海得到的货物（鱼类、甲壳类动物、植物及其他海洋生物）”被认定为完全获得产品[①]。这种对完全获得定义的不一致性可能导致产品最终丧失原产地资格[②]。

2）实质性改变标准

当产品被认定为使用了进口成分而不能被认定为完全获得产品时，需要考虑所使用的进口材料是否在该国经过充分制造和加工，并使其性质、特征和用途等方面发生了实质性的改变（substantial change）。如果进口材料在该国经过充分制造和加工发生了实质性改变，则仍可以授予其原产地资格。然而，关于实质性改变的概念过于模糊和笼统，且国际分工导致的生产过程细分化又进一步提高了界定产品发生实质性改变的难度。因此，在实际操作和实践中，各国通常采用《关于简化和协调海关业务制度的国际公约》（简称《京都公约》）附件 D1 给出的三大标准来界定产品是否发生了实质性改变，即税则归类改变标准、区域价值含量标准和加工工序标准。

（1）税则归类改变标准。该标准要求进口材料经过充分制造和加工，使得最终产品的税则归类编码与进口材料相比发生了变化。税则归类改变标准以世界海关组织制定的《协调制度》（Harmonized System，HS）为基础。《协调制度》将关税税目分为章（2 位数）、品目（4 位数）、子目（6 位数）和拆分子目（8 位数），相应地，税则归类改变则可以分为章改变、品目改变、子目改变和拆分子目改变，其优点在于标准的明确性、透明性以及操作简单，不仅易于企业管理其产品获得原产地资格，同时便于海关的监督和核查，是当前主流原产地标准。例如，北美自由贸易区和以美国为主要推动力签署的自由贸易区，均以税则归类改变为主要原产地标准。然而，《协调制度》是世界海关组织为便于管理进出口货物而编纂的关税税目，与原产地规则的制定本无联系。因此，基于《协调制度》的税则归类改变标准并不总能体现产品的实质性改变或充分加工，从而不能适用于所有产品。尤其在碎片化生产的时代，由生产技术变革导致的生产阶段的重新配置给税则归类改变标准的适用范围带来了一定的挑战。

（2）区域价值含量标准。该标准要求进口成分（或原产成分）不得高于（或低于）制成品的一定比例才可获得原产地资格。价值含量的计算方法因原产地规则制度的不同而存在差异。例如，中国-澳大利亚自由贸易区在适用区域价值含量标准时，对产品本身价格的计算使用离岸价格（free on board，FOB），对产品中进口成分采用到岸价格（cost insurance and freight，CIF）。中国-瑞士自由贸易区对产品本身价格采用产品出厂价的计算方式，对进口成分采用海关价格。一般来说，出厂价格仅涉及产品生产的相关成本，而离岸价格则包含更多成本要素，如运输费用、清关费用和其他管理费用。因此，当使用离岸价格来计算产品本地成分时，该产品更容易获得

① 《中国-澳大利亚自由贸易协定》第三章第三条第（七）项。

② 随着国际分工合作的开展，合资企业的船只在公海从事捕捞作业时不宜悬挂一国国旗，应适用注册地标准（厉力，2011）。

原产地资格。然而，无论采取什么计算方法，原材料价格的波动和汇率的波动总会影响到按百分比计算的区域价值含量标准，甚至使得产品因微小的百分比差异而丧失原产地资格。另外，在产品的跨国分工日益加深的条件下，一种产品的采购来源或供应商可能涉及全球多个国家。国外成分的增加提高了通过区域价值含量标准获得原产地资格的难度，不利于全球供应链的扩张。但是，当区域价值含量标准辅以累积规则时，上述问题将得到很大程度的缓解，尤其在完全累积规则的适用条件下，极大地降低原产地规则对全球化采购战略的阻碍作用。因此，在更大范围内适用完全累积规则，可能是原产地规则对多边贸易自由化的重要贡献（Estevadeordal et al.，2013；Ratna and Kaur，2016）。

（3）加工工序标准。该标准要求产品只有在受惠区内完成特定的生产工序才可获得原产地资格。在适用税则归类改变标准时，可能发生这样的情况：产品发生了税则归类改变，但没有体现充分制造或产生实质性改变，或者，产品发生了实质性改变，但其税则归类编码未发生改变。因此，在无法通过税则归类改变标准来确定产品是否原产自受惠区的情况下，需要适用加工工序标准来定义产品是否发生了实质性改变。该标准优点在于明确性和清晰性，易于生产者管理其产品的生产阶段或生产工序以便于产品获得原产资格。然而，类似于税则归类改变标准，随着生产技术的革新和生产工序的升级，旧的生产工序可能不再适用于当前产品的生产安排。因此，加工工序标准所定义的工序清单需要随着生产技术的革新而不断更新，否则可能导致企业无法获得原产地资格。另外，特定生产阶段或生产工序由受惠区制定，暗含了产业保护的意图（郭志尧，2021）。

3）产品特定原产地规则

由于税则归类改变标准、区域价值含量标准和加工工序标准三大主体标准各有利弊，因而在实际操作中很少存在单独使用的情况。为了提高原产地规则的灵活性、透明性以及可操作性，通过对三大标准的灵活组合和搭配，形成了适用性更强的产品特定原产地规则。产品特定原产地规则也称单一清单①，是针对特定产品制定的单一或复合原产地规则。在单一清单中，有些自由贸易区的产品特定原产地规则具体到章一级，如中国-智利自由贸易区，而有些自由贸易区的产品特定原产地规则具体到子目，如中国-韩国自由贸易区。其中，有些产品采用了单一标准，如中国-韩国自由贸易区将“信封”的原产地标准定义为“品目改变”②；有些产品采用了复合标准，如中国-瑞士自由贸易区将“干、熏、盐制的牛肉”的原产地标准定义为“品目改变且非原产材料价值 50%”③；有些产品采用了可选择性标准，如中国-澳大利亚自由贸易区将“传声器（麦克风）及其座架”的原产地标准定义为“从任何其他品目改变至本子目；或者区域价值成分不低于 40%”④。这种对不同原产地标准的灵活组合和弹性选择提高了原产地规则的适用性和可操作性。

① 因其在自由贸易区协定文本中以单独附件形式存在。例如，《中国-澳大利亚自由贸易协定》的附件 2。

② 《中国-韩国自由贸易协定》附件 3。

③ 《中国-瑞士自由贸易协定》附件 2。

④ 《中国-澳大利亚自由贸易协定》附件 2。

4）制度性原产地规则

制度性原产地规则是辅助主体规则更好地发挥原产地判定作用的规则，对主体规则起到很好的调节和完善作用（徐进亮和丁长影，2013）。特别地，在适用主体规则时，辅以制度性原产地规则能起到降低原产地规则严格程度、提高自由贸易区优惠利用率的作用。制度性原产地规则主要包括：累积规则、微小加工、微量条款、原产地证明、直接运输等。

（1）累积规则（accumulation rules）：累积规则允许产品在生产过程中使用来自受惠区其他成员的原材料和中间投入品而不丧失原产地资格，即将受惠区所有成员的要素禀赋纳入一个统一的要素禀赋池，做到对生产要素的充分和有效利用。根据累积范围不同，累积规则分为双边累积、对角累积和完全累积。

①双边累积（bilateral accumulation）：一缔约方在产品生产过程中使用来自另一缔约方原材料和中间投入品时，在随后的原产地资格认定时可以被视为原产自该缔约国的原材料和中间投入品。②对角累积（diagonal accumulation）：对角累积允许在原产地规则制度相同的自由贸易区之间进行累积，如泛欧原产地规则。③完全累积（full accumulation）：完全累积允许来自原产地规则制度相同的所有受惠区的产品进行累积而不丧失原产地资格。

由上述定义可以看到，无论一个还是多个受惠区，累积规则只允许在原产地规则制度相同的条件下进行累积。当前多数自由贸易区以两个缔约方为主，因而广泛地适用双边累积规则。一般来说，欧盟作为主要推动力签署的自由贸易区，在原产地规则制定方面基本以欧盟原产地规则为蓝本，从而使得对角累积在泛欧自由贸易区得到广泛的应用。需要注意的是，从定义来看，完全累积和对角累积并无实质区别，但完全累积允许对进口材料的后续加工和制造进行累积，无论该加工制造是否使进口材料获得原产地资格。在对角累积中，如果进口材料在成员经过加工但制成品并未取得原产地资格时，该制成品在被其他成员进口进行复加工和制造时，不能作为受惠区原产产品进行累积，这是对角累积和完全累积的本质区别。

（2）微小加工（minimal operations）：微小加工是指不能使产品发生实质性改变的简单加工，包括产品在物流运输及仓储环节中的必要处理，如通风、冷却等；产品加工过程中的简单操作，如贴标、包装、清洗等。微小加工规则有效地防止了产品在受惠区进行简单加工而获得原产地资格情况的发生，保护了受惠区各成员的利益。

（3）微量条款（de minimis）：微量条款也称容忍规则，它允许在制成品中使用少量进口（非原产）成分而不丧失原产地资格。具体来说，在适用税则归类改变标准和加工工序标准时，如果进口材料在受惠区未发生实质性改变但满足微量条款规则，该制成品依然可以被认定为原产自受惠区。由于允许使用微量进口材料，因此微量条款降低了原产地规则的限制程度，特别在生产过程细分化的时代，一件简单的进口材料可能影响产品最终获得原产地资格。另外，微量条款对原产地规则限制程度的缓解取决于允许的进口材料比例。

（4）原产地证明（certificate of origin）。原产地证明是出口商或出口代理机构为证明产品原产地而提交的原产地证明文件。该文件一般由缔约方政府或缔约方授权机构签发，包括政府签发、自我签发。相对于自我签发，政府签发耗时长、成本高，对于那些对生产成本非常敏感的中小企业非常不利。当前，我国自由贸易区原产地证明主要由官方签发，而北美自由贸易区以及以北美自由贸易区为模板的自由贸易区基本采用自我签发。

（5）直接运输（direct consignment）。直接运输规则仅适用于缔约双方之间直接运输的原产产品，其规定原产产品经由缔约方运至另一缔约方过程中，由地理因素或产品因素导致的原产产品在非缔约方的停留、仓储和转运仍可被视为直接运输，但必须提供一份涵盖整个旅程的相关文件来证明，包括联运提单、仓储证明、未加工证明等文件。然而，由于对这类证明文件没有统一的模板和方法，产品最终能否获得原产地资格很大程度上取决于进口方海关部门的单独裁定。一些运输货物体量较小的中小企业往往需要和其他企业共享货运工具，这就带来在非缔约方停留产生的过境海关监督问题，因而成为中小企业参与优惠贸易协定的重要障碍之一。

除上述条款之外，制度性原产地规则还包括成套货物，附件、备件及工具，中性成分，可互换材料，中间产品等其他规则，这些条款的应用既减少了因主体标准的短板而导致的区域成员福利水平的下降，又降低了原产地规则主体标准的严格程度，提高了企业对自由贸易区的利用率，是主体标准更好地发挥作用的关键要素。

3. 原产地规则的职能

原产地规则最初仅用于贸易数据的汇编、原产地标记等中性需求，是一种无争议的海关技术工具。随着全球贸易自由化水平的发展，许多贸易措施的有效实施均需要原产地规则的配合，通过确认产品的来源地从而适用相应的贸易措施，如配额限制、反倾销和反补贴等。自此，原产地规则逐渐与贸易措施的实施联系在一起，其重要性也逐渐凸显。当贸易措施涉及优惠贸易时，如优惠关税待遇，原产地规则便从一个中性的、无争议的技术工具转变为歧视性的贸易政策工具，如图 5-10 所示，随着贸易体制的发展，原产地规则的职能及应用范围不断地丰富和扩大，提升了其在全球价值链背景下的意义。

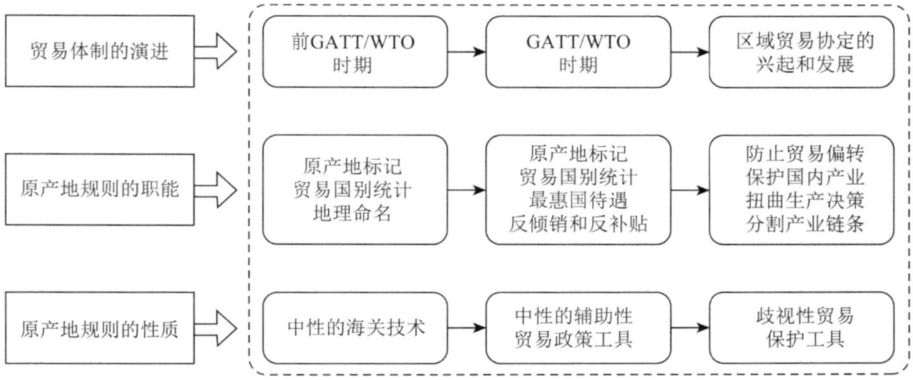

图 5-10　原产地规则职能的变化

1）原产地规则的初始职能

在前 GATT/WTO 和 GATT/WTO 时期，原产地规则仅用于货物的原产地标记、贸易国别统计、地理命名和其他无关优惠体制的贸易措施的实施。首先，原产地规则是各国进行贸易国别统计必不可少的海关技术工具。各国通过统计来自特定国家的年度进口量进行贸易数据的汇编，并通过具体的贸易数据对相关贸易政策做出适当的调整以适应双边贸易的发展（厉力，2011）。其次，当针对进口货物实施反倾销和反补贴、配额等贸易措施时，对货物原产地的判定成为必不可少的程序。其中，原产地规则将不可避免地发挥关键作用。最后，GATT/WTO 成员之间相互给予对方出口货物最惠国待遇是 GATT/WTO“互惠性”的最直接体现，而用于判定货物是否原产自该成员的原产地规则同样发挥重要的作用。综合上述分析来看，尽管原产地规则应用范围较广，但其职能更多地体现在对进口货物原产地的判定方面，属于海关实施各项贸易措施的辅助性贸易政策工具。

2）普惠制原产地规则的职能

第二次世界大战以后，全球贸易逐渐恢复，为帮助发展中国家进一步参与全球贸易并获得贸易收益，联合国贸易和发展会议（United Nations Conference on Trade and Development，UNCTAD）确立了关于发达工业国家对发展中国家和地区以及欠发达国家和地区的出口产品给予优惠关税待遇的普惠制，使得原产地规则与优惠贸易体制联系在一起。为防止来自非受惠国的产品经受惠国出口至给惠国，损害给惠国贸易利益，各给惠国针对来自受惠国的进口产品制定了不同标准的原产地规则。尽管普惠制的实施使得原产地规则的重要性逐渐增加，即防止非受惠国“搭便车”行为，但这种单边优惠制度并未从根本上改变原产地规则的职能。或者说，从“歧视性”原则上看，原产地规则并未发挥明显的作用。

3）自由贸易区原产地规则的职能

原产地规则作为自由贸易区的重要组成部分，明确了只有满足最低标准才可以认定为原产于区域内的产品，从而确保了自由贸易区优惠待遇功能的实现。最初，原产地规则在自由贸易区的作用主要在于防止贸易偏转，即阻止非成员的“搭便车”行为。不同于关税同盟各成员对外一致的关税水平，自由贸易区降低或取消了成员之间的关税，但允许各成员对外保持独立的关税水平，这就为非成员提供了“搭便车”的机会。在没有原产地规则的情况下，如果不考虑运输成本或运输成本很低，未享受优惠关税待遇，区域外企业首先将产品出口至受惠区关税水平（以最惠国税率衡量）最低的国家或地区，而后通过该成员再以零关税方式复出口至受惠区其他成员，从而产生贸易偏转问题，降低了区域成员的福利水平。在存在原产地规则的情况下，由于只有被认定为原产自区域内的产品才可以享受优惠关税待遇，因此原产地规则有效地阻止了非成员的“搭便车”行为，防止了贸易偏转的发生（郭志尧，2021）。

4）全球价值链条件下原产地规则的职能

随着自由贸易区的蓬勃发展，很多国家签署了两个甚至多个自由贸易协定。以中国为例，自中国—东盟自由贸易协定成功签订以来，中国相继与亚洲、美洲、大洋洲和欧洲的不同国家和地区签署了自由贸易协定。截止到 2023 年 3 月，中国共与 26 个国家和地区签署了 19 个自由贸易协定。并且，为了更好地适应全球价值链的发展，党的十七大将自由贸易区战略上升为国家战略，并在党的十八届三中全会上提出形成面向全球的高标准自由贸易区网络[①]。习近平总书记在党的二十大报告中指出，“推动货物贸易优化升级，创新服务贸易发展机制，发展数字贸易，加快建设贸易强国”[②]。这种纵横交错的自由贸易区网络改变和丰富了自由贸易区原产地规则的职能。首先，原产地规则作为辅助性贸易政策工具，确保了海关各项贸易措施的有效实施，特别是优惠关税待遇的授予更需要利用原产地规则，这就为各国政府利用原产地规则来实现特定政治和经济目标提供了技术手段。例如，跨太平洋伙伴关系协定（Trans-Pacific Partnership Agreement，TPP）纺织品原产地规则的“纱后原则”，人为地割裂了缔约方和非缔约方的供应链联系和产业联系。中国在全球纺织品贸易中的地位举足轻重，越南等 TPP 成员国的纱线大部分来自中国（王岚，2016）。为了享受优惠关税待遇，越南等 TPP 成员国只得将供应商调整至受惠区内，使得中国与越南等 TPP 成员国的纺织品产业链被人为地割裂。尽管美国的退出导致 TPP 最终“胎死腹中”并促成了《全面与进步跨太平洋伙伴关系协定》的诞生，但其遏制中国纺织品产业发展的政治意图和经济意图非常明显。其次，随着国际分工的深化，跨国公司采购、投资等跨境生产的空间分布日益受到原产地规则的影响。为了促进国内产业发展和优化国内产业结构升级，各国通过针对性地制定产品特定原产地规则来影响企业跨国生产的空间分布和区位选择，从而提高本国参与全球价值链的程度。例如，欧洲共同体对出口至区域内的半导体产品做出如下规定：其晶片制作环节必须在欧洲共同体境内完成才可享受区域优惠关税减免，这项原产地规则直接影响了英特尔公司后续在欧洲扩大投资的决策（余劲松，2001）。

随着全球价值链的纵深发展，各国通过全球供应链的扩张不断地参与到全球价值链分工当中，并努力向全球价值链的高端攀升，以提高本国产业能力以及加快本国产业结构优化升级。由于在原产地规则制定方面的自由发挥权，各国将原产地规则与跨国公司碎片化生产相结合，通过制定产品特定原产地规则，充分发挥区域价值含量标准、加工工序标准和税则归类改变标准等原产地标准对跨国公司生产活动空间分布的影响，从而影响各国间的产业链联系和供应链联系，并最终对全球价值链的分割、重塑及整合产生重要影响。至此，原产地规则由最初毫无争议的中性技术工具逐渐演变为全球价值链框架下带有贸易保护色彩的歧视性贸易保护工具。

---

① 《党的十八届三中全会〈决定〉全文发布》，http://www.dangjian.cn/shouye/zhuanti/zhuantiku/dangjianwenku/quanhui/202005/t20200529_5637913.shtml[2024-07-02]。

② 《习近平：高举中国特色社会主义伟大旗帜 为全面建设社会主义现代化国家而团结奋斗——在中国共产党第二十次全国代表大会上的报告》，http://www.qstheory.cn/yaowen/2022-10/25/c_1129079926.htm[2024-07-02]。

（二）原产地规则对全球价值链地位的影响路径

一国在全球价值链上所处的位置受到多种因素影响。一些学者从贸易成本角度分析了全球价值链地位的影响因素。徐海波和张建民（2018）实证分析表明贸易成本显著地影响了入世后中国制造业在全球价值链的地位。Horner（2017）强调了关税、配额和自由贸易协定等国家政策的变化对全球价值链的影响。佘群芝和户华玉（2020）的实证结果显示贸易成本与中国制造业全球价值链地位呈负相关。另有学者从参与全球碎片化生产（或国际生产分割）的视角来分析融入全球价值链对提升一国产业地位的重要性。Kam（2013）分析了国际贸易和国际投资等生产碎片化活动对生产率增长的影响，并指出马来西亚经济的快速增长主要源于全球生产网络的发展。van Tuijl（2014）认为国际直接投资存在技术溢出效应，企业可以通过“干中学”实现技术进步。郑玉和姜青克（2019）认为中间品的出口增加了一国出口的间接增加值，提高了一国价值链上游环节的参与度。程凯和杨逢珉（2020）研究发现，进口中间品质量升级总体上促进了全球价值链地位的提升。从对已有文献的分析来看，一国在全球价值链中的地位受贸易成本和参与国际生产分割情况两大因素影响。

1. 原产地规则、对外投资与全球价值链地位

通过对区域内和区域外来源地不同的产品实施差异化关税待遇，原产地规则改变了区域内外的贸易流动和投资流动，对区域内资源配置、产业发展以及福利水平产生重要影响（成新轩，2012）。因此，原产地规则往往被看作一国的贸易保护工具（Krueger，1999），是各国发挥其功能，实现相关政策目标的技术手段。例如，由于原产地规则可能扭曲跨国公司的投资决策，吸引区域外非成员国企业在区域内投资生产，而高质量的国际直接投资流入又对一国产业升级、提高就业、增加本地需求起到了积极的推动作用（唐宜红和张鹏杨，2017；Jinji and Mizoguchi，2016）。因此，由于国际直接投资存在上述提高区域福利水平的特征，自由贸易区成员国政府有强烈的动机将如何促进国际直接投资流入纳入原产地规则的谈判和制定当中，这也是当前全球范围内几乎所有自由贸易区都制定了产品特定原产地规则的原因，即在产品层面对所有可贸易的商品设定了享受优惠关税待遇的条件，提高了原产地规则的政策导向作用。从目前的研究来看，国际直接投资流入对一国价值链地位的影响主要通过三种方式：国际直接投资流入引发的本地需求变化、国际直接投资的技术溢出效应、国际直接投资造成的低端锁定。第一，国际直接投资流入引发的本地需求变化表现在国际直接投资的流入将不断与当地上游供给部门产生互动，增加了对原材料和中间品的需求（Jinji and Mizoguchi，2016）。另外，国际直接投资流入可能会造成进口中间品对本地中间品的替代效应，原因在于本地产品的生产标准无法满足跨国公司的需求（唐宜红和张鹏杨，2017），从而降低了对本地中间品的需求量。原

材料或中间品需求量的变化通过最终产品的出口反映了一国参与全球价值链的程度，即当地供给的增加提高了一国全球价值链的前向参与度，增加了一国出口的国内增加值。反之，降低了一国出口的国内增加值。第二，国际直接投资的技术溢出效应主要源于跨国公司在生产转移的过程中，其生产优势技术逐渐向区域内竞争对手溢出，从而提高区域内同行业生产者的生产效率，进而提高出口的国内增加值。同时，这种生产效率的提升可能会进一步吸引区域外更多的国际直接投资流入，形成国际直接投资与区域经济增长的良性循环（Blomstrom and Kokko，1997；Suominen and Estevadeordal，2004），为一国产业能力的提升带来持续的动力。第三，国际直接投资造成的低端锁定可以从中国改革开放初期积极吸引外资中得到解释。为了融入国际分工并获取分工收益，中国在改革开放的初期大力发展开放型经济，吸引了大量国际直接投资流入，但这些国际直接投资的主要目的在于利用我国当时相对低廉的要素成本，导致大量国际直接投资流向了劳动密集型的低附加值行业。这种国际直接投资导致技术溢出效应受限，使得中国陷入低端锁定风险，不利于全球价值链地位的提升。

沿着国际直接投资对全球价值链地位影响的思路，并结合上文关于原产地规则对国际直接投资的吸引作用可以得出，各国通过制定针对性的原产地规则可能会吸引国际直接投资流入，从而影响一国在全球价值链中的地位。具体来看，因为不同类型国际直接投资受原产地规则的影响程度不同，所以不同成员国参与全球价值链所产生的效果也不同。首先，对于选择绕过原产地规则仅满足单一市场的市场导向型国际直接投资来说，在流向区域主要市场后，由于不再从事出口活动，因此不会直接影响一国出口增加值，从而不会对一国全球价值链地位产生直接影响。但是，市场导向型国际直接投资往往由生产水平和技术水平高于本土企业的跨国公司实施，由于技术溢出效应的存在，其仍会通过优势生产技术对当地企业产生技术溢出效应，从而对一国出口附加值产生间接影响，但这种影响程度取决于技术溢出的程度。其次，对于努力满足原产地规则并继续在区域内从事全球化采购和生产战略的出口导向型国际直接投资来说，由于原产地规则迫使企业更多地采购区域内原材料和中间品，那些满足跨国公司生产和采购标准的企业将不断地被纳入跨国公司的供应链当中，从而提高了成员国出口的国内增加值。另外，国际直接投资流入导致的本地中间品替代效应增加了一国对进口中间品的需求力度，从而提高了一国全球价值链的后向参与度，进而影响了一国的全球价值链地位。

整体来看，无论哪种类型的国际直接投资，针对性的原产地规则都可能引起其向区域内流动，并对区域内成员国出口的国内增加值产生重要影响，但这种影响的积极程度取决于国际直接投资对本地需求变化和技术溢出程度的影响。因此，如何制定合理的原产地规则吸引高质量国际直接投资是政策制定者必须考虑的问题。一般来说，加工工序标准通过针对产品生产的某个工序的原产地限制，迫使区域外企业将指定生产工序以国际直接投资形式转移至受惠区内，从而达到吸引国际直接投资的目的。

2. 原产地规则、中间品贸易与全球价值链地位

中间品对全球价值链地位的影响主要通过中间品进口和中间品出口两个方面来实现。一方面，当进口中间品被用于满足出口的生产活动时，提高了一国在全球价值链分工中的参与度，即全球价值链的后向参与度。同时，进口中间品通过竞争效应、技术扩散和产品种类提高了国内中间品生产商的生产率（Halpern et al.，2015；刘海洋等，2017；高小龙和董银果，2020），有利于当地中间品生产规模和出口规模的提高，从而间接提高了出口的国内增加值，进而提高了一国在全球价值链中的地位。另一方面，中间品出口的增加提高了一国出口中的国内增加值，有利于提高一国参与全球价值链的程度以及在全球价值链中的地位。原产地规则通过限制最终产品的原产地提高了一国中间品的采购率，从而有利于提高一国出口的国内增加值，这是原产地规则对一国全球价值链地位的最直接影响。具体来说，首先，对区域内成员国企业而言，当中间品出口被区域内成员国企业用于满足受惠区的市场需求时，原产地规则对中间品采购的转移效应将提高一国在区域价值链的参与度，提升一国出口的国内增加值。当中间品出口被区域内成员国企业用于同时满足区域内成员国和区域外非成员国的市场需求时，原产地规则对中间品采购的转移效应将提高一国在全球价值链的参与度，提升一国在全球价值链中的地位。其次，当中间品出口被区域外非成员国企业用于满足生产和出口需求时，原产地规则对中间品采购的转移效应将直接影响一国在全球价值链的地位。这是因为，区域外积极利用自由贸易区的企业往往是从事全球化采购和生产战略的跨国公司，那些从事国内采购战略的中小企业因为原产地规则的合规成本对自由贸易区的利用率较低。因此，随着区域内成员国中间品采购率的提升，其出口的国内增加值必然提升，从而对一国全球价值链地位产生积极影响。最后，原产地规则对中间品采购的转移效应很大程度上受原产地规则的限制程度影响。当原产地规则较为宽松时，原产地规则将通过提高成员国中间品采购率来影响一国的全球价值链地位。当原产地规则较为严格时，原产地规则对一国的全球价值链地位的影响将变得模糊。一方面，严格的原产地规则可能导致区域外企业选择出口平台型或市场导向型等原产地规则，导致国际直接投资流向区域成员国，从而产生原产地规则通过国际直接投资影响一国全球价值链地位。另一方面，严格的原产地规则也可能导致合规成本高于优惠关税幅度，使得企业放弃利用优惠贸易安排，转而选择支付最惠国税率进入受惠区市场，从而不利于区域内成员国全球价值链地位的提升。因此，整体来看，宽松的原产地规则有利于提高本地中间品采购率，从而对提高一国全球价值链地位更加有利，如标准较低的区域价值链含量和允许（完全和对角）累积规则。Márquez-Ramos 和 Martínez-Zarzoso（2014）研究发现，对角累积促使北非国家不断地融入欧洲-地中海区域生产网络，提高了北非国家从欧盟进口中间产品的数量，同时提高了北非国家对欧盟中间产品和最终产品的出口数量和出口种类数量。

3. 原产地规则、贸易成本与全球价值链地位

产品的多次跨境交易使得贸易成本存在全球价值链的放大效应（Diakantoni et al.，2017），而这些成本均被算入产品的总成本。因此，如何有效地降低贸易成本成为深化全球价值链发展的重要前提。当前贸易环境下，贸易成本主要包括边境壁垒（通关效率、产品审核）、交通运输成本、汇率浮动、制度环境以及其他与跨境交易相关的成本。基于本节的研究内容来看，原产地规则将通过通关效率、产品审核、直接运输等贸易便利化方面影响企业参与自由贸易区的贸易成本，从而影响一国在全球价值链中的地位。在实际操作中，产品满足原产地资格后仍需要通过其他程序和操作来完成产品向受惠区的出口。首先，按照各自由贸易区直接运输原则的规定，享受优惠关税待遇的原产产品，在经由缔约方运至另一缔约方的过程中，由地理因素或运输因素导致的原产产品在非缔约方的停留、仓储和转运仍可被视为直接运输，但必须提供一份涵盖整个旅程的相关文件来证明货物未进入非缔约方贸易领域和消费领域，或在非缔约方未经过任何处理，这些文件包括联运提单、仓储证明、未加工证明等文件。然而，由于对这类证明文件没有统一的标准和管理办法，海关部门的认定偏差可能导致货物通关延误甚至失去优惠关税待遇。其次，在货物通关之前，企业需要向进口国海关部门提交能够证明产品符合原产地规则的必要文件，如采购税票或者海关部门颁发的原产地证书。最后，为确定来自缔约方的产品具备原产地资格，进口方海关有权向出口方海关提出原产地核查的申请，并要求出口方海关在反馈核查结果时提供必要的证明文件。上述海关执行程序不仅增加了时间成本，降低了通关效率，同时提高了企业生产的固定成本，降低了企业对开发新产品的资金投入，从而不利于一国攀升全球价值链高端环节。

本节小结

本节着重分析了全球价值链概念的演化、全球价值链理论内容和原产地规则对全球价值链的影响三方面。全球价值链是建立在国际产品内分工和贸易基础上，将产品生产划分为不同的价值环节，各个国家和地区为实现不同环节的价值而进行生产、销售和贸易，其主要表现为在每个生产环节中价值增加的链条。对全球价值链的理论研究主要从四个方面进行：一是全球价值链的动力机制，基本延续了 Gereffi 和 Korzeniewicz（1994）在全球商品链研究中给出的全球商品链运行的生产者驱动型和采购者驱动型两种模式；二是价值链中经济租金的产生和分配，包括进入屏障、经济租金产生的来源（如技术、组织、技能和营销等核心能力）、租金分配等；三是全球价值链的治理，全球价值链的治理是指：价值链组织的结构、不同主体的权力分配，各个经济主体在价值链中的关系的协调；四是全球价值链的产业升级，主要从升级的机理、方式和途径等方面进行研究。结合自由贸易区原产地规则经济效应理论，得出自由贸易区原产地规则通过影响企业间（内）的贸易流动和投资流动影响一国参与全球价值链分工。①从投资流动（国际直接投资流入）角度分析原产地规则对一国参与全球价值链影响，认为宽松的原产地规则和严格的原产地规则均对

国际直接投资流动产生影响，但产业链条联系比较紧密的跨国企业可能更加倾向宽松的原产地规则。另外，分析还发现原产地规则可能对自由贸易区成立前已存在的出口平台型国际直接投资影响较大，但仅限于重叠式自由贸易区。②从原产地规则影响贸易流动（中间品采购）入手，分析原产地规则对一国参与全球价值链分工的作用机制，认为原产地规则对一国参与全球价值链分工的影响很大程度上取决于企业在自由贸易区成立前从事的采购战略类型（国内采购战略或全球化采购战略），且原产地规则对从事全球化采购战略的跨国企业的影响更加显著，但实际影响效果受原产地规则限制程度的影响。③结合原产地规则限制程度，分析原产地规则合规成本如何影响企业全球化采购决策，进而影响一国参与全球价值链分工。分析认为，原产地规则的合规成本不利于区域内成员国之间价值链整合程度的深化，并且对区域内与区域外企业的价值链整合产生阻碍作用。

思考题

1. 简述全球价值链的演化过程及其内涵。
2. 经济租金有哪些形态？
3. 运用典型案例从核心能力、产业分类两个方面比较生产者和采购者驱动型全球价值链。
4. 简述全球价值链治理模式之间的典型差异。
5. 简述全球价值链各升级模式的实践形式。
6. 简述原产地规则对全球价值链的影响。

第四节 区域价值链理论

对全球价值链与区域产业发展之间关系的研究，可以追溯到 Schmitz 和 Humphrey（2000），他们通过对全球范围和区域范围各层面治理结构的差异化分析，阐释了全球经济与区域经济间的相互影响。国内将价值链与区域概念相结合加以研究的早期阶段，研究重点停留于以产业链为纽带、构筑产业集群支撑框架的研究，以及实现区域经济发展的研究。随着全球价值链研究的深入和区域一体化趋势的加强，区域范围内价值链研究逐渐深入如何在区域范围内构建与全球价值链相契合的区域价值链体系，但在实证上并未触及“区域价值链”概念本身。

一、区域价值链构建的内涵

区域价值链是在全球价值链基础上形成的，根据上一节我们了解到，Porter（1985）首次提出了价值链理论，认为在企业生产过程中每一个企业的价值创造环节具有独特性和衔接性，每一个企业的价值创造过程都是以独特方式联结在一起的，从而使得企业的价值创造相互联系，构成以独特方式进行分工合作的价值链。在价值链基础之上，Kogut 和 Chang（1991）进一步运用价值链理论对全球经济南北差距做了解释，并且创新性地提出价值增值链，在分析价值增加值链的结构时发现价值链是一个各生产要素相互融合的投入过程，各生产要素产出的中间品经过加工组装形成工业成品，再通过市场交易、售后服务等环节形成价值链，因此在该价值链上不同国家所处的链条环节不同。基于国家的比较优势和企业竞争能力的国际商业战略设定决定了国家或地区在整个价值链各个环节之间如何配置的问题。Gereffi（1999）将价值链与产品间的跨国生产相结合，提出了全球商品链的概念，指出在价值链的设计、生产和营销等环节中，不同的企业分散于这些生产环节之中。Ng 和 Yeats（2003）提出中国、日本、韩国、新加坡等国家通过生产网络的垂直专业化分工，从而形成了基于各自要素禀赋差异的环节性生产分工，即区域性东亚生产网络。Ando（2006）将东亚生产网络和北美生产网络作对比发现，与北美生产网络相比，东亚生产网络具有明显的垂直专业化生产特征，东亚生产网络包含更多不同发展程度的经济体，从而决定了该区域性生产网络具有高度基于生产要素禀赋差异进行垂直化专业分工的特性。Baldwin 和 Venables（2013）提出在价值链分工过程中，生产的价值创造环节的全球化特征并不明显，更多地呈现出区域化特征，并且指出当今的价值链分工阶段，价值链分工主要以美国、德国、日本和中国这四个核心国家为主，周边其他国家主动嵌入这四大“核心”所在的价值链，从而形成了北美区域价值链、欧洲区域价值链和亚洲区域价值链，但是各区域价值链之间并不是孤立的，而是通过国际贸易和跨国公司形成彼此之间的联系。

因此，总结而言区域价值链是以全球价值链为基础，以区域价值链或者核心国家为主导，通过构建区域价值链来突破全球价值链的低技术锁定，通过产业转移，实现国内产业升级，最终达到价值链分工位置的提升。这对于理解区域价值链概念，以及不同国家在价值链分工过程中基于经济、科技等的价值链分工具有非常重要的意义。

二、区域价值链构建的动因

区域价值链是在全球价值链的基础之上形成的，因此区域价值链的发展动因既有和全球价值链相似之处又具有其自身特性。

一是要素禀赋差异仍然是区域价值链构建的基础。Sanyal 和 Jones（1982）在分析要素禀赋理论对分工与贸易的影响过程中，指出比较优势依然起着基础性作用，产品生产能够实现分散化的一个重要动因在于比较优势理论和规模经济效应。生产要素禀赋理论和比较优势理论决定了产品的生产阶段如何在不同国家之间分配的问题，而规模经济效应等则强化了这种分工模式和结构。区域间的要素禀赋差异，推动了区域间生产分工的不断深化。

二是交易成本和中间产品是区域价值链构建的关键。经济全球化有力地推动了贸易自由化的发展，特别是以降低贸易成本、减少贸易壁垒为核心的全球要素优化配置。跨国公司推动的对外直接投资、信息技术革命推动下的贸易便利化、市场经济制度在全球绝大多数国家的实施、WTO 推动下多边贸易体制的建立健全和世界许多国家贸易和投资政策的便利化、自由化等都有效地降低了跨国生产分工成本。跨国生产分工成本的降低显著地促进了中间品贸易的飞速发展，特别是对于经济发展水平较高的国家，交易成本的降低使发达国家可以利用对外直接投资，构建自己主导的价值链，出口国内增加值较高的中间产品，进口最终消费产品，实现对价值链内高附加值环节的掌控，以及对价值链内承接中低附加值环节国家的锁定，这也正是发展中国家积极推动区域价值链构建的关键动因。

三是发达国家再工业化及全球价值链“低技术锁定”是区域价值链构建的直接影响。伴随着20世纪后半叶出现的以美国为发起国的“去工业化”运动，发达国家开始大规模向发展中国家进行产业转移，全球价值链也在这一运动中加速发展，在全球价值链构建过程中发达国家处于价值链高附加值的两端，控制着生产价值链，许多发展中国家纷纷被嵌入全球价值链中，发展中国家在加快工业化进程的同时，被锁定在全球价值链低技术位置。发达国家通过采取综合手段最大限度地压榨低技术嵌入的生产者的利润，如为了增强价格主导权发达国家制造过剩生产能力，为了达到转移定价的目的，在加工贸易中实施标准化等策略阻碍嵌入者价值链的升级（蒙丹，2011）。因此，发展中国家产业发展的可替代性很强，这也必然导致发展中国家产业的脆弱性。受2008年金融危机的影响，发达国家纷纷采取旨在恢复经济增长、降低失业率、振兴制造业的“再工业化”政策，发达国家为了振兴实体经济，制造业开始回流国内，对发展中国家的投资开始减少。发达国家着力回流和调整高技术制造业的发展，推动纳米技术、生物技术、能源开发、空间技术、人工智能以及电动汽车技术等高科技的发展，从而影响未来世界产业的发展结构和空间布局。因此，在这种情况下，发展中国家面临着在全球价值链分工下的结构失衡、价值链“低技术锁定”以及在产业升级上的困难。为了突破这些困境，发展中国家必须构建自己的制造业区域价值链，推动制造业产业升级和价值链分工位置提升。

四是科学技术的发展是区域价值链构建的内在动力。21世纪科学技术成为人类发展的重要推动力，云数据、3D打印技术、可再生能源技术、人工智能等多个领域成为全球范围内新技术研发的热点，信息化、智能化已深刻地影响到人类未来生产方式、产业结构的发展方向，制造业更为个性化、分散化发展成为可能。我国作为发展中国家，一方面随着制造业智能化的发展，人口优势逐步减弱，另一方面我国在经济发展过程中，人才、科技、设计、品牌、营销等积累了一定经验。通过区域价值链，我国作为发展中大国可以推动国内产业转移，优化区域内资源配置，既可以推动区域内国家工业现代化进程，实现制造强国战略，又可以推动沿线整体制造业升级和技术水平的提升。

五是新兴经济体的发展和全球消费市场的转移成为区域价值链构建的重要动力。中国、印度、南非、巴西、俄罗斯等新兴经济体经过多年对发达国家技术的学习、模仿和追赶，部分行业具有全球竞争力，面对全球价值链的低技术锁定，发展中国家希望通过区域价值链构建来获得高附加值和自主创新能力的提升。此外我国及其他发展中国家国内消费水平的提高使世界最终产品市场发生转移，而发展中国家并不是价值链的主导者。

本节小结

区域价值链以全球价值链为基础，通过构建区域价值链来突破全球价值链的低技术锁定，通过产业转移，实现国内产业升级，最终达到价值链分工位置的提升。中国凭借自身丰富的劳动力资源和成本优势，以代工生产的方式切入全球价值链，在全球价值链中的竞争优势长期集中于“微笑曲线”的制造环节。在当前全球价值链体系亟须调整和重构的背景下，中国要摆脱既有全球价值链体系中的人为锁定，不仅需要以创新引领国内产业结构优化，实现国内价值链的整体升级，而且需要构建以中国为主导的全球价值链。

思考题

1. 区域价值链的内涵及动因。
2. 区域价值链与全球价值链之间的关系。

第六章

国际生产政策

第一节 跨国公司生产战略

对于跨国公司的定义多种多样，目前最多采用的是联合国跨国公司委员会在1977年起草，经多次修改并于1986年确定的《跨国公司行动守则草案》中的定义：跨国公司是指由分设在两个或两个以上国家的实体所组成的私营、公营或者混合所有制企业，不论这些实体的法律形式和活动领域如何，该公司实施在一个决策体系中运营，通过一个或一个以上的决策中心得以具有吻合的政策和共同的战略；公司中各实体通过所有权或其他形式相联结，从而令一个或更多的实体可以对其他实体的活动施加有效的影响，特别是与其他实体分享知识、资源和责任。

根据联合国经济及社会理事会的界定，跨国公司应该包含四个基本要素：第一，跨国公司是指在两个或两个以上的国家从事生产经营活动的经济组织；第二，这个组织应有一个中央决策系统，管理决策着眼于全球，组织内部各单位的活动都是为全球战略目标服务的；第三，这种实体通过股权或其他方式形成联系，使其中的一个或几个实体可能对别的实体施加重大影响，并同其他实体分享资源、信息，同时承担责任；第四，经营范围往往是覆盖研究开发、原料开采、工业加工、批发零售等各个环节，而不仅仅是生产中的某个环节。

表6-1提供了由2019年美国《财富》杂志评选出的世界最大的十家企业，在《财富》评选出的500强企业中，绝大部分为跨国企业，其中排名前十的企业均为跨国企业。

表6-1 2019年《财富》杂志评出的世界最大的十家企业

排名	公司	营业收入/万美元	利润/万美元	母国
1	沃尔玛	51 440 500	667 000	美国
2	中国石油化工集团公司	41 464 990	584 500	中国
3	荷兰皇家壳牌石油公司	39 655 600	2 335 200	荷兰

续表

排名	公司	营业收入/万美元	利润/万美元	母国
4	中国石油天然气集团公司	39 297 660	227 050	中国
5	国家电网公司	38 705 600	817 480	中国
6	沙特阿美公司	35 590 500	11 097 450	沙特阿拉伯
7	英国石油公司	30 373 800	938 300	英国
8	埃克森美孚	29 021 200	2 084 000	美国
9	大众公司	27 834 150	1 432 250	德国
10	丰田汽车公司	27 261 200	1 698 200	日本

资料来源：https://www.sohu.com/a/328543152_100174712

一、跨国公司的发展

布鲁斯·马兹利什（Bruce Mazlish）和艾尔弗雷德·D. 钱德勒（Alfred D. Chandler，Jr）认为跨国公司不仅是指某一类经济实体，还指多种因素相互作用的一系列复杂的现象，它不仅成为一系列经济发展的主要贡献者，同样还触发了许多尖锐的实际问题。两位学者认为跨国公司是从两轮现代经济全球化浪潮中演化而来。

第一轮浪潮发生在 19 世纪七八十年代至第一次世界大战之间。其背景是英国通过工业革命建立了帝国霸权，从 19 世纪 40 年代末到 19 世纪 70 年代，达到了顶峰状态。跨国公司的胚胎状态正是在英国由盛而衰、转向从经济全球化中寻找经济增长再平衡的机会这样的时代背景下孕育而生的。也就是说，我们今天所知道的现代跨国公司，是在 19 世纪末工业革命之后才开始出现的。

第二轮浪潮发生在 20 世纪 70 年代至今，这一轮浪潮和跨国公司兴盛的背景是美国霸权的确立。作为美国霸权的重要组成部分，20 世纪 50 年代，美国跨国公司开始了全球扩张的进程。到 50 年代末，美国企业的国外资产占世界对外直接投资的一半，已经与第一次世界大战前英国所拥有的份额相等。从二战结束到 20 世纪 70 年代，美国贡献了全球 2/3 至 3/4 的外国直接投资。直到这一时期，跨国公司的发展还不那么引人注目，而在随后的经济全球化进程中，全球跨国公司不论是在经济方面还是社会影响力方面逐步发展得更加成熟。

第二轮现代经济的全球化浪潮及跨国公司群体走向成熟的过程，又可以被划分为两个阶段。在第一个阶段中，发达国家是经济全球化的主要受益者。当然，在发达国家内部，出现了利益格局的局部调整。西欧和日本的跨国公司从 20 世纪 60 年代起步发展，在 70 年代，开始对美国主导的经济霸权构成一定程度的挑战。20 世纪 80 年代初期，几乎所有的世界 500 强企业都是欧美日公司，除个别企业外，如沙特阿美公司。从 20 世纪 80 年代末起，发展中国家在世界外国直接投资中所占份额开始缓慢但稳步地上升。20 世纪 90 年代初期，发展中国家的跨国公司占全球跨国公司总数的比例不足 10%。进入 20 世纪 90 年代的第二个阶段后，以中国为代表的新兴经济体快速崛起，使美国的经济全球化领导者地位进一步出现了下滑。经历了二三十年的时间，新兴经济体接受的外国直接投资总量，开始超过发达国家的水平。2010年，第一次有超过一半的外国直接投资流向了第三世界和转型期经济体。2023 年有$\frac{1}{3}$以上的世界500强企业是来自以中国为代表的新兴经济体的跨国公司。20世纪90年代以来，新兴经济体的跨国公司的崛起，恰逢全球贸易高速增长与跨国公司的蓬勃发展时期。1993年，全球有37 000家跨国公司[①]。到2002年，大约有63 000家。根据 UNCTAD（2011）的估算，2010 年，跨国公司在全球范围内创造的增加值约为16万亿美元，占全球GDP的25.6%，超过1/4。另据OECD（2018）的研究，在全球范围内，跨国公司及其国外分支机构贡献了全球产出的33%、全球GDP的28%、全球就业的23%以及超过50%的全球出口贸易。截至2017年，全球有超过10万家跨国公司[②]，约为30年前的3倍。

二、跨国公司基本特征

跨国公司具有跨国性，这是其不同于单个公司的主要特性。跨国公司将母国作为基地，其他实体分布在不同的国家或者地区，在多国从事投资活动，由一国的某一大型企业作为其控制、管理和指挥中心，其基本特征如下。

（一）战略全球化

随着目前国际分工不断深化，跨国公司凭借自身的管理、组织、技术、资金等方面的优势，通过国际直接投资在海外设立分支机构与子公司，形成生产、服务以及研究一体化的国际网络，在母公司的控制下进行跨国经营活动。跨国公司实行全球化战略，即不局限于某个地方，从全球的角度出发，利用不同国家和地区的区位比较优势，将价值链上的每一个环节和职能，分散配置在世界的不同角落，降低生产成本，以此来获得和保持长期的全球竞争优势，实现效率最大化。

在确定全球战略目标时，跨国公司着眼全球，合理安排资源，进行全球性选择和部署。总部根据自己的战略目标，在全球范围内寻找机会，谨慎选择和合理评估投资的区位和项目，以此发挥自身产品优势，并利用各种资源，进行合理分工、生产和销售，而遍布全球的分支机构与子公司则围绕全球的战略布局进行生产经营。

（二）经营多样化

跨国公司通过国际直接投资的纽带作用把位于不同国家和地区的不同经营实体

① 根据UNCTAD发布的《2010年世界投资报告》，1970年，全球有7000家跨国公司；2000年，有38 000家；到2008年，非金融类的跨国公司有82 000家。

② 根据UNCTAD发布的《2017年世界投资报告》，全球有1500家国有跨国企业，占全球跨国企业的1.5%。以此推算，全球跨国公司数量为10万家。从实际情况看，这一数值水平可能偏向于低估。有关数据显示，仅日本就有7万家跨国公司。

有机地结合起来。跨国公司的直接投资可以分为股权投资和非股权投资。早期的跨国公司对外投资主要依靠本国过剩资本输出，但在 20 世纪 70 年代以后，直接投资就变为以子公司利润再投资和当地自筹资金或银行贷款为主，母公司汇款投资所占比重下降，但资本及所有权关系仍然是跨国公司母公司和子公司之间非常重要的纽带。自 20 世纪 70 年代以来，以技术、知识信息和技能等无形资产为纽带的非股权安排方式在跨国公司对外直接投资中的作用也越来越重要，跨国公司可以通过专利许可、外包以及经济合作等方式与其他企业建立非股权联系，从而展开更多样的跨国经营方式。

（三）技术内部化

科技的发展及其实际应用导致企业巨大的技术进步和组织结构合理化。企业推广新技术先是用机器设备代替劳动，再逐步发展到利用更完善的机器设备代替原有的机器设备。

跨国公司在世界市场上，若要保持优势，或者从一种优势转变为另一种优势，就必须在研究开发新技术、新工艺、新产品中始终保持领先地位，否则它将在激烈的国际竞争中败北。因此，跨国公司对外投资以开发新技术为其经营的主要武器，并且影响所在国有关的产业部门；反过来，科学技术的发展加强了国际分工的协作，促进了跨国公司的发展。

跨国公司保持技术优势就必须依靠巨额的研究开发投资并拥有特有的技术战略，并将母国作为主要的研发机构，从而掌握最新的研究成果。新技术产生后首先会在母公司使用，之后转移至国外的子公司和分支机构，并将该公司淘汰的技术转让至发展中国家的企业，从而使母公司保持技术的国际领先地位。

（四）内部一体化

内部一体化是指跨国公司为实现全球战略目标，需要以母公司为中心，将遍布世界的子公司和分支机构统一为整体，而母公司同时对子公司和分支机构的资金调配、投资活动、生产安排以及人事管理等重要活动有着绝对的控制权。跨国公司的一体化主要包括生产、财务、技术人才、采购、营销、新技术和新产品的一体化。生产一体化，即遍布世界各地的分支机构和子公司同样享受母公司的技术人员、原材料以及生产设备等。财务一体化，即母公司和子公司之间及时融通资金，降低财务费用，减少税收支出。技术人才一体化，即子公司和母公司之间人才可以自由流动，发挥人才优势。采购一体化，即子公司与母公司进行统一采购，降低生产成本。营销一体化，即子公司与母公司共享销售人员、广告宣传以及销售渠道等。新技术和新产品一体化，即子公司与母公司共享新技术的研究开发，统一推广新产品。

三、跨国公司类型

（一）按照分工类型划分

跨国公司按照分工类型可以分为垂直（纵向）一体化、水平（横向）一体化以及混合多样化（多种经营）跨国公司。当母公司决定建立国外子公司，生产成品所需的中间产品或原料时，通常属于垂直一体化经营。垂直一体化经营主要是由国家之间的生产成本差异引起的，如英特尔（最大的计算机芯片制造商）已经将晶片生产分为晶片制造、组装以及测试。晶片制造和相关的研发都是技术密集型的，因此仍然由美国、爱尔兰和以色列从事大部分这类活动（该地区熟练工人充足）。另外，晶片组装和测试是劳动密集型产业，英特尔将生产线迁移到劳动力相对充足的国家，如中国、哥斯达黎加、菲律宾和马来西亚等。这种垂直一体化经营发展迅速，占流向发展中国家的对外直接投资增长的一大部分。

如果母公司在资源来源国生产一种商品，在东道国设立子公司生产相同的产品，就属于水平一体化。这些子公司是彼此独立的生产单位，设立的目的就是在海外市场生产和销售母公司的产品。譬如，可口可乐和百事可乐不只在美国设厂，在世界很多国家都有它们的灌装厂。有时，跨国公司在海外设立生产工厂，部分是为了避开严厉的外国关税壁垒，以避免其产品在竞争中处于劣势。母公司也倾向于把工厂设在靠近消费者的地方，因为不同国家的偏好不同，所以可能需要对产品进行特殊的设计。对比垂直一体化，水平一体化主要发生在发达国家之间，即母公司和附属机构均在发达国家，选择这种经营模式的原理是将生产设置在公司大客户总部附近。因此，比起生产成本差异，贸易和运输成本在对外直接投资的决定中起到更为重要的作用。

除了进行垂直一体化和水平一体化的对外投资以外，跨国企业可以在不相关的市场实施多元化经营，也就是混合多样化经营，即将没有联系的各种产品及其相关行业组合起来，加强生产与资本的集中，规模经济效应明显；同时，跨行业非相关产品的多样化经营能有效地分散经营风险。但是，由于经营多种业务，业务的复杂性会给企业管理带来不利影响，因此具有竞争优势的跨国公司并不是向不同行业盲目扩展业务，而是倾向于围绕加强核心业务或产品的竞争优势开展国际多样化经营活动。由于该类跨国公司经营多种产品，母公司和子公司各自生产不同的产品，经营不同的业务，而且它们之间互不衔接，没有必然联系，因而生产和经营的产品横跨许多部门，如日本三菱重工分别生产和经营汽车、建筑机械、发电机系统、造船、化学工业、飞机制造等业务。

（二）按照经营项目分类

按照主要经营项目分类，跨国公司可分为服务提供型跨国公司、加工制造型跨国公司以及资源开发型跨国公司。服务提供型跨国公司是指从事非物质产品的生产创造，为国际市场提供管理、技术等无形产品的跨国公司，如跨国咨询公司、律师事务所、保险公司以及跨国银行等。20 世纪 70 年代以后，此类跨国公司迅速发展壮大，90 年代以来随着服务业的迅速发展，服务提供型跨国公司在世界 500 强企业比重在 50%以上。

加工制造型跨国公司主要从事产品的加工制作，这种类型的跨国公司在直接投资之后，有的直接制造自己品牌的产品并在东道国销售，有的成为加工组装企业。随着国际分工不断深入，该类跨国公司几乎参与了所有产品的生产，尤其是生产中间产品的企业占到了很大比例，其中美国 GM 以及美国 IBM 是该类型跨国公司的典型代表。20 世纪 80 年代后期，由于服务业的兴起，服务提供型跨国公司迅速崛起，加工制造型跨国公司在世界 500 强企业中所占的比重有所下降。

资源开发型跨国公司主要投资于资源丰富的东道国，获取母国自身较为短缺的资源，或者是可以得到高收益的资源，如石油、采矿业、种植业等行业，早期很多跨国公司多属于这种类型，如英、法、荷等国家的特权公司在新西兰、美国、澳大利亚等地的直接投资主要为铁路、矿产以及种植园。现代该类型跨国公司中著名的荷兰皇家壳牌石油公司、埃克森美孚公司等都是超大的垄断企业，他们对世界矿产资源的生产以及交易有着重要影响。

（三）按照决策方式分类

按照决策方式进行分类，跨国公司可分为以民族为中心的民族中心型跨国公司、以多元化为中心的多元化中心型跨国公司和以全球为中心的全球中心型跨国公司。民族中心型跨国公司在进行重大决策时都是以母国利益为中心来考量的，公司的管理决策高度集中于母公司，对于子公司多采用集权式管理体制，强调企业与母国利益的一致性，发挥母公司的领导和协调功能，属于跨国公司比较特殊的类型，但并不利于子公司的发展，跨国公司在初期一般采用该种管理体制。

多元化中心型跨国公司注重跨国公司各海外子公司在不同东道国开展业务时的相关利益。母公司允许子公司根据自己所在国市场的情况对经营目标与长期发展战略进行适当调整，并给予子公司一定程度上的决策权。母公司对于子公司采取分权管理体制，该种管理体制有一定的灵活性，但弊端也较为突出，由于权力较为分散，母公司对于资源的协调性较差并且无法控制所有的经营活动，甚至会由于子公司的发展目标不一致而产生内部矛盾，从而对母国的利益产生相应影响。

全球中心型跨国公司通常以全球战略目标为出发点，而不是以母公司或者子公司的权益作为基本考虑。因此，该类跨国公司一般采取集权和分权结合的管理体制。母公司一般负责总体的决策经营，并调配相关资源；海外子公司在母公司制定的总体策略下自行制订具体的发展计划。可以说全球中心型跨国公司结合了民族中心型与多元化中心型跨国公司的经营理念和方式，其经营目标更为明确，经济方面的考量也更为突出，企业经营活动不仅是为了母公司与子公司的利益，更是为了企业的全球利益。一致的经营目标，也让跨国公司的决策偏向于集权管控，使得内部团结统一，有利于企业进一步地发展壮大。

四、跨国公司对世界的影响

（一）跨国公司对世界整体的影响

1. 主导全球价值链

跨国公司的出现，使得社会分工超越国界成为国际分工。随着国际分工的进一步深化，形成产品内不同环节或者产业内不同类别在不同国家的布局。价值链指的是设计、生产、销售、配送以及辅助活动等构成的一条能够创造价值的生产链。随着国际分工的不断深化，20 世纪 90 年代以来，有关全球价值链的研究逐渐展开，按照生产流程和上下游环节进行切割，产品内各环节可以由不同国家的企业共同进行，然后产品在某一个国家进行组装、运输和销售，从而形成连接众多国家和企业的价值链条。根据联合国工业发展组织的定义，全球价值链是指为实现商品或服务价值而连接生产、销售、回收处理等过程的全球性跨企业网络组织，涉及从原料采购和运输、半成品和成品的生产和分销，直至最终消费和回收处理的整个过程。这种价值链条的形成开始于偶然，但随着跨国公司的不断壮大，大型跨国公司开始主动寻求并筛选各国各环节的供应商，利用互联网发布指令，连接多个国家和地区的企业，并借助供应链管理能力对各个企业的生产、出货、交货进行合理配置，逐渐成为全球价值链的制定者。例如，大型制造企业福特汽车建立和调节国际垂直分工网络，控制上游的零部件、原材料的供应商以及下游的零售商和分销商，从而获得更加丰厚的利润。

2. 成为国际投资主体

国际投资分为国际间接投资和国际直接投资。跨国公司一般通过对外直接投资进行国际扩张，它是国际直接投资的主体，也是国际直接投资的结果。同样跨国公司也积极参与国际金融市场，在国际市场购买股票、债券等成为国际间接投资主体。一般学术研究只针对跨国公司与国际直接投资之间的发展。

国际直接投资的行为模式可以分为并购和绿地投资两种类型，前者是购买或者收购已有的企业，后者又称新建投资，指在东道国建立新企业或者新工厂。按照国际直接投资的资金模式，跨国公司可分为合资企业和独资企业。合资企业是指投资者和东道国共同出资、共同经营，既可以选择并购也可以选择绿地投资。独资企业是指独立投资和经营，同样可以选择绿地投资和并购。发展中国家在开放初期一般要求外资控股、持股比例不得超过 49%，随着市场化不断加深，有的国家也逐渐放开了对持股比例的要求，下文会介绍更加具体的内容。

3. 促进国际贸易发展

跨国公司从多个层面推动了国际贸易的增长。第一，跨国公司在布局全球价值链时选择不同国家和地区的不同企业提供原材料、中间产品和产成品，带动了这些货物在不同国家和地区之间的贸易。第二，跨国公司在母公司与子公司、子公司与子公司之间进行着大量的内部贸易。例如，德国的汽车公司在中国设立汽车厂，但核心部件如冲压机器、发动机、模具等从母公司进口。这种内部贸易是贸易的重要组成部分。到 2007 年时跨国公司贸易占据世界贸易的 60%以上，以中国为例，2007 年中国外资企业贸易进出口总额占中国外贸进出口总额比重为 57.7%。由此可见，跨国公司的出现极大地推动了国际贸易的发展。

4. 推动科学技术进步

跨国公司为了在国际竞争中处于领先地位，一直致力于技术创新。它们有自身的研发机构，聚集大量的优秀人才，并投入巨额的资金从事研究与开发，拥有国际领先的核心技术、创新成果以及专利，其不仅注重技术的研发，而且加强技术成果的应用与传播。通过母公司对内部子公司的技术转让、技术流动产生技术溢出效应、非股权转让等方式，促进技术在全球范围内传播。截止到 2019 年，跨国公司控制了全球技术转让的 80%的交易，许多跨国公司还会相互转让以维持其垄断地位。

目前，以新能源、物联网、大数据、人工智能为代表的新一代技术快速发展，跨国公司对于国际科学技术的竞争日益激烈。随着发展中国家的数字技术不断进步，发达国家在满足本国市场发展要求的同时，还可以向发展中国家转让技术。

（二）跨国公司对母国和东道国的影响

1. 跨国公司对母国经济的影响

跨国公司对于母国的积极影响有以下几个方面。

第一，跨国公司的对外直接投资可能会增加母国就业机会，这被称为就业刺激效应。这种机会主要来源于三个方面：一是公司总部业务扩大带来的机会；二是母公司向海外分支提供技工服务带来的机会；三是母公司出口原材料、货物以及关键零件带来的机会。

第二，跨国公司的经营活动会提高母国知名度，树立有力的国际威望。

第三，跨国公司的对外直接投资为母国的资本过剩寻找了全球利益最大化的投资场所。

第四，跨国公司在国际的经营活动提高了母国的市场份额，从而提高了母国的经济实力和国际地位。

跨国公司对于母国的负面影响是跨国公司的对外直接投资活动会使得母国的一部分生产经营活动转移海外，从而减少国内的就业机会。例如，子公司的生产和销售会取代原来母国相应生产中的就业机会，这种情况被称为就业替代效应。通过就业刺激效应和就业替代效应的相互作用，最终会决定母国就业机会是增加还是减少。

2. 跨国公司对东道国经济影响

跨国公司对于东道国的积极影响有以下几方面。

第一，跨国公司进入东道国可以扩大国内就业。这是因为跨国公司将资金带入东道国后，扩大国内生产，从而增加就业岗位，提高就业人数。

第二，跨国公司增加东道国国内的建设资金，同时还会建立新的服务机构和生产设施，收购现有企业，增加国内资本流量和存量，扩大生产。

第三，跨国公司促进东道国的产业结构调整和升级。由于跨国公司进入东道国后势必会对东道国的业务和产业的上下游提出更高的要求，因此东道国为了达到跨国公司的要求，则会对产业结构进行优化调整。

第四，跨国公司会促进东道国的技术创新与发展。跨国公司有着世界先进的核心技术，不仅是技术的研发者，也是先进技术的提供者。在吸收对外直接投资的初期，东道国会与跨国公司建立合作或合资企业，引进国外先进的管理知识和经验、生产技术以及技术装备，从而提升本国科学技术水平。随着跨国公司的控股程度提高，企业核心技术的转让会由市场化过渡至内部化，此时获取的新技术是由技术溢出带来的。当跨国公司与当地厂商进行合作时，就可能从跨国公司的产品、市场知识或者工序技术中吸取新技术，这主要取决于科技人才的质量、市场机制的完善程度以及市场环境的公平程度。

跨国公司对于东道国的负面影响主要有以下几个方面。

第一，跨国公司进入东道国后，可能会垄断东道国国内的相关产业，使这些产业的发展处于停滞状态。跨国公司由于拥有资金和技术方面的优势，因而比较容易获得东道国市场的垄断地位。倘若几家跨国企业相互联合、滥用市场优势，则可以操控市场，影响相关产品和服务的价格，损害东道国民族产业的发展。

第二，由于发展中国家的工业化程度较低，因此跨国公司的进入可能会阻碍东道国国内幼稚产业的发展，不少幼稚产业面对具有强大竞争优势的跨国企业都难以成长壮大。

第三，跨国公司的资金调配和转移价格很可能导致东道国金融市场紊乱。由于跨国公司具有巨额资本，在实行外汇管制时，跨国公司通过转移价格，促使资本流入流出。通过高报进口，低报出口（产品的价格或数量），骗取国家退税，从而造成资本外流，反之造成资本内流，从而加大东道国对于金融市场的监管难度，损害发展中国家的金融市场。

五、全球价值链重构与跨国公司的战略选择

20 世纪 90 年代起，人类经历了全球化的黄金三十年，在世纪交替之际，很多领域的研究者都在努力拥抱全球化、转向全球化，而 21 世纪以来，以美国为首的单边主义不断出现，逆全球化浪潮也逐渐兴起，新冠疫情的肆虐对早已遇到麻烦的全球化再一次进行了冲击。因此，诸多学者认为目前全球化大潮正在进行转向。李策划和李臻（2020）指出，以资本积累为目的的全球化正在转向以提高全球协作和社会生产力水平为目的的全球化。徐坚（2017）认为，逆全球化虽使全球化前行阻力加大、风险增多，但亦可被转化为全球化转型的动力，以促进实现普惠、包容的新型全球化。目前关于全球化转向主要有三种观点。第一种观点偏于悲观，主张全球化进入了不可逆的减速和收缩进程。第二种观点偏于乐观，主张通过全球化治理变革，来应对与解决全球化进程中出现的重重矛盾与阶段性衰退的挑战。第三种观点更加辩证，将全球化看作随工业技术革命的动态进程而不断向前演化的现象，强调我们在审视全球化的相关问题时，应该避免扩大全球化的作用与影响。

全球化转向是左右当前全球价值链重构和跨国公司战略选择的深层次因素。2008 年国际金融危机之后，全球化转向带来世界格局的深刻调整，各国的经贸实力、产业结构和比较优势与之前不同，相应地，全球价值链也发生了明显的变化，处于重构状态。这种重构，既是要素禀赋改变、经济发展规律使然的周期性重构，也是各国产业间分工关系调整的结构性重构。进而，全球价值链呈现出两种截然不同的动力和方向：一是各国之间继续维持紧密合作及优化分工的聚合力，将价值链推向续全球化方向，以中国等新兴经济体为代表；二是各国之间拆分产业体系及制造业回流的离心力，将价值链推向逆全球化方向，以美国等发达国家为代表。具体而言，全球价值链呈现以下四个方面的变化。

第一，全球价值链参与主体由西方发达国家转变为新兴经济体。目前部分发达国家的跨国企业转移产能后，造成本国产业空心化和失业问题严重，贫富悬殊不断加大，也有着推动“制造业回流”和“去全球化”的倾向，其价值链正在向闭合式本土化发展。而随着经济的不断发展，新兴经济体充分融入全球化，产业不断升级，由原来的加工制造环节向其他环节延伸，科技研发能力也有显著提升，一定程度上动摇了发达国家的主导地位。

第二，全球价值链呈现鲜明的数字化特征。当前，以互联网为基础，大数据、人工智能、云计算、物联网、区块链等现代数字技术方兴未艾，切入全球生产网络中各个环节，提升价值创造速度和增值水平，大幅缩减了全球生产分工的成本。由于数字技术具有信息流动性和穿透性，传统产业在叠加“云网端”等信息化功能后，经数字赋能可以派生许多新产品、新服务、新体验、新模式，并且使个人定制成为可能，重构原有的价值链体系。

第三，全球价值链面临普遍贸易壁垒和贸易摩擦。全球价值链促成了各国紧密合作，但也导致跨境贸易上的巨额不平衡。尽管这种不平衡更多的是从货物流通上计量，并未考虑到科研和服务增值等非货物因素，但却被西方发达国家作为价值链增值收益不公平的借口，推动贸易保护主义、单边主义，降低整体性贸易强度，试图在重构全球价值链的进程中掌控主导权。于是，众多已经在 WTO 多边进程中搁置或消除的贸易壁垒重新出现，诸如合规标准等技术性贸易措施和特别关税等再度得到重视。尤其是 2018 年以来的中美贸易摩擦更是在一定程度上撕裂甚至中断整个价值链。总的来说，经贸规则从多边规则向区域规则改变，从低标准向高标准看齐，从而形成排他性的区域贸易集群，使得全球价值链的区域属性不断增强。

第四，新冠疫情对全球价值链造成巨大冲击，世界经济衰退主体之多、程度之深、时间之长、波及面之广、叠加情况之复杂，都是罕见的。在这种情况下，全球价值链无法获得运行动力，汽车、电子等产业链条上各国均受到巨大影响，大面积停工停产停市，甚至面临断链和解体的高度风险。新冠疫情对全球价值链的冲击，既影响供给侧中间品的流通，也影响需求侧的消费，既影响生产制造，也影响服务和研发环节。跨国公司纷纷调整布局，将其产业回归本国化或转向疫情形势相对好的国家，进一步推动全球价值链重构。

跨国公司是推动全球化的重要主体也是主导全球价值链的重要主体。跨国公司的活动能够帮助促进全球经济增长、发展新技术以及增加就业机会。近年来，跨国公司的主要经济指标呈现了增长放缓的显著迹象，跨国公司全球战略调整的难度不断加大。UNCTAD 的前 100 家跨国公司正在停滞不前，从跨国指数（transnationality index，TNI）的变化情况看，20 世纪 90 年代，TNI 增加了 5 个百分点；21 世纪的前 10 年，TNI 增加了 10 个百分点；2010～2020 年，TNI 降低了 0.4 个百分点。据 UNCTAD 调查，2020 年全球最大的 5000 家跨国公司的收益预计下降 40%。

跨国公司作为驱动全球价值链演化与发展的主要力量，它们的全球化生产经营活动是在特定环境条件下进行的。当跨国公司的战略方向与国际环境条件保持一致时，后者会助力跨国公司将战略付诸实践，而在面对全球化转向和全球价值链重构的新局势时，越来越多的跨国公司日益清醒地认识到这样的现实：尽管许多跨国企业声称推行全球战略，但事实上，大多数跨国企业不是全球性的。能够持久地将其在母国的成功经验复制到世界各地的跨国公司少之又少。在全球化转向给全球市场体系运行带来巨大不确定性的形势下，全球战略失败的风险更是趋于上升。面对新形势，跨国公司有三种战略选择，如图 6-1 所示。

第一，适应全球化的收缩态势，实施聚焦收缩战略，将资源向相对安全可靠的区域集中，实施布局调整。实施聚焦收缩战略的跨国公司，其动机有两种理论解释：一是出于组织惯性和路径依赖，将资源配置向自己最熟悉的区域集中和聚焦，实现自我强化；二是出于对全球化进程中最新的制度环境因素变化的敏感反应，对新的价值观念的兴起、分裂的政策与制度环境中持续上升的风险因素，及时做出回避和收缩的应对之策。聚焦收缩战略强调的是跨国公司对全球化转向进程中制度因素的变化的接受与适应，在全球价值链重构的背景之下，跨国公司的主导战略逻辑会发生改变，其相对稳定的业务结构和组织被迫做出调整，从不确定性高的区域退出。例如，欧洲国家增收数字税，会影响到美国数字技术领域跨国公司的利益，作为报复，美国对欧洲国家增收关税。身处这种对抗性的制度环境里，欧美跨国公司的战略活动难免受到影响。2020 年，法国奢侈品跨国公司 LVMH（酩悦・轩尼诗-路易・威登集团）宣布延后、继而放弃，转而又决定降价收购美国品牌 Tiffany（蒂芙尼），这是一个经济因素与制度环境因素交织在一起改变企业战略行动的典型例证。聚焦收缩战略的不利方面是，如果全球市场在未来的高增长机会主要在那些不确定性高的区域产生，那么，奉行聚焦收缩战略的跨国公司可能错失这些机会。反之，如果未来的高增长机会主要出现在安全可靠区域，则企业的聚焦收缩战略将有可能是成功的。

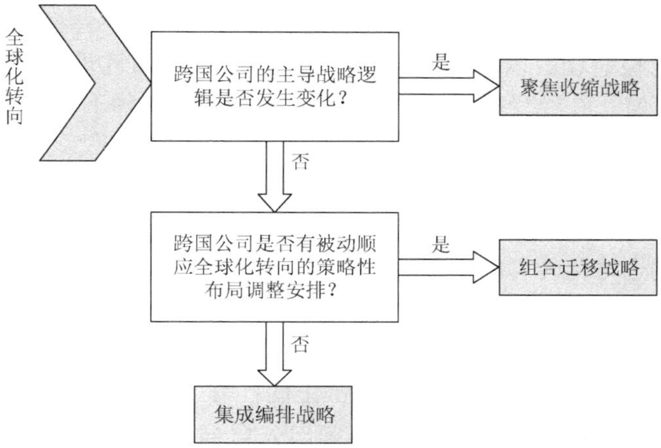

图 6-1　跨国公司战略选择

第二，适应全球化的转向态势，实施组合迁移战略，将资源配置重心有计划地从存在一种或一组相对较高的不确定性的区域或领域，转向存在另一种或另一组相对较低的不确定性的区域或领域。实施组合迁移战略，可以沿着全球化转向的两个不同方向来推进。第一种情况发生在区域层面。在中美贸易摩擦的背景下，典型的做法是将中国的业务布局加快向东南亚地区的其他国家转移。移出中国，可以降低美国对中国的关税制裁与高科技交易限制的不确定性影响；移向东南亚地区的国家，则又难免遭遇在要素资源配套成本与供应短板上的其他方面的不确定性。例如，歌尔股份在越南建立工厂，受疫情影响歌尔准备在越南加大投资，但越南的教育水平相对落后，像技工、技师等对技术有高要求的高科技人员比较缺乏，在面对比较复杂的产业链时歌尔这类公司在当地很难招到专业的技术人员。这一案例表明，跨国公司在实施组合迁移战略时，往往不得不面对不同风险组合之间的权衡与取舍。第二种情况发生在业务领域层面。例如，顺应数字经济发展趋势，通过加快数字化和智慧化技术的普及应用，调整资源在不同业务领域和不同区域之间的配置结构。第三种情况是结合全球价值链上各种与不确定性和风险相关的因素，做出组合式的迁移战略安排。在同一区域，不同的业务，可以有进有退——在某一些方面，资源配置会更加符合全球价值链的内在经济性要求；而在另一些方面，资源配置会对那些更加紧迫的非经济性的干扰因素，做出必要的响应。与聚焦收缩战略相比较，组合迁移战略的特点是坚持主导战略逻辑不变，但会被动顺应全球化转向的策略性布局调整安排。

第三，与全球化的转向同步，实施集成编排战略，在全球化转向中，主动寻找各种不同方向和不同性质的有价值的资源进行集成式编排和重组，着力塑造新的竞争优势，进而主导全球价值链的未来变化。世界工厂的形成，需要有编排者对分散在世界各地的企业之间的联系进行协调。有学者从内部化的分析角度，强调了编排作为一种战略思路的重要性。与聚焦收缩战略和组合迁移战略不同，实施集成编排战略的跨国公司不会有明显的对全球化转向的被动响应的安排，其战略突出强调对新出现的市场机会与未来竞争中有价值的资源的捕捉，而不会将资源过多地耗费于对风险因素的消极避让。以集成编排战略来应对全球价值链重构，这意味着，理解眼前的全球价值链正在经受的断链、松解和重新布局等种种不可确知的冲击与变化，要超越其表面显露出来的增长放缓和存量收益递减的重重压力，去发掘其深层次的正在酝酿的许多全新的增长与扩张的机会。那些实施集成编排战略的跨国公司，最有可能抓住这些面向未来的发展机会，最大可能地激发自身的创造创新潜力，从而成为牵引和推动全球化转向的决定性力量。

本节小结

跨国公司的发展主要从两轮现代经济全球化浪潮中演变而来：第一轮浪潮发生在从 19 世纪七八十年代至第一次世界大战之间；第二轮浪潮发生在 20 世纪 70 年代至今。第二轮现代经济的全球化浪潮及跨国公司群体走向成熟的过程，又可以被划分为两个阶段：在第一个阶段中，发达国家是经济全球化的主要受益者；进入 20 世纪 90 年代的第二个阶段后，以中国为代表的新兴经济体成为经济全球化的主要受益者。跨国公司具有跨国性主要是由于其具有战略全球化、经营多样化、技术内部化和内部一体化等特征，其按照分工类型可以划分为垂直（纵向）一体化、水平（横向）一体化以及混合多样化（多种经营）跨国公司。按照跨国公司主要经营项目分类，可分为服务提供型跨国公司、加工制造型跨国公司以及资源开发型跨国公司。按照跨国公司决策方式进行分类，可分为以民族为中心的民族中心型跨国公司、以多元化为中心的多元化中心型跨国公司和以全球为中心的全球中心型跨国公司。跨国公司对于世界整体的影响主要包括以下四个方面：第一，主导全球价值链，逐渐成为价值链制定者；第二，成为国际投资主体，包括参与国际金融市场的国际间接投资以及国际直接投资；第三，促进国际贸易发展；第四，推动科学技术进步，推动以新能源、物联网、大数据、人工智能为代表的新一代技术快速发展。

全球价值链一旦成形后，跨国公司的战略亦受其影响。在全球化进程及全球价值链动态变化过程中，跨国公司的战略选择是高度分化的，各自基于其所理解的有关全球价值链客观条件约束下的变化而做出主观决策。面对价值链重构，跨国公司主要有三种策略：第一，适应全球化的收缩态势，实施聚焦收缩战略；第二，被动适应全球化的转向态势，实施组合迁移战略；第三，与全球化的转向同步，实施集成编排战略。该种策略与组合迁移战略的主要区别在于对风险因素的避让态度不同。跨国公司作为驱动全球价值链演化与发展的主要力量，它们的全球化生产经营活动是在特定环境条件下进行的。当跨国公司的战略方向与国际环境条件保持一致时，后者会助力跨国公司将战略付诸实践。同时全球化转向是左右当前全球价值链重构和跨国公司战略选择的深层次因素。全球化转向给全球市场运行与全球价值链重构带来更多不确定性，跨国公司的全球战略失败的风险将上升，在应对全球市场环境变化的过程中，跨国公司战略分化意味着，领先者和滞后者在适应全球化转向上的绩效差距难免进一步扩大。

思考题

1. 目前对于跨国公司采用最多的定义是什么？有哪些基本特性？
2. 跨国公司的分类有哪些？
3. 跨国公司对于世界经济的影响有哪些？
4. 跨国公司对东道国经济有哪些影响？
5. 价值链重构指的是什么？呈现哪些变化？
6. 价值链重构与跨国公司的战略选择有怎样的关系？
7. 面对全球化转向，跨国公司的战略选择有哪些？哪种战略最有可能抓住未来的发展机会？为什么？

第二节　国际生产外包战略

一、国际外包含义

外包最早出现于 20 世纪 60 年代，当时已经有部分企业开始利用外部资源来转移自己的部分生产工序，但当时这种情况的出现仅作为一种新型的国际分工，并没有出现“外包”一词。1990 年，普拉哈拉德（Prahalad）和哈梅尔（Hamel）在《哈佛商业评论》（*Harvard Business Review*）发表的《企业的核心竞争力》文章中首次提出了“外包”一词。外包也称“资源外包”，其本质上是一种对外部资源的利用，是指企业自身专注于提升核心业务和功能，而将一些非核心的业务和功能分包给第三方，利用第三方对于这些业务的优势来提升自己的竞争力和效率以及降低生产成本。

从企业内部的价值链角度来看，外包就是指企业将辅助价值活动或者基础价值活动的一部分分离出来交由第三方完成。根据外包内容可以分为制造外包和国际服务外包两种。以制造业内部生产性服务流程或者服务品生产投入过程为外包对象则为国际服务外包，如果以制造业中某个环节作为外包对象则为制造外包。

（一）制造外包

制造外包是指企业（发包方）将在内部完成的生产活动、职能或流程外包给企业外部的另一方（承包方、外包商）来完成。制造外包可以带来一系列在管理和运作上的有利之处，如增强企业迅速适应市场变化的能力、提高企业核心竞争力、提高资金使用率、提高企业灵活性、降低生产成本以及减少人员管理问题。目前制造外包主要分为以下四种类别。

1. 原始设备制造商

原始设备制造商可简称为“贴牌生产”或者“代工生产”，指的是品牌商不直接生产产品，而是聚焦自己的核心业务，将产品的具体加工任务通过外包的形式转移给其他的厂商进行生产。这种生产方式是在社会化分工、专业化利益的驱动下产生的，尤其是在电子产业大量发展起来以后在世界范围内逐步形成的一种普遍现象，国内外很多企业均采用这种方式，如美国负责设计和销售苹果手机，而把加工和组装业务外包给富士康。品牌商利用原始设备制造商，可根据市场变化灵活按需下单，只需支付原材料成本和加工费，而不必自建工厂和承担设备折旧。

2. 原始设计制造商

原始设计制造商（original design manufacturer，ODM）指的是外包供应商拥有一定的设计能力和生产水平，根据外包企业的具体要求来进行产品的设计和生产。与原始设备制造商相比，原始设计制造商拥有产品的知识产权，在流程方面与原始设备制造商相同，但还需要进行产品的设计、维修、仓储物流、原材料采购等。例如，国外 LV 除了卖知名手提包外，还销售珠宝、葡萄酒、皮鞋以及手表等产品，其中大量的产品都是原始设计制造商生产制造的。

3. 联合设计制造

联合设计制造（joint design manufacture，JDM）指的是品牌商与制造商充分利用各自的优势来商议和决定产品方案。在该模式中，制造商参与客户研发和设计产品的过程，在产品设计出来后，制造商进行小批量试产与验证，品牌商再根据测试结果完善产品，最后由制造商负责生产，品牌商负责销售和市场服务。此模式下，双方优势互补，资源共享，目标明确，效率更高。当然，只有制造商在技术上达到一定水准，并与品牌商的合作达到更高的信任度之后，才会出现联合设计制造的合作形式。由于制造商介入的节点不同，还有更具体的划分，即共同开发和共同设计。联合设计制造模式可以将生产制造与设计研发结合，加快产品的问世速度。

4. 电子制造服务

电子制造服务（electronic manufacturing services，EMS），指为电子产品的品牌

商提供制造、采购、部分设计和物流等一系列服务。随着目前科学技术的发展以及计算机集成系统的应用，电子制造外包的运作模式逐渐成熟，业务从最初的原始设备制造商模式发展到除品牌销售以外的所有环节。目前原始设计制造商和电子制造服务是电子制造外包的两种主流业务模式。

严格意义上讲，原始设备制造商模式下，一方为另一方仅提供产品生产制造服务（来料加工）；原始设计制造商模式下，一方为另一方提供从市场研究、产品设计开发、原材料采购到制造方面的服务，是原始设备制造商模式的升级版；联合设计制造模式下，制造商参与品牌商的产品设计，利用他们在制造方面的经验和优势，协助品牌商设计出可制造性更高的产品。电子制造服务模式下，一方为另一方提供的服务包括原材料的采购、产品的制造和相关物流配送、售后服务等环节。在实际企业运营过程中，很难准确地将一家电子制造外包厂商界定为纯原始设计制造商或纯电子制造服务厂商，二者的业务有诸多重叠的部分。因此，目前业界通常依据企业业务的侧重点来对其业务模式进行划分，偏重产品设计开发环节、强调研发能力的，一般称为原始设计制造商企业，业务偏重服务环节、强调价值服务的，则称为电子制造服务企业。

（二）国际服务外包

跨国公司是国际外包的实践主体和主要推动者，在国际外包中发挥着主导作用。在外包过程中，跨国公司通过职员培训、提供相关资助和信息以及技术转让等方式，让承接方融入生产的国际化体系中。20 世纪 90 年代以来，国际服务外包逐渐兴起，发展极为迅速，很快代替制造业外包成为国际外包主要方式。随着全球竞争逐渐加剧，越来越多的跨国企业参与到国际服务外包的行列中来。与传统制造业外包相比，国际服务外包作为新型的外包方式具有附加值高、环境污染程度低、信息承载度高、资源消耗少等特点，发展国际服务外包对于促进产业结构优化升级、提升生产型服务水平、降低环境污染程度以及减少能源消耗有着重要作用，是实现可持续发展的重要途径。近年来，我国政府已开始注重发展服务外包行业，出台了许多鼓励性政策，因此在一些官方的文件中也涉及了相关概念，本书采用《中国服务外包发展报告 2007》中对于服务外包的定义：服务外包是指将价值链中原本由自身提供的，对本企业来说具有基础性的、共性的、非核心 IT 的业务和基于 IT 的业务流程剥离出来，外包给企业外部专业服务提供商来完成的经济活动。目前国际服务外包主要分为以下三种类别。

1. 信息技术外包

信息技术外包（information technology outsourcing，ITO）是指企业将其 IT 系统生产链条中的部分业务分割出来，外包给专业的技术服务公司或机构来完成。主要包括信息技术设备的备份和灾难恢复、通信网络的管理、信息系统的开发和维护、信息技术培训以及设备的引进和维护等。

2. 业务流程外包

业务流程外包（business process outsourcing，BPO）是指企业将其部分管理或运营流程外包给专业化的服务供应商来进行人力资源管理、业务运作、供应链管理服务等。业务流程外包局限于技术的应用以及软件的开发，与信息技术外包相比，技术含量和盈利水平更高。

3. 知识流程外包

知识流程外包（knowledge process outsourcing，KPO）是指发包方将知识密集型的业务流程外包给第三方，利用其专业优势进行研发设计、投资研究与决策、市场判断与分析，针对价值链高端环节，对于分析策划能力和创造性有较高要求，是业务流程外包衍生出来的高端形式。

国际服务外包优化了国际分工，对于发展中国家的社会经济效益有着明显的提升，但国际服务外包的高端流程部分（品牌自主开发、核心技术、产品定位等）由发达国家掌控，发展中国家主要承接价值链中处于低端环节的部分，因此发展中国家在国际分工中的不利地位并没有完全改变。

知识点：不同教科书中关于离岸服务外包和国际服务外包的概念相对混淆，并且很多学者对于二者的研究不加以区分，实际二者内涵有明显不同。根据《中国服务外包发展报告 2007》的解释，离岸服务外包是指发包方和服务承接方不为同一国家，外包工作需跨境完成。从承接方看，离岸服务外包有两种形式：一是服务承接方在本土承接来自海外的服务业务；二是服务承接方到海外开拓服务外包市场，建立离岸交付中心，承接服务外包业务或者进行就地服务。而国际服务外包除包括离岸服务外包的上述两种形式外，还包括东道国本土企业承接跨国公司在本国子公司的业务。在这种情况下，“国际”只是由于外包项目涉及外国资本，实际上并不发生真实的服务贸易跨境交付行为。两者的具体关系如图 6-2 所示。

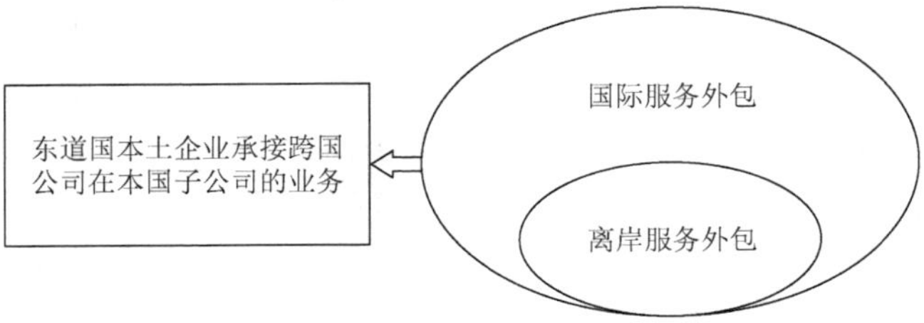

图 6-2 离岸服务外包与国际服务外包关系图

「案例：麦肯锡公司（McKinsey&Company）」

麦肯锡公司是世界级领先的全球管理咨询公司，由美国芝加哥大学商学院教授詹姆斯·麦肯锡（James McKinsey）于 1926 年在美国创建。在全球战略咨询公司中，麦肯锡、波士顿和贝恩咨询公司三大公司各有千秋，在2019年度企业咨询服务类公司评比中，麦肯锡公司排名第一。

麦肯锡公司采取“公司一体”的合作伙伴关系制度，在全球44个国家有80多个分公司，共拥有7000多名咨询顾问，均具有世界著名学府的高等学位。麦肯锡的人员70%来自具有MBA的人选，30%来自具有高级专业学位（如法学博士、医学博士等）的人选。在招聘咨询人员时，麦肯锡着眼于杰出的品格和解决问题的能力、卓越的智慧、有效地同各层次人士交往的能力。其大多数客户均为各国优秀的大型公司，如排在《财富》杂志前500强的公司。其咨询服务面向交通、零售、保险、制造、保健、银行、汽车及能源等各行业。在世界排名前100家公司中有70%是麦肯锡的客户，其中包括奔驰汽车公司、花旗银行和中国平安保险集团等。

公司服务对象主要面向总裁、高级主管、部长、大公司的管理委员会、非营利性机构及政府高层领导，并就他们所关注的管理问题提供咨询。服务目标是为客户设计、制定相配套的一体化解决方案，包括战略开发、经营运作以及组织结构设计等内容，如改进销售收入、提高利润、减少成本等。

麦肯锡是一家私营性质的合伙公司，内部管理风格也沿用合伙人制。公司的所有权和管理权完全掌握在近600位在位的高级董事（资深合伙人）和董事（合伙人）手里。所有的董事在加入公司时都曾担任过咨询人员，他们作为工作人员分布在不同的国家和地区。公司所有权制度确保了独立性和客观性，因此公司只对客户和公司自己负责。公司执行董事由高级董事们选举出来，任期为三年。公司严格奉行不进则退的人事原则，凡未能达到公司晋升标准的人员，公司会妥善劝其退出公司。公司几乎所有的高级董事和董事都是通过了6～7年的严格培训和锻炼后，从咨询人员中精心挑选出来的，成为董事的概率大约是每5～6个咨询人员有一个有可能会晋升为董事。许多董事最终将会决定离开麦肯锡并加入其他大公司担任要职，例如，2019年IBM、西屋电气公司、美国运通公司的时任总裁均是麦肯锡公司的前董事①。

二、外包的动机和优势

1993年，安盛咨询在一项研究中发现，降低成本依然是当时企业实施外包的主要因素，虽然企业管理者逐渐意识到企业需要将外包看作一种发展战略，以获取竞争优势，但企业在考虑外包时，主要将外包看作一种节约成本的手段。与此同时，企业要想在国际市场获得长久的竞争优势，很难依靠自身力量经营所有事务，因此需要联合更多企业进行资源的有效配置，从而扩大自身优势。因此，企业在实施外包策略时不仅出于降低成本的动机，还有可能是出于降低企业风险、促进重整利益、获得现金注入、聚焦核心能力、获取内部缺少的资源、取得投资资本基金、获得进入全球市场的渠道以及克服职能管理与失控的困难等动机。概括来说，企业实施外包策略的动机主要体现在以下四个方面。

① 资料来源：http://www.glzzj.com/976.html。

（一）实现规模经济

规模经济的实现方式通常是依靠企业自我扩大再生产或借助企业规模不断扩大，但依靠单体企业规模的扩大实现规模经济会受到种种限制，这是因为企业规模扩大有其自身的内部边界。当生产经营规模扩大到一定阶段时，反而导致规模收益递减，出现规模不经济的现象，主要是由企业管理成本不断上升和规模的扩张引起“组织失灵”，而通过实施外包策略，企业可以在更大范围内实施专业化协作，帮助企业降低单位生产成本，而企业资产专用性进一步加强，更有可能采用技术先进的大型设备，从而使企业的生产效率不断提高，在国际市场上占领一席之地。

（二）降低成本与风险、改善财务状况

控制和降低成本有可能是公司在业务外包时最常考虑的因素。即使企业生产外包的动机不是降低成本而是诸如改善核心功能或降低风险之类的动机，成本分析也是必不可少的一个环节。公司强调成本节约可能有很多原因，如财务情况很不理想，或者公司采用的是成本领先战略。很多时候企业考虑业务外包的直接动机就是想改善诸如资产回报率一类的会计指标，因为这些指标是外界利害关系人衡量公司业绩的重要指标。通过生产外包，企业能减少固定资产，变固定成本为可变成本，降低生产和人力等成本，即便在短时间内也能大大改善企业的财务报表。

另外，随着逆全球化浪潮袭来、新冠疫情的冲击以及同类企业的竞争，企业在经营时面临着巨大的风险。因此，对风险进行有效的管理就成为企业的一项重要任务，而业务外包的优点之一就是可成为企业风险管理非常有效的工具。生产外包使企业避免了大量的初始投资和追加投资，减少了库存过时的压力，缩短了流通时间，并使某些不确定性很强的开支固定化。比如，在电子行业，产品的更新换代速度太快，库存很快就会成为过时货，为降低风险，计算机企业不仅将许多电路板的组装分包给一些知名电子产品公司，而且还进一步将组装工作外包给分销商，分销商只有在接到零售商订单之后，才按照用户的配置要求，将相应的硬件和软件装到机器上，组装成整机。

（三）聚焦核心功能

企业希望把主要资源集中在核心竞争力的建设上，而把其他活动外包给代工企业（对于代工企业来说，这些企业是它们的核心企业，如麦肯锡公司）。这样一来，经理们就可以从很多烦琐业务中解脱出来，集中心思于培育和发展公司的核心能力。例如，戴尔公司的核心能力主要集中于物流管理，以及其他认为有独特价值贡献的领域。因此，戴尔公司仅仅在这些领域大量投资，而将其余几乎 100%的生产

活动都外包给外部代工企业。戴尔公司向代工企业开放自己的技术需要和生产计划，用最短的时间获得了最流行的产品。这些产品甚至有时直接从代工企业那里运往客户手中。微软公司同样也几乎外包了一切，仅专注于自己的核心业务——软件程序的编写。

（四）增强灵活性与速度

由于企业的竞争环境变化越来越快，通过生产外包，企业可以缩减自身规模，增强对于市场的应变能力。在战略管理理论中，速度经济表现为快速反应能力，即企业在竞争环境的突变中，能够迅速做出反应的能力。如果将企业看成一个资源转换系统，则企业的经济效率不仅来自资源转换的数量，即规模，而且还来自资源转换的时间，也就是速度。特别是随着产品寿命周期的缩短和市场需求变化的加快，以及市场容量的限制，企业仅依靠规模经济已难以构筑其竞争优势。

现代科学技术的迅猛发展把社会分工、市场需求、生产及产业组织推进到一个新的阶段，从而强烈地影响到企业经营的组织行为方式。从生产的角度来看，过去企业的产品生命周期长达几年甚至几十年，企业凭借同一产品大量生产的规模经济就可获得稳定的发展，因此企业组织趋于大型化和稳定化。如今科技进步使产品生命周期越来越短。在一些发达国家里，一些高科技产品更新换代步伐急剧加快。有时，一个企业可能以异常快的速度在增长，企业所有的资源都在超载使用才能赶得上发展的步伐，并且随着代工企业的不断发展，这些企业在外包专业方面具有更加高效的生产效率，因此，为了减少企业内部资源使用的压力，获取代工企业优秀的生产资源，企业就会考虑让一些代工企业参与进来。

三、全球价值链理论对于国际外包的解释

根据前面章节对于价值链理论的介绍，可知价值链理论根本目的就是通过优化业务流程，降低企业的组织经营与管理成本，实现企业核心竞争力的提升。企业在经营活动中，各个环节相互联系、相互作用，由于单个企业想要在整个价值链上获得全部优势几乎是不可能的事情，因此企业之间会进行合作，完成自身具有优势的生产环节，从而扩大自身的竞争优势，将弱势环节外包给其他擅长该部分的企业完成。由此一来，相互合作的企业能够各得其所，在价值链的不同环节进行互补，来实现双方的利益最大化，从根本上提高价值链整体的效率，扩大自己在国际市场的竞争优势，这便形成了企业外包的动力。

在经济全球化背景下，国际竞争日益加剧，企业的生产、经营、竞争均已打破以往的地域与行业限制。根据全球价值链理论，企业为保持持续竞争优势，应当在价值链上选取一个或几个具有相对优势的环节作为企业的核心业务，利用企业内部有限的资源给企业创造最大价值，而把一些竞争力较弱的环节外包出去，交由专业公司去进行。企业按照价值链将低附加值环节外包给第三方供应商，只要能够保证

价值链各个环节间的连续性，外包业务就能同内部环节一样，甚至比内部环节更好地配合企业的战略发展，使企业获得竞争优势。因此，企业同与企业生产经营活动相关的企业（承接方）建立稳定的合作关系至关重要，通过形成专业化的合作网络，实现双方价值互联，促进整体竞争力的提升。

「案例：香港利丰公司的全球价值链定制」

香港利丰公司业务涵盖全球消费品供应链的每个环节，包括贸易、物流、分销及零售等。公司在发展初期主要从事贸易出口和代理，利丰公司前身是1906年在广州建立的中国第一家出口公司，1937年在香港成立公司后，很快成为香港地区最大的出口商，历经多年发展，截至2022年，利丰在全球50多个国家和地区拥有逾230家办事处以及配送中心，成为全球领先的贸易商，在全球布局了庞大的采购、分销和配送网络。

利丰公司出口不断扩大之后，由于世界贸易外部环境的变化和通信技术的发展，经由香港进行的中间转口贸易的重要性逐渐下降。因此，利丰公司开始顺应形势进行转型，1970年至1978年，利丰公司主要是进行区域采购代理，从1979年开始，利丰公司逐渐向生产管理延伸，并从20世纪80年代初期开始，逐渐采取分散生产方式定制全球价值链，当利丰公司接到订单后，会在全球范围内根据各环节特点寻找符合质量要求且成本最低的供应商，并综合考虑贸易壁垒、运输成本、贸易规则等因素，协调各供应商的生产和储运以及价值链中的各个环节。例如，利丰公司在接到李维斯公司服装订单后，利丰公司会研究市场，寻找合适的纱线、染料和辅材，做成样品后让李维斯确认；李维斯确认之后就会向利丰公司发出正式订单并规定交货期。利丰公司会在其庞大的供应商网络系统里进行筛选，然后选定韩国供应商提供合格的纱线，组织纱线到中国台湾工厂织布并染色。同时，选择日本供应商提供优质纽扣和拉链，并在泰国进行裁剪缝制，因此布料和辅料会分别从中国台湾和日本或者中国大陆运出到泰国，在完成缝制后按照李维斯公司的要求进行运输。

在整个价值链定制中，利丰公司依靠其卓越的供应链管理能力和长期积累的供应商资源，在全球布局了其订单的价值链条，在考察企业的生产能力、成本质量、运输条件以及交货期后，做出了生产的最优选择。①

四、实施外包策略的风险

（一）丢失先进技术

企业在与供应商签订合同时需要提供一定的技术支持，从而帮助供应商生产符

① 资料来源：《百年利丰：跨国集团亚洲再出发（第2版）》，第219页的案例。

合要求的产品。但在实际情况中，一些供应商为了降低成本并没有按照企业提供的质量标准生产产品。更有甚者，用企业提供的先进技术为其他企业提供相应产品，导致技术信息的泄露与丢失，给企业带来严重损失。因此，为了防止企业的先进技术的丢失，在实施外包策略时应明确彼此的责任与义务，并对于不同的供应商给予不同程度的控制。

（二）阻碍交叉技术发展

企业里不同部门的技术人员相互协作可为一些问题的解决提供创造性思想，进而形成企业的交叉技术，这些技术对企业的进一步发展具有巨大的推动作用。由于供应商与企业是两个不同的法律实体，相互间的交流有一定的难度，因此在企业实施外包策略后这些交叉技术会受到一定程度的削弱，从而阻碍交叉技术的发展。为了减少这种风险，企业需要使内部的技术人员与供应商方面的专家经常保持合作，增强交叉技术，提高本企业员工的创新性思维，同时对于员工之间的相互协作能力也有一定的帮助。

（三）失去对供应商的控制

若企业的核心竞争力不能在某一领域形成绝对优势，一旦供应商在企业的支持下拥有了这方面的专业知识和技能，他们就有可能绕过企业把产品直接销往市场。除此之外，供应商还有可能将这些先进的知识与技术卖给竞争对手，为企业造成难以估量的损失。为了解决上述问题，有的企业要求在实施外包策略时控制供应商的关键生产设备，一旦双方发生不可调解的矛盾，企业就可拆除关键设备，使供应商无法生产设备，防止关键技术和信息的泄露，但最佳解决方法是企业与供应商建立良好的合作关系，双方坦诚交流、相互信任，注重长远合作。

五、外包战略决策

（一）外包企业业务层次划分

确定外包企业内部各业务的重要程度是决定外包成功的关键。从外包角度出发，根据业务对企业核心竞争力的贡献程度，外包企业业务可以划分为四个层次：支持性业务、重要性业务、潜在核心业务、核心业务（图 6-3）。

企业的生存与核心业务紧密相连，核心业务强的企业，可以帮助企业在市场建立良好的竞争优势。由于核心业务中涉及大量的先进知识和技术，因此核心业务一般不轻易外包，即使外包也只是在某些方面选择短期合作，如杜邦公司为加速氟利昂代替品的开发，将业务外包给了 20 多个组织，包括私人公司、思想库以及学术机构，并获取成功，使得该公司比国际规定的最后日期提前 3 年停止氟利昂生产，并开始销售新的替代产品。

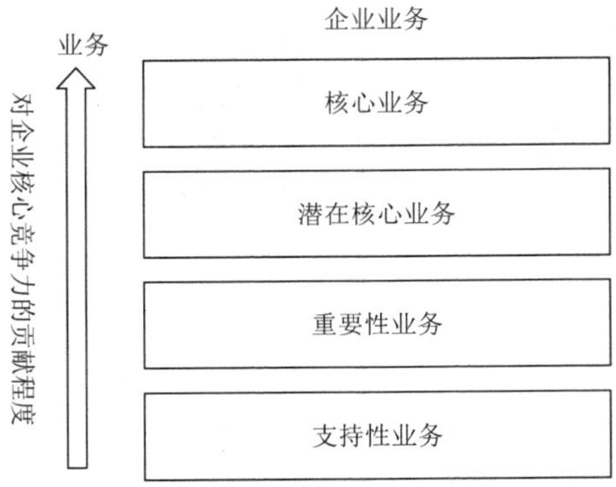

图 6-3 外包企业业务层次划分

环境动态变化会导致产品价值链发生变化，使原来的核心业务不再是价值链上附加值最高的环节，而另外一些潜在的核心业务就有可能转化为新的核心业务。企业必须对具有潜在优势的业务进行识别，确保企业的良性发展，否则将潜在核心业务外包给其他公司同样会造成难以估量的损失。例如，IBM 一直致力于硬件制造方面，他将芯片制造委托给英特尔，软件设计委托给微软，结果培养了产业链上的两个劲敌。

重要性业务影响核心业务和潜在核心业务的效果，对于该业务可以采取外包或内制等形式，来增强企业的竞争优势。

支持性业务是对企业其他业务起辅助或支持性作用的业务，如企业的人力资源培训、文件处理等。

（二）外包企业决策层次

从外包企业业务层次的划分可以看出，不同业务在企业中的作用不同。因此，在进行外包决策时，也会因外包业务重要性不同，采取不同层次的决策。具体来讲，外包决策可以分为三个层次：战略层次、战术层次和一般层次（表 6-2）。

表 6-2 外包决策的层次及特征

外包决策层次	外包特点	与供应商的关系
战略层次	1.与核心业务、潜在核心业务相关 2.弥补自身能力不足，增强对市场的响应 3.有失去核心技术、竞争优势的风险	1.长期合作伙伴关系 2.双赢机制，共同应对市场竞争，共享利润 3.技术上可相互支持
战术层次	1.与重要性业务相关 2.目的是提高财务或者非财务绩效，增强竞争优势 3.即使失败也不会危及企业生存	1.较长合作时间 2.一定的技术支持 3.利润分配有一定差距
一般层次	1.与支持性业务相关 2.降低成本、提高效率 3.主要满足临时性市场需求	1.临时性、不稳定性 2.沟通、协调少

注：内容由作者整理得到

1. 战略层次

战略层次外包决策主要涉及企业的核心业务与潜在核心业务。这些业务进行外包决策时的风险很大，稍有不慎就有可能失去核心技术，丧失竞争优势，但为了弥补自身技术和能力等方面的不足，同样可以外包。在选择外包时，通常是业务的某些方面，如美国微波科技公司（MicroWave Communications，InC）意识到自己不可能总是领先市场，于是将一些技术外包并取得成功，从技术外包获得的开发项目已经是从自己机构科学家那里获得的开发项目的几十倍。与供应商合作方面，该类业务外包时应该选择长期合作伙伴关系，共享利润，在技术上相互支持，实现双赢。

2. 战术层次

战术层次上的外包决策主要是指对重要性业务的外包决策，目的是提高财务或者非财务绩效，增强竞争优势。财务绩效主要是降低生产成本、库存成本和管理成本，从而将有限的资源集中在核心业务上。非财务绩效主要包括加速企业流程重组、精简机构、分散风险等方面。惠普大约 70%以上的利润来自新推出的产品，因此该公司将精力集中在研发和营销方面，而将生产外包以追求更低成本的结构。该类业务外包时，与供应商合作时间较长，并注重双方协调、沟通，能给予一定的技术支持，但在利润分配上存在差距。

3. 一般层次

一般层次上的外包决策主要涉及支持性业务，该业务在外包时往往是为了满足临时性市场需求变化的需要。对这一层次上的供应商不用经常性沟通和协调，合作关系大多是临时的和不稳定的。

本节小结

外包是指企业自身专注于提升核心业务和功能，而将一些非核心的业务和功能分包给第三方，利用第三方对于这些业务的优势来提升自己的竞争力和效率以及降低生产成本。从企业内部的价值链角度来看，外包就是指企业将辅助价值活动或者基础价值活动的一部分分离出来交由第三方完成。

根据外包内容可以分为制造外包和国际服务外包两种。制造外包主要分为原始设备制造商、原始设计制造商、联合设计制造以及电子制造服务外包四种类别；国际服务外包主要分为信息技术外包、业务流程外包以及知识流程外包三种类别。离岸服务外包是指发包方和服务承接方不为同一国家，外包工作需跨境完成，属于国际服务外包其中一种形式。企业实施外包的主要动机是为了实现规模经济、降低成本与风险、改善财务状况、聚焦核心功能、增强灵活性与速度。实施外包策略会面临丢失先进技术、阻碍交叉技术发展以及失去对供应商控制等风险。在进行外包决策时，会因外包业务重要性不同，采取不同层次的决策。具体来讲，外包决策可以分为三个层次：战略层次、战术层次和一般层次。

思考题

1. 什么是外包？

2. 原始设计制造商和电子制造服务企业定义是什么？有什么区别？
3. 国际服务外包定义是什么？有哪些类别？
4. 离岸服务外包和国际服务外包的区别是什么？
5. 从价值链角度分析，外包的动力是什么？
6. 实施外包策略风险有哪些？
7. 外包的战略决策有哪些？根据什么划分的？

第三节　国际生产方式选择

进入21世纪以来，世界经济发展处于重大的转折时期，经济全球化、信息全球化、网络全球化已经成为不可逆转的时代潮流。生产国际化与经济全球化的加速发展决定了国际经营成为未来企业的发展方向，国际企业间激烈的竞争要求企业必须突破一国疆界的制约，在全球范围内进行资源整合以赢得竞争优势，那么企业进入国际市场必须要首先解决的一个问题就是选择何种“国际市场进入模式”[①]。随着跨国公司的发展，国际市场进入模式是否存在一条可循的演进轨迹？

一、影响国际生产方式选择的因素分析

影响企业进行国际生产方式选择的因素相当复杂，从不同视角看，影响因素有各种不同的类型，而且各种因素的影响程度也不尽相同。在综合许多国内外学者研究的基础上，本书认为影响因素主要包括两大类：一是外部因素（或称外部不确定性），包括目标国和所在国的社会文化、政治、经济和市场等方面的环境因素；二是内部因素，是指与公司自身条件和所处行业相关的影响因素。具体分析框架图如表6-3所示。

表6-3　影响国际生产方式选择的因素

<table>
<tr><td rowspan="7">外部因素</td><td rowspan="4">目标国</td><td>市场</td><td>规模、竞争、生产成本、营销渠道</td></tr>
<tr><td>经济环境</td><td>规模、活力、外部经济联系</td></tr>
<tr><td>政治环境</td><td>稳定性、政策规定</td></tr>
<tr><td>社会文化差异</td><td>语言、做事方式、生活方式、价值观</td></tr>
<tr><td rowspan="3">所在国</td><td>市场</td><td>规模、竞争</td></tr>
<tr><td>生产</td><td>成本</td></tr>
<tr><td>政策</td><td>发展型政策、保护型政策、鼓励型政策</td></tr>
<tr><td rowspan="2">内部因素</td><td colspan="3">公司战略、国际经营经验、自身资源、所在行业</td></tr>
<tr><td>产品</td><td colspan="2">适应性、隐含性、知识价值</td></tr>
</table>

注：表格内容由作者整理得到

① 国际市场进入模式被理解为一种制度安排，也就是企业将产品、技术、人力、管理经验和其他资源转移到其他国家的方式。

目标国家产生的因素又称为国家风险，构成因素主要有市场、经济环境、政治环境以及社会文化差异。其中，与市场相关的因素包括规模、竞争、生产成本、营销渠道等四项。倘若企业进入的是竞争相对集中甚至是垄断市场，或者在当地无法找到合适的代理商，或者目标国的生产成本低且交通便利，那么企业就可以采用绿地投资、独立经营等模式。与经济环境相关的因素包括规模、活力、外部经济联系三项。如果目标国的经济规模大，或者市场虽然没有成熟，但其经济发展很有活力，或者该国的外部经济状况良好（如国际收支平衡、汇率稳定），企业可以考虑采用积极的投资模式，加大资源投入。政治环境因素包括稳定性和政策规定两项，它是国家风险最突出的表现。如果目标国的政策规定不鼓励对外经济交往（如订立高关税、设置进口配额等）或者存在政治或政策不稳定，那么，不仅企业进入模式的选择大受限制，而且企业也倾向于较安全的出口模式。社会文化差异主要是指企业所在国和目标国在语言、做事方式、生活方式以及价值观等方面的差异。如果文化差异很大，企业很难预测在目标国采取何种经营行为才算恰当，就会需要花费更多的成本去适应文化差异。在国际经验不足时，企业就不会贸然采用投资的进入模式。

企业所在国的环境因素也会对企业决策产生影响。如果本国生产成本相对较高、市场竞争激烈、空间小，或者本国政府采取积极的对外投资政策和鼓励出口，企业就会采取积极的国际战略，可能选择国外生产。

由于跨国公司目标是全球经营价值最大化，而不是单个国外市场得失，因此企业有时候根据长远战略选择高成本来进入某个特定市场；当企业国际经营经验不足时，为了减少风险，也倾向于出口、技术转让、合资等不需要太多资源投入的形式。如果企业自身资源充足，并愿意和能够承受由此产生的风险，企业就可以采用独资经营、新建投资等方式。反之，企业就会寻求合资企业的模式以获得必要的资源，或者采用许可经营等不需要太多资源投入的形式。不同行业的企业具有不同的选择倾向，如服务行业的企业很难采取出口的进入模式，因为服务业提供的不是有形产品。如果企业处于技术密集型的行业，那企业会要求更强的控制权，如选择独资、并购等模式，防止核心技术的泄露。

产品因素主要涉及技术和知识的转移，因而对企业进入模式的决策产生重要影响。适应性指的是弱国企业产品需要根据国外市场的要求进行改良，那么企业会希望更加靠近市场来及时获得有利信息，因此企业会采取直接投资的生产模式。隐含性是指由于企业的许多管理知识、企业文化等很难像有形产品一样转移，这些隐含的、不可言传的知识即使获得许可经营也很难效仿，因此采用控制度高的模式（如独资经营）能够保证这些知识的有效利用。知识价值表现为企业拥有产品差异化能力或者有比竞争对手更高的管理水平和技术。知识价值越大，企业越倾向于高控制度进入模式，以免这些资产被外人利用。

二、国际生产模式概念和分类

公司之所以对应不同的外部环境和内部资源会选择不同的市场进入模式，是因为不同的进入模式具有不同的内在特性，能满足公司对特定环境的需要。市场进入模式的内在特性也是决定选择模式的重要因素，它们与其他决策变量的区别在于，它们是市场进入模式本身固有的特性，不随外界因素和公司本身的情况而改变。如表 6-4 所示，目前国际市场进入模式的三大内在特性有控制、资源承诺以及传播风险，其中控制是指操控企业资源，进行运营和战略决策的权力。资源承诺是指专用资产如果用于其他用途就会不可避免地丧失一定价值的特性。这些资产可以是无形资产，如商标、专利技术、管理经验等。也可以是有形资产，如设备、厂房等。传播风险是指企业在进入外国市场时，比较优势被该国其他企业不正当利用的危险。

表 6-4　不同进入模式内在特性

进入模式 内在特性	控制	资源承诺	传播风险
出口	权力水平低	资源承诺能力低	传播风险低
许可经营	权力水平低	资源承诺能力低	传播风险高
合资经营	权力水平中	资源承诺能力中	传播风险中
独资经营	权力水平高	资源承诺能力高	传播风险低

注：表格内容由作者整理得到

如表 6-5 所示，从经营管理角度看，目标国市场的主要进入模式主要可以分为以下三种：贸易式、契约式和直接投资式。贸易式是以直接出口或者间接出口方式向目标国家出口商品而进入市场。契约式是企业通过与目标国法人签订长期的、非投资性的无形资产（如商标、专利、版权和管理技能等）转让合作合同而进入该市场，主要类型包括许可经营、特许经营、交钥匙合同、管理合同等。直接投资式是跨国经营的高级形式，按建立方式可以分为并购和新建，按照股权控制程度可以分为独资和合资。

表 6-5　跨国进入模式及分类

进入模式	分类
贸易式	间接出口
	直接出口
契约式	许可经营
	特许经营
	管理合同
	交钥匙合同
直接投资式	按建立方式分：并购、新建
	按股权控制程度分：独资、合资

注：表格内容由作者整理得到

（一）贸易式

贸易式是最传统的进入国际市场的模式之一，贸易式主要是指从事本国生产，以向目标国市场出口产品的方式进入该国市场，这种生产模式一般被认为是风险最小，控制程度最低以及资源承诺最少的一种进入模式，同时该种模式是进入国际市场最快的一种模式，其主要分为间接出口和直接出口。关于贸易式进入国际市场的优劣比较如表 6-6 所示。

表 6-6　贸易式进入国际市场的优劣比较

优势	劣势
企业资本投入少，风险小	关税和非关税壁垒可能导致出口产品失去与当地产品竞争的优势
有助于企业实现区位优势和规模经济	有高额的运输成本，产品到达目标市场的时间比较长
获取海外市场经验，为将来直接投资做准备	对营销活动的控制比较差，难以对目标市场的变动做出迅速反应
对企业管理方面要求较低	难以保持对当地市场需求状况的监测

注：表格内容由作者整理得到

间接出口指的是企业通过本国的中间商从事出口经营活动，该种方式下企业可以利用中间商现有的销售渠道，不必自己处理出口的运输、保险以及单证等业务。与此同时，企业不仅可以灵活改变国际销售渠道和进出国际市场，还不用承担各种市场风险，对于初次出口的小企业来说，选择间接出口方式是比较合适的选择。

直接出口是指企业可以利用自己的外贸部门或者目标国家的中间商从事产品的出口。直接出口可以提高产品在国际市场的知名度、积累国际市场营销经验、培养自己的国际商务人才以及摆脱对中间商的依赖，但同时承担的风险也比间接出口更高，倘若企业业务量较小，企业自己处理运输、单证等业务无法达到规模经济，会严重影响企业利润，而且改变销售渠道和进出国际市场的灵活性也不足。

（二）契约式

契约式进入是指在不涉及股权或企业产权的条件下，通过契约的方式向国外企业转让一项或几项无形资产，向使用方收取相应的费用和报酬，企业通过许可经营、特许经营、管理合同、交钥匙合同等形式向外输出技术、技能与工业。关于契约式进入国际市场的优劣比较如表 6-7 所示。

表 6-7　契约式进入国际市场的优劣比较

优势	劣势
可以绕过进口限制和投资环境的障碍	只有当企业具备先进的技术或突出的品牌时才有效
资本投入低、风险低	缺乏对技术的控制
避免高额运输成本	面临培养新的竞争者的风险
在国外直接投资受到限制的国家可以从工艺技术上获得收益	利润回报率低
节省项目运营时间	合同期限导致灵活性较差

注：表格内容由作者整理得到

1. 许可经营

许可经营指的是企业在一定时期内向国外法人单位转让其工业产权（如配方、商标、专利等无形资产）的使用权，以此获得提成或者其他补偿。采用这种方式生产的好处是能够绕过进口壁垒，减小政治风险，但该种方式极有可能培养强有力的竞争对手，并且这种方式不利于目标国市场的营销规划和方案的控制。

2. 特许经营

特许经营与许可经营较为相似，不同点在于特许方需要给予被特许方以管理和生产方面的帮助。该种方式特许方不需要投入太多资源就可以迅速进入国外市场，而且还对被特许方的经营有一定的控制权，但是很难保证被特许方按照特许合同的规定提供产品和服务，从而有可能对特许方在不同市场的品牌形象造成损害。

3. 管理合同

管理合同是指具有管理优势的国际企业经由合同安排委派其他管理人员到另一国的某个企业承担经营管理任务，并获取一定的管理费。管理合同实际上是一种国际性的管理技术贸易。这种合同上的管理权，可以用于管理某个企业的全部经营活动，也可以只是管理该企业的某一部分活动或某项职能，如生产或营销。无论管理范围是大是小，承担管理责任的国际企业都不能享有所有权，它得到的只是合同所规定的管理费、一部分利润或以某一特定的价格购买该公司的股票。一般海外企业在管理上出现严重问题或者建立全新的业务分支机构时需要进行这种业务。这种模式具有阶段性，即一旦合同约定完成，企业就必须离开东道国，除非又有新的管理合同签订，这种模式会出现培养未来竞争者、管理无法及时生效、与管理者发生冲突以及没有达到管理者要求等问题。

4. 交钥匙合同

交钥匙合同模式是指从设计到最终的交付使用和工厂开工的整个过程都由跨国公司完成，最后其将这种随时都可以使用的工厂交给买方。工厂的项目建设由承包方负责，并保证顺利运转。

（三）直接投资式

直接投资式是指企业通过对外直接投资在国外建立生产性的实体进入目标国市场，即企业在别国的制造厂或其他形式的生产实体拥有所有权和控制权，合资企业既可以选择跨国并购也可以选择新建投资，独资企业同样可以选择新建投资和跨国并购。

1. 跨国并购

跨国并购的基本含义为一国企业为了某种目的，通过一定的形式和支付手段，把另一国企业的整个资产或足以行使经营控制权的股份收买下来。跨国并购是国内企业并购的延伸，涉及两个以上国家的企业，两个以上国家的市场和两个以上政府控制下的法律制度的并购。关于跨国并购进入国际市场的优劣比较如表 6-8 所示。

表 6-8 跨国并购进入国际市场的优劣比较

优势	劣势
迅速进入他国市场并扩大其市场份额	与新建投资相比不容易找到符合自己定位和意愿的企业
有效利用目标企业的各种现有资源	并购企业面临着并购整合、融资风险以及决策失败等内部问题
充分享有对外直接投资的融资便利	并购企业面临着国外的政治风险以及法律风险等外部风险
有时可廉价购买资产或股权	

注：表格内容由作者整理得到

一般认为，跨国并购包括跨国兼并和收购两方面的内容。跨国兼并是指原来属于两个不同国家企业的资产和经营结合成一个新的法人实体，而跨国收购是指东道国当地企业资产和经营的控制权从当地企业转移到外国公司，从而成为跨国公司的子公司。二者区别在于在跨国兼并中，被兼并方原来的法律实体地位不复存在，最终结果是两个法人结合成一个新的法人，而在跨国收购中，被收购方原来的法律实体地位继续存在，只是改变其产权或经营管理权归属。在总的跨国并购交易次数中，只有不到 3%的数量属于跨国合并，尽管许多交易在名义上仍冠名为兼并，但实际上都属于收购性质。

跨国并购按其动机和结果分为三类：横向跨国并购、纵向跨国并购以及混合跨国并购。横向跨国并购是指跨国公司与国外目标公司同属于一个产业或行业部门，生产和销售同类产品或生产工艺相近的、具有竞争关系的企业之间的并购。这种跨国并购的特点是参与并购的公司多是为了增加在国际市场上的份额或者是增强企业在国际上的竞争力。这种并购方式风险较小，容易形成规模经济和内部化交易从而带动利润的增长，整合难度不大。这种并购形式在并购市场上较为普遍，但是由于这种并购一旦完成有可能会限制竞争从而形成垄断的局面，因此世界各国政府对横向并购的关注度相对较高并加以限制。

纵向跨国并购是指生产过程或经营环节相互联系的不同国家的公司之间，或者具有纵向协作关系的不同国家之间的专业化企业并购。纵向并购分为后向并购和前向并购两种形式。后向并购是指制造业的跨国公司通过并购向零件或者原材料生产等业务扩展。前向并购是指生产原料的跨国公司通过并购向加工阶段业务扩展，或者一般制造业通过并购向流通领域的业务扩展。纵向并购的目的通常是降低原材料价格、扩大原材料来源或拓展产品销路。

混合跨国并购通常是两个或者两个以上国家从事不同行业的公司之间发生的并购。这种并购的发生与公司的多元化经营战略和全球化发展战略有着密切联系，它可以丰富经营种类，提高整体竞争力，减少单一行业经营的风险。这种并购与之前两种并购不同的是目的比较隐蔽，不容易受到限制。

「案例：美国在线并购时代华纳」

2000 年 1 月 10 日，美国在线公司宣布并购时代华纳公司，当时预计并购之后的新公司年销售额在 300 亿美元以上，将拥有美国在线公司 2000 万网络用户和时代华纳公司的 1300 万有线电视用户，成为全球范围内利用计算机多媒体平台和网络通信手段提供信息娱乐内容的媒体巨人。

从经济数据来看，时代华纳明显胜美国在线一筹。时代华纳的经营额是美国在线的 4.5 倍，盈利能力比美国在线高 56%。美国在线是一家在线信息服务公司，可提供娱乐、教育、新闻组以及电子邮件服务，并支持对互联网的访问。美国在线通过对时代华纳的混合并购实现了多元化经营，成长为美国最大的互联网服务提供商之一[①]。

2. 新建投资

新建投资也称绿地投资，是指投资者投入资金或其他生产要素设立新的企业，一般新建投资设立的企业由投资者完全占有。新建投资包括企业通过购买生产资料形成新的生产能力，也包括通过新建部门形成新的营销能力和研发能力等。早期的跨国公司海外拓展业务较多地采用新建投资，现在虽然比重降低，但是仍然是重要的国际直接投资方式之一。关于新建投资进入国际市场的优劣比较如表 6-9 所示。

表 6-9 新建投资进入国际市场的优劣比较

优势	劣势
跨国企业拥有更多的自主权，能够独立地进行项目的策划，选择适合本企业全球发展战略的厂址，并实施经营管理	创建新的企业时，跨国公司完全承担风险，具有较大的不确定性
跨国公司能够更大程度地维持公司在技术和管理方面的垄断优势，并利用其技术、营销、生产以及生产上的优势占领东道国市场	新建投资方式需要大量的筹建工作，建设周期较长，速度慢，缺乏灵活性，对于跨国公司的资金实力、经营经验有着较高的要求
	跨国公司需要在东道国自己开拓目标市场，且常常面临管理方式与东道国惯例不相适应，管理人员和技术人员匮乏等问题

注：表格内容由作者整理得到

① 资料来源：https://wiki.mbalib.com/wiki/%E6%97%B6%E4%BB%A3%E5%8D%8E%E7%BA%B3%E5%85%AC%E5%8F%B8。

3. 独资企业

独资企业是指投入企业的资本完全由一国的投资者提供，投资者对投资企业的股权拥有比例在 95%以上的企业。投资者对投资企业具有高度的控制权和经营权。独资企业在设立子公司、附属机构以及分支机构时，可以采取并购或者新建投资的方式。相比合资企业中可能存在的机会主义行为，海外子公司可以更好地保护跨国公司的商标信誉、产品质量、经营诀窍以及技术垄断等重要的无形资产优势，进而独享这些优势带来的收益。这种情况下，跨国公司会敢于大胆地投入世界领先的技术和设备，采用较为先进的管理方法和先进工艺，从而进一步增强其在目标国的竞争优势。另外，跨国公司能以较低的协调成本，通过法定程序将自己的战略意图贯彻到子公司的经营活动中，并且可以全面应用科学管理方法避免合资企业经营决策中的矛盾和冲突，降低管理协调成本；与此对应，子公司能更好地为母公司统一的战略和目标提供服务。独资企业的优点如下：第一，有效防止商业和技术秘密的泄露，保护自己的竞争优势；第二，能够将母公司积累的最新技术在企业中加以应用，使其在国际范围内发挥优势；第三，有利于母公司的全球战略。

4. 合资企业

合资企业是指两国或两国以上的投资者在一国境内根据东道国的法律，通过签订合同，按一定比例或股份共同投资建立、共同管理、共享利润、共负亏损及经营风险的股权式企业。合资企业分为股份公司、有限责任公司或企业、无限共同责任公司，并具有法人地位，具体采取何种合资方式则由投资各方商定。相比独资经营，合资经营容易泄露商业和技术秘密，容易引发双方的分歧摩擦和利益冲突，损害国际企业的整体利益。而且，投资母公司无法完全掌握投资项目的重大决策权，对投资项目前景和潜力难以发挥其决定性作用，所以对实力雄厚的巨型跨国公司来说，此种模式并非理想模式。合资企业相比独资企业更容易进入目标国，减少或避免目标国的投资风险，可以利用目标国当地合伙者与政府及社会的公共关系，取得各种资源，并且可以获取税收减免等外资优惠待遇，可以更好地了解目标国的经济、政治、社会和文化，有助于投资者做出正确的决策。

本节小结

影响国际生产方式选择的因素多种多样，具体划分为外部因素和内部因素。外部因素主要包括目标国的市场、经济环境、政治环境、社会文化差异等因素以及所在国的市场、生产、政策因素。内部因素主要包括产品的适应性、隐含性、知识价值影响等以及公司战略、国际经营经验、自身资源和所在行业等因素。伴随着海外市场的不断开拓、竞争力的不断提高，企业的风险控制能力也在不断提高，因此企业跨国经营将基本遵循这样的轨迹：间接出口→直接出口（在目标国设立分支机构等）→许可经营或直接投资建厂（从合资企业到独资企业）。从经营管理角度看，目标国市场的主要进入模式主要可以分为以下三种：贸易式、契约式和直接投资式。贸易式是最传统的进入国际市场的模式之一，贸易式主要是指从事本国生产，以向目标国市场出口产品的方式进入该国市场，这种生产模式一般被认为是风险最小，控制程度最低以及资源承诺最少的一种进入模式，同时该种模式是进入国际市场最快的一种模式，其主要分为间接出口和直接出口。契约式进入是指在不涉及股权或企业产权的条件下，通过契约的方式向国外企业转让一项或几项无形资产，向使用方收取相应的费用和报酬，主要包括许可经营、特许经营、管理合同以及交钥匙合同等形式。直接投资式是跨国经营的高级形式，按建立方式可以分为并购和新建，前者是购买或者收购已有的企业，后者又称绿地投资，指在东道国建立新企业或者新工厂。同时，按照股权控制程度可以分为独资企业和合资企业。独资企业是指投入企业的资本完全由一国的投资者提供，投资者对投资企业的股权拥有的比例在95%以上的企业。投资者对投资企业具有高度的控制权和经营权。独资企业在设立子公司、附属机构以及分支结构时，可以采取并购或者新建投资的方式。合资企业是指两国或两国以上的投资者在一国境内根据东道国的法律，通过签订合同，按一定比例或股份共同投资建立、共同管理、共享利润、共负亏损及经营风险的股权式企业，同样，也可以通过并购或者新建投资的方式设立子公司、附属机构以及分支结构。

思考题

1. 影响国际生产方式选择的因素有哪些？
2. 跨国进入模式以及分类有哪些？
3. 跨国企业遵循的跨国演进轨迹是什么？
4. 哪种进入模式对于股权的控制程度最高？为什么？
5. 直接投资按照建立方式可以分为哪两种投资？其优缺点是什么？
6. 直接投资按照股权控制程度分可以分为哪两种投资？其优缺点是什么？

第四篇　开放条件下的宏观经济理论与政策

第七章

开放条件下宏观经济理论

第一节　开放条件下的宏观经济模型

一、开放条件下的 IS 曲线

在第三章中，我们已经学习了国民收入达到均衡的条件：

$$Y = C + I + G + (X - M) \tag{7-1}$$

式中，Y、C、I、G、X、M 分别表示总收入、消费支出、投资支出、政府支出、出口和进口。

其中，国民总储蓄 S 可由总收入和消费支出决定：

$$S = Y - C \tag{7-2}$$

将式（7-2）代入式（7-1）中，可得到：

$$S = I + G + (X - M) \tag{7-3}$$

将式（7-3）进行整理即可得到在开放经济条件下，一国宏观经济达到均衡的条件：

$$S + M = I + G + X \tag{7-4}$$

式中，S、I、G、X、M 分别表示国民总储蓄、投资支出、政府支出、出口和进口。通常情况下等式的左边被称为“漏出量”（leakage），等式的右边被称为“注入量”（injection）。

所谓“漏出量”是指脱离经济循环的收入流量，如当人们储蓄时，储蓄的存款相对于宏观经济来说是“漏出的”，因为这时这部分储蓄存款没有在整个宏观经济系统中循环；与“漏出量”相对应的是“注入量”，是指新加入经济体的收入流量，如投资，银行将储蓄存款借给借款人，借款人利用这部分资金进行实业投资，这部分资金被纳入宏观经济系统中进行循环，相对于宏观经济系统来说投资量是新加入的流量，因此投资属于“注入量”。当“漏出量”与“注入量”相等时，国民收入达到均衡。

式（7-4）中，G 是外生的变量，X 由外国的收入决定，S、M 与本国收入水平有关，I 与利率 i 有关。因此，我们可以推导国民总储蓄、进口与总收入 Y 的函数以及国内投资的函数。

储蓄函数可由式（7-2）和消费函数得出：

$$C = C_1 + cY \tag{7-5}$$

$$S = Y - (C_1 + cY) \tag{7-6}$$

$$S = -C_1 + (1 - c)Y \tag{7-7}$$

式中，$-C_1$ 表示收入为零时的储蓄量，也可以称为自主性储蓄，可由 S_1 表示；$(1-c)$ 表示边际储蓄倾向，可由 s 表示。因此，储蓄函数为

$$S = S_1 + sY \tag{7-8}$$

一国的进口取决于国外商品的相对价格、国际贸易政策、本国的收入水平等，而国外商品的相对价格和国际贸易政策是外生变量，总收入水平是进口的主要决定因素，因此我们可以假定进口函数为

$$M = M_1 + mY \tag{7-9}$$

式中，M_1 表示自主性进口；m 表示边际进口倾向。

投资与利率有关，并且投资与利率之间是负向的相关关系，因此我们可假定投资函数为

$$I = I(i)，\ \mathrm{d}I/\mathrm{d}i < 0 \tag{7-10}$$

联立式（7-4）、式（7-8）、式（7-9）、式（7-10），我们可以得到开放经济条件下的 IS 曲线的函数：

$$S_1 + M_1 + (s + m)Y = I(i) + G + X \tag{7-11}$$

根据式（7-4）、式（7-8）、式（7-9）、式（7-10），可以推导出开放条件下的 IS 曲线。推导过程如图 7-1 所示。

图 7-1（a）表示的是储蓄与进口的“漏出量”之和 $S+M$ 与总收入 Y 之间的关系。该图形根据式（7-8）和式（7-9）得出：

$$S + M = S_1 + M_1 + (s + m)Y \tag{7-12}$$

因此，图 7-1（a）中曲线的斜率为（$s+m$），L_1 和 L_2 分别表示不同水平的储蓄和进口之和，所对应的收入水平分别为 Y_1、Y_2；

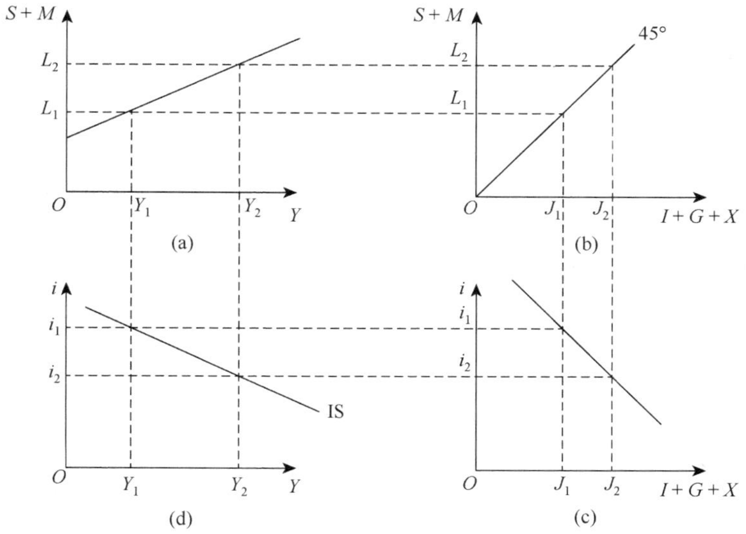

图 7-1　开放条件下 IS 曲线推导

根据式（7-4），“漏出量”和“注入量”相等，因此，图 7-1（b）中的曲线为 45°线，均衡时“漏出量” L_1、L_2 所对应的“注入量”分别为 J_1、J_2。

根据式（7-10），“注入量”和利率之间的相关关系是负向的，因此，图 7-1（c）中的曲线向右下方倾斜，则“注入量” J_1、J_2 在均衡时所对应的利率水平分别为 i_1、i_2。

综合上述三个过程，我们可以确定开放经济条件下产品市场达到均衡时的两个点 (Y_1, i_1)、(Y_2, i_2)，连接两点的曲线就是 IS 曲线，如图 7-1（d）所示。从图 7-1（d）中可以看出，开放经济条件下的 IS 曲线的斜率也为负值，并且开放经济条件下的 IS 曲线的斜率比封闭经济条件下的 IS 曲线的斜率要小，这是由于当利率下降，收入增加时，在开放经济条件下增加的收入中有一部分用于购买国外产品，从而导致开放经济条件下增加的收入比封闭经济条件下增加的收入少，因此，开放经济条件下的 IS 曲线的斜率比封闭经济下的 IS 曲线的斜率小。但无论是开放经济还是封闭经济，IS 曲线斜率为负的原因是一致的，即当利率上升时，投资减少，从而导致收入降低，因此 IS 曲线斜率为负。开放经济条件下的 IS 曲线斜率为负的原因还可以从“漏出量”和“注入量”的角度分析，当总收入提高时，储蓄和进口等“漏出量”会增加，为使产品市场保持均衡，利率必须下降，以便通过刺激投资增加使“漏出量”等于“注入量”。

为分析 IS 曲线移动的影响因素，可将式（7-11）变形为

$$Y = \frac{1}{s+m}[I(i)+G+X] - \frac{1}{s+m}[(S_1+M_1)] \tag{7-13}$$

从式（7-13）中可以看出，在一定利率水平下，当自主性储蓄或自主性进口下降时，IS 曲线会向右移动，IS 曲线移动的一方面原因是纵截距的升高从而导致曲线右移；另一方面的原因是当自主性储蓄或自主性进口下降时，为保持“漏出量”和“注

入量”之间的平衡，必须增加总收入才能抵消“漏出量”部分下降的影响，从而 IS 曲线向右移动。同理，在一定利率水平下，国内投资、政府支出或出口增加，也会导致 IS 曲线的右移。

在封闭经济条件下可不用考虑汇率的影响，但在开放经济条件下，汇率的变化可导致 IS 曲线的移动。在马歇尔-勒纳条件成立的情况下，当本币贬值时，将会刺激出口，减少进口，从而导致“注入量”超过“漏出量”，为维持“漏出量”和“注入量”之间的平衡，必须增加总收入，从而增加储蓄和进口等“漏出量”，IS 曲线向右移动。反之，本币的升值会导致“漏出量”超过“注入量”，IS 曲线左移。

二、开放条件下的乘数理论

上文中已经推导出开放经济条件下的IS曲线，并讨论了IS曲线移动的影响因素，以及 IS 曲线是如何移动的。但是还有一个问题有待解决，那就是 IS 曲线移动的距离，或者说条件的变化对于总收入的影响效果。为解决该问题，我们还需了解在开放经济条件下的乘数理论。

乘数理论是凯恩斯收入决定理论中最重要的部分之一，所谓乘数是指均衡总收入的变化量与导致均衡总收入发生变化的变量的变化量之比，能够引起均衡总收入发生变化的变量主要包括消费支出、投资支出以及政府支出等。其中，政府支出由政府决定，不随收入的变化而变化，因此被称为自主性支出；消费支出和投资支出与收入是正相关的关系，因此被称为引致性支出。任何自主性支出的变动都会通过乘数效应引起总收入的变动。以政府支出为例，当政府决定增加政府支出时，总收入水平提高，总收入水平的提高又使得消费支出和投资支出增加，消费支出和投资支出的增加又带动总收入的提高，如此无限循环，直至达到新的经济均衡状态。

开放经济下的乘数理论是在封闭经济条件下的乘数理论中增加了进出口的影响，是乘数理论在国际贸易研究中的应用，其定义是均衡总收入的变化量与导致均衡总收入发生变化的出口的变化量之比。与封闭经济条件的乘数理论相同，开放经济乘数理论中，也可根据是否与本国居民收入有关，将各项支出分为自主性支出和引致性支出。例如，出口与国外居民收入有关，因此出口是自主性支出；进口与本国居民收入有关，因此进口是引致性支出。同样，开放经济条件下的自主性支出的变动也会通过乘数效应引起总收入的变动。例如，当出口增加时，引起总需求的增加，从而使得总收入水平提升，总收入提高又会引起消费支出、投资支出和进口的增加，三者的增加又带动总收入的提高，如此反复，直到国内商品市场重新达到新的均衡，实现新的均衡总收入。

事实上，我们在上文中就已经得到开放经济下的乘数，根据式（7-13），当出口发生变化时，出口的变化量对于总收入的影响为

$$\Delta Y = \frac{1}{s+m}\Delta X \tag{7-14}$$

当利率水平发生变化时，投资的变化量对总收入的影响为

$$\Delta Y=\frac{1}{s+m}\Delta I \tag{7-15}$$

当政府购买支出发生变化时，政府购买支出对总收入的影响为

$$\Delta Y=\frac{1}{s+m}\Delta G \tag{7-16}$$

因此，根据乘数的定义，边际储蓄倾向和边际进口倾向之和的倒数$\frac{1}{s+m}$为开放经济下的财政支出乘数、投资乘数和贸易乘数。

根据式（7-14）、式（7-15）和式（7-16）我们不仅可以知道各种因素对总收入产生影响的效果，还可以知道曲线移动的距离。以本国货币贬值为例，本国货币贬值导致出口增加，进口减少，IS 曲线将向右移动，移动的距离为净出口（X–M）的增加量乘以$\frac{1}{s+m}$。如图 7-2 所示。

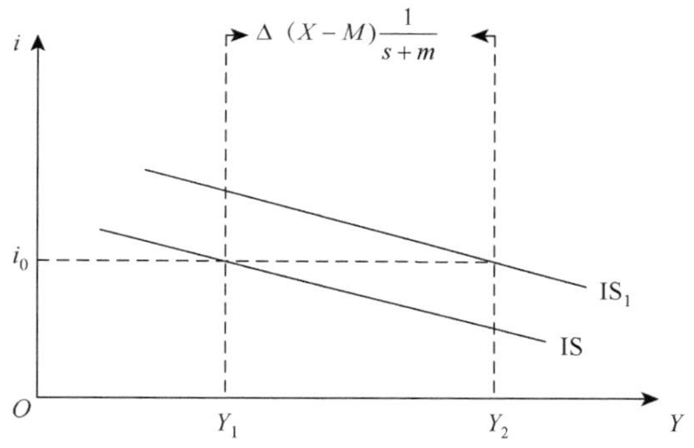

图 7-2　净出口的变化对 IS 曲线移动的影响

拓展内容

开放经济条件下乘数的另一种表达

开放经济条件下的乘数，除本书中的一种表达方式外，还有一种表达方式，接下来我们以对外贸易乘数为例，推导乘数的另一种表达方式。

对外贸易乘数的推导需要用到上文中式（7-1）、式（7-5）、式（7-9）、式（7-10）。其中，式（7-10）还可表示为利率和总收入之间的关系：

$$I=I_1+hY \tag{7-17}$$

式中，I_1表示自主性投资；h表示投资的边际倾向。

将式（7-5）、式（7-9）、式（7-17）代入式（7-1）中，得

$$Y=\frac{1}{(1-c-h+m)}(C_1+I_1-M_1+G+X) \tag{7-18}$$

若其他条件不变，假设外国总收入增加，将导致本国出口增加，则本国出口的变化量对本国总收入的影响为

$$\Delta Y=\frac{1}{(1-c-h+m)}\Delta X \tag{7-19}$$

根据对外贸易乘数的定义，$\Delta Y=\frac{1}{(1-c-h+m)}\Delta X$ 为对外贸易乘数。当 $0<m<(c-h)<1$ 时，对外贸易乘数大于 1，即出口增加将导致总收入成倍数增加。

对外贸易乘数理论隐含的结论是，一个国家的边际进口倾向越低，出口增加带来的总收入增加就越多，也就是说，一个国家的居民应该尽可能地多消费本国的产品，这样，出口增加对本国的总收入和就业的促进作用就大。其实，更一般地讲，按照相同的分析方法，不仅对于出口增加，对于投资增加和财政支出增加，结论是完全一样的。实际上，我们还容易看出，按照相同的分析方法，在开放经济条件下，财政支出乘数、投资乘数和贸易乘数是完全一样的。因此，政府支出对总收入的影响为

$$\Delta Y=\frac{1}{(1-c-h+m)}\Delta G \tag{7-20}$$

投资水平对总收入的影响为

$$\Delta Y=\frac{1}{(1-c-h+m)}\Delta I \tag{7-21}$$

两种乘数的表达方式不同，但在本质上都表示了财政支出、投资、对外贸易等因素对总收入的影响效果。两种乘数的区别在于，式（7-13）中的乘数是基于投资是利率水平的函数推导出的，而式（7-18）中的乘数是基于投资是总收入水平的函数推导出的，需要注意的是总收入水平与利率水平息息相关，因此两种乘数在本质上是相同的，只是表达方式不同，因而在分析实际问题时，须根据具体情况选择适合的乘数工具，具体问题具体分析。

开放经济下的乘数理论对于我们理解财政支出、投资水平、进出口等与总收入的关系很有意义。但是，必须指出的是，上述分析非常简略，只能算作一种定性分析，用式（7-13）、式（7-18）计算乘数显然是一种简化的描述，事实上，至少有以下两种情况导致实际的乘数不同于上文给出的结果。①上述乘数的推导是以经济尚未实现充分就业，存在着闲置资源为前提条件的，例如，如果经济已经达到了充分就业或者是接近于充分就业，出口增加就不会对总收入有什么倍增效应，贸易乘数将接近于零。②即使经济尚未实现充分就业，存在着闲置资源可供增加产出，在货币供给没有相应增加的情况下，实际的乘数也很难符合上文的结果，其原因在于总需求增加带来总收入增加，总收入增加会导致货币需求增加，在货币供给没有相应增加时，货币需求的增加会导致利率水平提高，这会导致私人投资减少，从而抑制了出口增加带来的总收入增加，这种情况在宏观经济学中被称为挤出效应，这是通

过影响利率水平进而影响投资支出所产生的挤出效应。开放经济条件下还存在着另外一种挤出效应：出口增加量超过进口增加量，会导致本国外汇市场上的外汇供给增多，利率水平提高带来的资本流入增加也会导致本国外汇市场上的外汇供给增多，由于本国货币没有相应增加，本国外汇市场上外汇供给的增加就会带来本币升值的压力，如果本国允许汇率自由浮动，那么汇率就会下降，本币升值，这又会降低本国的出口竞争力，提高外国的出口竞争力，本国出口受到抑制，进口出现了更大的增加，在这种情况下，总收入的增加量没有上文所反映的那么大。当然，如果本国实施固定汇率制度，中央银行通过抛售本币、买入外汇消除本币升值压力，与此同时也将利率水平维持在原来的水平，那么这两种挤出效应就可以被消解。需要说明的是，不仅增加出口会产生这两种挤出效应，扩张财政支出和增加投资支出也会产生这两种挤出效应。

三、开放条件下的 LM 曲线

LM 曲线描述的是货币市场达到均衡时的总收入和利率组合的轨迹，因此，和封闭经济条件下的推导相同，开放经济条件下的 LM 曲线的推导也可以从货币市场均衡时的条件开始，如式（7-22）所示：

$$M_s = M_d \tag{7-22}$$

式中，M_s 表示货币供给；M_d 表示货币需求。

在推导 LM 曲线过程中，我们假定货币供给 M_s 不变。货币需求 M_d 由两部分组成——交易需求 M_t 和投机需求 M_{sp}，即

$$M_s = M_d = M_t + M_{sp} \tag{7-23}$$

其中，交易需求由实际总收入决定，并且交易需求随着实际总收入的提高而增加，即两者之间是正相关的关系，如下所示：

$$M_t = kY \tag{7-24}$$

式中，k 表示常数系数；Y 表示总收入。

投机需求则由利率决定，并且投机需求随着利率的降低而减少，即两者之间是负相关的关系：

$$M_{sp} = -hi \tag{7-25}$$

式中，h 表示常数系数；i 表示利率水平。需要说明的是，式（7-25）中的负号不代表货币投机需求量为负，而是代表投机需求和利率水平之间是负相关的关系。

综合式（7-24）和式（7-25）可得到 LM 曲线的表达式：

$$M_s = M_d = M_t + M_{sp} = kY - hi \tag{7-26}$$

根据式（7-22）至式（7-26）可推导开放经济条件下的 LM 曲线。推导过程如图 7-3 所示。

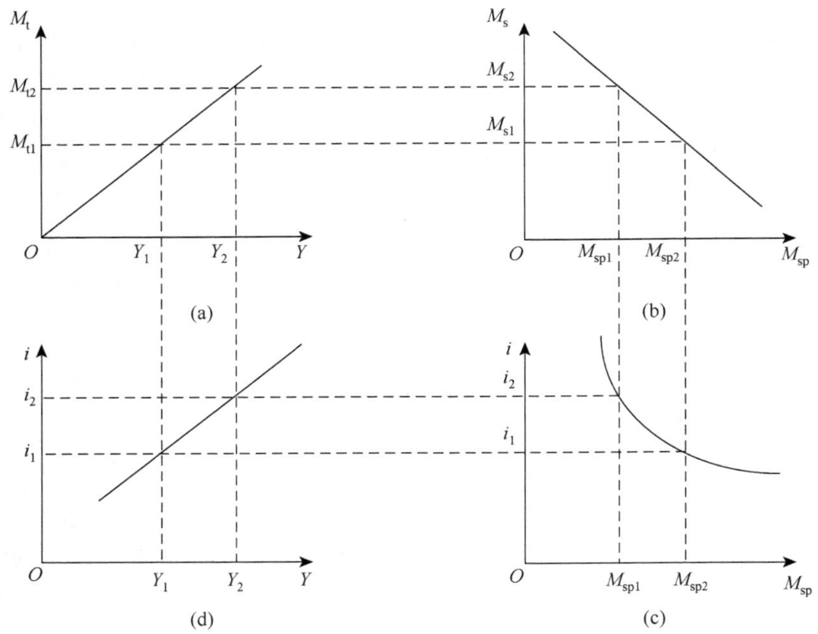

图 7-3　开放条件下 LM 曲线的推导

图 7-3（a）表示的是总收入和交易需求之间的关系，该图形由式（7-24）得到。

如图 7-3（a）所示，当总收入水平由 Y_1 提高到 Y_2 时，根据式（7-24）可知，总收入和交易需求之间是正相关关系，因此，交易需求部分的货币余额由 M_{t1} 升至 M_{t2}。

图 7-3（b）表示的是交易需求和投机需求之间的关系，该图形可由式（7-23）得到。将式（7-23）变形为

$$M_t = -M_{sp} + M_s \qquad (7\text{-}27)$$

当交易需求部分的货币余额由 M_{t1} 升至 M_{t2} 时，由式（7-27）可知，在既定的货币供给条件下，所对应的投机需求部分的货币余额分别为 M_{sp1} 和 M_{sp2}，并且图 7-3（b）中的曲线的斜率为–1。

由式（7-25）可知，投机需求部分的货币余额和利率水平是负相关关系，因此如图 7-3（c）所示，当投机需求部分的货币余额由 M_{sp2} 降至 M_{sp1} 时，所对应的利率水平为 i_1 和 i_2。

综合图 7-3（a）至图 7-3（c）的变化情况，我们最终可以得到当总收入 Y_1 变化为 Y_2 时，所对应的利率水平分别为 i_1 和 i_2，即（Y_1, i_1）和（Y_2, i_2）两点，连接两点可在图 7-3（d）中确定一条斜率为正的货币市场均衡曲线——LM 曲线。LM 曲线的斜率之所以正，是因为当总收入水平提高时，货币的交易需求会增加，为使货币需

求继续等于不变的货币供给，要求投机货币需求减少，即利率需要提高。

为探究LM曲线移动的影响因素，我们可将式（7-27）变形为

$$Y = \frac{h}{k}i + \frac{1}{k}M_s \tag{7-28}$$

从式（7-28）可以看出在一定的利率水平下，影响LM曲线位置的因素主要是国内货币供给量M_s。当国内货币供给量增加时，为保持左右等式相等，总收入Y也会相应增加，此时LM曲线将右移。这是因为在不变的利率水平的条件下，当货币供给量增加，为保持货币供给和需求之间的平衡，需要增加总收入从而增加交易需求部分的货币余额。可用图7-3来表示上述整个过程，货币供给的增加将使图7-3（b）中的曲线向右移动，导致一方面图7-3（a）中的曲线向右移动，另一方面图7-3（c）中的曲线向右移动，最终LM曲线向右移动。同理，当国内货币供给量减少时，LM曲线将左移。

事实上，开放经济条件下的LM曲线与封闭经济条件下的LM曲线在公式表达、推导过程等方面几乎没有差别，两者的区别主要在于开放经济条件下的LM曲线的移动除受国内货币供给量影响外还会受到汇率制度和国际收支的影响，而封闭经济条件下的LM曲线的移动不用考虑这些因素。汇率制度和国际收支对LM曲线的移动产生怎样的影响将在第八章固定汇率制下宏观经济政策效果和浮动汇率制下宏观经济政策效果中详细讲解，这里就不再赘述。

四、BP曲线

BP曲线表示的是处于国际收支均衡时，利率和国民总收入的各种组合。因此，推导BP曲线可以利用国际收支达到平衡时的条件。

在前面的学习中，我们已经知道当经常项目收支差额和资本项目收支差额之和为零时，一国的国际收支达到平衡，用公式表示为

$$\mathrm{BP} = (X - M) + (\mathrm{FX} - \mathrm{FM}) = 0$$

或

$$M - X = \mathrm{FX} - \mathrm{FM} \tag{7-29}$$

式中，X表示出口；M表示进口；FX表示金融资产出口，即资本流入；FM表示金融资产进口，即资本流出；（M–X）表示经常项目的净进口；（FX–FM）为资本项目的净流入。

在汇率既定的情况下，由于进口量的大小主要取决于本国实际总收入的高低，即M是本国实际总收入的递增函数，函数表达式可写为

$$M = M(Y^+),\ \ \mathrm{d}M/\mathrm{d}Y > 0 \tag{7-30}$$

出口主要由外国实际收入决定，与本国收入水平无关，因此，出口变量X可视为常数。从而可以得到经常项目净进口函数：

$$NM = M(Y^+) - X \tag{7-31}$$

可见 NM 是本国总收入的递增函数。

资本项目主要受利率的影响，本国利率水平越高，国际资本为获得更多利益，便会大量涌入本国，从而导致资本的流入就越多，而流出则越少，表示成函数形式：

$$FX = FX(i^+),\quad dFX/di > 0 \tag{7-32}$$

$$FM = FM(i^-),\quad dFM/di < 0 \tag{7-33}$$

因此，资本项目的净流入函数为

$$NF = FX(i^+) - FM(i^-) \tag{7-34}$$

由函数表达式可知，资本项目净流入是本国利率的递增函数。于是，式（7-29）可改写为

$$M(Y^+) - X = FX(i^+) - FM(i^-) \tag{7-35}$$

由式（7-35）可确定满足国际收支平衡的各种可能的 i 与 Y 的组合。我们将满足式（7-35）条件的 i 与 Y 的组合的轨迹称为国际收支平衡线，简称 BP 曲线。BP 曲线的推导过程如图 7-4 所示。

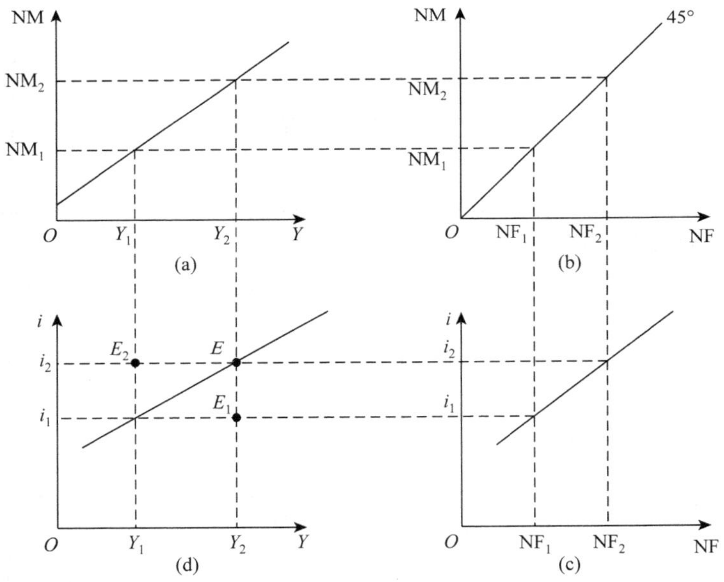

图 7-4　BP 曲线的推导

图 7-4（a）表示净进口 NM 与实际总收入之间的函数关系，NM 是实际总收入的增函数，当总收入由 Y_1 增加到 Y_2 时，净进口由 NM_1 增加到 NM_2。

图 7-4（b）表示的是国际收支的均衡条件 $M–X = FX–FM$，在 45° 线上的所有点

均表示国际收支平衡。当图 7-4（a）中的净进口 NM 由 NM_1 增加到 NM_2 时，图 7-4（b）中所对应的资本项目净流入 NF 由 NF_1 增加到 NF_2 。

图 7-4（c）表示的是利率和资本项目净流入的关系，资本项目净流入是利率的递增函数。在图 7-4（b）中，资本项目净流入 NF 由 NF_1 增加到 NF_2 ，在图 7-4（c）中资本项目净流入 NF 所对应的利率水平由 i_1 上升到 i_2 。

综合图 7-4（a）、（b）、（c），即可推导出图 7-4（d）中国际收支均衡线——BP 曲线的形状。当总收入由 Y_1 增加到 Y_2 时，利率水平由 i_1 上升到 i_2，点（Y_1，i_1）和（Y_2，i_2）的连线为 BP 曲线。

曲线上任意一点均代表国际收支平衡，而在曲线之上或之下的区域内任何一点，表示国际收支处于顺差或逆差状态。如图 7-4（d）所示，E 点代表国际收支平衡状态，在该点资本净流入与商品和劳务的净进口相等。E_1 点与 E 点相比，两点所表示的总收入水平相同，根据式（7-33），两点的商品和劳务的净进口相等，而 E_1 点的利率水平比 E 点低，这意味着 E_1 点的资本净流入小于商品和劳务的净进口，国际收支处于逆差状态。同理，E_2 点与 E 点相比，两点所表示的利率水平相同，根据式（7-34），两点的资本净流入相等，而 E_2 点的总收入水平比 E 点低，这意味着点的商品和劳务的净进口小于资本的净流入，国际收支处于顺差状态。

从图 7-4（d）中我们可以看出，曲线是向右上方倾斜的，即斜率为正，利率与实际总收入同方向变动。曲线向右上方倾斜的原因，可从两个角度进行分析。

首先，如图 7-4（d）所示，E 点在 BP 曲线上，在该点国际收支处于平衡状态。当由于某种因素的影响，本国利率水平上升时，出于获取更多利益的考虑，国外资本会大量涌入本国，资本净流入增加，导致本国国际收支出现盈余。为保持国际收支平衡，必须增加商品和劳务的净出口，而出口取决于国外居民收入水平，属于外生变量，因此只能增加进口，而进口由本国居民收入水平决定，因此只有在实际总收入也提高的情况下，才能使进口增加，抵消资本项目的盈余，国际收支重新恢复平衡。同理，当本国利率水平下降时，资本会大量流出本国，资本净流入减少。为保持国际收支平衡，必须使得经常项目净出口减少，这就需要总收入水平的下降，导致进口减少，经常项目出现顺差，从而抵消资本项目的逆差，国际收支重新恢复平衡。由此可见，要保持国际收支平衡，利率与总收入一定要同方向变动，因此曲线向右上方倾斜。

其次，曲线上的点都满足式（7-35），由式（7-35）可知，等式右边是利率水平的增函数，其值随着利率水平的增加而增加；等式左边是总收入水平的增函数，其值随着总收入水平的增加而增加。因此，当利率水平上升时，为保持等式左右两边的值相等，总收入水平也应该增加，即利率和总收入同方向变动，曲线的斜率为正。

上面我们讨论的都是 BP 曲线倾斜的情况，事实上 BP 曲线还存在两种极端情况。第一种是在资本不流动的情况下，此时，利率水平的变化对国际收支没有直接影响，曲线是一条位于某一收入水平上和纵轴平行的直线，斜率为 0，如图 7-5（a）所示。第二种是在资本完全流动的情况下，此时利率水平的任何变化都会引起大量资本的流入和流出，若国内利率水平高于国外利率水平则会导致巨额资本的流入，国际收支处于顺差状态；若国内利率水平低于国外利率水平则会导致巨额资本流出，国际收支处于逆差状态，BP 曲线是一条在国际均衡利率水平上的平行于横轴的直线，斜率为无穷大，如图 7-5（b）所示。从上面的分析可以看出，曲线的斜率与资本的流动程度有关，资本流动程度越低，曲线越陡峭；资本流动程度越高，曲线越平坦。

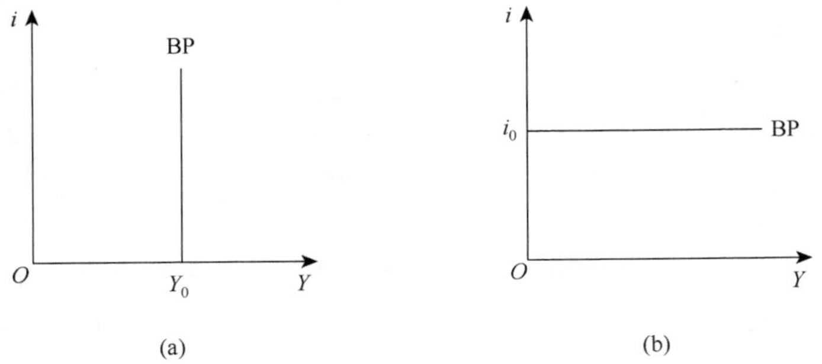

图 7-5 BP 曲线的两种极端情况

在开放经济条件下，我们还必须考虑汇率对曲线的影响。在前面的分析中，无论是 IS 曲线的推导还是 LM 曲线的推导，我们都假定国内价格水平不变，以及将汇率看作外生变量，没有将汇率的变化考虑进去，事实上，汇率的变化会对国际收支产生重要影响，从而引起曲线的移动。接下来，我们将讨论加入汇率变动因素的 BP 曲线移动。

以利率水平的变化为例考虑汇率对 BP 曲线移动的影响，如图 7-6 所示，假定经济均衡时，经济均衡点位于点（Y_1，i_1），汇率为 e_1。如果此时国内经济环境发生变化，利率水平由 i_1 下降到 i_2，而实际总收入仍为不变，利率的下降会导致资本大量流出本国，资本项目净流入减少，而总收入水平不变，经常项目净进口不变，资本项目净流入小于经常项目净进口，国际收支出现逆差，国际收支逆差会导致外汇市场上本国货币的供给大于需求，本币将贬值，汇率上升（直接标价法，下同），假设汇率上升至 e_2，本币贬值将导致本国出口增加，进口减少，经常项目净进口减少，

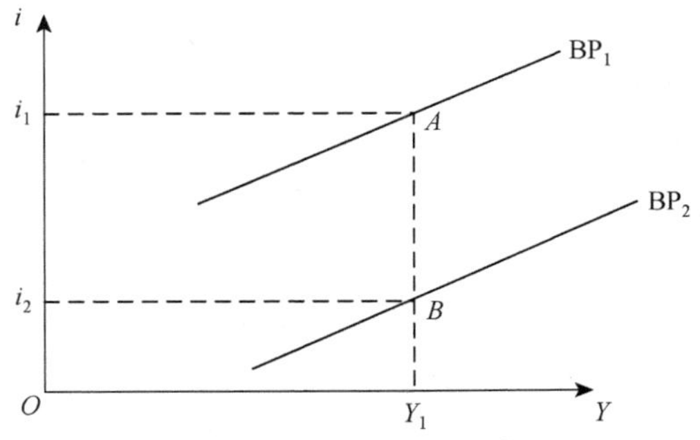

图 7-6 BP 曲线的移动

直至资本项目净流入和经常项目净进口相等，国际收支重新平衡，经济均衡点为点（Y_1，i_2）。国际收支重新平衡时，总收入水平不变，利率水平由i_1下降到i_2，汇率由e_1上升至e_2，BP 曲线由BP_1右移到BP_2。同理，当利率水平上升时，本币升值，汇率下降，曲线将左移。总收入水平的变动和价格水平的变动对曲线移动的影响和利率水平变动的影响类似，总结而言，当本币汇率上升时，曲线将右移，本币汇率下降时，BP 曲线将左移。

五、IS-LM-BP 模型

在封闭经济条件下，一国经济追求的目标是产品市场和货币市场的同时均衡，即经济均衡状态位于 IS-LM 曲线的交点上，而在开放经济条件下，一国经济追求产品市场、货币市场和国际收支同时达到均衡。因此，为得到开放经济条件下的经济均衡状态，需要将 BP 曲线加入曲线中，得到 IS-LM-BP 曲线。此时，开放经济条件下一国经济的均衡状态位于三条曲线的交点 E 上，如图 7-7 所示。在 E 点所对应的利率水平、实际总收入水平和汇率使得产品市场均衡、货币市场均衡以及国际收支均衡这三种均衡同时实现。

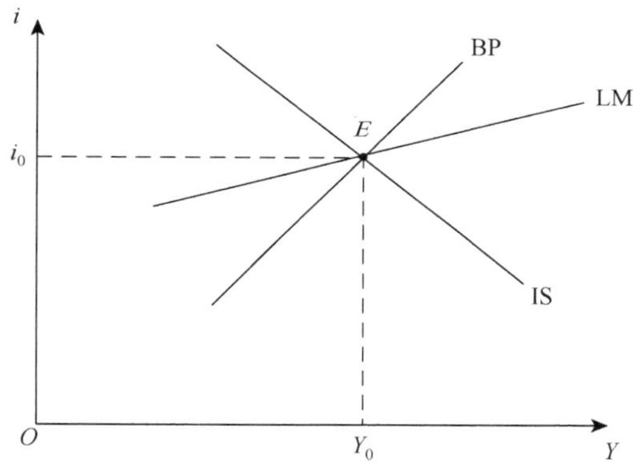

图 7-7　IS-LM-BP 模型的均衡

但是，实际上产品市场、货币市场和国际收支很难同时达到均衡，更多的情况是一国的经济均衡点总是偏离 IS 曲线、LM 曲线和 BP 曲线这三条曲线的交点，此时就会出现产品市场失衡或者货币市场失衡，又或者国际收支失衡。那么平面上的非三重均衡点所代表的经济状态具体是怎样的？接下来我们将以资本流动程度即 BP 曲线的倾斜程度为根据，详细讨论非三重均衡点所代表的经济状态。

首先是资本流动程度较低时，如图 7-8（a）所示。图 7-8（a）中，IS 曲线、LM 曲线和 BP 曲线将整个平面分割成六个区域：Ⅰ、Ⅱ、Ⅲ、Ⅳ、Ⅴ、Ⅵ。

以 IS 曲线为界，Ⅰ、Ⅱ、Ⅵ区域位于 IS 曲线的右上方，Ⅲ、Ⅳ、Ⅴ区域位于 IS 曲线的左下方；当经济状态点位于Ⅰ、Ⅱ、Ⅵ区域时，在该点的利率水平高于商品市场均衡时的利率水平时，代表投资小于储蓄，需求小于供给，说明三个区域的点

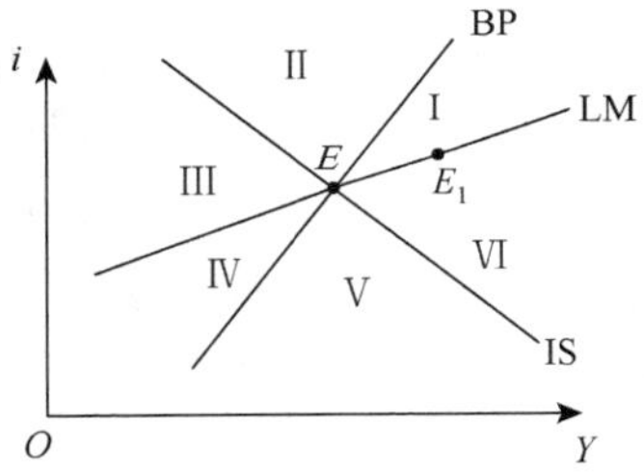

(a)

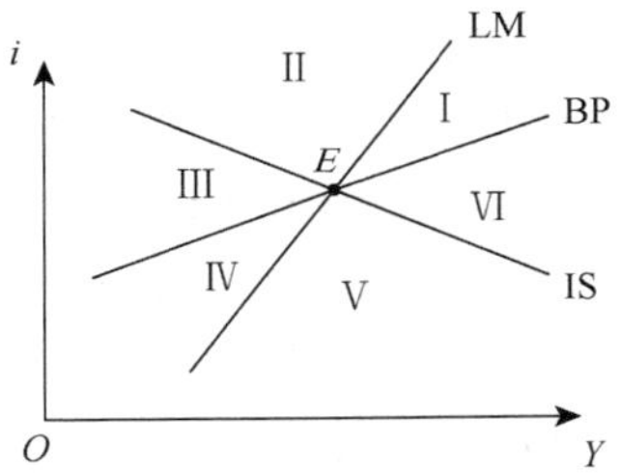

(b)

图 7-8 一国经济偏离均衡状态

处于商品过剩的经济状态；当经济状态点位于Ⅲ、Ⅳ、Ⅴ区域时，在该点的利率水平低于商品市场均衡时的利率水平时，代表投资大于储蓄，需求大于供给，说明三个区域的点处于商品短缺的经济状态。

以 LM 曲线为界，Ⅰ、Ⅱ、Ⅲ区域位于 LM 曲线的左上方，Ⅳ、Ⅴ、Ⅵ区域位于 LM 曲线的右下方；当经济状态点位于Ⅰ、Ⅱ、Ⅲ区域时，在该点的利率水平高于货币市场均衡时的利率水平时，代表货币供给大于货币需求，说明三个区域的点处于通货过多的经济状态；当经济状态点位于Ⅳ、Ⅴ、Ⅵ区域时，在该点的利率水平低于货币市场均衡时的利率水平时，代表货币供给小于货币需求，说明三个区域的点处于通货紧缺的经济状态。

以 BP 曲线为界，Ⅰ、Ⅴ、Ⅵ区域位于 BP 曲线的右下方，Ⅱ、Ⅲ、Ⅳ区域位于 BP 曲线的左上方；当经济状态点位于Ⅰ、Ⅴ、Ⅵ区域时，在该点的利率水平低于国际收支平衡时的利率水平时，较低的利率水平导致资本流出，这时经常项目净进口大于资本项目净流入，国际收支处于逆差状态；当经济状态点位于Ⅱ、Ⅲ、Ⅳ区域时，在该点的利率水平高于国际收支平衡时的利率水平时，较高的利率水平导致资本流入，这时经常项目净进口小于资本项目净流入，国际收支处于顺差状态。对上述分析进行总结，结果如表 7-1 所示。

表 7-1 开放经济条件下的六种完全失衡状态（资本流动程度较低）

区号	Ⅰ	Ⅱ	Ⅲ	Ⅳ	Ⅴ	Ⅵ
产品市场	商品过剩	商品过剩	商品短缺	商品短缺	商品短缺	商品过剩
货币市场	通货过多	通货过多	通货过多	通货紧缺	通货紧缺	通货紧缺
国际收支	逆差	顺差	顺差	顺差	逆差	逆差

资料来源：魏浩（2018）

当资本流动程度较高时，如图 7-8（b）所示，其分析方法与资本流动程度较低情况下的分析方法相同，结果如表 7-2 所示。

资本不流动和资本完全流动两种情况分别是资本流动程度较低和资本流动程度较高时的极端情况，分析方法和结果类似，这里就不再赘述。

表 7-2　开放经济条件下的六种完全失衡状态（资本流动程度较高）

区号	Ⅰ	Ⅱ	Ⅲ	Ⅳ	Ⅴ	Ⅵ
产品市场	商品过剩	商品过剩	商品短缺	商品短缺	商品短缺	商品过剩
货币市场	通货紧缺	通货过多	通货过多	通货过多	通货紧缺	通货紧缺
国际收支	顺差	顺差	顺差	逆差	逆差	逆差

资料来源：魏浩（2018）

经济均衡点除了位于六种区域内，还可以位于通过 E 点而分割成的六段曲线上，当经济均衡点位于六段曲线上时，经济状态是处于局部均衡–失衡状态。这里仅讨论当经济均衡点位于图 7-8（a）中，Ⅰ、Ⅵ区域之间的曲线上时的经济状态，其余情况读者可自行思考、总结。

当经济均衡点位于 E_1 时，首先，E_1 是在 LM 曲线上，则代表在该点的货币市场处于均衡状态；其次，E_1 位于 IS 曲线的右上方，根据上文的分析，在该点的商品市场处于商品过剩的状态；最后，E_1 位于 BP 曲线的右下方，则代表在该点的国际收支处于逆差状态。

本节小结

在本节中，我们分别推导和分析了开放经济条件下的 IS 曲线、LM 曲线和 BP 曲线。

通过前面的具体分析，我们知道 IS 曲线代表一国产品市场的均衡状态，是一条从左上方向右下方倾斜的曲线，由一系列能使“漏出量”等于“注入量”的实际总收入和名义利率组合点组成，当自主性储蓄和自主性进口等“漏出量”增加时或政府支出、投资、出口等“注入量”减少时，IS 曲线向左移动；反之，当自主性储蓄和自主性进口减少和政府支出、投资、出口增加时，IS 曲线向右移动。LM 曲线代表一国货币市场的均衡状态，是一条从左下方向右上方倾斜的曲线。它由一系列能保持货币供给和货币需求均衡的实际总收入和名义利率的组合点组成；货币供给增加将会导致 LM 曲线向右移动；相反，货币供给量的减少将会导致 LM 曲线向左移动。BP 曲线代表一国国际收支处于均衡的状态，该曲线是一系列实际总收入和名义利率的组合点，此曲线上任何一点都满足经常项目净进口和资本项目净流入相等。最后，我们将 IS 曲线、LM 曲线和 BP 曲线结合起来，得到可用于分析一国经济内外部均衡的 IS-LM-BP 模型。在 IS 曲线、LM 曲线和 BP 曲线的交点上，一国经济处于产品市场均衡、货币市场均衡以及国际收支均衡状态，当一国经济均衡点偏离三条曲线的交点时，则代表该国产品市场、货币市场、国际收支都失衡或者其中之二失衡。

思考题

1. BP 曲线在什么条件下比 LM 曲线更平坦？
2. 为什么经济只要运行在 BP 曲线上，国际收支总是平衡的？
3. 在开放经济中，均衡产出是怎样决定的？为什么开放经济乘数小于封闭经济乘数？

4. 简述一国经济内外部同时均衡的条件。如果经济运行偏离内外部均衡的均衡点，宏观经济的失衡会出现哪些状况？为什么？

第二节　内外平衡理论

一、开放经济条件下的政策目标

在开放经济条件下，政府制定宏观经济政策目标既要考虑国内经济均衡，又要考虑对外经济均衡。

概括来说，开放经济条件下一国政府宏观经济政策目标有四个：充分就业、物价稳定、经济增长和国际收支平衡。所谓充分就业是指社会消除了非自愿失业，只剩下摩擦性失业和结构性失业状态。如果失业严重，一方面意味着社会资源的浪费，另一方面也容易造成社会不稳定，因此通常认为尽量增加就业、消除失业是各国政府普遍追求的首要目标。保持物价稳定、消除通货膨胀是政府追求的另一目标。如果通货膨胀严重，会使得价格机制失灵，难以发挥优化资源配置的作用，而且通货膨胀会引起收入的再分配，特别是低收入者的实际收入下降，也容易造成社会不稳定。一国经济增长是改善人民生活、增强国家经济实力的基本途径，也是增加就业、实现充分就业和物价稳定的内在要求，所以政府需要采取相应的措施保持经济持续稳定增长。在开放经济中，一国对外贸易和资本流动状况会直接影响国内总需求、货币供应量和经济增长状况，所以保持国际收支平衡也是实现国内宏观经济持续健康发展的必要条件和政府追求的目标。

在上述四个宏观经济政策目标中，经济增长更多地取决于一国的要素投入和技术进步状况，是一国经济政策的长期目标，其余均为政府宏观经济政策的短期目标。因此，也可以说，在开放经济条件下，一国政府在短期内宏观经济政策的运用就是为了实现内部平衡（即消除失业和通货膨胀，实现充分就业）和外部平衡（即消除国际收支顺差和逆差，实现国际收支平衡）这两大目标。

二、内外均衡冲突与政策搭配

（一）丁伯根法则

针对国际收支调节政策的有效性问题，荷兰经济学家丁伯根（Tinbergen，也译为廷贝亨）进行了卓有成效的研究，并提出著名的丁伯根法则。他明确指出，一国政府要实现一个经济政策目标，至少要使用一种有效的政策工具；这意味着，要实现 n 个独立的经济目标，至少要使用 n 种独立且有效的政策工具。

当然，当经济目标之间相互依赖或者制度本身已经成为一种自动的政策工具时，较少的政策工具也可能实现较多数量的经济目标。比如，国际金本位时期，虽然固定汇率制度将汇率政策排除在外，使各国只能考虑通过支出调整政策追求内外经济均衡目标，但由于价格-现金流动机制的作用，各国既可以实现国际收支的自动平衡，同时也保证了国内物价水平处于合理区间。

丁伯根法则所提出的运用 n 种独立工具的配合来实现 n 个独立政策目标的思想，对于开放宏观经济政策的实施具有深远影响，并在多国政策实践中得到证明。但必须注意的是，丁伯根法则隐含地假定了决策当局对各种政策工具拥有绝对控制力，这与经济现实存在较大差距；同时，无论是经济政策目标还是经济政策工具之间，都难免存在相互依赖，因此在政策实践中需要考虑特定政策工具侧重特定目标——类似问题显然不是丁伯根法则关注的重点，却成为之后开放经济宏观经济学研究的突破方向。

（二）米德冲突

英国经济学家詹姆斯·E. 米德（James E.Meade）与瑞典经济学家俄林共同获得了 1977 年诺贝尔经济学奖，获奖理由是对国际贸易和国际资本流动理论所进行的开创性研究。米德在 1951 年《国际收支》一书中最早提出了固定汇率制下的内外均衡冲突问题。他认为，实行固定汇率制的国家，如不便进行直接贸易管制，就失去了支出转移政策工具。这表明，要实现内部经济与外部经济的均衡，就只能依靠支出调整政策这一工具，政策工具数量少于经济政策目标数量。那么，在某些状态下，很有可能出现内外均衡难以兼顾的问题。

由表 7-3 不难看出，固定汇率制下，当开放经济处于对内失业同时对外国际收支顺差，或者对内通货膨胀同时对外国际收支逆差的状态时，单一的支出调整政策基本上就可以支持内外均衡目标的实现。比如，在失业与国际收支顺差并存时，应考虑通过扩张性的财政政策与货币政策来刺激经济发展，增加市场总需求，解决对内失业问题，进而通过提高收入水平增加进口，通过降低利率水平促使资本流出，解决对外国际收支顺差问题。相反，若通货膨胀与逆差并存，则考虑紧缩性的财政政策与货币政策，一方面抑制国内需求水平，稳定物价；另一方面扩大出口抑制进口，吸引资本流入，从而解决国际收支逆差问题。在这两种情形下，以支出调整政策追求内外均衡目标的方向是一致的，两大政策目标之间存在相互促进的关系。

表 7-3　固定汇率制下内外均衡一致与冲突

内部失衡 / 外部失衡	失业	通货膨胀
国际收支顺差	支出增加→充分就业＋国际收支平衡	支出增加→通货膨胀加剧＋国际收支平衡 或者，支出减少→物价稳定＋顺差扩大
国际收支逆差	支出减少→失业加重＋国际收支平衡 或者，支出增加→充分就业＋逆差扩大	支出减少→物价稳定＋国际收支平衡

但如果固定汇率制下的开放经济处于对内失业与对外国际收支逆差并存，或者对内通货膨胀与对外国际收支顺差并存的状态，则单一的支出调整政策就无法使内外均衡目标同时实现。比如，在通货膨胀与国际收支顺差并存时，若考虑以支出增加政策平衡国际收支，就会加剧国内的通货膨胀程度；若以支出减少政策稳定国内物价水平，则会进一步扩大国际收支顺差的规模。在失业与通货膨胀并存时，政策当局就必然陷入同样的两难境地。换言之，此时在内外均衡目标之间出现了不可调和的冲突：政府在调节市场总需求以实现内（外）部均衡目标时，可能会干扰或破坏外（内）部经济状况，使其距离均衡目标越来越远。这种情况就被称作米德冲突。

米德冲突之所以存在，究其根源在于经济的开放性。一方面，由于不满足丁伯根法则，且内外均衡双重目标对单一的支出调整政策的方向性要求并不总是一致的，因此存在内外均衡冲突在所难免；另一方面，以需求管理这一封闭经济框架下的传统政策工具应对开放经济内外均衡目标，显然力不从心，开放经济的宏观经济调控需要新的政策工具，或是对既有政策工具赋予新的运用方法。

（三）斯旺模型

澳大利亚经济学家斯旺（Swan）以国内总支出和汇率水平构造内外均衡研究的二维分析框架，直观地再现了开放经济体的宏观经济状态，这就是著名的斯旺模型（图 7-9）。

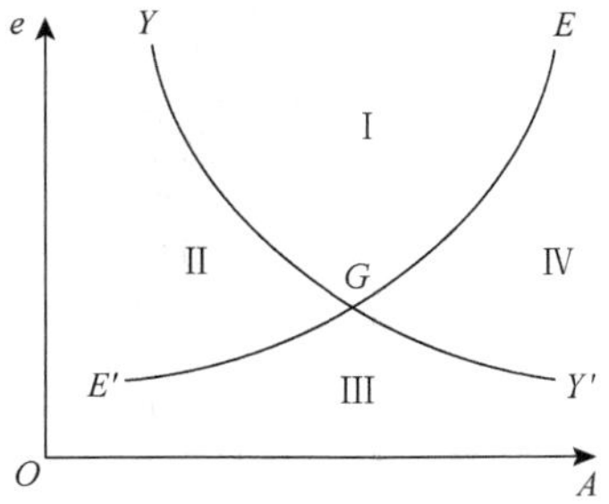

图 7-9　斯旺模型

图 7-9 中横轴代表国内总支出 A，纵轴代表汇率 e（直接标价法），YY'曲线是代表充分就业和物价稳定的内部均衡曲线，EE'曲线为代表国际收支平衡的外部均衡曲线。斯旺研究的是没有资本流动的内外均衡问题，所以假定外部均衡就是指经常账户平衡。YY'曲线向右下方倾斜，意味着国内支出增加时，为维护内部均衡就必须尽量将国内外支出向本国商品转移，从而增加出口减少进口，导致汇率下跌（本币升值）。YY'曲线右边任意一点代表既定汇率水平下，国内支出高于维持内部均衡所需水平，则有效需求超过有效供给，经济处于通货膨胀状态；YY'曲线左边任意一点则表示存在失业。EE'曲线向右上方倾斜，因为总支出带动总收入提

高引起进口扩大，为了维持经常账户平衡，汇率必须上升（本币贬值）以达到增加出口、减少进口的目的。*EE'*曲线左边代表既定支出水平下，本币过度贬值，结果造成经常账户顺差；*EE'*曲线右边则代表经常账户逆差。于是，两条曲线将开放经济的宏观经济状态划分为四个区域，包括米德曾讨论过的所有可能的内外经济状况组合（表 7-4）。整个经济只有在 *YY'*曲线与 *EE'*曲线的交点 *G* 处，才能同时实现内外均衡目标。

表 7-4 斯旺模型中的经济失衡状态

区域	内部经济状态	外部经济状态
Ⅰ	通货膨胀	顺差
Ⅱ	失业	顺差
Ⅲ	失业	逆差
Ⅳ	通货膨胀	逆差
线段 *YG*	平衡	顺差
线段 *GY'*	平衡	逆差
线段 *EG*	通货膨胀	平衡
线段 *GE'*	失业	平衡

根据丁伯根法则，即使经济同时处于内外失衡状态，只要恰当地运用两种政策工具——转移支出的汇率政策和支出调整政策，应该可以同时实现内外均衡的目标。斯旺注意到，汇率政策和支出调整政策的调节对象不同，影响经济的内在机制存在差异，而且在交叉作用于某些经济领域时发挥效力的时间和力度区别很大，产生的负面效应也不一样。所以他认为，两种政策工具应当合理搭配，而搭配的关键在于鉴别政策效力，应该按照效力最大、代价最小的原则来分配政策工具的作用目标，具体要根据内部均衡曲线和外部均衡曲线的相对位置来决定汇率政策与支出调整政策的搭配方式。

图 7-10 中 *YY'*曲线相对于 *EE'*曲线更加陡峭，说明等量汇率变动条件下，维持外部均衡比维持内部均衡需要改变更多数量的国内支出。换言之，汇率政策对外部均衡的影响力相对更大，而支出调整政策对内部均衡的影响力相对更大。因此，应该以汇率政策追求外部均衡目标，以支出调整政策追求内部均衡目标。如果反向操作，则会距离内外同时均衡的目标越来越远，造成经济体系的不稳定。假设经济的初始均衡点 *I*——通货膨胀与国际收支顺差并存，根据汇率政策实现外部均衡、支出调整政策实现内部均衡的搭配原则，开放经济将沿着实线箭头方向移动，逐渐向 *G* 点收敛，并最终实现内外经济同时均衡的目标。如果以汇率政策实现内部均衡、支出调整政策实现外部均衡，则开放经济将沿着虚线箭头方向加快远离 *G* 点，导致更加严重的内部失衡和外部失衡。

图 7-11 中的 *YY'*曲线相对于 *EE'*曲线更加平坦，说明等量汇率变动条件下，维持内部均衡比维持外部均衡需要改变更多数量的国内总支出。换言之，以汇率政策追求内部均衡目标相对更加有效，以支出调整政策追求外部均衡目标相对更有效。假设经济的初始均衡点 *I*——通货膨胀与国际收支逆差并存，根据汇率政策实现内部

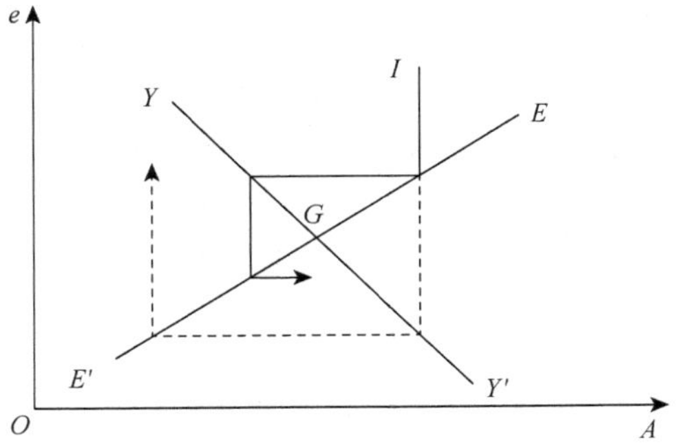

图 7-10 政策搭配的斯旺模型 I

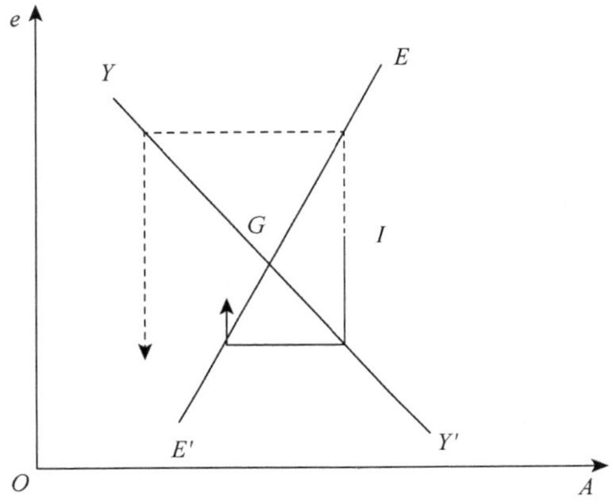

图 7-11 政策搭配的斯旺模型 II

均衡、支出调整政策实现外部均衡的搭配原则，开放经济将沿着实线箭头方向运动，逐渐向 G 点收敛，并最终实现内外经济同时均衡的目标。如果以汇率政策实现外部均衡、支出调整政策实现内部均衡，则开放经济将沿着虚线箭头方向加快远离 G 点，导致更加严重的内部失衡和外部失衡，造成经济体系的不稳定。

斯旺模型从理论上阐明了政策搭配的优越性及其基本原则，具有较高的理论价值。不过，斯旺对于内外均衡的研究还是存在明显不足：①不考虑资本流动对汇率和国内总支出的影响，使政策建议的合理性受到一定质疑；②仍然无法解决固定汇率制下或者可调整固定汇率制下因汇率政策失效或效力较弱而出现的米德冲突问题；③通常情况下，政策当局很难准确知道内部均衡线与外部均衡线的相对位置，使得确定政策搭配原则的可行性不佳。

第三节 蒙代尔的“政策配合论”

蒙代尔在 1962 年向国际货币基金组织提交的《恰当运用财政货币政策以实现内

外稳定》的报告中，正式提出了“政策配合论”，即提出了以财政政策促进内部平衡，以货币政策促进外部平衡的政策主张。

其中，财政政策由财政部门掌握，通过调整财政收支影响总需求，而货币政策隶属于中央银行权限，通过调整信贷收支影响总需求。更重要的是，方向相同的财政政策和货币政策对于利率这一宏观经济因素的影响存在显著不同。比如，紧缩性的财政政策重在遏制投资，结果导致利率水平趋于降低，而紧缩性的货币政策则表现为货币供给减少，从而趋于提高利率。那么，在考虑了资本流动因素的内外均衡模型中，同属于支出调整政策的财政手段与货币手段，虽然对内部均衡的名义收入有相似的作用，但对于外部均衡的国际收支的影响却截然相反：一个有利于资本输出，一个有利于资本输入。于是，蒙代尔将原有的支出调整政策分裂为财政政策和货币政策两个独立的政策工具。这样一来，即使在固定汇率制下无法使用汇率政策时，政策当局仍然可以通过财政政策与货币政策的合理搭配，争取同时实现内外均衡目标。

在蒙代尔的分析框架中（图 7-12），横轴 BS 表示预算盈余金额，代表财政政策；纵轴 i 表示利率水平，代表货币政策。沿 BS 轴向右延伸，表示盈余增加、政府支出减少，代表紧缩性财政政策，向左代表扩张性财政政策。IB 为内部均衡曲线，线上任意一点代表国内经济处于均衡状态。IB 曲线左边的经济状态为通货膨胀，右边为衰退和失业。EB 为外部均衡曲线，因为考虑了资本流动因素，所以这里的外部均衡被视为国际收支基本差额的平衡。EB 曲线上方的经济状态为国际收支顺差，下方的经济状态为国际收支逆差。如果政府实行扩张性财政政策，减少预算盈余，则投资需求、进口都会相应增加，只有提高利率水平，遏制投资并吸引资本流入，才能维持内部均衡与外部均衡，因此 IB 曲线和 EB 曲线都向右下方倾斜。IB 曲线比 EB 曲线更加陡峭，是因为蒙代尔假设政府支出对国民收入、就业等国内经济变量的影响相对更大，而利率对国际收支的影响相对更大。

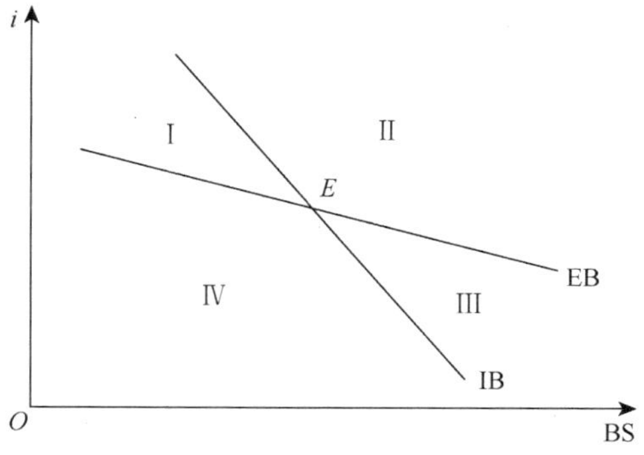

图 7-12　蒙代尔市场分类模型

运用蒙代尔市场分类，可以直观地比较财政政策和货币政策在实现内部均衡和外部均衡目标时的相对效力。

一、以财政政策实现外部均衡，以货币政策实现内部均衡

图 7-13 中，MP 代表货币政策，FP 代表财政政策，“ + ”代表扩张性政策，“–”代表紧缩性政策。不难发现，在失衡区 II 和 IV，适当的财政政策与货币政策，有可能使经济恢复内外均衡；但是在失衡区 I 和 III，依此原则搭配的财政政策与货币政策，会使经济越来越远离内外同时均衡目标，造成经济体系的不稳定。

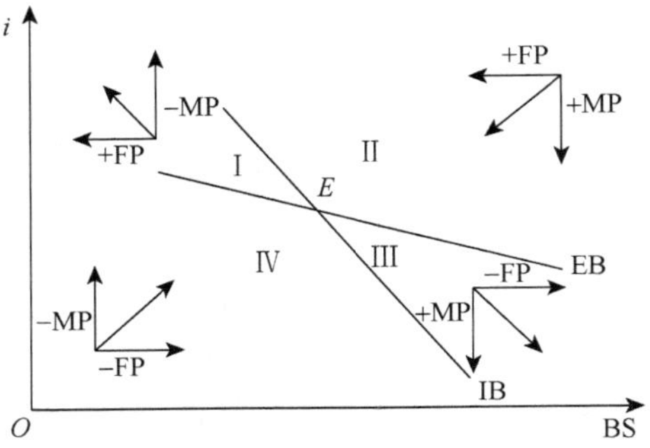

图 7-13 财政政策对外、货币政策对内的搭配

二、以财政政策实现内部均衡，以货币政策实现外部均衡

显然，只要遵循这一原则，依据具体的经济失衡情况采取适当的财政政策与货币政策，最终可使经济朝着内外同时均衡点收敛（图 7-14）。

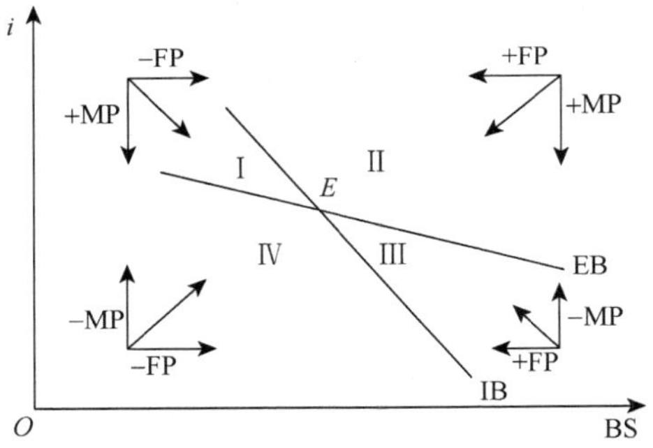

图 7-14 财政政策对内、货币政策对外的政策搭配

表 7-5 明确列示出了蒙代尔政策搭配理论的具体内容。

表 7-5 经济失衡状态下财政政策与货币政策搭配

区域	经济失衡状态	最佳政策搭配方式
I	通货膨胀 + 国际收支顺差	紧缩性财政政策 + 扩张性货币政策

续表

区域	经济失衡状态	最佳政策搭配方式
Ⅱ	失业＋国际收支顺差	扩张性财政政策＋扩张性货币政策
Ⅲ	失业＋国际收支逆差	扩张性财政政策＋紧缩性货币政策
Ⅳ	通货膨胀＋国际收支逆差	紧缩性财政政策＋紧缩性货币政策

根据比较优势原理，当一项政策目标可以通过多种政策工具来实现时，考虑到不同的政策作用机制，每种政策工具应当用于最具影响力的政策目标水平调整。这就是蒙代尔的有效市场分类原则。财政政策主要通过支出带动收入水平调整，进而影响经常项目收支和国际收支，而货币政策除了类似功能以外，还可以通过利率水平的改变影响资本项目收支和国际收支，所以货币政策调节国际收支的效力超过财政政策。从而，以财政政策实现内部均衡，以货币政策实现外部均衡的做法，恰好符合有效市场分类原则。图 7-15 为有效市场分类原则的合理性提供了直观证明。

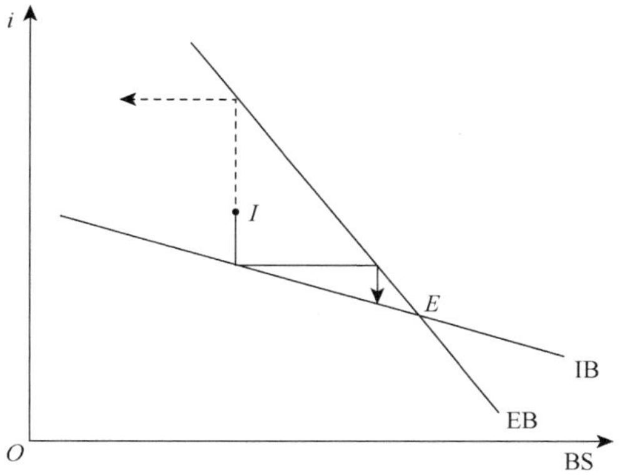

图 7-15　有效市场分类原则

根据有效市场分类原则，蒙代尔明确提出了为特定政策工具指派特定政策目标的问题，这为开放经济的宏观经济政策调控开辟了新的思路。他主张为每个工具合理指派政策目标，并在目标偏离其最优轨迹时，按照“以货币政策实现外部均衡，以财政政策实现内部均衡”的规则进行调控。如此，不仅一举解决了固定汇率制度下因政策工具不足而产生的米德冲突问题，而且即便财政政策与货币政策相互独立，分散决策，仍然可以做到政策间的合理搭配与协调。

本节小结

开放经济条件下一国政府宏观经济政策目标有四个：充分就业、物价稳定、经济增长和国际收支平衡；丁伯根法则指出一国政府要实现一个经济政策目标，至少要使用一种有效的政策工具；这意味着，要实现 n 个独立的经济目标，至少要使用 n 种独立且有效的政策工具，而米德冲突存在的根源在于经济的开放性；蒙代尔则明确提出了为特定政策工具指派特定政策目标的问题，他主张为每个工具合理指派政策目标，并在目标偏离其最优轨迹时，按照“以货币政策实现外部均衡，以财政政策实现内部均衡”的规则进行调控。

思考题

1. 简述丁伯根法则的主要内容。
2. 请利用斯旺模型阐释米德的内外均衡理论。
3. 简述蒙代尔的“政策配合论”。

第八章

开放条件下宏观经济政策

第一节　固定汇率制下的宏观经济政策效果

一、固定汇率制下财政政策的作用效果

无论是采用固定汇率制还是浮动汇率制，其最终目的都是实现一国的经济内外部均衡，但是由于经济冲击等各种因素影响，一国的经济运行会出现失衡，这时就需要政府采取一定的措施对国家经济进行干预，使得经济回到原先运行的轨道；又或者当国内出现政治、经济问题时，政府必须采取相应的措施用以应对。政府可采取的措施包括财政政策和货币政策，财政政策包括改变政府支出或税收等方式，货币政策包括公开市场业务、贴现、调整准备金率等方式。关于货币政策的理论我们将在下文进行详细讲述，本部分主要讨论在固定汇率制下政府采取财政政策对经济运行的作用效果。本部分对固定汇率制下的财政政策的效果讨论以扩张性财政政策为例，以资本流动程度为依据，分为资本不流动、资本有限流动和资本完全自由流动三种情况。

（一）资本不流动

在资本不流动的情况下，利率对国际收支没有直接影响，因此 BP 曲线是一条垂直于横轴的直线，如图 8-1 所示。假定经济均衡时，IS 曲线、LM 曲线和 BP 曲线交于 E_0 点，此时均衡的国民收入和利率分别为 Y_0 和 i_0。如果一国政府对商品和服务的购买增加或者实行了减税的扩张性财政政策，根据上文分析，IS 曲线将向右移动，

假设 IS 曲线右移至IS_1，则IS_1与 LM 曲线的交点为E_1点，位于 BP 曲线右方，国民收入水平由Y_0增加至Y_1，利率水平由i_0上升至i_1。国民收入水平的增加将导致进口增加，出口与国外居民收入水平有关，故保持不变，同时资本是不流动的，利率水平的变化对金融项目的流入和流出没有影响。因此，经常项目净进口大于资本项目净流入，国际收支出现逆差，本币具有贬值的倾向。本币在外汇市场出现贬值，国际资本集团为获取利益会进行套利行为，即在外汇市场卖出外币获取本币，然后向本国货币当局用本币换取外币，同时本国货币当局为维持固定汇率制，保持汇率的一致性，也会主动在外汇市场抛出外汇，收回本币，这一系列行为将会导致本国货币供给量减少，LM 曲线左移至LM_1，直到最终IS_1、LM_1、BP 三条曲线交于E_2点，国际收支重新达到平衡，经济重新恢复到均衡状态，此时，国民收入水平恢复到Y_0，而利率水平上升至i_2。由此可见，在固定汇率制和资本不流动的情况下，扩张性财政政策在短期内会提高一国的国民收入（$Y_0 \to Y_1$），而在长期内则对国民收入没有影响，只会使均衡利率提高。

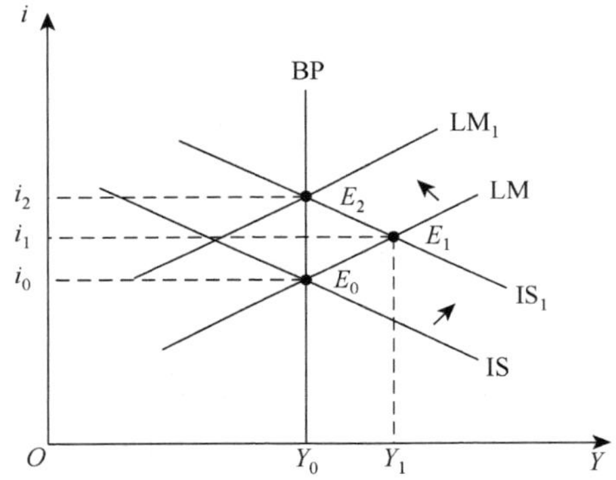

图 8-1　固定汇率制、资本不流动情况下财政政策的作用效果

（二）资本有限流动

在资本有限流动的情况下，根据上文对 BP 曲线的推导，BP 曲线向右上方倾斜。根据 BP 曲线的倾斜程度，或者说根据国际资本流动对本国利率变化的敏感程度，可将固定汇率制下，资本有限流动情况下的财政政策作用效果分为两种情况：第一种是国际资本流动对本国利率变化的反应不很敏感，即资本流动程度较低，此时 BP 曲线比 LM 曲线更为陡峭，如图 8-2（a）所示；第二种情况是国际资本流动对国内利率变化的反应较为敏感，即资本流动程度较高，此时 BP 曲线比 LM 曲线更为平坦，如图 8-2（b）所示。接下来将分别分析两种情况下，扩张性财政政策的作用效果。

（1）当资本流动程度较低时。假定经济均衡时 IS 曲线、LM 曲线和 BP 曲线相交于E_0点，此时均衡的国民收入和利率分别Y_0为和i_0。如果政府采取增加政府开支或减税的扩张性财政政策，则会使 IS 曲线右移至IS_1，与 LM 曲线相交于E_q点，

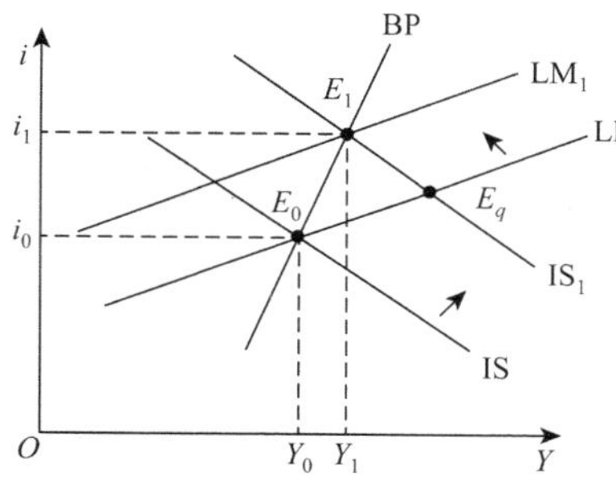

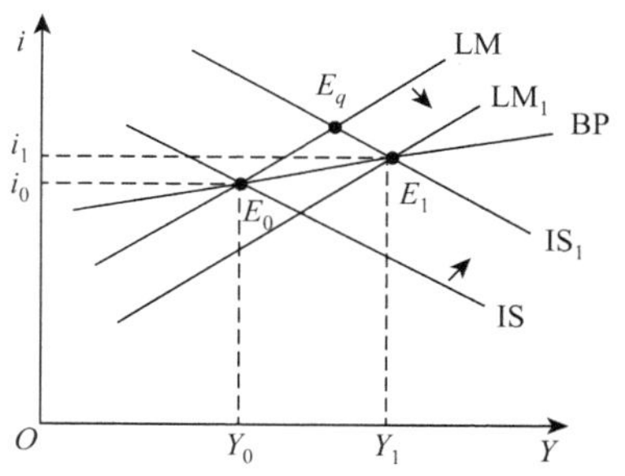

图 8-2 固定汇率制、资本有限流动情况下财政政策的作用效果

交点位于 BP 曲线右方，国民收入水平增加，利率水平上升。国民收入水平的增加将导致进口增加，出口与国外居民收入水平有关，故保持不变，因此经常项目净进口增加；同时由于利率水平的上升，资本项目净流入也增加，但国际资本对利率水平的变化的敏感程度较低，因此资本项目净流入的增加量小于经常项目净进口的增加量，从而经常项目净进口大于资本项目净流入，国际收支出现逆差，本币具有贬值的倾向。本币在外汇市场出现贬值，国际资本集团为获取利益会进行套利行为，即在外汇市场卖出外币获取本币，然后向本国货币当局用本币换取外币，同时本国货币当局为维持固定汇率制，保持汇率的一致性，也会主动在外汇市场抛出外汇，收回本币，这一系列行为将会导致本国货币供给量减少，LM 曲线左移至 LM_1，直到最终 IS_1、LM_1、BP 三条曲线交于 E_1 点，国际收支重新达到平衡，经济重新恢复到均衡状态，此时，国民收入水平由 Y_0 增加至 Y_1，利率水平由 i_0 上升至 i_1，整个过程如图 8-2（a）所示。

（2）当资本流动程度较高时，如图 8-2（b）所示。假定经济均衡时 IS 曲线、LM 曲线和 BP 曲线相交于 E_0 点，此时均衡的国民收入和利率分别为 Y_0 和 i_0。如果政府采取增加政府开支或减税的扩张性财政政策，则会使 IS 曲线右移至 IS_1，与 LM 曲线相交于 E_q 点，交点位于 BP 曲线左方，国民收入水平增加，利率水平上升。国民收入水平的增加将导致进口增加，出口与国外居民收入水平有关，故保持不变，因此经常项目净进口增加；同时由于利率水平的上升，资本项目净流入也增加，而国际资本对利率水平的变化的敏感程度较高，因此资本项目净流入的增加量大于经常项目净进口的增加量，从而资本项目净流入大于经常项目净进口，国际收支出现顺差，本币具有升值的倾向。本币在外汇市场出现升值，国际资本集团为获取利益会进行套利行为，即在外汇市场卖出本币获取外币，然后向本国货币当局用外币换取本币，同时本国货币当局为维持固定汇率制，保持汇率的一致性，也会主动在外汇市场抛出本币，收回外汇，这一系列行为将会导致本国货币供给量增加，LM 曲线右移至 LM_1，直到最终 IS_1、LM_1、BP 三条曲线交于 E_1 点，国际收支重新达到平衡，经济重新恢复到均衡状态，此时，国民收入水平由 Y_0 增加至 Y_1，利率水平由 i_0 上升至 i_1。

通过对图 8-2（a）和图 8-2（b）的对比，可以看出，在固定汇率制和资本有限流动的情况下，扩张性财政政策会提高一国的均衡国民收入和利率水平，并且资本流动程度越高，扩张性财政政策提高国民收入的效果越明显。

（三）资本完全自由流动

在资本完全自由流动的条件下，BP 曲线是一条水平线，如图 8-3 所示。仍假定经济均衡时 IS 曲线、LM 曲线和 BP 曲线相交于 E_0 点，此时均衡的国民收入和利率分别为 Y_0 和 i_0。如果政府在货币供给不变的情况下，采取增加政府开支或减税的扩张性财政政策，则会使 IS 曲线右移至 IS_1，与 LM 曲线相交于 E_1 点，交点位于 BP 曲线上方，国民收入水平由 Y_0 增加至 Y_1，利率水平由 i_0 上升至 i_1。国民收入水平的增加将导致进口增加，出口与国外居民收入水平有关，故保持不变，因此经常项目净进口增加；同时由于利率水平的上升，资本是完全流动的，资本项目净流入大幅增加，并且资本项目净流入的增加量大于经常项目净进口的增加量，从而资本项目净流入大于经常项目净进口，国际收支出现顺差，本币具有升值的倾向。本币在外汇市场出现升值，国际资本集团为获取利益会进行套利行为，即在外汇市场卖出本币获取外币，然后向本国货币当局用外币换取本币，同时，本国货币当局为维持固定汇率制，保持汇率的一致性，也会主动在外汇市场抛出本币，收回外汇，这一系列行为将会导致本国货币供给量增加，LM 曲线右移至 LM_1，直到最终 IS_1、LM_1、BP 三条曲线交于 E_2 点，国际收支重新达到平衡，经济重新恢复到均衡状态，此时，国民收入水平由 Y_1 增加到 Y_2，利率水平恢复到 i_0。由此可见，在固定汇率制和资本完全自由流动的情况下，扩张性财政政策会明显提高一国的均衡国民收入，此时的财政政策完全没有“挤出效应”。

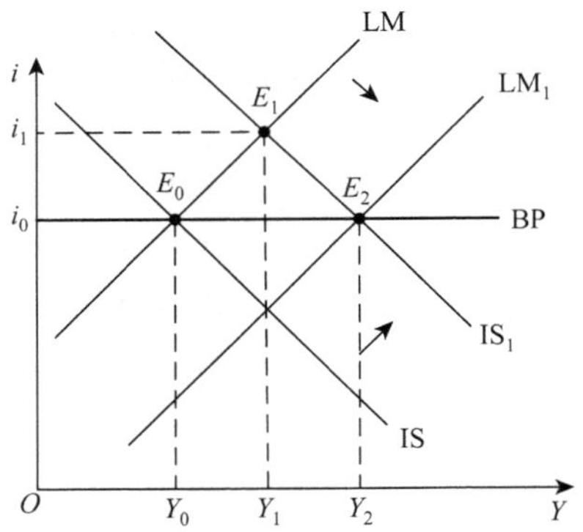

图 8-3　固定汇率制、资本完全自由流动情况下财政政策的作用效果

结合上文对资本不流动、资本有限流动和资本完全自由流动三种情况的分析，在固定汇率制下，除资本不流动情况外，扩张性财政政策对于提高一国的国民收入水平是比较有效的，并且资本流动程度越高，扩张性财政政策提高国民收入的作用越明显。

二、固定汇率制下货币政策的作用效果

在固定汇率制下，一国货币当局运用货币政策的能力会因为维持固定汇率的义务而受到限制。以扩张性货币政策为例，中央银行增加货币供给，会降低国内利率，从而刺激国内投资，提高国民收入水平。国民收入水平提高又会导致进口的增加，同时国内利率下降会导致资本外流。如果原来国际收支处于平衡，现在则会出现国际收支逆差，外汇市场出现失衡，外汇需求大于外汇供给。此时，为维持汇率不变，中央银行不得不在外汇市场抛售外币以弥补外汇需求缺口，同时购进本币。这样一来，又会减少本国货币供给，从而使得政府希望借助货币政策提高国民收入的目的落空，所以在固定汇率制下，货币政策要同时兼顾内外平衡两个政策目标，难以达到预期效果。下面根据资本流动程度的不同予以具体分析。

（一）资本不流动

在资本不流动的情况下，利率对国际收支没有直接影响，因此 BP 曲线是一条垂直于横轴的直线，如图 8-4 所示。假定经济均衡时，IS 曲线、LM 曲线和 BP 曲线交于 E_0 点，此时均衡的国民收入和利率分别为 Y_0 和 i_0。如果国内经济运行出现问题，政府需要采取扩张性的货币政策，LM 曲线向右移动，假设 LM 曲线右移至 LM_1，与 IS 曲线的交点为 E_1 点，位于 BP 曲线右方，国民收入水平由 Y_0 增加至 Y_1，利率水平由 i_0 下降至 i_1。国民收入水平的增加将导致进口增加，出口与国外居民收入水平有关，故保持不变，同时，资本是不流动的，利率水平的变化对金融项目的流入和流出没有影响。因此，经常项目净进口大于资本项目净流入，国际收支出现逆差，本币具有贬值的倾向。本币在外汇市场出现贬值，国际资本集团为获取利益会进行套利行为，在外汇市场卖出外币获取本币，然后向本国货币当局用本币换取外币，同时，本国货币当局为维持固定汇率制，保持汇率的一致性，也会主动在外汇市场抛出外汇，收回本币，这一系列行为将会导致本国货币供给量减少，LM_1 曲线向左回移，直到最终 IS、LM、BP 三条曲线重新交于 E_0 点，国际收支重新达到平衡，经济重新恢复到均衡状态，

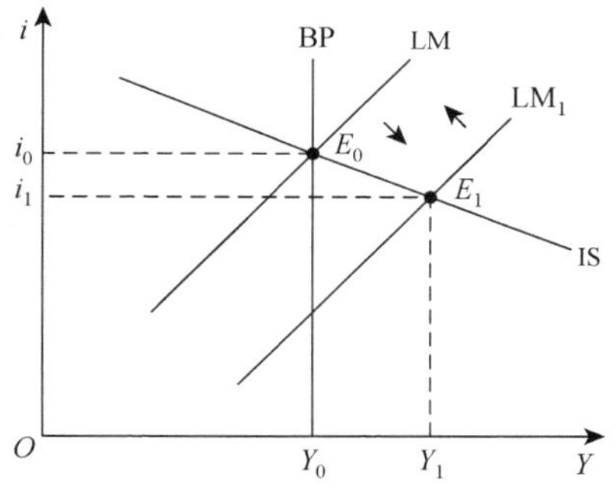

图 8-4 固定汇率制、资本不流动情况下货币政策的作用效果

此时，国民收入水平恢复到Y_0，利率水平回到i_0。由此可见，在固定汇率制和资本不流动的情况下，扩张性货币政策在短期内会提高一国的国民收入（$Y_0 \to Y_1$），而在长期内则对国民收入没有影响，即货币政策在长期内失效。

（二）资本有限流动

对固定汇率制下、资本有限流动的货币政策效果的分析，可分为资本流动程度较低和资本流动程度较高两种情况，但两种情况的分析方法和结果相同，因此我们以资本流动程度较低的情况为例进行分析，资本流动程度较高的情况由读者自行分析。

当资本流动程度较低时。假定经济均衡时 IS 曲线、LM 曲线和 BP 曲线相交于E_0点，此时均衡的国民收入和利率分别为Y_0和i_0，如图 8-5 所示。如果政府采取增加货币供给的扩张性货币政策，则会使 LM 曲线右移至LM_1，与 IS 曲线相交于E_1点，交点位于 BP 曲线右方，国民收入水平由Y_0增加至Y_1，利率水平由i_0下降至i_1。国民收入水平的增加将导致进口增加，出口与国外居民收入水平有关，故保持不变，因此经常项目净进口增加；同时，由于利率水平的下降，资本项目净流入反而减少，因此经常项目净进口大于资本项目净流入，国际收支出现逆差，本币具有贬值的倾向。本币在外汇市场出现贬值，国际资本集团为获取利益会进行套利行为，在外汇市场卖出外币获取本币，然后向本国货币当局用本币换取外币，同时，本国货币当局为维持固定汇率制，保持汇率的一致性，也会主动在外汇市场抛出外汇，收回本币，这一系列行为将会导致本国货币供给量减少，LM_1曲线向左回移，直到回到原先的位置，IS、LM、BP 三条曲线重新交于E_0点，国际收支重新达到平衡，经济重新恢复到均衡状态，此时国民收入水平不变，且利率水平不变。

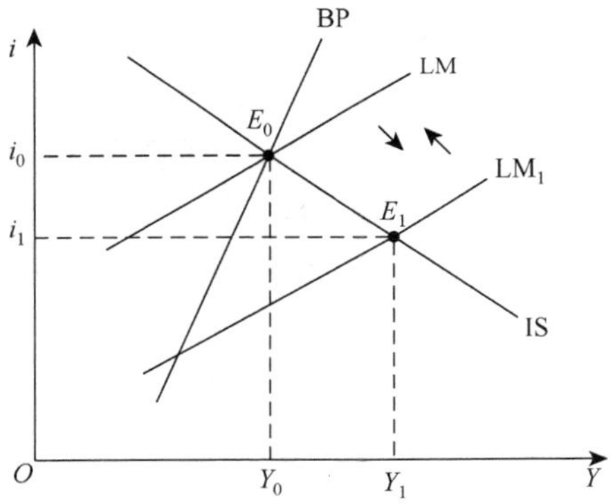

图 8-5 固定汇率制、资本有限流动情况下货币政策的作用效果

（三）资本完全自由流动

在资本完全自由流动的条件下，BP 曲线是一条水平线，如图 8-6 所示。仍假定经济均衡时 IS 曲线、LM 曲线和 BP 曲线相交于E_0点，此时均衡的国民收入和利率

分别为Y_0和i_0。如果中央政府实行扩张性的货币政策，货币供给增加，则会使LM曲线右移至LM_1，与IS曲线相交于E_1点，交点位于BP曲线下方，国民收入水平由Y_0增加至Y_1，利率水平由i_0下降至i_1。国民收入水平的增加将导致进口增加，出口与国外居民收入水平有关，故保持不变，因此经常项目净进口增加；同时，由于利率水平的下降，资本是完全流动的，资本项目净流入大幅减少，从而经常项目净进口远远大于资本项目净流入，国际收支出现巨额逆差，本币具有贬值的倾向。本币在外汇市场出现贬值，国际资本集团为获取利益会进行套利行为，在外汇市场卖出外币获取本币，然后向本国货币当局用本币换取外币，同时，本国货币当局为维持固定汇率制，保持汇率的一致性，也会主动在外汇市场抛出外汇，收回本币，这一系列行为将会导致本国货币供给量减少，LM_1曲线向左回移，直到IS、LM、BP三条曲线重新交于E_0点，国际收支重新达到平衡，经济重新恢复到均衡状态，此时，国民收入水平保持不变，利率水平保持不变。

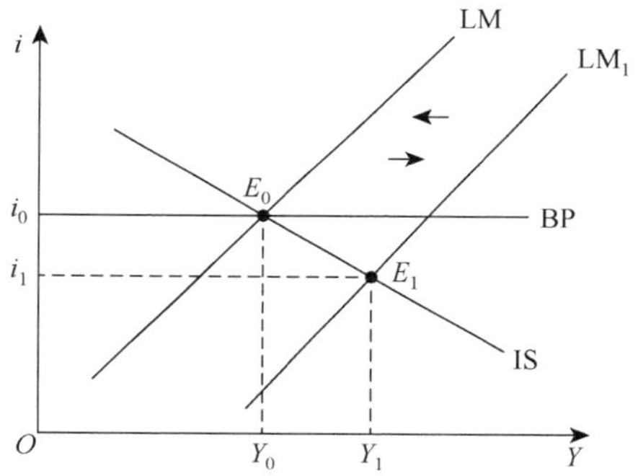

图 8-6　固定汇率制、资本完全自由流动情况下货币政策作用效果

实际上，在资本完全自由流动的情况下，上文中所分析的曲线向右移动的情况根本不会发生，这是因为在资本完全流动情况下，资本的流入流出非常迅速，中央银行所增加的货币供给会迅速被资本流出完全抵消，所以经济会始终处于均衡点。由此可见，在固定汇率制和资本完全自由流动的情况下，扩张性货币政策对于提高一国的均衡国民收入无论是短期还是长期都完全无效。

综上所述，在固定汇率制下，一国货币当局受到维持固定汇率义务的限制，使得货币政策丧失了独立性。在资本不流动和资本有限流动的情况下，货币政策会在短期内提高国民收入水平，在长期则失效，而在资本完全自由流动的情况下，货币政策在短期和长期都无效，不能发挥对国民收入的影响作用。

三、财政政策和货币政策的实际应用

上文中分别分析了在固定汇率制下，扩张性财政政策和扩张性货币政策对国民收入的影响，在资本能够流动的情况下，扩张性的财政政策是有效的，而货币政策在任何情况下在长期内是无效的。事实上，政府采取财政政策和货币政策都是为应对现实中出现的经济运行问题，即一国经济会出现内部或外部失衡。因此，在本部分我们将了解固定汇率制下一国经济出现内外部失衡的原因，以及政府应该利用什么样的财政政策和货币政策去解决经济内外部失衡问题。

（一）一国经济出现内外部失衡的原因

1. 国际资本流动冲击

国际资本流动冲击是指无法预见的、突然出现的、大规模的国际资金流动变化。大规模的国际资本流动对固定汇率制国家产生冲击的原因是：如果一国出现大规模的资本外流，资本项目净流入减少，国际收支出现逆差，该国本币会有贬值的压力，货币当局为维持固定汇率制，会在外汇市场进行买入本币，抛出外汇的操作，如果该国不进行干预或者干预不被冲销，该国货币供给则会减少，利率上升，实际国民收入减少。在现实中则有明显的案例说明这一点。在1997年亚洲金融危机中，泰国央行因没有足够的外汇储备而无力应对突如其来的国际资本炒家的做空，泰国政府当日宣布放弃固定汇率制，导致泰铢迅速贬值，一天内泰铢兑美元汇率下降了17%，由此一场金融危机席卷亚洲地区。

2. 国际贸易冲击

国际贸易冲击是指由国家实际收入以外的因素导致的国家进口或出口的变化。国际贸易冲击对固定汇率制国家产生冲击的原因是：如果一国出口减少，进口增加，经常项目净进口增加，国际收支出现逆差，该国货币会有贬值压力，货币当局为维持固定汇率制，会有在外汇市场买入本币、卖出外汇的操作，如果该国的干预不被冲销或者没有有效措施刺激出口，该国货币供给则会减少，实际国民收入降低。在现实情况中，20世纪50年代，日本的纺织品以其低廉的价格占领了美国市场近六成份额，美国方面为保护本国纺织行业利益，与日本在十年内陆续签订了《美日棉纺织品短期协定》《美日棉纺织品长期协议》《美日纺织品协定》，从而限制日本的纺织品出口美国，日本纺织业受到严重影响。

3. 需求政策冲突

国际资本流动冲击和国际贸易冲击实际上都属于外部冲击，除此之外，固定汇率制国家还会面临通货膨胀、失业等内部冲击，当出现通货膨胀和失业时，一国政府必须采取相关措施来稳定国内经济，但是往往政府为了维持国际收支平衡反而有可能引起了高通货膨胀率和高失业率的问题，而在采取财政政策处理失业问题时或采取货币政策处理高通货膨胀率的问题时，又导致国际收支失衡，这就是一国政府在面临采取财政政策和货币政策时所要应对的需求政策冲突问题。需求政策冲突问题在现实中是一种很常见的问题，毕竟没有任何政策是完美的、能够解决所有问题的。例如，在1925年重新加入金本位制后以及在第二次世界大战前实行黄金平价时期的英国、20 世纪 60 年代初的美国以及 90 年代初的德国，就面临失业情况下的需求政策冲突问题。这些国家在当时面临着高失业率的情况，降低失业率需要通过扩张性的政策增加总需求，但总需求的增加又使得国际收支失衡。此外，在布雷顿森林固定汇率制的年代，联邦德国和瑞士还会经常遇到高通胀情况下的需求政策冲突问题，联邦德国和瑞士政府如果要处理高通胀问题就必须采取紧缩的政策对总需求进行控制，但总需求减少又会减少进口，经常项目净进口减少，国际收支失衡。降低失业还是维持国际收支平衡，处理高通胀问题还是维持国际收支平衡，这就需要政府进行全面考量了。

（二）经济内外部失衡问题解决方案

1. 财政政策与货币政策的组合使用

在前两节的讨论中，分别单独分析了扩张性的财政政策和扩张性的货币政策对实际国民收入的影响，但在实际情况中，为解决复杂的经济问题，通常利用财政政策和货币政策对内外部平衡的不同影响，组合使用财政政策和货币政策。

财政政策和货币政策能够组合使用的逻辑在于：扩张性的财政政策能够提升实际国民收入水平，提高利率水平；紧缩性的财政政策能够降低实际国民收入水平，降低利率水平；扩张性的货币政策能够在短期内提升实际国民收入水平，降低利率水平；紧缩性的货币政策能够在短期内降低实际国民收入水平，提高利率水平。因此，政府可根据想要达成的经济运行目标和政策效果，灵活选择使用财政政策和货币政策，如政府的目标是在短期内维持利率水平不变，增加实际国民收入水平，则政府可选择扩张性的财政政策以及扩张性货币政策。组合使用财政政策和货币政策来解决具体的经济内外部失衡问题的过程如图 8-7 所示。

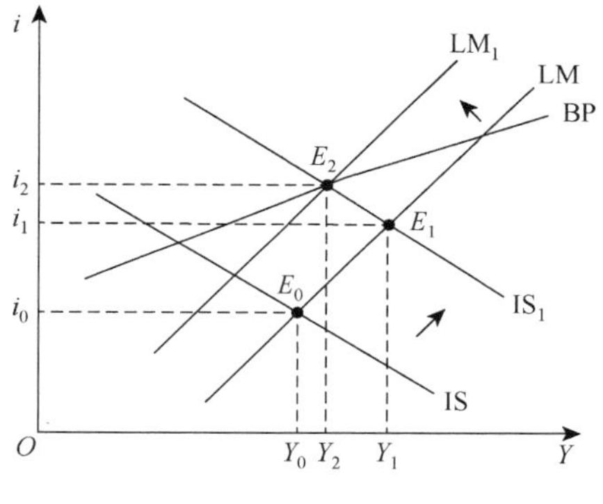

图 8-7　内外部失衡的解决分析

假设一国的资本流动程度较高，初始时，该国经济状态位于 E_0 点，在该点，实际国民收入水平为 Y_0，利率水平为 i_0，实际国民收入水平和利率水平均小于经济均衡时的实际国民收入水平和利率水平，代表该国正处于高失业率和国际收支逆差的状态。为在短期内解决高失业率和国际收支逆差问题，单一的财政政策或单一的货币政策不能解决全部问题，因此该国政府必须组合使用财政政策和货币政策。为解决高失业率的问题，政府应该采用扩张性的财政政策，使得 IS 曲线向右移动移至 IS_1，与 LM 曲线交于 E_1 点，此时实际国民收入增加，利率水平提升，但国民收入水平大于均衡时国民收入水平，利率水平仍低于均衡时的利率水平，经常项目净进口大于资本项目净流入，国际收支仍处于逆差状态，因此政府还应采取紧缩性的货币政策，LM 曲线向左移动移至 LM_1，国民收入水平减少至 Y_2，经常项目净进口减少，利率水平提高至 i_2，资本项目净流入增加，国际收支最终处于均衡状态，此时，经济状态处于 IS_1、LM_1 和 BP 曲线的交点 E_2，该国实现充分就业和国际收支均衡。

其他情况，如资本流动程度较低，经济处于国际收支顺差、高失业率、高通货膨胀率等情况的分析方法与上文类似，读者可自行尝试分析，这里就只给出资本流动程度较高的情况下内外部失衡状态以及所对应的解决策略，具体如表 8-1 所示。

表 8-1 内外部失衡与解决策略

内部失衡状态	外部失衡状态	解决策略
高失业率	国际收支逆差	扩张性的财政政策，紧缩性的货币政策
高通货膨胀率	国际收支逆差	紧缩性的财政政策，紧缩性的货币政策
高失业率	国际收支顺差	扩张性的财政政策，扩张性的货币政策
高通货膨胀率	国际收支顺差	紧缩性的财政政策，扩张性的货币政策

资料来源：魏浩（2018）

这里需要说明的是，即使是组合使用财政政策和货币政策也不能一劳永逸地解决所有问题。首先是政策的生效具有时滞性，即政府现在做出扩张性的财政政策和紧缩性的货币政策的决定，但政策效果在商品市场和货币市场上生效需要一段时间，而就在这一段时期内经济形势可能发生新的变化，原先做出的政策决定可能失效甚至对经济运行产生不利影响。其次，组合使用财政政策和货币政策虽然能够解决失业、通货膨胀和国际收支平衡问题，但也可能产生新的问题，如表 8-1 中采用紧缩性的货币政策还可能减少本国实际投资，导致资本存量的增长受到阻碍，从而影响一国供给能力的提升；除此以外，紧缩性的货币政策还可能导致外债的形成，大量的外债事实上是一国未来的负担，需要在未来偿还，这会影响本国居民的收入增长。

2. *放弃固定汇率*

在上文就已经提到，泰国政府由于没有足够的外汇储备，无力应对国际资本炒家对泰铢冲击，宣布放弃固定汇率制，由此引发波及整个亚洲地区的金融危机。泰国政府此举是面临国际收支严重失衡的无奈之举，但也从侧面说明了如果一国的国际收支失衡足够大或持续的时间足够长，该国不愿意或没有能力应对这种失衡，可以采取放弃固定汇率制的措施。放弃固定汇率制后，如果一国处于国际收支逆差状态，则会导致本币贬值；如果一国处于国际收支顺差状态，则会导致本币升值。泰国政府在宣布放弃固定汇率制后，泰铢兑美元的汇率迅速下降 17%。泰铢“失守”后，东南亚其他国家货币如菲律宾比索、印度尼西亚盾、马来西亚林吉特等也相继“失守”。

本节小结

在固定汇率制下，除资本不流动的情况外，扩张性财政政策对于提高一国的国民收入水平是比较有效的，资本流动程度越高，扩张性财政政策提高国民收入的作用效果越明显；而一国货币当局受到维持固定汇率义务的限制，使得固定汇率制下货币政策丧失了独立性。相反，在浮动汇率制下，随着资本流动程度的提高，扩张性财政政策对于提高一国国民收入水平的作用效果受到了限制，特别是当资本完全自由流动时，财政政策完全失效；而由于一国货币局不再有维持固定汇率的义务，从而可以控制货币供给量，使得货币政策在浮动汇率制下能够有效发挥对国民收入的影响作用。

本节也讨论了财政政策和货币政策在固定汇率制国家的实际应用。固定汇率制国家出现经济内外部失衡主要是由于国际资本流动冲击、国际贸易冲击和需求政策冲突，为解决经济内外部失衡的问题，固定汇率制国家可采用财政政策和货币政策组合的方法以及在受到严重冲击时可放弃固定汇率制。

思考题

1. 在固定汇率制下，资本完全自由流动对货币政策和财政政策的有效性有何影响？

2. 在固定汇率制和资本不流动、资本有限流动、资本完全自由流动三种情况下，试比较：①扩张性财政政策在短期内（国内货币供给未来得及变动）对国际收支的影响（假设最初国际收支是平衡的）；②扩张性财政政策在长期内（中央银行为维持固定汇率采取干预措施之后）对国内实际收入水平的影响。

3. 请解释开放经济条件下政策选择的“三元悖论”。“三元悖论”对于我国汇率形成机制改革有何启示？

4. 分析固定汇率制下的宏观经济政策效果。

第二节 浮动汇率制下的宏观经济政策效果

一、浮动汇率制下财政政策的作用效果

（一）资本不流动

在资本不流动的情况下，利率对国际收支没有直接影响，因此 BP 曲线是一条垂直于横轴的直线，如图 8-8 所示。假定经济均衡时，IS 曲线、LM 曲线和 BP 曲线交于 E_0 点，此时均衡的国民收入和利率分别为 Y_0 和 i_0。如果一国政府对商品和服务的

购买增加或者实行了减税的扩张性财政政策，IS 曲线将向右移动，假设曲线右移至 IS_1，与 LM 曲线的交点为 E_1 点，位于 BP 曲线右方，国民收入水平由 Y_0 增加至 Y_1，利率水平由 i_0 上升至 i_1。国民收入水平的增加将导致进口增加，出口与国外居民收入水平有关保持不变，同时，资本是不流动的，利率水平的变化对金融项目的流入和流出没有影响，因此，经常项目净进口大于资本项目净流入，国际收支出现逆差，在浮动汇率制下，国际收支逆差将导致本币贬值，本币的贬值将刺激出口，一方面使得净出口增加，IS_1 曲线进一步向右移至 IS_2，另一方面本币贬值使得 BP 曲线向右移动至 BP_1，最终 IS_2、LM 和 BP_1 三条曲线交于 E_2 点，国际收支重新达到平衡，经济重新恢复到均衡状态，此时，国民收入水平上升至 Y_2，利率水平上升至 i_2。由此可见，在浮动汇率制和资本不流动的情况下，扩张性财政政策能够有效提高一国的实际国民收入水平。

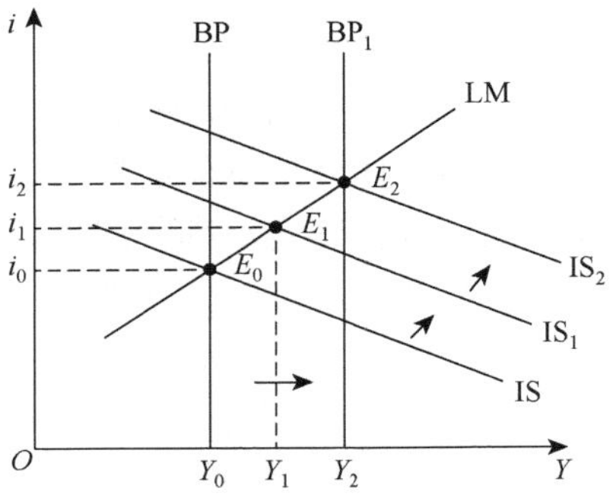

图 8-8 浮动汇率制、资本不流动情况下财政政策的作用效果

（二）资本有限流动

（1）当资本流动程度较低时。假定经济均衡时 IS 曲线、LM 曲线和 BP 曲线相交于 E_0 点，此时均衡的国民收入和利率分别为 Y_0 和 i_0。如果政府采取增加政府开支或减税的扩张性财政政策，则会使 IS 曲线右移至 IS_1，与 LM 曲线相交于 E_1 点，交点位于 BP 曲线右方，国民收入水平增加至 Y_1，利率水平上升至 i_1。国民收入水平的增加将导致进口增加，出口与国外居民收入水平有关，故保持不变，因此经常项目净进口增加；同时，由于利率水平的上升，资本项目净流入也增加，但国际资本对利率水平的变化的敏感程度较低，因此资本项目净流入的增加量小于经常项目净进口的增加量，从而经常项目净进口大于资本项目净流入，国际收支出现逆差，在浮动汇率制下，国际收支逆差将导致本币贬值，净出口增加，净出口的增加会使 IS_1 曲线进一步向右移至 IS_2，同时本币贬值将会导致 BP 曲线向右移动移至 BP_1，最终 IS_2、LM 和 BP_1 三条曲线交于 E_2 点，国际收支重新达到平衡，经济重新恢复到均衡状态。整个过程如图 8-9（a）所示。

（2）当资本流动程度较高时，如图 8-9（b）所示。假定经济均衡时 IS 曲线、LM 曲线和 BP 曲线相交于 E_0 点，此时均衡的国民收入和利率分别为 Y_0 和 i_0。如果政府

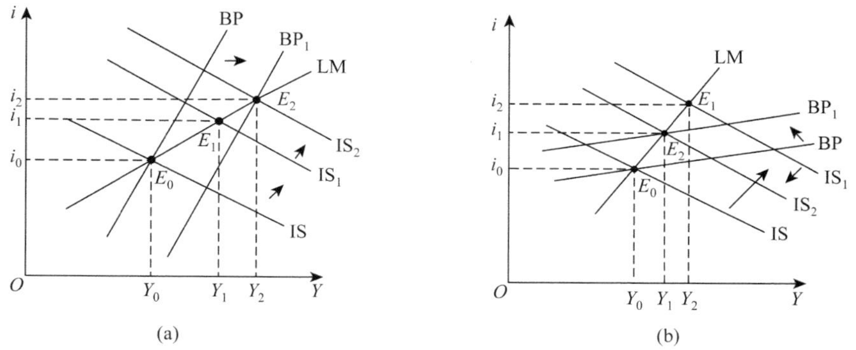

图 8-9　浮动汇率制、资本有限流动情况下财政政策的作用效果

采取增加政府开支或减税的扩张性财政政策，则会使 IS 曲线右移至IS_1，与 LM 曲线相交于E_1点，交点位于 BP 曲线左方，国民收入水平增加，利率水平上升。国民收入水平的增加将导致进口增加，出口与国外居民收入水平有关，故保持不变，因此经常项目净进口增加；同时，由于利率水平的上升，资本项目净流入也增加，而国际资本对利率水平变化的敏感程度较高，因此资本项目净流入的增加量大于经常项目净进口的增加量，从而资本项目净流入大于经常项目净进口，国际收支出现顺差，在浮动汇率制下，国际收支顺差将导致本币升值，本币的升值将减少出口，刺激进口，净出口减少，净出口的减少会使IS_1曲线向左移至IS_2，同时本币升值将会导致 BP 曲线向左移动移至BP_1，最终IS_2、LM 和BP_1三条曲线交于E_2点，国际收支重新达到平衡，经济重新恢复到均衡状态。对图 8-9（a）和图 8-9（b）进行对比，可以看出，在浮动汇率制和资本有限流动的情况下，扩张性财政政策会提高一国的均衡国民收入和利率水平，并且资本流动程度越低，扩张性财政政策提高国民收入的效果越明显。

（三）资本完全自由流动

在资本完全自由流动的条件下，BP 曲线是一条水平线，如图 8-10 所示。仍假定经济均衡时 IS 曲线、LM 曲线和 BP 曲线相交于E_0点，国民收入和利率分别为Y_0和i_0。如果政府在货币供给不变的情况下，采取增加政府开支或减税的扩张性财政政策，则会使 IS 曲线右移至IS_1，与 LM 曲线相交于E_1点，交点位于 BP 曲线上方，国民收入水平由Y_0增加至Y_1，利率水平上升至i_1。国民收入水平的增加将导致进口增加，出口与国外居民收入水平有关，故保持不变，因此经常项目净进口增加；同时，由于利率水平的上升，资本是完全流动的，资本项目净流入大幅增加，并且资本项目净流入的增加量大于经常项目净进口的增加量，从而资本项目净流入大于经常项目净进口，国际收支出现巨额顺差，在浮动汇率制下，国际收支顺差将导致本币升值，本币的升值将减少出口，刺激进口，净出口减少，净出口的减少会使IS_1曲线向左回移，直到完全抵消巨额的国际收支顺差，IS 曲线回到原来位置，如图 8-10 所示，此时，国民收入水平不变，利率水平不变。事实上，由于汇率的自由浮动机制会对扩张性财政政策产生一个完全的挤出效应，可能 IS 曲线根本就不会向右移动，从而致使财政政策完全达不到降低失业、提高收入水平的目的。

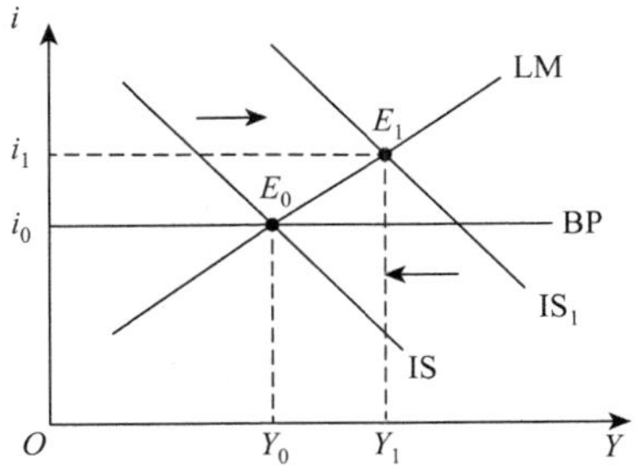

图 8-10 浮动汇率制、资本完全自由流动情况下财政政策的作用效果

综上所述，在浮动汇率制下，扩张性财政政策能够有效提高一国国民的收入水平，但随着资本流动程度的提高，这种作用效果会下降，当资本完全自由流动时，财政政策失效。

二、浮动汇率制下货币政策的作用效果

与固定汇率制下的货币政策作用效果不同，浮动汇率制下货币政策对国内生产与收入有较强的影响力。下面仍然根据资本流动程度的不同予以具体分析。

（一）资本不流动

在资本不流动的情况下，利率对国际收支没有直接影响，因此 BP 曲线是一条垂直于横轴的直线，如图 8-11 所示。假定经济均衡时，IS 曲线、LM 曲线和 BP 曲线交于 E_0 点，此时均衡的国民收入和利率分别为 Y_0 和 i_0。如果国内经济运行出现问题，政府需要采取扩张性的货币政策，LM 曲线将向右移动，假设曲线右移至 LM_1，则

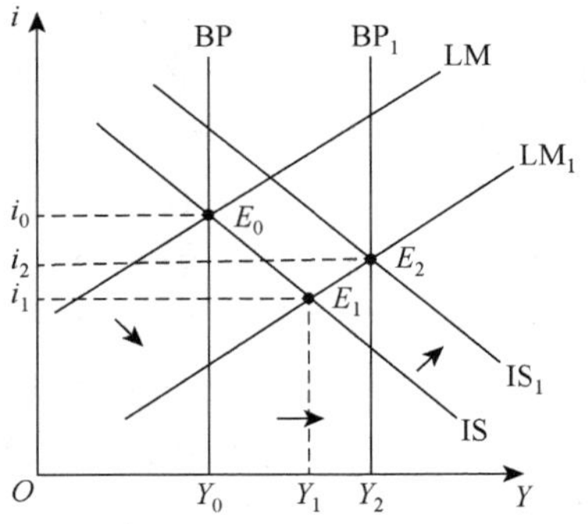

图 8-11 浮动汇率制、资本不流动情况下货币政策的作用效果

与 IS 曲线的交点为 E_1 点，位于 BP 曲线右方，国民收入水平增加，但利率水平下降。国民收入水平的增加将导致进口增加，出口与国外居民收入水平有关，故保持不变，同时，资本是不流动的，利率水平的变化对金融项目的流入和流出没有影响，因此，经常项目净进口大于资本项目净流入，国际收支出现逆差，在浮动汇率制下，国际收支出现逆差会导致本币贬值，本币的贬值将刺激出口，净出口增加，使得 IS 曲线向右移至 IS_1，同时本币贬值将会导致 BP 曲线向右移动移至 BP_1，最终 IS_1、LM_1 和 BP_1 三条曲线交于 E_2 点，相对于初始情况，国民收入水平增加，利率水平下降。由此可见，在浮动汇率制和资本不流动情况下，扩张性货币政策对于提高一国的国民收入是比较有效的。

（二）资本有限流动

与扩张性的财政政策不同，在资本有限流动的情况下，扩张性的货币政策对资本流动程度较低和资本流动程度较高两种情况的作用效果是一致的，如图 8-12 所示，无论是在资本流动程度较低的情况下［图 8-12（a）］还是在资本流动程度较高的情况下［图 8-12（b）］，扩张性的货币政策都使得 LM 曲线向右移动。如图 8-12（a）所示假设移至 LM_1，则与 IS 曲线相交于 E_1 点，交点位于 BP 曲线右方，国民收入水平增加，利率水平下降。国民收入水平的增加将导致进口增加，出口与国外居民收入水平有关，故保持不变，因此经常项目净进口增加；同时，由于利率水平的下降，资本项目净流入反而减少，因此经常项目净进口大于资本项目净流入，国际收支出现逆差，在浮动汇率制下，国际收支逆差将导致本币贬值，本币的贬值将刺激出口，净出口增加，使得 IS 曲线向右移至 IS_1，同时本币贬值将导致 BP 曲线向右移动移至 BP_1，最终 IS_1、LM_1 和 BP_1 三条曲线交于 E_2 点，相比初始状态，国民收入水平上升，利率水平上升。由此可见，在浮动汇率制和资本有限流动的情况下，扩张性货币政策对于提高一国的国民收入也是比较有效的。

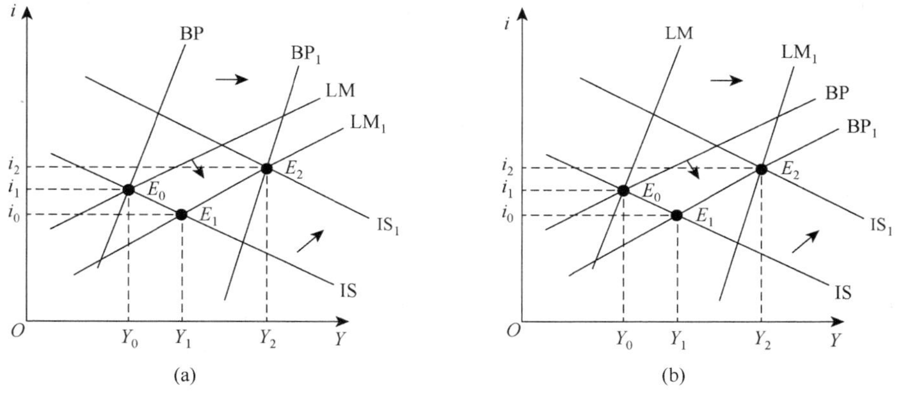

图 8-12　浮动汇率制、资本有限流动情况下货币政策的作用效果

（三）资本完全自由流动

在资本完全自由流动的条件下，BP 曲线是一条水平线，如图 8-13 所示。仍假定经济均衡时 IS 曲线、LM 曲线和 BP 曲线相交于 E_0 点，此时均衡的国民收入和利率分别为 Y_0 和 i_0。如果中央政府实行扩张性的货币政策，货币供给增加，则会使 LM 曲线右移至 LM_1，与 IS 曲线相交于 E_1 点，交点位于 BP 曲线下方，国民收入水平增加，利率水平下降。国民收入水平的增加将导致进口增加，出口与国外居民收入水平有关，故保持不变，因此经常项目净进口增加；同时，由于利率水平的下降，资本是完全流动的，资本项目净流入大幅减少，因此经常项目净进口远大于资本项目净流入，国际收支出现巨额逆差，在浮动汇率制下，国际收支出现逆差会导致本币贬值，本币的贬值将刺激出口，净出口增加，使得 IS 曲线向右移至 IS_1，最终 IS_1、LM_1 和 BP 三条曲线交于 E_2 点，相比于初始状态，国民收入水平上升，利率水平与国际均衡利率水平一致。由此可见，在浮动汇率制和资本完全自由流动的情况下，扩张性货币政策对于提高一国的国民收入非常有效。

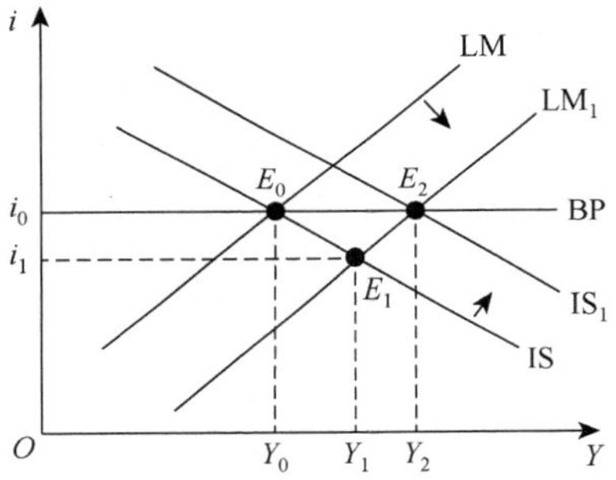

图 8-13 浮动汇率制、资本完全自由流动情况下货币政策的作用效果

综上所述，在浮动汇率制下，由于一国货币当局没有维持固定汇率的义务，不必干预外汇市场，因此可以控制货币供给量，使得货币政策能够有效发挥对国民收入的调节作用。

三、财政政策和货币政策的组合效应

上文考虑了在固定汇率制下一国如何应用财政政策和货币政策对经济内外部失衡问题进行调节。接下来我们将讨论在浮动汇率制下，一国可用的财政政策和货币政策分类，以及实际中采用浮动汇率制的国家如何运用财政政策和货币政策对经济的内外部平衡进行调节。

（一）宏观经济政策分类

1. 支出调整政策

支出调整政策是指政府通过财政政策和货币政策调节社会总需求或总支出进而改变进出口贸易和资本流动，达到调节国际收支的目的。扩张性的财政政策会提高实际国民收入水平，进而导致进口增加，紧缩性的财政政策与之相反，导致进口减少；扩张性货币政策会增加一国货币供给，降低利率，从而促进投资的增加，提升国民收入水平，导致进口增加，紧缩性的货币政策与之相反，导致进口减少。

2. 支出转换政策

支出转换政策是指通过汇率调整或直接控制等政策来改变需求和支出方向，从而达到调节国际收支的目的。汇率调整是指政府通过汇率上升或下降，改变进出口商品相对价格，引导本国支出在国内商品和进口商品之间转换，从而改变进出口以达到国际收支平衡。直接控制是指政府对市场进行约束。在国内经济方面，具体的政策措施包括行政条例物价管制、法律限制等，当其他政策失效时，直接控制中的价格和工资控制可用以缓解国内的通货膨胀；在国际经济方面，则包括关税、非关税措施、外汇管制以及其他限制国际贸易和国际资本流动的做法，直接控制的目的也是改变国内的需求结构，以实现对内对外经济的平衡。

3. 结构政策

结构政策包括产业政策和科技政策等，旨在改善一国的经济结构和产业结构，以提高产品质量、降低生产成本、增强社会产品的供给能力，其特点是长期性，在短期内难以有显著的效果。

4. 融资政策

融资政策是在短期内利用资金融通的方式，弥补国际收支出现的超额赤字以实现经济稳定的一种政策。融资政策包括官方储备的使用和国际信贷的使用，从一国宏观调控角度看，它主要体现为国际储备政策。对外部均衡调控的首要问题就是使用融资政策还是使用其他政策，因为如果国际收支偏离外部均衡标准是临时性的，是由短期的冲击引起的，那么可以用融资政策以避免调整的痛苦；而如果是中长期因素导致的，那么就势必要求运用其他政策进行调整。可见，融资政策与调节社会总需求的支出政策之间具有一定的互补性与替代性。

5. 国际收支调节政策

当一国国际收支出现失衡时，政府面临四个层次的政策选择：一是在融资政策和调整手段之间进行选择；二是如果选择调整手段，则可在需求调整政策与供给型政策之间进行选择；三是如果确定采用需求调整手段，则在采用支出调整政策和支出转换政策之间进行选择；四是如果确定采用支出转换政策，则必须在本币贬值和管制措施之间进行选择。各种政策均有其利弊，政策调节的目的在于：当国际收支失衡时，正确使用并搭配各种不同类型的调节政策，根据具体情况进行权衡，加以选择，以最小的经济代价和社会代价达到国际收支的平衡。

（二）财政政策和货币政策的实际运用

与固定汇率制国家不同，浮动汇率制国家在实施宏观经济政策时可以不考虑国民经济的外部均衡。这是因为在浮动汇率制下，BP 曲线可以自由移动，如果国民收入和利率发生变动，国际收支发生失衡，由此引发外汇的失衡和调整，汇率发生变动，此时 BP 曲线会自动移至重新实现国际收支平衡的位置，仍保持经济外部均衡。因此，浮动汇率制国家在制定和实施宏观经济政策时，主要考虑的是经济内部均衡，即实现充分就业和物价稳定。因此，考虑宏观经济政策的应用应首先考虑财政政策和货币政策对国民收入和价格水平的影响。表 8-2 总结了浮动汇率制、资本有限流动情况下不同的财政政策和货币政策组合的效应。

表 8-2 浮动汇率制和资本有限流动情况下不同的财政政策和货币政策组合的效应

政策措施	效应	产出水平	物价水平	汇率	经常账户
扩张性财政政策	直接效应	增加	提高	下降	恶化
	间接效应	减少	降低		
	净效应	小或无影响		下降	恶化
紧缩性财政政策	直接效应	减少	降低	上升	改善
	间接效应	增加	提高		
	净效应	小或无影响			改善
扩张性货币政策	直接效应	增加	提高	上升	改善
	间接效应	增加	提高		
	净效应	大幅增加		上升	改善
紧缩性货币政策	直接效应	减少	降低	下降	恶化
	间接效应	减少	降低		
	净效应	大幅减少		下降	恶化

资料来源：魏浩（2018）

由于不同的财政政策和货币政策对产出水平、物价水平等会产生不同影响，因此政府可根据国民经济的实际变化，组合使用财政政策和货币政策，具体可分为同向的政策组合以及反向的政策组合。

1. 同向的政策组合

假定一国经济正在经历一场衰退，产出低于充分就业水平，政府的主要目标是提高均衡产出。表 8-2 给出了财政政策和货币政策对均衡产出的影响。为增加产出，政府可采取扩张性货币政策和财政政策。此外，会对物价产生上升压力，如表 8-2 中第二列所示。不过，当产出低于充分就业产出水平时，物价上升的程度是可以接受的。实施扩张性货币政策和财政政策对汇率的效应是不明确的。第三列表明，扩张性财政政策导致货币升值，而扩张性货币政策导致货币贬值。本币升值或贬值取决于财政政策和货币政策对利率的综合影响。由于汇率效应是确定的，扩张性财政政策和货币政策组合对经常账户的影响是不确定的。如果扩张性财政政策和货币政策最终导致国内利率下调，则本币贬值，经常账户因此改善；如果政策组合导致利率上升，则本币升值，经常账户恶化。从政策制定者的角度解决衰退问题，让外部平衡随着利率变动而调整是相对可行安全的方案。因此，国内经济会在扩张性政策组合下提高产出水平，外部非平衡在任何一个方向（盈余或赤字）都不会走得太远。如果国内的主要问题是通货膨胀，分析也是类似的。在这种情况下，通常产出大于充分就业水平，这时，政府可能会动用紧缩性财政政策和货币政策的组合，这种政策组合对内部平衡的影响是很明确的，即物价水平和产出水平都会下降。同样，这套政策组合对外部平衡的影响是不确定的。紧缩性财政政策导致本币贬值，而紧缩性货币政策导致本币升值。由于汇率的不确定性，经常账户的状态也同样是不确定的。这套政策组合似乎并不存在很大问题，因为当国内经济调整到合意的水平时，外部平衡没有发生太大的变动。因此，当政府动用同向的政策组合时，均衡产出和物价水平得到调整的同时，汇率和经常账户平衡未出现剧烈变动。

2. 反向的政策组合

同向的财政政策和货币政策组合（同为扩张性或同为紧缩性）在国内目标实现上效果相互加强。反向的财政政策和货币政策（一个扩张和一个紧缩）在国内目标实现效果上相互削弱。例如，紧缩性货币政策配合扩张性财政政策，对均衡产出和物价水平的效应是不明确的。既然这种政策组合对国内平衡的影响是不确定的，那么政府为什么采用这套政策组合呢？在前面的讨论中，假定政府能够左右财政政策和货币政策的变动。在很多国家，情况不是这样的。一方面，行政政策和立法机构共同操控财政政策；另一方面，中央银行独立于政府，决定货币政策的走向。当不同的政策制定者影响着财政政策和货币政策时，其采用的政策组合很有可能是反向的。当政策组合反向时，短期内会对国内经济产生不确定的影响。不过，反向政策组合对外部平衡影响的效应是确定的。扩张性财政政策和紧缩性货币政策会导致本币升值和经常账户恶化，而紧缩性财政政策和扩张性货币政策对外部平衡的影响正好相反。注意这里讨论的关键在于，反向的政策组合对外部平衡影响的效果得到了强化。当经济中采用反向政策组合时，汇率的变动对厂商竞争力会产生重大影响。20 世纪 80 年代美国的“双赤字”就是这套政策组合对贸易品效应的具体实例。

本节小结

在浮动汇率制下，随着资本流动程度的提高，扩张性财政政策对于提高一国国民收入水平的作用效果受到了限制，特别是当资本完全自由流动时，财政政策完全失效；而一国货币当局不再有维持固定汇率的义务，从而可以控制货币供给量，使得货币政策在浮动汇率制下能够有效发挥对国民收入的影响作用。

思考题

1. 假设 A 国和 B 国经济联系紧密，均实行浮动汇率制度，A 国遭遇严重失业问题，遂采取放松银根政策，B 国是否会受到影响？

2. 分析浮动汇率制下的宏观政策效应。

3. 汇率的变动对国际收支以及对一国经济会产生什么影响？

4. 比较浮动汇率制和固定汇率制下的宏观经济政策效果。

第五篇　国际经济政策协调理论与实践

第九章

国际经济政策协调理论

21 世纪是经济全球化的世纪。经济全球化是当今世界经济发展的客观进程，是在高科技条件下的经济社会化和国际化的历史新阶段。它不仅深刻地影响着各国的经济，还改变着人民的生活方式，我们时刻感受着经济全球化的气息。在这种关系紧密的“地球村”里，各国之间的经济达到了空前的融合和相互依赖。第二次世界大战以来，发达国家之间的贸易往来和相互投资获得了高度发展，各种国际机制开始形成，跨国公司已成为经济增长的发动机，大批发展中国家开始参与国际体系，各国经济之间相互依赖、相互渗透、趋于一体。20 世纪 90 年代以来，国际经济出现了历史性变革，经济全球化趋势呈加速发展之势。生产要素的跨国配置，加强了相互依存的全球分工体系，经济周期出现新的变化，信息技术使资本在全球快速流动。无疑，经济全球化已成为强劲的时代潮流。

经济全球化是把双刃剑，它一方面加快了世界经济的发展，另一方面又使一国对另一国的经济冲击加大。一国往往在享受全球化收益的同时，其经济政策制定的主权也会受到约束。在封闭经济条件下，一国可以忽视经济政策的外溢效应，能够通过调整货币政策与财政政策实现国内外经济均衡。在当今区域一体化与全球化趋势加强的时代，政策的溢出效应加大，一国的经济政策既会影响他国的经济，又会受他国经济政策的影响，以邻为壑的现象难免发生。尤其是在 2008 年金融危机之后，发达国家倡导制造业回归，贸易保护主义、地缘政治冲突、新冠疫情等因素都使逆全球化趋势日益明显，这必然对原来已经依存度很高的世界经济带来较大的冲击，因此对于如何平衡国家利益与国际利益之间的关系、实现共赢、均衡发展而言，国家间经济政策协调变得非常重要。

第一节　国际经济政策协调的内涵

要深入研究一个问题，必须弄清楚问题所涉及概念的内涵。研究国际经济政策协调，就需要首先了解经济政策协调的内涵。下面仅从其定义、形式、目标三个方面进行阐述。

一、国际经济政策协调的定义

严格地讲，在国际经济交流中，存在着三种重要方式：磋商、合作、协调。磋商是指在阐述自己或共同的政策目标时所进行的信息交换，以及为试图改变其他政府政策时所进行的解释及规劝。这种信息交换没有约束性。通过磋商可以了解其他国家政府的政策意图、发展趋势和发展计划。当一国政府向他的合作伙伴阐述自己的政策目标时，而不是共同的政策目标时，采取解释和规劝的方法可以取得较好的效果。磋商还可以增加参加国之间的相互理解。这种方式提供了各国所面临问题的背景资料，而且在磋商过程中形成了信誉感，为经济政策协调奠定了基础。合作是强调在两国政策不存在矛盾冲突的情况下，通过技术交流、信息共享、加强经贸联系等普遍方式实现两国经济福利的同时增长（那种单纯由于政治原因而进行的援助性合作除外）。经济合作所涉及的范围较广，对各国政策的约束力不强。

到目前为止，对经济政策协调的定义尚没有明确、统一的标准。至今有两种看法。第一种看法认为国际经济政策协调是“各国充分考虑国际经济联系，有意以互利的方式调整各自经济政策”的过程。这是一个广义的定义，它包括了从相当有限的目标协调到宏观政策的一系列协调形式。1978 年波恩经济峰会就是进行大目标协调的一个例子。当时七国集团达成了一套相当完备的协调方案。有限目标协调的例子是布雷顿森林固定汇率体系下国际货币基金组织执行的多边监督过程和由七国集团建立的多边监督过程，这种监管虽然是一种局部和有限的方式，但可以导致国家间政策的协调。1985 年 9 月签订的《广场协议》也是七国集团进行货币政策协调的一个例子。很显然，这种经济政策协调定义具备这样的特征：它是由政府出面，通过彼此的协商、谈判达成协议或建立组织，采取以合伙、互相配合的政策措施，对它们的经济联系和经济活动实行联合调节，解决共同面临的问题，避免矛盾和冲突计划，保证国际经济正常运转。要实现这种形式的协调，就需要分两步执行：首先，为联合目的确立一个基本的目标；其次，为实现联合目标而规定各国配合行动所采取的政策。另外，从定义中还可以看出，根据这种经济政策协调的定义，其包含的范围较宽，常常涉及各国之间贸易政策的协调、投资政策的协调、货币政策的协调、竞争政策的协调、生态环境政策的协调等。协调范围的宽泛，必然导致协调层次的肤浅及协调形式的多样化。

第二种看法是指在有关国家解决失业和通货膨胀的目标选择不一致时，在相互让步的基础上，就这些国家的货币政策和财政政策进行国际协调，并达成某种妥协或临时默契，共同选择一个符合参与协调整体最大经济利益的均衡点。尽管这种经济政策协调的效果，对于某一个国家来说或许并非最佳的政策选择，但是，对于整体经济来说，它往往能实现福利最大化。这种定义涉及协调的经济政策范围较窄，仅限于各国之间进行汇率政策、货币政策、财政政策的协调。很显然，它主要针对的是宏观经济政策的协调。例如，我们假设欧洲各国经济增长普遍不景气，需要降低利率，需要采取较为宽松的货币政策增加货币投放，而第二次世界大战使德国害怕通货膨胀加剧的影响，一向主张提高利率，收紧银根，采取紧缩的货币政策。在金融市场一体化的今天，德国提高利率的结果势必会影响整个资本市场的需求状况，导致欧洲各国资金追逐高利，纷纷流向德国，这对资金流出国无异于釜底抽薪。但反过来，如果只强调欧洲其他国家的经济复苏而要求德国降低利率，则会对德国的通货膨胀推波助澜。因此，在各国解决失业与通胀的目标选择不一致时，就必须进行货币与财政政策的协调，选择一个经济利益的均衡点。这种协调的结果对单个的某一国来讲往往并非利益最大化的选择，但对协调国全体来说，却是一个合理的选择。

这两种经济政策协调定义的共同点，都是政府之间进行磋商谈判，实现某种宏观经济政策的协调以达到共同福利最大化。但二者也有很大的差异，第一种经济政策协调的层次较浅，属于简单、粗放的协调，对经济的影响也是潜在的、微弱的；第二种经济政策协调的层次很明显，比较深入，对经济的影响不仅会产生微观经济效应，而且对宏观经济变量如经济增长、通货膨胀、利率等都会产生直接影响，从而对一国的经济结构与产业结构有所触动。这种定义的差异也反映了经济政策协调从理论到实践逐渐深化的发展过程。从 20 世纪初哈耶克提出“由于冲突而需要协调的哲学观点”，到该世纪五六十年代，库珀提出了国际相互依存理论，认为单靠一国实行内外均衡的经济政策不足以解决全球问题，必须进行经济政策的协调才能达到共同的目标，这一阶段进行的经济政策协调只是停留在广泛意义上，而且注重彼此之间的信息交流和磋商，希望遵守达成的共同规则或协议，但没有强制性，对主权的让渡也是有限的。随着技术的快速发展，生产的国际化和资本的全球化都促使各国之间的相互依赖加深，一国的经济政策对另一国的影响已深入内部，正像常说的那样，美国一感冒，全球就要打喷嚏。因此，当今的世界经济形势要求经济政策协调的层次也要上升，所以就出现了针对宏观经济政策协调的定义。相应的国际经济政策协调理论研究也有了很大的发展。从 1976 年哈马达（Hamada）建立模型，分析国际货币政策的协调，到 20 世纪 80 年代，一些学者提出了一般均衡的动态模型理论研究的发展，不仅体现了理论的逐渐成熟，也反映了在实践中，经济政策协调由广泛的行业协调发展到了宏观经济政策协调，对一国经济的影响深化到了经济结构、政策制度、发展水平的程度。而且，这时一国经济政策的制定权已进行了部分的让渡，主权进行了部分转移。

从上面的比较可以看出，第二种定义更具有现实意义和时代特征。由此，国际经济政策协调是指两个国家以上的政府，为了解决当事国在国际经济领域的利益冲突，对双方的贸易政策、汇率政策、货币政策等进行协调，以实现整体福利水平的最大化。

二、国际经济政策协调的形式

到目前为止，国际经济政策的协调依赖于两种方式：霸权稳定方式和国际组织方式。第一种协调方式往往用于为解决特定矛盾或问题而进行讨论达成的协议，具有临时性、灵活性、权威性的特点。而且，这种协调常常产生于发达国家与发展中国家之间，发达国家依靠其经济实力发号施令，以领导者的姿态提出某种建议，协商的余地比较小。所以，这种协调带有一种不平等性，但在一些特殊问题的解决上，发达国家似乎尽更多的义务。在20世纪五六十年代，很多问题采用的就是这种协调方式，这与当时的国际经济、政治形势有关。第二种经济政策协调方式是功能机构性协调，它是以参与国共同承担的行为准则为基础，可通过履行规定来避免或解决可能出现的矛盾与冲突，对稳定国际经济关系及其正常发展起了重要的作用。因为这种协调形式的特点是按事先的协议和既定的行为准则办事，所以基本能坚持利益共享、损失共担的原则。随着经济全球化趋势的增强，这种协调方式越发显示出其优越性，解决国际争端的组织渐渐增多，如联合国、WTO、国际货币基金组织、世界银行等。这些组织都担当了一国所无法承担的责任，并随着组织规模的扩大，起到了越来越强的协调功能。但是，这种协调方式难以针对具体问题进行调节，机制僵化，不易做出灵活反应；而且，当触犯了本国利益时，参与国常常违背协议的原则，独自行事，以致达不到协调的效果。

这两种协调方式虽然有很大的差异，但也存在一个关键的共性，即无论是以大国实力促成协调，还是以国际组织进行撮合，在对待市场-制度的关系上，都是立足于国家，从国家这个基本单位出发，强调国际协调中的国家主权和国家利益至上。这样，各国可以根据自身的利益来选择参与或不参与国际协调，以及如何参与协调，甚至考虑是否在协调中违约，不存在任何外在因素对其选择进行合法的约束。虽然，自利导向的权威式领导协调带有一定的胁迫色彩，但毕竟不是法律要求，它取决于政治、经济实力的对比，一旦实力对比发生变化，国际经济政策协调就陷入困境。而且，这两种协调方式都没有对主权进行过多的让渡，这也说明国际经济组织还没有约束和监督的作用。与此对比，欧盟经济政策的协调机构权力要大得多，其协调的方式及效果都强于其他组织，所以研究欧盟经济政策协调有很强的现实意义。

另外，国际经济政策协调的形式还可以分为随机协调和规则协调两种。随机协调是指就某个特定政策达成临时性的协议；规则协调是要求当事人遵守规则，而不仅是采取磋商和协议的方式就政策协调进行明文规定。金本位、布雷顿森林体系和欧洲货币制度都属于规则式协调，而波恩会议、卢浮宫会议都属于随机协调。

在第二次世界大战后，特别是20世纪70年代和80年代以来，上述两种协调方式都在向制度化的国际经济政策协调方向发展。一些主要的资本主义国家定期召开政府首脑会议，商讨世界及各国经济中出现的问题，就相互间的矛盾与冲突进行协调，而且越来越赋予国际组织更多的权利。尤其在东南亚金融危机以后，各国开始要求国际组织拥有监管的权利，这样经济政策协调的方式和机构的设立上就更加完善，逐渐形成一种国际性制度。这种协调的制度化减少了各国之间进行磋商、谈判的时间，使问题的解决有了可供依照的程序法则，提高了国家之间进行协调的效率，使国际组织能及时对经济中出现的问题进行预测，及时采取措施进行协调，实现其协调的效果。经济政策协调制度化是一种必然趋势，因为这是经济全球化的要求，也是国际市场对经济政策趋同的要求，当然这可能要经历很长的一段时间。

三、国际经济政策协调的目标

一国的微观经济政策目标是实现资源的最优配置；宏观经济政策目标是实现经济增长，充分就业，物价稳定，国际收支平衡。对于国际经济政策协调的目标来说，其目标应该是实现共同福利最大化。经济福利是很难衡量的指标，所以要探讨经济政策协调到何种程度能够实现经济福利最大化，是比较复杂的问题，但经济政策协调目标的宗旨是一成不变的，只是在不同的阶段，其具体的目标有所差异。

第二次世界大战后几十年来，在一个较长的时期，经济政策协调的目标主要是在经济大国之间达成某种货币政策与财政政策临时的默契，使发达国家相互的经济政策在短时期内不至于冲突太大，政策的负面效应不至于对世界经济产生巨大的危害。很显然，此协调的目标比较低，所以协调的范围仅限于流通领域，均属对各国外部经济问题和对外经济政策的协调。随着各国经济相互依赖的加强，世界经济对经济政策协调的要求越来越高。到了 20 世纪七八十年代以后，经济政策协调的目标向更深层次发展，即通过对财政和货币政策长期、持续的调整，消除各国之间经济结构、发展水平、政策制度的不平衡性，使得协调整体的经济周期能够同步，使各国采取紧缩或扩张政策的需求一致。在这种情形下，经济政策的协调目标，将不再是出现经济危机时所采取的唯一应急措施，而是成为针对各国经济发展状况采取的一致的对策。这种协调目标的实现，显然要求制度化协调方式的存在，如紧密的共同体方式，即成立一个中央协调机构负责审查各国的货币政策，这在欧洲经济一体化的发展中得到了体现。随着协调目标的深化，协调的范围也从流通领域扩展到了生产领域，深入经济生活。对宏观经济政策进行协调，就会影响物价、就业、经济增长，实现对社会再生产的调整，这也是国际经济政策协调进入更高阶段的一种表现。但是，国际经济政策协调的深化必然要求逐渐消除各国经济发展的不平衡，这将会导致经济发展函数的趋同，公平的结果也许会损害经济发展的效率。因此，必须清楚地认识到，协调的目的是为各国经济体系的发展创造一个平稳竞争的环境，并非要把各国的经济结构和水平协调至一个统一的经济制度和体系中。虽然欧盟货币政策的协调已经统一到一种制度下，但这只是促进经济发展的一种手段，并非一种目的。

第二节　国际经济政策协调的理论基础

随着国际经济交往的日益密切，各个国家之间经济政策的外部性越来越明显。由于世界经济发展的不平衡性，各个国家经济政策的选择往往相互矛盾，并通过各种形式表现出来，因此世界经济出现动荡和危机。例如，在 20 世纪 60 年代末和 70 年代初，频繁爆发的美元危机导致了战后布雷顿森林体系的崩溃；紧接着在 1973 年末到 1975 年，发生了越南战争后最严重的经济衰退；在 1973 年和 1979 年又有两次石油危机冲击；而 1979～1980 年世界范围的通货膨胀加剧，更是标志着第二次世界大战后曾一度高速发展的资本主义经济已深深陷入“滞胀”困境。在这种经济形势下，国际经济政策协调开始盛行起来。但是，国际政策协调的实践并非只是在 20 世纪七八十年代才出现的一种新思想，实际上，第二次世界大战结束后初期建立的国际货币基金组织就是一个专门的机构，它是协调各国货币金融事务和有关经济政策的国际机构，而由 23 个缔约国于 1947 年达成的 GATT，虽然当时并没有直接发展成为国际性组织，但也是协调了各国的贸易政策，逐步减少了阻碍国际贸易发展的关税壁垒，为世界经济的快速增长起了相当大的推动作用。另外，在 20 世纪 70 年代以后，国际经济政策协调的形式实行了各国首脑定期会晤，确立了定期协调的机制。正是政策协调实践的深化，引起了经济学界对政策协调理论的研究。目前，国际经济政策协调的理论基础基本上可以说有两个：一是国际相互依存理论，二是博弈论。

一、国际相互依存理论

国际经济政策协调理论是在经济危机频繁出现的背景下产生的，似乎带着偶然性因素。但是，从更深的层次来分析，它是第二次世界大战后世界经济依存性不断加深的必然产物。最初经济政策协调的基础是由美国学者库珀提出的国际相互依存理论。他早在 20 世纪 50 年代末 60 年代初，就开始研究欧洲经济一体化的进程，并于 1968 年发表了专著《相互依存经济学：大西洋共同体的经济政策》（*The Economics of Interdependence：Economic Policy in the Atlantic Community*）。

国际相互依存理论的主要内容是：一个国家的经济发展取决于其他国家的发展和政策；一个国家的发展和政策又影响到其他国家的经济发展。相互依存分为对称与均衡的依存和非对称与均衡的依存。它提出了相互依存的定量衡量指标，把一国的国内生产总值与进出口贸易所占比重以及两者的发展速度之比作为相互依存的数值指标。库珀建立了一个简单的模型，是固定汇率及相对价格不变的对称依赖性经济。他的分析主要针对政策协调的收益以及这些收益怎样随经济依赖的程度而变化，而且随着对外开放程度与资本流动性的提高，依赖程度也会加深。库珀没有探讨具体的波及效应或推断适当的政策反应，他最主要的结论是，由于波及效应会随着经济相互依存程度的加深而增强，分散（非合作）经济的政策效力会减轻，从而经济政策协调显得尤为重要。在其模型中，政策效力的减弱在那些需要较大干预的领域暴露出来，减弱度恰好等于那些目标向其期望值移动的速度。所以，相互依存的加深，意味着要么忍受更长期的经济偏离均衡，要么为干预付出更高的代价。国际相互依存理论在某种程度上可以解释国际经济政策协调产生的原因，不仅包含了经济因素，还包含了政治因素。但随着经济政策协调的深化，单单用此理论进行分析，不免有一定的局限性。所以，随着经济政策协调的实践深化，博弈论被引入了经济政策协调的分析中。

二、博弈论

博弈论又称对策论，它是由著名数学家冯·诺伊曼创立的，这是一种关于博弈理性行为的理论，主要分析在某种竞争的条件下，当成果无法由个体完全掌握，结局要由群体共同决策而定时，局中人为了取胜而应采取何种策略。最初，此理论用于博弈、桥牌和战争中的策略制定和选择。随着世界经济依存程度不断加深，一国的政策会影响别国的社会福利函数。这样一来，各国的宏观经济政策制定就依据博弈论。博弈论所揭示的，就是局中人在各种状态下（结盟或非结盟），如何做出决定来尽可能地使自身利益或结盟整体的利益最大化。

西方经济学家中最先把博弈论引入国际经济政策协调分析中的是西托夫斯基和哈里·约翰逊（Harry Johnson），他们于 1942 年和 1953 年较早地从博弈论的角度对国际贸易冲突进行了探索性分析。20 世纪 70 年代末，日本经济学家滨田宏一（Koichihamada）在其所著《国际货币相互依存性的政治经济学》（*The Political Economy of International Monetary Interdependence*）中对货币领域的国际协调进行了分析，他还设计出一般均衡的动态模型，演绎了各国宏观经济决策当局在三种不同行为形式的假设条件下，国际经济政策协调达到均衡的过程，并比较了三种不同假设条件下的福利结果。后来对政策协调的理论作系统分析采用的是哈马达模型，至今对一些货币政策协调的分析依然是在哈马达模型基础上拓展的。为了对博弈论引入经济政策协调的分析有深入的了解，在此对哈马达模型进行简单的介绍。

哈马达模型的假定条件如下。

（1）世界经济由两个国家组成，即本国与外国。

（2）它们只进行两种产品的生产，每个国家生产其中一种，分别称为本国商品与外国商品。

（3）生产要素只有劳动力一种。

（4）当不存在外部冲击时，如果以同种产品度量，两国的生产规模相同。我们通过图 9-1 来说明经济政策协调的必要性。

图中，横轴和纵轴分别代表 A 国和 B 国所采用的政策工具 IA 和 IB。A 国的目标函数包括一组无差异曲线，每条无差异曲线上的点表明福利水平相等。如果没有溢出效应，这些无差异曲线将变成垂线，福利水平完全由 A 国的政策工具决定。如果存在溢出效应，一国的政策工具会影响另一国政策工具的效应，这时需要两国政策进行协调。有效的政策组合应该是两国无差异曲线的切点。这些切点在契约线（contract curve）B_aB_b 上，切点上的政策能够实现帕累托最优，即一国的福利水平只有在其他国家的福利水平下降时才能上升。当两国政策不进行协调时，把另一国的政策既定，选择 I（图 9-1 中 IA 和 IB 的统称）使一国福利最大化；另一国也同样如此，最后得到纳什点 N，从福利经济学的角度讲，纳什点是无效的，而与契约线上的轨迹相比，纳什点是次优的。所以，当国际存在溢出效应时，进行政策协调能够

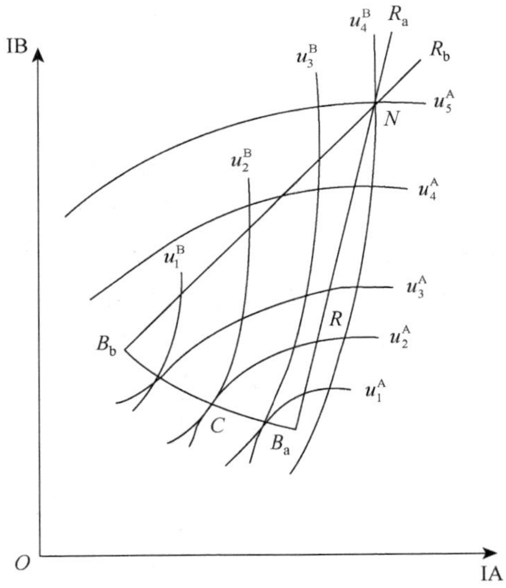

图 9-1　哈马达图像

实现帕累托最优。但有一点需要说明，政策协调的结果会受违约与“搭便车”的影响。图 9-1 中，如果 A 国认为 B 国将继续贯彻协议的政策，如 B_aB_b 线上的 C 点，那么，A 国往往在反应函数上的 R 点违背协约。如果对采取欺骗政策的国家实行监督有困难，那么，A 国的违约就会轻而易举。为了避免这种现象的产生，另一国常常以回到纳什点进行威胁，促使协议的贯彻执行。这一分析充分说明了经济政策协调是很必要的。之后，又有一些经济学家在此基础上，把预期、不确定性放到模型中，对政策协调的收益进行分析，但基本的理论框架没有脱离此模型。

第三节　国际经济政策协调的经验研究

随着对国际经济政策协调理论研究的深入，对其经验性证明也更加广泛。尽管理论文献总体上支持政策协调能够带来收益，但大量的经验研究证明，这些收益在实践中可能非常小。历来对国际经济政策协调的经验研究有两种方法：一种是最佳政策法，即根据两国的经济目标制定目标函数。首先，把一国的政策变量固定，使另一方的福利损失最小化，得到非合作的纳什均衡解，求出此时的福利值。其次，求出使两国的福利函数共同达到损失最小化的均衡解，求解此时的福利值。最后，把两个福利值进行比较，它们的差为协调时的收益。第二种方法是采用多国宏观经济计量模型，进行模拟试验结果而得到。这种模型组合了主要工业国（或贸易集团）的显著特点，以及它们之间经济依存的主要渠道。在这样的结构中，政策协调所得的收益，通常被定义为各国之间两种模拟的差异，前一个是各国的政策独立确定的情况，后一个是政策在政府合作的假设下确定的情况。Oudiz 等（1984）首次尝试利用估计型的多国模型来推导最优政策。他们在开路纳什策略下（open-loop Nash strategy）研究了一种三国博弈情形（美国、日本、德国），然而，那些策略却是作为政策选择的静态（单期）序列来估算的。他们在一个三年期以上的模型中进行模拟，用以测算合作的潜在收益，这种收益以纳什讨价还价的解表现出来。这些收益看起来比 Hallett（1986）估算的要小。他们测算的结果是，德国和美国的收益估算大约是国民收入的 0.2%，而日本则少于 0.7%（Greenaway et al.，2001）。而且，在这个研究中，德国将通货膨胀控制放在优先考虑的位置，而日本则赋予经常账户的变动比较高的权重，这是比较符合事实的。类似的结果在另外一些研究中也曾出现过。Oudiz 和 Sachs（1985）检验了欧洲货币体系各国间政策协调的收益，发现其中的收益占国民收入的 1%。Holtham 和 Hallett（1992）、Canzoneri 和 Minford（1989）也都测算了收益，比分别对美国、欧洲共同体、日本以及 APEC 运行情况的研究略高一些。在一项类似的研究中，Miller 和 Salmon（1985）使用了更为简单的模型（每个国家用了三个方程来描述，经济完全对称，并且世界上只存在这两个经济）。他们分析了不同的策略（开路纳什策略、斯塔克尔伯格模型），但最后测定的收益依然很小。Taylar 估算了七个 APEC 成员的价格——产出方程体系的简化形式（每个成员两个方程），然后根据不同的策略，将产出与过去的价格水平和产出水平联系起来，选择一个政策规则的参数，使产出和价格目标的方差最小化。从中可以看出，美国的需求对其他国家有影响，而德国、法国、意大利之间则有很强的相互作用。但对美国与德国来说，这种收益要比其他国家少。20 世纪 90 年代以后，随着欧洲经济与货币联盟的建立，开始重视对财政政策协调的研究。有关的文献在欧洲经济与货币联盟下的财政政策效应中有总结，在此不再赘述。

国际经济政策协调领域的发展，在 20 世纪 80 年代曾成为经济学者关注的热点，但后来经验证明协调的收益很小，就逐渐沉寂，到 21 世纪 10 年代末又成为研究的焦点，这个课题已经为政策制定者们所接受。由于考虑了预测的变化和不确定性因素，政策协调模型的构建越来越复杂。然而，与非合作政策相比，合作政策的潜在收益已被清楚地确认。在模型中出现不完全信息情况下，政策机构需要协调彼此对世界如何运作的看法，这一点与经济政策协调本身具有近似同等的重要性。这表明，在国际的经济传递机制方面，国家之间信息的交换会产生巨大的裨益。因为信息交换可以增进相互了解，有利于在政策目标、工具上达成共识，并且交换也不会使主权蒙受损失，交换的过程使双方获得潜在的利益。此外，政策协调还可以促使政府树立信誉，减少动态不一致性，这种信誉的积累也为政府间多方面的合作奠定了基础，而这些收益是无法在模型中体现的。

在未来几年里，政策协调领域为研究留出了广阔的空间。一方面，研究的模型可以在基本框架的基础上进行一系列的扩展，既可以把三国或多国引入模型，同时可以把政府的欺诈行为、政策实践的不一致性及不确定性引入分析中，这些都为理论家们制定了研究日程，也向实证者们继续建立计量模型提出了挑战；另一方面，经济全球化也推动了对经济政策协调机制与政策协调成功条件的研究。所以，对欧盟经济一体化进程中的宏观经济政策协调进行研究将对此提供借鉴意义。

第十章 国际经济政策协调的实践

第一节　欧盟经济政策协调的历史演进

一、欧盟经济政策协调内涵的确定

在上面内容中已经提出了国际经济政策协调的定义，现在要研究欧洲一体化进程中的经济政策协调问题，为了更能体现欧盟一体化进程中的经济政策协调，因此对政策协调的内涵进行重申。提起欧盟经济政策的协调，它涵盖的面很广，诸如竞争政策、运输政策、贸易政策、投资政策等。如果按第一种定义来分析，其研究将会纷繁复杂，很难抽象出一般规律性的东西；如果按第二种定义分析，范围又过于狭窄，不能揭示一体化与经济政策协调的关系。所以，根据欧盟一体化的进程，把经济政策协调定义为：欧盟各国在利益产生冲突或者追求共同目标时，各国之间对宏观经济政策进行磋商、谈判，进行部分主权的让渡，以谋求共同利益最大化。这种定义突出了各国政府主权的让渡，包含的范围也仅限于贸易政策、汇率政策、货币政策、财政政策的协调，恰好也符合欧盟一体化深化的过程，能够反映一体化深化与经济政策协调递进的关系。但有一点不足，因为经济政策中涉及了各国主权的让渡，自然就带有了政治色彩，但为了保持本书分析条理的清楚，逻辑的内在一致性，主要从经济的角度进行了探讨。

二、欧盟经济政策协调的历史进程

随着欧盟一体化的开始，经济政策协调也拉开了序幕。1957 年，《罗马条约》正式签订。当时，条约中指出欧洲共同体的目标是，“建立共同市场，使成员国的经济政策不断接近，促进整个共同体经济的协调发展及持续、稳定和平衡增长，加速成员国生活水平的提高及相互关系的加强”。(后来《马斯特里赫特条约》《阿姆斯特丹条约》又作了一定的修改)。为了实现此目标，贸易政策协调从工业品领域的自由流动登上了历史舞台。当时，欧盟为了建立共同大市场，消除各国之间的关税就成为各国政府进行协调的内容，而且，自由贸易能够改善福利的思想已成为共识，因此，关税同盟的建立非常顺利，执行得也很迅速。随即农产品的自由流动也成为各国政府谈判的议题，经过几轮“马拉松式”的谈判，终于达成了共同农业政策，促使工业品与农产品市场统一，大大增加了各国之间的贸易，在某些产业实现了规模经济，促进了各国的经济增长。随着市场的扩大，汇率的频繁波动就成了影响贸易的主要因素，而且维持汇率的稳定是促成共同大市场建成的主要因素，因此，“蛇洞制”与欧洲货币体系就先后开始了运作，汇率政策的协调就成了经济政策协调中的主要内容。这一阶段，一方面各国之间的经济差异大大缩小，另一方面又进一步带动了欧盟的经济增长，使各国推动一体化向高一级深化的信心更加充足。1993～1999 年，各国分别采取紧急措施，进行经济政策的协调，促使利率、通货膨胀率、物价等经济指标的趋同，终于在 1999 年 1 月 1 日，11 国实现了货币一体化，欧洲经济与货币联盟建立了。这时，财政政策的协调就上升为经济政策协调中的主要矛盾，能否实现财政一体化还有待于理论和实践的探讨。税收政策是财政的重要组成部分，从 20 世纪 60 年代开始，税收的协调一直伴随着一体化进行，但成效并不显著。到目前为止，税收政策的协调已经成为一个很重要的问题（表 10-1）。

表 10-1 一体化进程中经济政策协调的主要内容

时间	政策协调的内容	协调的范围	协调的效果	协调的主体
1958～1968 年	关税同盟（工业产品的自由流动）	联邦德国、法国、意大利、比利时、卢森堡、荷兰	增进了各国之间的贸易，并且该协调在一体化进程中始终执行	各成员国政府
1962～1970 年	共同农业政策	原六国	10 年内达到了自给自足 1992 年、1999 年进行了改革	欧盟委员会与各国政府
1972～1993 年	汇率政策协调	主要针对六国与爱尔兰、丹麦	“蛇洞制”运行的效果不佳，欧洲货币体系运行比较成功，稳定了各国之间的汇率机制	欧洲中央银行体系与各国政府
1994 年以后	货币政策协调与财政政策协调	欧盟 15 国	虽然采取了紧急措施，但趋同效果较好	主要是各成员国政府
1999～2002 年	财政政策协调上升为主要矛盾	欧元区 12 国	从各国财政指标看财政政策协调的效果较好	欧洲中央银行、欧盟委员会、部长理事会

续表

时间	政策协调的内容	协调的范围	协调的效果	协调的主体
2003～2013 年	欧盟的进一步扩大和欧洲一体化进程的推进	马耳他、塞浦路斯、波兰、匈牙利、捷克、斯洛伐克、斯洛文尼亚、爱沙尼亚、拉脱维亚、立陶宛、罗马尼亚、保加利亚、克罗地亚加入欧盟	成员国内部贸易显著增加，有效扩大了与非成员国的贸易	欧盟委员会与各国政府
2013～2020 年	欧元区国家财政政策自主权及由此引发的利益冲突	欧盟 28 国	英国“脱欧”	欧盟委员会与英国
2020 年至 2023 年 7 月	欧盟的进一步扩大及入盟候选国的确立	欧盟 27 国及阿尔巴尼亚、北马其顿、黑山、塞尔维亚、乌克兰、摩尔多瓦、波黑、土耳其	阿尔巴尼亚、北马其顿、黑山、塞尔维亚、乌克兰、摩尔多瓦、波黑、土耳其被列为入盟候选国	欧盟委员会

注：本表内容由作者整理得到

从上述简要的历程中可知，伴随着经济一体化的深化，经济政策协调也呈现出了逐步递进的趋势，每一个一体化的阶段都有相应的主要经济政策进行协调。虽然各阶段之间并非泾渭分明，甚至有些交叉，但基本体现了政策协调的阶段性，并且政策协调的机制也逐步得到了完善，这对于推动其他经济一体化的政策协调安排有很好的借鉴意义。

第二节　欧盟经济政策协调的特征

欧洲一体化深入的每一步，都伴随着经济政策协调的成功，可以说，欧洲一体化的历史实际是政策协调的历史。从历史的角度分析经济政策协调的特征，有利于更好地把握经济政策协调对一体化发展的影响程度，并为其他区域一体化的经济政策协调与一体化的配合提供借鉴。下面从经济政策协调的方式、范围、程序和主体四个方面进行分析。

一、欧盟经济政策协调的方式

在相当长的一段时间里，国际经济政策的协调依赖于两种方式：霸权稳定方式和国际组织方式。虽然这两种方式在国际集体行动中的路径差异很大，但这两种方式有一个共性，都是坚持在政策协调中以国家主权和国家利益至上。国家根据自己的利益选择是参与或不参与协调，不存在强制性的约束。欧洲一体化进程中成功地进行了一种新型的协调方式的实践。它一方面排除霸权主导的方式，坚持了平等民主的原则；另一方面在协调的组织安排、责任、权利方面又超越了各个国家，逐渐向超国家机构过渡，但它并没有导向联邦制的国家形式，而是形成管理职能在欧盟与成员国之间配置的“辅助性”原则，已明确了欧盟经济政策协调是各国家为主的功能性与超国家机构的规则式协调。

规则式协调是要求当事人遵守规则，而不仅仅是采取磋商和协议的方式就政策协调进行明文规定。区分以规则为基础的协调方式与专门的协调方式是有益的。以规则为基础的协调方式，是以各种制度为代表的，如金本位、布雷顿森林体系和欧洲货币体系。在这样的制度中，协调可以采取一种内在的含蓄形式而不是外在的明确形式，因为规则的要求代替了对政策协调的公开磋商和协定。相反，专门形式的协调采取了协定各方之间一次性明确协商的形式。在欧盟经济政策协调的历史进程中，可以很明显地体现出其协调的规则性。在关税同盟建立时，六个成员国平等磋商，制定了内部消除关税、对外采用一致关税的条文；到共同农业政策制定时，又相互妥协制定了农业补贴和绿色货币；然后又到欧洲货币体系的制定；最后到现在的货币一体化。各个阶段虽然针对不同的政策进行了协调，但对协议的内容都进行了明文规定，而且就协调的程序、投票方法都形成了一定的规则，并作为一种条约对各国进行约束，各国必须遵守。所以，欧盟经济政策协调毫无疑问是规则式协调。

另外，从欧盟经济政策协调史还可以注意到最初的贸易政策协调，如关税同盟、共同农业政策，其协调的方式主要依赖于各个国家政府。虽然有些国家（如法国）在协调中起到了主导作用，但毕竟不属于超国家权威机构。当深化到宏观经济政策协调时，欧盟超国家机构开始参与经济政策协调的制定和管理。在经济货币联盟阶段，宏观经济政策的协调大部分都集中到了欧盟机构，如货币政策由欧洲中央银行制定，《稳定与增长公约》也对各国的财政政策进行了约束，并制定了相应的协调方案。其中，主要参与协调的机构就是欧盟的经济与财政部部长理事会、经济与财政委员会。此时，各国政府的主权都向欧盟机构进行了充分的让渡。所以，在整个经济政策协调进程中，协调的方式一直是功能性与超国家权威机构相结合的规则式协调。

二、欧盟经济政策协调的范围

欧盟一体化从初级的贸易自由到高级的经济合作、政策协调，最后到全面的经济一体化，大致经历了这样几个阶段：自由贸易区关税同盟、共同市场、经济货币联盟。在一体化进程中，经历了不同层次、不同范围的经济政策协调。从经济政策协调的范围上看，可以从两个方面体现协调范围的扩大：一是所协调的政策从贸易政策扩大到了汇率政策，又进一步深化到货币政策和财政政策。二是从参与协调的国家来看，加入关税同盟的国家有法国、联邦德国、意大利、比利时、荷兰、卢森堡六国；到汇率政策协调时，就增加了英国、丹麦、爱尔兰，后来又增加了希腊、葡萄牙、西班牙；进行货币政策协调时，又增加了瑞典、芬兰、奥地利。随后，中、东欧也在逐步接近欧盟，加入此组织，截至 2023 年欧盟成员国数量已经达到 27 个，2022 年乌克兰、格鲁吉亚、摩尔多瓦等国申请加入欧盟。欧盟政策协调范围的扩大，充分说明其经济政策协调是成功的，它吸引了众多的国家参与到这个体系中来。

从欧盟经济政策协调的层次上看，可以分为两个层次：一是通过协调实现了共同政策，如共同贸易政策、货币政策；二是通过协调实现了一定程度的趋同，但没有实现统一的政策，如财政政策。无论哪一种层次的经济政策协调，其协调的程度是逐步深化的。从行业经济政策的协调（关税同盟、共同农业政策）逐渐推向宏观经济政策协调（货币政策、财政政策），协调的政策越来越能够触及一国的经济结构，对一国的经济影响也越来越大。这个深化也是一个必然的过程，因为商品和劳务以及生产要素实现自由流动后，市场所进行的有效配置提高了成员国间彼此的依赖程度，因此，协调宏观经济政策成为必然。

三、欧盟经济政策协调的程序

最初的欧盟经济政策协调过程是，各个国家首先有了进行协调的意愿，然后坐在圆桌旁，针对某个需要协调的问题进行磋商、谈判，在坚持平等、民主的原则下，几经周折，达成协议，然后各国按协议执行，这是一个协调的完整程序，如关税同盟、共同农业政策都属于这种比较简单的协调。在协议制定后，借助法律、指令、指示等加以约束，对于违约的国家没有机构具体执行处罚，政策协调的效果在一定程度上依靠国家的信誉来保证。目前的欧洲经济与货币联盟的政策协调，其程序开始复杂化、严密化，日趋完善。欧洲经济与货币联盟政策协调的程序，要经历以下阶段。

（一）各成员国首先要有协调的意愿

由于一体化的深化，各国经济相互依赖的程度加深，跨国溢出效应增强。为了使负向溢出效应内在化，进行宏观经济政策的协调势在必行。当各国政府认为协调能够带来利益时，就有了协调的意愿。这时，各国才有可能坐在同一个谈判桌边，进行讨价还价。

（二）需要信息的交流

成功的经济政策协调取决于信息的交流。比如，各国政府需要对《马斯特里赫特条约》中规定的趋同标准有一个共识，并且各国的统计标准也必须一致，这就要求彼此进行沟通了解。对于货币政策的制定也是如此。虽然欧洲中央银行拥有很高的独立性，但不能把它孤立起来。恰恰相反，必须加强各机构间的对话，使其在制定货币方面的战略方针时，应当考虑欧盟委员会和各国财政部部长对于经济情况（财政预测、工资的发展趋势等）所作的分析。同样，各成员国在制定其经济政策时，也需要了解欧洲中央银行对欧盟经济和政治形势的看法，及其货币方面的战略（如利率的发展方向、控制通货膨胀的目标等）。各机构间的对话，是确保欧洲经济与货币联盟的良好运作所必需的。所以，信息交流对保证政策协调的成功是首要的。

（三）共同政策的制定

当成员国进行了经济信息的交流，经济政策的协调就进入了重要的阶段——共同政策的制定。虽然在经济一体化的不同阶段，共同政策制定机制有所不同，但主要机构承担的职能与制定的程序基本相同。在经济货币联盟阶段，是由欧盟经济与财政委员会准备，把委员会建议提交给欧盟经济与财政部部长理事会通过，然后由各国政府承诺执行。

（四）监督机制

在宏观经济政策协调中已建立了监督机制。《马斯特里赫特条约》中制定了各个国家加入欧元区的趋同标准，财政赤字不超过 GDP 的 3%，公债不超过 60%等。这些财政约束条件对于保证欧洲经济与货币联盟的正常运行是很重要的。所以，在财政政策协调中规定了监督机制，如欧洲委员会和欧洲理事会首先对稳定规划进行分析，然后在征询欧盟委员会的意见后，理事会将对这些规划提出自己的看法，理事会在条约所规定的多边监督范围内（第 103 条第 3 款），根据各成员国提供的信息和欧盟委员会作的评估，及时检查规划执行的情况。理事会若发现某成员国财政赤字与 3%的最高限额有较大的偏离，就提出警告，采取适当措施加以纠正，若在一定的期限内依然有过度赤字，就采取处罚措施。处罚一般是以无息存款的形式进行，有过度赤字的国家被要求将一定规模的存款存入欧盟，存款数量一般取决于赤字规模，大约为每超过 3%这一标准的 1 个百分点，罚 GDP 的 0.2%～0.5%。如果该国在两年内消除了过度赤字，欧盟将返还存款；如两年后仍未能消除过度赤字，这笔存款就将转为罚款予以没收，且在首次缴纳存款后，每年都需缴纳额外的存款，直到消除过度赤字为止。从上面详细的规定可见，欧盟已经非常注重政策协调的监督情况，并采取了具体有效的措施保证政策协调的成功。

很显然，在经济货币联盟阶段，欧盟经济政策协调程序已经非常细致，可以说已经非常完善，从制定到执行再到监督，每个细节都包括在协调的过程中。所以，欧盟经济政策协调程序伴随着一体化进程逐步进行了完善。

四、欧盟经济政策协调的主体

Etal 提出了绝对协调与相对协调的概念。绝对协调是指为了实现欧盟水平目标而进行的协调，如单一货币政策、汇率政策；相对协调是为了实现国家水平的目标进行的协调，如税收政策的协调等，目的是对付不对称冲击的协调（Winkler，2000）。欧盟经济政策协调的发展，既是由相对协调到绝对协调的深化，二者又存在着交叉，因为只有通过相对水平的协调，使各国经济政策目标逐渐接近，绝对水平的协调才能充分实现（表 10-2）。在这个过程中，协调的主体也由以各国政府为主向超国家机构过渡。政策协调的程度越高，国家权力受的限制越大，转移到联盟机构的权力越多，从而通过欧盟获得整体利益来补偿国家主权的损失。

表 10-2 1960～1995 年欧盟发展的政策指标

项目	1960 年	1975 年	1990 年	1994 年	年均增长/%
有约束性的决定：理事会	10 个	575 个	618 个	468 个	11.3
有约束性的决定：执委会	6 个	838 个	1 367 个	2 461 个	17.3
理事会的构成	7 个（1967 年）	12 个	22 个	21 个	4.1
理事会工作组数目	10 个(1962 年)	91 个	224 个	263 个	10.1
理事会会议	44 个	675 个	138 个	98 个	2.3
欧洲经济共同体常驻代表委员会及工作组	602 个	22 155 个	21 285 个	2 789 个	4.6
专业委员会		93 个	297 个	409 个（1996 年）	7.3
理事会及其委员会准备会议	2 132 个	7 254 个	9 894 个	10 647 个（1995 年）	4.7
委员会的 A 级公务员	521 个（1961 年）	2 087 个	3 642 个	4 682 个	4.6
中间组织	174 个		500 个	199 个（1995 年）	7.2

资料来源：执委会总报告 1960～1995 年，理事会年度报告 1960～1994 年，共同体预算 1960～1994 年，CELEX 数据库

以上从经济政策协调的方式、范围、程序、主体几个方面描述了欧洲一体化进程中经济政策协调的特征，并结合其历史演进，对欧盟经济政策的协调从纵向、横向有了一个比较清楚的了解，为进一步探讨其协调机制、理论奠定了基础。

第三节 欧盟经济政策协调的机制

经济机制是经济运行主体为了实现经济目标而采取的运行方式。经济政策协调的机制是经济政策协调的主体为了实现欧盟共同福利最大化所进行的运作。欧盟经济政策协调成功的一个重要因素就是在一体化的进程中，逐渐形成了一套独特的比较完善的协调机制。运用这种机制，各成员国之间进行了经济信息的交流，了解了彼此的经济目标，对产生利益冲突的政策进行了协调，并达成了共识。目前这种协调机制，并非一蹴而就，是经历了不同阶段协调机制的变迁才形成的，以后它仍然将随着一体化的深入，发展到更高层次、更完善的水平。

一、关税同盟时期的经济政策协调机制

欧盟经济政策协调伴随一体化的发展，其机制也不同。关税同盟、共同农业政策是实现了工业品、农产品自由流动的贸易政策协调。当时一体化刚刚开始，所进

行的政策协调本质上是浅层次的行业性协调，形成的超国家机构也很少，仅有欧洲执行委员会、部长理事会和法院、欧洲经济与社会委员会，其中，欧洲执行委员会、多国议会带有超国家的性质，部长理事会则是联盟性质。为了使各国政府、公众对主权的让渡从思想上有一个接受的过程，因此，对欧盟超国家机构并没有赋予太大的权利。欧洲委员会负责贯彻执行决议和条约规定的条款，它拥有提议权，并起着重要的作用。部长理事会根据欧洲委员会的提议，有权做出决议。如果它要修改或否决欧洲委员会的某项提议，必须获得一致同意。这样，欧洲委员会即使权力有限，也在整个决策的过程中起着主要的作用，因为它是迫使部长理事会采取行动的推动者。欧洲委员会制定政策时从共同体总体角度考虑，而部长理事会更多的是维护各国的利益。部长理事会决定的过程就是各国进行讨价还价的过程，是进行利益协调的主要阶段。部长理事会做出决定要取得一致或多数同意。条约规定，随着条约逐渐进入实施阶段和12～15年的过渡时期临近结束，共同市场将逐渐建立起来，经多数同意做出的决议将越来越多。1966年1月1日起，部长理事会在重要领域里，将可以采取特定多数表决的方法。但是，法国从1965年7月1日起拒绝参加欧洲经济共同体会议，企图用“空椅子政策”阻碍这种转变。在1966年1月的卢森堡会议上，各成员国决定在有分歧的领域应寻求意见一致。每个成员国实际上都可以行使否决权。事实上，在1986年以前，经济政策协调几乎都是采用全体通过原则。

很明显，关税同盟时期的经济政策协调机制比较简单，协调的效果也容易得到保证，但因为一项共同政策的制定需要全体同意，所以降低了机制决定政策的效率。

二、共同市场时期的经济政策协调机制

随着贸易政策协调的结束，一体化进入了共同市场阶段。由于商品流动的障碍已消除，影响贸易的主要因素变为汇率的波动。为了稳定汇率，各成员国之间的汇率政策协调成为共同政策制定中的主要问题。这时，经济政策协调的层次不仅深化，协调的机制也日益完善。当时的超国家机构是部长理事会、执行委员会、欧洲议会、欧洲法院、欧洲理事会以及欧洲经济与社会委员会等。共同政策的制定也需要一个复杂的机制：先由执行委员会起草政策建议，部长理事会审批。执行委员会的委员是由成员国政府协商委派，一旦任命，这些委员就不再代表本国的利益，而是作为共同体的官员，代表整个共同体的利益。因此，执行委员会起草的政策建议往往代表了共同体全局的利益，有时会与个别成员国的眼前利益发生冲突。如果执行这些政策，就需要某些成员国做出牺牲。部长理事会在审批执行委员会的建议时，担负着协调各成员国利益的任务，所以，确切地说，部长理事会是经济政策协调的实质主体。部长理事会的成员都是各成员国委派的代表，代表本国利益。因此，部长理事会一方面作为共同体的立法机构，履行《罗马条约》赋予它的职责，协调成员国在《罗马条约》规定范围内的政策活动，制定欧洲共同体的政策法令，同时，它又是政府间的机构，每个国家的代表可以为自己国家的利益影响共同体的决策。部长

理事会审查的过程，就是各国代表讨价还价、利益协调的过程，最后通过妥协达成各方能接受的方案，成为正式的决策。《罗马条约》规定部长理事会进行决策时，要采取多数表决制度，这就带有了少数国家服从多数国家的特征。欧洲议会与一般的议会不同，它不具有立法权，只能向部长理事会和执行委员会提供咨询。另外，欧洲经济与社会委员会是由雇主、工会、农场主、消费者和其他利益集团的代表组成，它代表共同体各群体的民意，也向部长理事会、执行委员会提供建议和咨询。欧洲理事会从 1975 年起，对共同体的决策过程开始施加影响。它定期召开会议，为共同体的政治合作和重大经济合作确定指导方针，采取一致通过原则，具有最高的政治权威性，但它的决定不具有法律效力。从上述共同政策的制定机制看，经济政策的协调主要体现在成员国政府受本国议会的委托，可以通过自己在部长理事会的代表，维护本国的利益，影响共同体的决策，这时，共同体的决策既体现了“超国家”的特点，又含有国家间协调的意味。

三、经济货币联盟阶段的政策协调机制

共同市场完成以后，一体化进入了经济货币联盟阶段。由于《马斯特里赫特条约》的签订，欧盟从 1993 年 1 月 1 日起，建立了一个新的共同决策机制，确定了欧洲议会在立法中的共同决策权。此时，经济政策的协调主要涉及货币政策与财政政策的协调，其协调的机制更加复杂，更加完善，不仅包含了政策协调的制定，也包含了政策协议执行过程的监督。这一时期政策协调的主体是欧盟经济与财政部部长理事会、经济与财政委员会、欧元委员会等。经济与财政部部长理事会主要协调各国的宏观经济政策与就业政策。经济与财政委员会进行政策决定准备时，发挥分析、参谋以及在各成员国的立场之间的调节作用，可影响理事会的决策，而且它的一个重要职能就是进行多边监督。欧元委员会是为部长理事会的决策进行准备的机构，它对各国货币政策的执行起辅助作用。此时，欧洲议会的作用已不是很大。可见，政策协调的超国家性已非常明显，而且，协调的机制已具有了预防与监督相结合的特点，相比于以前的协调机制，其功能有了很大的增加。

在经济货币联盟阶段，理事会的决策可以采用特定多数对欧洲议会的修正意见达成“共同立场”。根据《欧洲共同体条约》所规定的特定多数，至少需要 87 票中的 62 票(《欧洲共同体条约》第 148 条)。自《欧洲联盟条约》签订以来，大约有 10%的提案是以特定多数通过的。在以简单多数通过的提案中，15 个成员国中至少需要有 8 个同意。15 个成员国的投票比例为：比利时 5 票，希腊 5 票，荷兰 5 票，丹麦 3 票，英国 10 票，奥地利 4 票，德国 10 票，爱尔兰 3 票，葡萄牙 5 票，芬兰 3 票，意大利 10 票，瑞典 4 票，法国 10 票，卢森堡 2 票，西班牙 8 票。这种投票规则的变化，提高了共同决策的效率，按照这个程序，仅 1995 年就公布了 40 个欧洲共同体的法律文件，按照咨询、合作和同意程序通过了 130 个提案。因此，可以看出，欧盟超国家权威机构进行经济政策协调的能力迅速提高，为深层次的经济政策协调奠定了基础。

四、未来的完全经济一体化的政策协调机制

Holland（1980）曾提出过未来超国家决策机制，在这种机制中，成员国议会已无权参与决策过程，成员国政府只是执行执委会和部长理事会的指令和决议，其作用相当于未来“欧盟”的一个“省”或一个“地方政府”。事实上，根据关税同盟到经济货币联盟协调机制的变迁，结合完全经济一体化的特点，未来政策的协调机制将会变得简单。因为财政政策、货币政策都由欧盟的超国家机构统一制定，所以，各成员国之间利益的协调将变为微观结构的协调，宏观层面的政策协调将趋向结束，但那时，欧盟超国家机构的权力将变得很大，相当于联邦政府。随着欧盟经济政策协调的递进，其协调机制也都逐步走向完善，形成了一种超国家机构负责的协调制度。这从一些政策协调会议的定期召开就可以表现出来。例如，共同体首脑会议，从 1975 年起，每年定期召开，最初每年举行 3 次会议，后来改为 2 次，必要时可以随时召开共同体特别首脑会议。成员国外交部部长会议，最初每年召开 2 次会议，后来增加为每年 6 次，还有其他的一些政策协调会议都已形成了定期召开的制度。

在组织机构上，欧盟设有欧洲理事会、欧盟理事会、欧盟委员会、欧洲议会、欧盟对外行动署、欧洲法院、欧洲统计局、欧洲审计院、欧洲中央银行、欧洲投资银行、外围组织（欧洲经济区和地中海联盟）等 11 个组织，各个组织机构分工明确，均已形成机制化的运行模式。

在市场活动中，这种协调制度的建立实现了集体行动的均衡，通过制度明确了行动的规范、违约的处理，并将监督功能赋予最具执行效率的代理人，从而使集体行动的成本降到最低，效率升到最高。正因为规范了经济政策协调制度，欧元才得以顺利启动，才有可能实现进一步的政治一体化，同时，扩大对世界其他国家的经济辐射作用和制度的示范效应。

因此，欧盟经济政策协调机制的制度化绝对不是一个区域问题，而是一个世界问题。

第四节　欧盟经济政策协调对其他区域经济一体化的影响

伴随着经济一体化的深入，欧盟进行了一系列的政策协调。每一时期的一体化都有相应的政策协调安排，二者相互适应促进了经济一体化的发展，这些都为其他的区域一体化进行政策协调提供了成功的实践。但欧盟区域组织毕竟是一个极其典型的区域组织。世界上没有任何一个区域组织能够像欧盟那样，在文化上有很强的同质性，在经济上有千丝万缕的联系。在这种背景下的区域组织，它的政策协调制度安排及变迁具有特殊性，但作为一个区域组织，也必然同时具有普遍性的经验，可以为其他区域一体化经济政策协调发展起到示范效应。

一、经济政策协调制度需要适应一体化发展的程度

欧盟一体化的发展经历了关税同盟、共同市场、经济货币联盟到最后的完全的经济一体化，呈现了明显的深化特点。在每一个政策协调阶段，消除了阻碍商品、要素自由流动的因素，使各成员国之间的经济依赖加强，推动了一体化的深化。欧盟的政策协调伴随着经济一体化，经历了贸易政策、汇率政策、货币政策、财政政策的协调，其协调也具有逐步深化的特点。一体化的发展与经济政策的协调有一种内在的一一对应的关系。这种关系并非一种偶然的现象，而是存在着必然性。

一体化进程与经济政策协调制度的对应关系，是区域内市场与政府共同作用的结果。区域一体化往往从消除成员国之间的关税开始，使商品流动的第一道障碍通过贸易政策的协调进行解决。关税的削减提高了一体化的程度，减少了市场的扭曲。此时，由汇率导致的风险成为贸易的主要障碍，汇率的相对稳定就成为市场的必然要求，所以，货币政策的协调就应运而生。同时，生产要素的自由流动促使了共同市场的建立，统一的市场一定要有共同的政策、规则来规范、监督市场的运作，以避免市场的无序竞争和资源的浪费。政府作为一种组织形式，一种市场空间，不能单独对各国的市场进行有效的管理、指导，需要建立超国家的组织，进行共同政策的制定。因此，针对市场的发展，国家之间就逐步建立了经济政策协调制度。协调制度的安排是围绕市场发展而演进的，市场-政府的相互作用促成了竞争与选择。当市场融合超越了国家疆界，各国之间简单总和形成的国际社会安排，就会难以满足对市场的规范，经济政策协调制度将会发生变迁。

同时，合适的经济政策协调制度，会推进一体化的深化；反之，不合适的经济政策协调制度，无论激进还是滞后，都会以失败而告终，将阻碍经济的发展，影响一体化的进程。无论是封闭性的区域组织还是开放性的区域组织，无论其区域文化差异如何，经济制度是否一致，经济发展的差异如何，其区域一体化的发展，必然伴随成员国经济政策协调，从而带动区域市场融合度的提高。所以，每一个区域一体化，只有按照这种次序进行经济政策协调，才能推动区域内经济的发展，促使区域一体化向更高层次深化。

二、区域经济政策协调成功应把握的关键要素

欧盟经济政策协调之所以成功，其经验在于：①各成员国拥有共同的合作意愿；②建立了选择性激励机制，如结构基金、补贴等措施来实现利益的补偿，实施正向或负向的针对性激励，以形成保障集体行动的软约束；③在政策协调中，欧盟一直坚持民主、平等的原则，这是经济政策协调能够贯彻执行的根本原因；④政治激励也是贯彻始终的重要因素。政治激励本质上源于共同的意识形态，往往使某种决心具体化为某种纲领或方案，促成政策协调的制度安排。这几项成功经验仍然适用于其他的区域进行经济政策协调。

每个区域组织的形成，都是由各成员国之间地理、经济等紧密联系导致的结果。既然经济上来往密切，各国之间政策的溢出效应必然较大，就会产生进行协调的需求，容易产生协调的意愿，这是协调成功的前提。同时，任何一个区域内各成员国之间的经济发展都存在差异，同一项经济政策必然使一些国家受益较多，而另一些国家受益较少，不可能绝对的平等，这就会导致各国之间因利益冲突产生矛盾。为了保证集体行动的效果，就需要有利益补偿机制，主要通过建立结构基金、区域政策等措施来弥补各国的差距，使区域内经济平衡发展，保证进一步经济政策协调的成功。对于坚持民主、平等原则，区域经济政策协调与国际经济政策协调有所不同。区域经济政策协调不能依靠强权力量，自利导向的协调方式绝对不利于区域经济的整体发展，只有在协调中坚持民主平等，才能使小国的利益在协调中得到体现，使区域发展的整体效果增强。政治激励只适用于欧盟的政策协调制度安排，而其他的区域组织，由于文化、政治体制的差异较大，并不希望在政治上进行联合，而更注重本国利益的发展。所以，政治激励对于其他的区域组织并不适用。如果其他的区域组织坚持了上述几项原则，就会促进一体化的深化，推动经济的发展。

三、欧盟一体化进程中促进区域经济协调发展的经验

欧盟在缩小地区经济发展差距实现区域经济协调发展方面取得了显著的效果。从欧盟促进区域经济协调发展的实践和政策来看，欧盟在一体化进程中促进区域经济协调发展的经验可以归结为如下几个方面。

第一，效率与公平的协调是实现区域经济协调发展的基本目标。欧盟在一体化的经济互动中高度重视区域内部各国经济发展水平的差异，建立了消除地区差距和贫困的机制，在合作协议中也有对相对落后国家产业的保护和一定的扶持，促进优势互补共同发展，较好地提升了整个地区经济的综合竞争力。同时决策机制重点也在于协调受惠国和净受惠国之间存在的利益矛盾，这显示出了在实现区域经济协调发展的基本目标方面以效率和公平为主。

第二，合理的区域经济协调发展的管理体系是实现区域经济协调发展的组织保证。欧盟促进地区发展的实践及其政策表明：区域协调发展政策的实施要依托一个完整的管理体系，欧盟建立了三级管理体系从不同层次上来实施对区域协调发展的管理。在最高层次上有欧盟委员会作为一个完备的职能机构统筹考虑欧盟整体区域协调发展的政策；在成员国层次上也有一个专门的委员会或发展局来统筹考虑各国内部区域发展和资金项目的安排；在地方政府层次上也有相应的机构负责区域协调发展政策的具体实施。

第三，完善的政策体系是实现区域经济协调发展的机制保证。政策是实现区域经济协调发展的基本工具。欧盟为了促进区域经济的协调发展建立了完善的促进区域经济协调发展的政策体系，在中央财政中建立了区域发展的结构基金和团结基金，并结合不同类型的问题性区域建立指向性更为明确的子基金。欧盟政策银行贷款机制和运作机制加强了对问题区域的扶持力度。同时欧盟还建立起了区域政策实施效

果的评估体系，对区域政策的执行效果进行定期评估，适时调整区域政策的方向和重点以保证区域政策实施的效果。

第四，政府服务意识和服务水平是实现区域经济协调发展的主体保证。在欧盟区域经济协调发展中，各级政府通过强化服务意识和提高服务水平来为区域经济的协调发展创造条件。从对企业的服务来看，欧盟地方政府对企业服务既包括企业创立前的政策咨询、市场分析、办公选址，也包括生产过程中的配套设施建设、财税减免、战略咨询、员工培训、信息服务等各个方面，在强调企业主体地位的前提下将政府完全置于提供服务的位置。

第五，制度创新是区域协调发展的动力保障。欧盟经济一体化的过程实质是“一个跨国度的制度创新过程”。欧盟在一体化的各个阶段都制定了相关的法律，成员国都实行共同的区域政策。一个有效的经济组织是经济增长的关键，从欧盟的一体化进程可知，区域内的制度一体化是其功能一体化实现的重要保障，同时制度一体化需要在打破原有的各自为政的基础上，建立一个高效的区域合作协调机制，通过制度创新推进欧盟的区域经济协调发展。

参考文献

陈斌杰，陈俊侠. 2021-09-22. 今年全球经济增长 5.3%. 中国信息报，(4).

陈雨露. 2019. 国际金融. 6 版. 北京：中国人民大学出版社.

成新轩. 2003. 欧盟财政政策协调分析. 世界经济，26 (5)：41-46.

成新轩. 2003. 欧盟经济政策协调制度的变迁. 北京：中国财政经济出版社.

成新轩. 2004. 欧盟经济政策协调递进的制度分析. 南开学报，(1)：113-118.

成新轩. 2012. 论东亚地区自由贸易区优惠原产地规则的经济效应. 当代亚太，(6)：112-128，157-158.

程凯，杨逢珉. 2020. 进口中间品质量升级与制造业全球价值链攀升. 广东财经大学学报，35 (5)：35-47.

戴翔，张二震. 2016. 全球价值链分工演进与中国外贸失速之“谜”. 经济学家，(1)：75-82.

董瑾. 2014. 国际贸易理论与实务. 5 版. 北京：北京理工大学出版社.

段学军，虞孝感，陆大道，等. 2010. 克鲁格曼的新经济地理研究及其意义. 地理学报，65 (2)：131-138.

范爱军. 2022. 国际贸易学. 4 版. 北京：科学出版社.

范登伯格 H. 2016. 国际金融与开放宏观经济学. 周世民，译. 北京：中国人民大学出版社.

冯德连. 2015. 国际经济学. 3 版. 北京：中国人民大学出版社.

高小龙，董银果. 2020. 中间品进口与制造业全球价值链升级. 财经论丛，(10)：12-21.

郭志尧. 2021. 中国自由贸易区原产地规则对中国在全球价值链地位的影响研究. 保定：河北大学.

姜波克. 2018. 国际金融新编. 6 版. 上海：复旦大学出版社.

克鲁格曼 P. 2017. 地理与贸易. 刘国晖，译. 北京：中国人民大学出版社.

克鲁格曼 PR，奥伯斯法尔德 M. 2002. 国际经济学. 5 版. 海闻，等译. 北京：中国人民大学出版社.

克鲁格曼 PR，奥伯斯法尔德 M，梅里兹 MJ. 2021. 国际经济学：理论与政策. 11 版. 黄卫平，译. 北京：中国人民大学出版社.

兰天. 2006. 欧盟经济一体化模式. 北京：中国社会科学出版社.

李策划，李臻. 2020. 美国金融垄断资本全球积累逻辑下贸易战的本质：兼论经济全球化转向. 当代经济研究，(5)：66-76.

李朝晖，邓翔. 2010. 欧盟共同区域政策的历史演进与经验. 学习与探索，(2)：152-154.

李翀. 2009. 马克思主义国际经济学的构建. 北京：商务印书馆.
李坤望. 2017. 国际经济学. 4 版. 北京：高等教育出版社.
李小建，李二玲. 2009. 克鲁格曼、诺贝尔经济学奖与经济地理学发展. 经济地理，29（3）：363-369.
厉力. 2011. 贸易便利化视角下的中国原产地规则改革建议. 国际贸易，（5）：29-34.
刘海洋，林令涛，李倩婷. 2017. 进口中间品与中国企业生存扩延. 数量经济技术经济研究，34（12）：58-75.
刘园. 2017. 国际金融. 3 版. 北京：北京大学出版社.
卢进勇，郜志雄，温丽琴. 2022. 跨国公司经营与管理. 3 版. 北京：机械工业出版社.
马颖，李建波. 2007. 从进口替代到出口导向：大陆与台湾贸易发展战略的路径比较. 亚太经济，（3）：78-82.
蒙丹. 2011. 全球价值链下中国产业升级的战略转换. 经济与管理，25（4）：85-89.
莫菲特 M H，斯通西尔 A I，艾特曼 D K. 2020. 国际金融. 5 版. 王芳，译. 北京：机械工业出版社.
普格尔 T，林德特 P. 2001. 国际经济学. 李克宁，等译. 11 版. 北京：经济科学出版社.
普格尔 T. 2020. 国际贸易（英文版·第 17 版）. 北京：中国人民大学出版社.
钱书法，郇俊杰，周绍东. 2017. 从比较优势到引领能力："一带一路"区域价值链的构建. 改革与战略，33（9）：53-58.
任保平，马晓强. 2007. 欧盟一体化进程中区域经济协调发展的实践、政策及其启示. 山西师大学报（社会科学版），34（2）：1-6.
萨尔瓦多 D. 2019. 国际经济学. 12 版. 刘炳圻，译. 北京：清华大学出版社.
塞尔居 P. 2014. 国际金融：理论与实务. 柴鹏，译. 北京：中国人民大学出版社.
佘群芝，户华玉. 2020. 贸易成本对中国全球价值链地位的影响：基于制造业细分行业的实证. 统计与决策，36（19）：88-92.
唐宜红，张鹏杨. 2017. FDI、全球价值链嵌入与出口国内附加值. 统计研究，34（4）：36-49.
田金城，陈喜生. 2006. 欧盟区域政策及其协调机制. 求是，（15）：62-63.
佟家栋，高乐咏. 2011. 国际经济学. 3 版. 北京：高等教育出版社.
王金强. 2016. 亚太价值链构建中的原产地规则分析. 社会科学，（6）：17-30.
王俊美. 2020. 积极推动世贸组织现代化改革. https://www.thepaper.cn/newsDetail_forward_9355443[2024-06-20].
王岚. 2016. TPP 原产地规则对亚太纺织服装贸易格局的影响. 财贸经济，37（8）：111-126.
魏浩. 2018. 国际经济学. 北京：北京大学出版社.
熊性美，戴金平. 2004. 当代国际经济与国际经济学主流. 大连：东北财经大学出版社.
徐海波，张建民. 2018. 贸易成本对入世后中国制造业全球价值链分工位置的影响. 现代经济探讨，（5）：62-69.
徐坚. 2017. 逆全球化风潮与全球化的转型发展. 国际问题研究，（3）：1-15，125.
徐进亮，丁长影. 2013. 国际原产地证书缮制新规范. 中国海关，（12）：42-43.
许德友，梁琦. 2011. 对外贸易与国内产业地理：来自新经济地理学的研究综述. 南方经济，（11）：63-73，82.
闫屹，赵雪燕. 2013. 国际金融. 北京：高等教育出版社.
姚铃. 2010. 欧盟经济一体化的新发展. 国际贸易，（10）：50-52.
余劲松. 2001. 论"与投资有关的贸易措施". 中国法学，（6）：114-125.

余淼杰. 2021. 国际贸易学：理论、政策与实证. 2 版. 北京：北京大学出版社.
张辉. 2006. 全球价值链动力机制与产业发展策略. 中国工业经济，（1）：40-48.
张礼卿. 2018. 国际金融. 2 版. 北京：高等教育出版社.
张为付. 2009. 国际经济学. 南京：南京大学出版社.
张晓静. 2007. 欧盟经济一体化中区域政策的效果研究：兼论对中国参与区域经济合作的启示. 国际贸易，（7）：35-40.
张宇燕，李增刚. 2010. 国际关系的新政治经济学. 北京：中国社会科学出版社.
张远鹏. 2017. “一带一路”与以我为主的新型全球价值链构建. 世界经济与政治论坛，（6）：39-53.
赵春明. 2020. 跨国公司与国际直接投资. 3 版. 北京：机械工业出版社.
郑玉，姜青克. 2019. 全球价值链双向参与下的生产率效应：基于 WIOD 数据库的实证研究. 财贸研究，30（8）：26-42.
周文贵. 2004. 国际经济学论纲. 广州：中山大学出版社.
Ando M. 2006. Fragmentation and vertical intra-industry trade in East Asia. The North American Journal of Economics and Finance，17（3）：257-281.
Arndt S W，Kierzkowski H. 2001. Fragmentation：new production patterns in the world economy. Oup Catalogue，92（17）：171801.
Baldwin R E ，Forslid R，Martin P，et al. 2003.Economic Geography and Public Policy. Princeton：Princeton University Press.
Baldwin R，Okubo T. 2014. Networked FDI：sales and sourcing patterns of Japanese foreign affiliates. The World Economy，37（8）：1051-1080.
Baldwin R，Venables A J. 2013. Spiders and snakes：offshoring and agglomeration in the global economy. Journal of International Economics，90（2）：245-254.
Barro R J. 2007. Macroeconomics：a Modern Approach. Boston：Cengage Learning.
Bidegain P Z. 2012. Does the EU need a finance minister?. European View，11（1）：87-88.
Blomstrom M，Kokko A. 1997. Regional Integration and Foreign Direct Investment：a Conceptual Framework and Three Cases. Washington：The World Bank.
Bouayad-Agha S，Turpin N，Védrine L. 2013. Fostering the development of European regions：a spatial dynamic panel data analysis of the impact of cohesion policy. Regional Studies，47（9）：1573-1593.
Broadberry S，O'Rourke K H. 2010. The Cambridge Economic History of Modern Europe.2nd ed. New York：Cambridge University Press.
Canzoneri M B，Minford P. 1989. Policy interdependence：does strategic behaviour pay? An empirical investigation using the Liverpool World Model//Macroeconomic Policy and Economic Interdependence. London：Palgrave Macmillan UK：158-179.
Choudhri E U，Khan M S. 2004. Real exchange rates in developing countries：are Balassa-Samuelson effects present?.https://www.imf.org/external/pubs/ft/wp/2004/wp04188.pdf[2024-07-08].
Diakantoni A，Escaith H，Roberts M，et al. 2017. Accumulating trade costs and competitiveness in global value chains. https://www.wto.org/english/res_e/reser_e/ersd201702_e.pdf[2024-07-02].
Dixit A，Grossman G M，Helpman E. 1997. Common agency and coordination：general theory and application to government policy making. Journal of Political Economy，105（4）：752-769.
Estevadeordal A，Blyde J，Harris J，et al. 2013. Global value chains and rules of origin. Development Challenges and Policy Options，Proposals and Analysis.

Feenstra R C. 1998. Integration of trade and disintegration of production in the global economy. Journal of Economic Perspectives，12（4）：31-50.

Feenstra R C，Inklaar Robert，Timmer M. 2015. The next generation of the Penn World Table. American Economic Review，105（10）：3150-3182.

Ferry M，McMaster I. 2013. Cohesion policy and the evolution of regional policy in central and eastern Europe. Europe-Asia Studies，65（8）：1502-1528.

Gereffi G，Humphrey J，Sturgeon T. 2005. The governance of global value chains. Review of International Political Economy，12（1）：78-104.

Gereffi G，Korzeniewicz M. 1994. Commodity chains and global capitalism. Westport：Praeger.

Gereffi G. 1999. International trade and industrial upgrading in the apparel commodity chain. Journal of International Economics，48（1）：37-70.

Greenaway D，Lloyd P J，Milner C. 2001. Intra-Industry foreign direct investment and trade flows：new measures of global competition//Cheng L K，Kierzkowski H. Global Production and Trade in East Asia. Boston：Springer：111-128.

Grossman G M，Helpman E. 1994. Protection for sale. American Economic Review，84（4）：833-850.

Hallett A J H. 1986. International policy design and the sustainability of policy bargains. Journal of Economic Dynamics and Control，10（4）：467-494.

Halpern L，Koren M，Szeidl A. 2015. Imported inputs and productivity. American Economic Review，105（12）：3660-3703.

Henderson J. 1998. Danger and opportunity in the Asia-Pacific//Thompson G. Economic Dynamism in the Asia-Pacific. London：Rout ledge：356-384.

Holland S. 1980. Multinational integration// Holland S. Uncommon Market. London：Palgrave Macmillan：65-85.

Holtham G，Hallett A H. 1992. International macroeconomic policy coordination when policymakers do not agree on the true model：comment. The American Economic Review，82（4）：1043-1051.

Horner R. 2017. Beyond facilitator? State roles in global value chains and global production networks. Geography Compass，11（2）：e12307.

IMF. 2021. The coordinated portfolio investment survey. Washington：IMF.

Jinji N，Mizoguchi Y. 2016. Rules of origin and technology spillovers from foreign direct investment under international duopoly. Japan and the World Economy，40：47-60.

Kam A J Y. 2013. International production networks and host country productivity：evidence from Malaysia. Asian-Pacific Economic Literature，27（1）：127-146.

Kaplinsky R. 2000. Globalisation and unequalisation：what can be learned from value chain analysis?. Journal of Development Studies，37（2）：117-146.

Kaplinsky R，Morris M. 2003. Governance matters in value chains. Developing Alternatives，9（1）：11-18.

Kogut B. 1985. Designing global strategies：comparative and competitive value-added chains. Sloan Management Review，26（4）：15-28.

Kogut B，Chang S J. 1991. Technological capabilities and Japanese foreign direct investment in the United States. The Review of Economics and Statistics，73（3）：401-413.

Krueger A O. 1999. Developing Countries and the Next Round of Multilateral Trade Negotiations. Washington：The World Bank.

Krugman P. 1997. What should trade negotiators negotiate about?. Journal of Economic Literature，35（1）：113-120.

Leontief W. 1956. Factor proportions and the structure of American trade：further theoretical and empirical analysis. The Review of Economics and Statistics，38（4）：386.

Márquez-Ramos L，Martínez-Zarzoso I. 2014. Trade in intermediate goods and Euro-Med production networks. Middle East Development Journal，6（2）：215-231.

Miller M，Salmon M. 1985. Policy coordination and dynamic games//Buiter W H，Marston R C. International Economic Policy Coordination. Cambridge：Cambridge University Press：184-227.

Molle W. 1997. The Economics of European Integration：Theory，Practice，Policy. Brookfield：Ashgate Publishing Company.

Ng F，Yeats A. 2003. Major Trade Trends in East Asia： What are their Implications for Regional Cooperation and Growth?. https://documents1.worldbank.org/curated/en/947081468774959058/pdf/multi0page.pdf [2024-07-02].

OECD. 2018. Multinational enterprises in the global economy：heavily debated but hardly measured. https://search.oecd.org/industry/ind/MNEs-in-the-global-economy-policy-note.pdf[2023-09-17].

Oudiz G，Sachs J，Blanchard O J，et al. 1984. Macroeconomic policy coordination among the industrial economies. Brookings Papers on Economic Activity，（1）：1-75.

Oudiz G，Sachs J. 1985. International policy coordination in dynamic macroeconomic models//International Economic Policy Coordination. Cambridge：Cambridge University Press：274-330.

Porter M E. 1985.Competitive advantage，creating and sustaining superior performance. New York：The Free Press.

Powell W. 1990. Neither market nor hierarchy：network forms of organization. Research in Organizational Behavior，12（3）：295-336.

Ratna R，Kaur T. 2016. The impact of information technology on job related factors like health and safety，job satisfaction，performance，productivity and work life balance. Journal of Business & Financial Affairs，5（1）：2-9.

Rogoff K. 1996. The purchasing power parity puzzle. Journal of Economic Lvterature ，34（2）：647-668.

Sanyal K，Jones R W. 1982. The theory of trade in middle products. American Economic Review，72（1）：16-31.

Schmitz H，Humphrey J. 2000. Governance and upgrading：linking industrial cluster and global value chain research. Institute of Development Studies.

Stamm A. 2004. Value chains for development policy：challenges for trade policy and the promotion of economic development. Deutsches Institut für Entwicklungspolitik.

Sturgeon T J，Lee J R. 2001. Industry Co-evolution and the Rise of a Shared Supply-base for Electronics Manufacturing. Nelson and Winter Conference.

Suominen K，Estevadeordal A. 2004. Rules of origin in FTAs in Europe and in the Americas：issues and implications for the EU-mercosur inter-regional association agreement. Working Papers.

UNCTAD. 2011. World Investment Report 2011. https://unctad.org/system/files/official-document/wir2011_en.pdf[2023-09-17].

van Tuijl E. 2014. Car makers and upgrading：Renault in Romania. Journal of Business Strategy，35（2）：13-18.

Winkler B. 2000. Which kind of transparency? On the need for clarity in monetary policy-making. Working Paper Series.